Hellmuth Mielke

Der deutsche Roman des 19. Jahrhunderts

Hellmuth Mielke

Der deutsche Roman des 19. Jahrhunderts

ISBN/EAN: 9783743380462

Hergestellt in Europa, USA, Kanada, Australien, Japan

Cover: Foto ©Thomas Meinert / pixelio.de

Manufactured and distributed by brebook publishing software (www.brebook.com)

Hellmuth Mielke

Der deutsche Roman des 19. Jahrhunderts

Der Deutsche Roman
des 19. Jahrhunderts.

Von

Hellmuth Mielke.

Dritte, vermehrte und verbesserte Auflage.

Berlin,
C. A. Schwetschke und Sohn.
1898.

Druck von E. Appelhans & Comp. in Braunschweig.

Vorwort zur dritten Auflage.

In dritter Auflage seit 1890 erscheint jetzt dies Buch über den deutschen Roman; etwas verändert und hoffentlich verbessert in seiner inneren Gestaltung, wirbt es um neue Freunde zu den alten, die es bereits gefunden hat.

Die historische Betrachtungsweise, von der es schon bei der ersten Auflage ausging, ist noch strenger als vordem und zwar bis auf die letzten Tage der Gegenwart durchgeführt worden. Ich erachte das als einen Vorzug meines Buches im Gegensatz zu anderen litterar-historischen Werken, bei denen die litterarischen Erscheinungen verschiedener Jahrzehnte mehr oder minder planlos durcheinander geworfen sind.

Freilich ist dieser Vorzug auch mit dem Nachteil erkauft, daß mehrfach derselbe Autor an verschiedenen Stellen charakterisiert wird. Aber jedesmal erscheint sein Porträt dafür in das Bild des zeitlichen geistigen Lebens eingereiht; mir schwebte vor, dies Bild gleichsam wie aus hellfarbigen Mosaiksteinen und -steinchen aus der unendlichen Fülle unserer belletristischen Litteratur zusammenzustellen. Die biographischen Notizen, die neu eingefügt wurden, sind kurz gehalten, um den Band nicht allzu stark anschwellen zu lassen. Aus diesem Grunde sind auch die rein ästhetischen Gesichtspunkte nur dort breiter behandelt, wo es der Gegenstand erforderte; in der Kritik selbst war mein Bestreben zu charakterisieren, nicht zu rezensieren.

So möge denn dies Buch dem neuen Jahrhundert von dem Schicksal des deutschen Romans im alten künden. Vielgeliebt und vielgeschmäht unter den poetischen Gattungen kann auch er von sich sagen, daß er doch besser sei als sein Ruf.

Barmen im Oktober 1898.

Der Verfasser.

Inhaltsverzeichnis.

Erster Abschnitt.
Der klassische und der romantische Roman.

Einleitung: Der Roman, das Weltbild des gesellschaftlichen Lebens S. 1—3. Mönchtum und Rittertum S. 4—5. Die höfischen Epen S. 5—6. Bürgertum und Gelehrtentum S. 7—10. — Der Roman des 18. Jahrhunderts S. 10—11. Der moderne Roman: seine Beweglichkeit S. 12—13. Psychologie der Zeit S. 14. Erweiterung der Stoffgebiete S. 15. Entwickelung der Romantypen S. 16—18. Fremdnationale Einflüsse S. 19—20.

Allgemeine Zustände um die Wende des 18. Jahrhunderts S. 21—27.

1. **Goethe und Jean Paul.** Goethe: Werther S. 27—30. Wilhelm Meister S. 30—33. Wanderjahre S. 33—35. Wahlverwandtschaften S. 35—39. Jean Pauls Romane, sein Einfluß S. 39—44.
2. **Die Romantiker**, Ursprung der Romantik S. 44—46. Fr. v. Hardenberg: Heinrich v. Osterdingen S. 47—50. Fr. Schlegel S. 50—53. Tieck S. 53—54. de la Motte Fouqué S. 55—57. Achim v. Arnim: Kronenwächter S. 57—61. Schwäche der Romantik S. 62—63.
3. **Die romantische Novelle:** Eigenart der Novelle S. 63. Heinr. v. Kleist S. 64—66. Tieck, E. T. A. Hoffmann, Arnim, Fouqué, Brentano S. 67—70. Tieck: Novellen S. 70—72. Eichendorff S. 72—74. Hauff S. 74—75. Schefer S. 75—77.
4. **Die volkstümliche Unterhaltungslitteratur.** Der Ritter- und Räuberroman S. 78—79. Rinaldo Rinaldini S. 80—82. Abenteuer- und transozeanische Romane S. 83. Der Gesellschaftsroman: Lafontaine, Arnim, Julius v. Voß, Zschokke, Clauren S. 84—91. Walter Scott und der historische Roman S. 91—93. — Hauff, Tieck, Zschokke, v. d. Velde, v. Tromlitz, Spindler, v. Rehfues S. 94—97. Romantik und Wirklichkeit S. 98.

Zweiter Abschnitt.
Das Revolutionszeitalter von 1830—1848.

1. **Die Jungdeutschen.** Die neue Generation, ihre politischen und sozialen Anschauungen S. 99—101. Emanzipation des Weibes S. 102. Schwächen der neuen Romantik S. 103—105. H. Laubes „Junges

Europa" S. 105—108. K. Gutzkow S. 109—116. G. Kühne S. 117. Die Juden und die Polen in den Romanen. E. Willkomm S. 118. Laubes „Krieger" und „Bürger" S. 119—122.

2. Immermann. Die Epigonen S. 123—124. Der Industrialismus und die Litteratur S. 125. Münchhausen und die Bauernnovelle S. 126—128.

3. Die Gräfin Hahn-Hahn und Fanny Lewald. Die Frauen in der Litteratur: Die Hahn-Hahn S. 129—136. Fanny Lewald S. 137—140.

4. Ausländische Muster (Dickens und Sue) und ihr Einfluß. Die ausländische Uebersetzungslitteratur und ihre Tendenzen S. 140—142. Verbrechertum und Proletariat im Roman S. 143—146. v. Ungern-Sternberg S. 147—150. Die Demokraten: E. Willkomm S. 151.

5. Wilibald Alexis und Sealsfield. (Der historische und ethnographische Roman). Der historische Roman S. 152—153. W. Alexis S. 153—166. H. König S. 166—168. Levin Schücking S. 169—170. Die Reisefeuilletonisten S. 170—171. Ch. Sealsfield S. 172—176.

Dritter Abschnitt.
Neue volkstümliche Richtungen (1848—1870).

1. Dorf und Stadt. Gegensatz von Natur und Kultur im 18. und im 19. Jahrhundert S. 177—180. J. Gotthelf S. 181—182. Auerbach: Judenroman S. 182—183. Dorfgeschichten S. 184—188. Landschaftliche Gliederung der Dorfgeschichte: O. Ludwig S. 188—194. Die Auerbachsche Schule S. 194—196. Reuter S. 196—198.

2. Skizze und Genre. Die Stadt in der Litteratur und die Skizze: Dickens S. 198—202. Hackländer S. 202—205. Seine Schule S. 205—207. Der Landschaftsroman: Mügge, Gerstäcker, Die neueren Schriftsteller S. 207—211.

3. Entwickelung des historischen Romans. Die Geschichtswissenschaft und ihr Aufschwung S. 212—213. Die Anekdote im Roman: Mühlbach, Brachvogel u. a. S. 214—215. Der zeitgeschichtliche Roman: Göbsche (Retcliffe) S. 216. Die kulturgeschichtliche Richtung: Riehl, Meinhold, Trautmann, Scheffel S. 217—221. Die Ideen in der Geschichte: Frenzel, Rodenberg, Gutzkow, Laube S. 221—226.

Vierter Abschnitt.
Der Zeitroman von 1848—1870.

1. Die problematischen Naturen: Der Bankerott der alten Ideen S. 227—228. Der Roman der Revolution S. 229. Naturgeschichte der problematischen Charaktere: R. Gisefe S. 230—232. A. Wid-

Inhaltsverzeichnis. VII

mann S. 233—234. Das Christentum und die Titanen. Eritis sicut Deus S. 235—236. G. Keller: Der grüne Heinrich S. 237—240. M. Walbau S. 241—242. Der soziale Roman: R. Prutz S. 243—245.

2. Wandlungen. Die Tendenz in der Poesie S. 245—248. Aufschwung des Tendenzromans 249—251. Der problematische und der heroische Charakter S. 252.

3. Karl Gutzkow. Der neue Roman des „Nebeneinander" S. 253—254. Der Ritter vom Geist S. 255—260. Der Zauberer von Rom S. 261—267.

4. Berthold Auerbach. Neues Leben S. 267—269. Auf der Höhe S. 270—273. Das Landhaus am Rhein S. 273—276.

5. Gustav Freytag und Wilhelm Raabe. Freytag: Soll und Haben S. 277—280. Verlorene Handschrift S. 280—283. Wilhelm Raabe S. 284—287. Der Hungerpastor S. 287—288.

6. Friedrich Spielhagen. Sein dichterisches Naturell. Stellung in der litterarischen Entwickelung S. 289—292. Problematische Naturen S. 292—294. Die von Hohenstein S. 294—295. In Reih und Glied S. 296—298. Hammer und Ambos S. 299—301. Der Ich-Roman S. 301—302.

7. Alfred Meißner und Franz Hedrich. — Franz Dingelstedt. Alfred Meißner und Franz Hedrich S. 302—305. Zwischen Fürst und Volk S. 305. Sansara S. 306. Schwarzgelb und Babel S. 307. Kleinere Romane S. 307—308. Franz Dingelstedt: Unter der Erde und die Amazone S. 308—311.

Fünfter Abschnitt.
Im neuen Reich.

1. Das neue Zeitalter. — Zeitschrift und Zeitung. — Der Frauenroman. Die litterarische Entwickelung seit 1870 S. 312—313. Der moderne Roman und das moderne Leben S. 314—315. Zeitschrift und Zeitung S. 316—318. Emanzipationsbestrebungen der Frau: Schema des Frauenromans S. 318—320. Tendenzen des Frauenromans: W. v. Hillern, E. Marlitt, E. Werner S. 320—323. L. v. François, Ossip Schubin, Maria v. Ebner-Eschenbach S. 323—329.

2. Der geschichtliche Roman. Kennzeichen: Nationalbewußtsein, geschichtliche Parallele, archäologischer Charakter S. 329—333. Gustav Freytag: Die Ahnen S. 333—339. Ihre litterarische Wirkung. Felix Dahn, G. Ebers, E. Eckstein, Günther Walloth S. 339—346. W. Jensen, W. Raabe, C. F. Meyer S. 346—349. Gottschall, Fr. Spielhagen, Gr. Samarow. S. 350—351.

3. Die moderne Novelle. Verhältnis von Roman und Novelle S. 351—352. Die Landschaft in der Novelle S. 353—354. Gottfried Keller S. 354—357. Th. Storm S. 457—359. P. Heyse S. 359—361.

Fr. Spielhagen u. a. S. 361—363. Die Dorfgeschichte S. 363—364. Sacher Masoch und K. E. Franzos S. 364—366. H. Hopfen, W. Raabe, Th. Fontane S. 366—370. Novelle und Skizze S. 370—371.

4. **Der Zeitroman: Die Alten.** Gegensatz der alten und neuen Generation S. 371—372. Auerbach und Gutzow S. 372—374. Fr. Spielhagen: Allzeit voran. Sturmflut. Platt Land. Uhlenhans. Was will das werden? Der neue Pharao S. 374—380. P. Heyse: Kinder der Welt. Im Paradiese S. 380—381. Wilh. Jordan, Fr. Vischer, Aug. Niemann, Th. H. Pantenius S. 381—384. G. Keller: Martin Salander S. 384—385.

5. **Die jüngere realistische Bewegung.** Der moderne Realismus S. 385—386. Berlin als Weltstadt S. 387—389. Die Feuilletonisten: Paul Lindau („Berlin"), Fr. Mauthner, Th. Zolling, S. Fr. Dernburg S. 389—395. Zola und Ibsen: Die naturalistische Bewegung S. 395. Der Naturalismus als künstlerisches Prinzip. Seine Irrtümer und Schwächen. Technik und Sprache. Seine Psychologie und seine Helden S. 396—402. Naturalismus und Sozialismus S. 403—404. K. Bleibtreu, W. G. Conrad, C. Alberti, M. Kretzer, H. Tovote S. 404—409. Wirkungen des Naturalismus S. 409—411.

6. **Hermann Sudermann. — Vermittelungen.** H. Sudermann. Sein Talent. Als Epiker Provinziale S. 411—414. Frau Sorge S. 415. Der Katzensteg S. 415. Es war S. 416—418. H. Heiberg, K. v. Perfall, W. Siegfried S. 419—421.

7. **Aus dem letzten Jahrzehnt.** Kampf der Alten gegen die neue Richtung. P. Heyse: Merlin. Ueber allen Gipfeln S. 421—424. Fr. Spielhagen: Sonntagskind. Stumme des Himmels. Sust und Faustulus S. 424—427. F. Fontane S. 427—429. Ad. Wilbrandt S. 429—430. E. v. Wildenbruch S. 430—431. Eine neochristliche Richtung S. 432. Die jüngeren Realisten und die sozialen Probleme: E. v. Wolzogen, R. Stratz, G. v. Ompteda, G. Engel, W. v. Polenz, Joh. zur Megede S. 433—437. Salonromane S. 438—439. Wien und die litterarische Bewegung S. 439—440. Der historische Roman S. 440—443. Novelle und Landschaftsroman: H. Hoffmann, J. J. David, F. v. Saar u. s. w. S. 443—447. Der Frauenroman S. 447—449. Schluß S. 449—451.

Einleitung.

Die Aesthetiker, zu allen Zeiten eine gelehrte Korporation, liegen im Streit, was der Roman eigentlich sei. Noch Schiller wollte den Romanschriftsteller nur als den Halbbruder des Poeten anerkennen; erst die neuere Aesthetik hat dem Roman seine Stellung innerhalb des Gebietes der Poetik zugewiesen und ihn als epische Dichtung zu Ehren gebracht. So vor allem Eduard von Hartmann, der in ihm geradezu die Höhe dichterischen Schaffens sieht, und nicht minder Friedrich Spielhagen, der Meister deutscher Romandichtung, der wie wenige die künstlerische Struktur des Romanes als übereinstimmend mit den Gesetzen des epischen Schaffens dargethan hat.

Diese Darstellung hat es nicht so sehr damit zu thun, die Entwickelung der Romantechnik und ihrer Beeinflussung durch allgemeine ästhetische Prinzipien zu schildern. Ohne auf die Abgrenzungen und Definitionen der Aesthetik im einzelnen einzugehen — Unterscheidungen, die ja vielfach ebenso wandelbar sind, wie andere Begriffe dieser Wissenschaft —, wird es uns genügen, vor allem die Thatsache festzustellen, daß der Roman als epische Dichtung eine Reihenfolge von Begebenheiten in einem bestimmten Zusammenhange, mit anderen Worten ein **Weltbild** wiedergiebt, das der Dichter von seinem Leser oder Zuhörer in gewissem Sinne als wirklich angesehen oder empfunden wissen will. Diese Definition deckt sich augenscheinlich zunächst mit der des Epos überhaupt; wer zwischen beiden, Roman und Epos, einen Grenzpfahl aufrichten will, wird ihn nicht so sehr im Reiche der Aesthetik, als auf dem Gebiete anderer Thatsachen zu suchen haben. Es ist unsinnig, anzunehmen, daß die Form allein den Unterschied bedinge und daß jede Dichtung in Versen ein Epos und jede in Prosa ein Roman oder eine Novelle wäre — beiläufig bemerkt, ist es noch niemand eingefallen, bei dem Drama die formale Frage, ob Vers oder Prosa, zu einem Unterschied der Art zu machen —, denn wir besitzen in unserer Litteratur ebensowohl Versromane wie Versdramen. Auch die Ansicht, daß die schärfere psychologische Vertiefung der Charaktere in dem Roman gegenüber dem Epos das unterscheidende Merkmal bilde, wird man von der Hand weisen, da man sonst Romane ohne tiefere Psychologie ganz aus ihrer Kategorie hinausdrängen müßte, und andererseits, bieten uns etwa die „Odyssee" und die „Ilias" keine Psychologie? Mit demselben Rechte wie die Psychologie kann man übrigens auch die Milieuschilderung, den beschreibenden Charakter des Romanes als die ihn vom Epos unterscheidende Seite hervorkehren. In beiden Fällen liegt der Irrtum darin, daß man willkürlich ein einzelnes Kennzeichen, das aus dem Grundboden des Romans hervortaucht, zum Merkmal der Gattung selbst erhebt.

Das, was Roman und Epos von einander unterscheidet, berührt durchaus nicht die Frage der künstlerischen Technik. Für beide treffen die ästhetischen Grundprinzipien in gleicher Weise zu; wenn sie sich von einander unterscheiden, so wird man ihren Unterschied viel weniger in der Form, als in dem Stoff zu suchen haben. Es ist eine überaus charakteristische Erscheinung, daß das Epos älter ist als der Roman; zeitweilig gehen dann Epos und Roman wohl zusammen neben einander her, aber es zeigt sich doch bald, daß, wo der eine Teil herrscht, der andere in den Hintergrund tritt. Diese Bedingungen aber, warum der Roman später als das Epos auftritt und warum dieses verkümmert und jener sich zur glänzenden Blüte entfaltet, wird keine Aesthetik herausklügeln, denn sie liegen auf ganz einem anderen Felde als dem der ästhetischen Begriffseinteilung und der poetischen Technik. Der Roman, wie sein Name schon besagt, im Schoß der romanischen Völker entsprossen, bekundet die eigentümliche Art, in welcher der litterarische Trieb dieser Völker sich ihres eigenen Lebens und der Ideen desselben bemächtigt hat. Er ist nicht wie das Epos ein Bild der Vergangenheit und großer Gestalten, sondern er spiegelt die eigene Zeit eines Volkes und dessen geistiges, in bestimmten gesellschaftlichen Formen sich ausprägendes Leben wieder. Oder, um es kurz und klar zu sagen: Der Roman ist wie das Epos ein Weltbild, aber er betrachtet als seine Welt vor allem das g e s e l l s c h a f t l i c h e Leben.

Diese Definition des Romans entstammt den Tatsachen. Das Epos blüht in Gestalt der Heldensage, ehe das Leben eines Volkes jene Höhe der socialen Entwickelung erreicht hat, für die wir das Wort Gesellschaft nun einmal geprägt haben. G e s e l l s c h a f t ist das gesellige Leben verschiedenartiger Elemente auf einer gleichen Grundlage und unter der Herrschaft gleicher, freigegebener Sittengesetze. Dadurch unterscheidet sie sich von Stand und Kaste, die einesteils nur gleichartige Elemente in sich dulden und deren Sittengesetze anderenteils nur eben wieder diesen bestimmten Stand oder Kaste berühren. Erst aus solchen gesellschaftlichen Verhältnissen einer Epoche entwickelt sich der Roman und es ist darum kein Zufall, daß diejenigen Völker, bei denen die Formen des gesellschaftlichen Lebens am reichsten und eigenartigsten zum Ausdruck kommen, auf dem Gebiete des Romans ebenso maßgebend und bestimmend geworden sind, wie auf dem der Sitte und Mode. Und wie es in dem Charakter der Gesellschaft liegt, daß sie auch über die nationalen Schranken des Volkslebens hinaus sich ausdehnt und ihre Gesetze giebt, so ist

1*

auch der Roman fast schon in seinem Ursprunge ein internationales Gewächs, ganz anders als das hart und zäh auf heimischem Boden und im nationalen Brauch haftende Epos.

Wir sind geneigt, den Begriff Gesellschaft als einen ganz modernen aufzufassen, der sich erst aus den Verhältnissen der letzten Jahrhunderte herausgebildet hat. Wir sehen im Mittelalter gerade vor allem die Formen der Standesassociationen als die bestimmenden des ganzen Volkstums an; strengste Scheidung disparater Elemente ist anscheinend die Grundlage des rechtlichen und geselligen Lebens. Aber wir vergessen, daß dieser Zellenbau des Mittelalters gleichsam zwei große Säle besessen hat, in denen die sonst scharf geschiedenen Schichten sich vermischen und frei bewegen: Mönchtum und Rittertum. Freilich eine gewisse Standesorganisation liegt auch hier zu Grunde, aber jede von ihnen bietet doch einen weiten Raum für die mannigfachsten und verschiedenartigsten Elemente, bei denen weder nationale Abstammung noch gleicher Rang und Stand noch Reichtum in Frage kommen. Was dem Genie in seiner Kaste nicht möglich war zu erreichen, die Entfaltung seines originalen Selbst, dafür boten ihm Mönchtum und Rittertum freie Bahn; auch der Bauernsohn konnte, wenn er die Kutte nahm, zu der Papstkrone emporsteigen und in die Gemeinschaft der höchsten Würdenträger der Erde aufgenommen werden, wie es ihm andererseits möglich war, Ritterwürde und Turnierrecht zu erlangen und dadurch Mitglied einer Gemeinschaft zu werden, die bis zum Königssohn hinauf gleicher Brauch und gleiche Ideale vereinten. Mönchtum und Rittertum sind die Träger der geistigen und gesellschaftlichen Bildung des Mittelalters, das eine band die Regel, das andere die Sitte; beide aber sind die großen gesellschaftlichen Organisationen, nach deren Zertrümmerung erst das Bürgertum mühsam seinen Weg und seine Bildung suchte.

Es ist bekannt, daß wir alle unsere litterarischen Ueberlieferungen aus den fernen Zeiten des Mittelalters allein der

fleißigen Mönchshand verdanken. Der Mönch steckte in seinem
Ordenskleid, aber nicht in seiner Kaste; er lebte das Leben
vieler Berufsstände, oder wenn er es nicht that, so konnte er
es doch beobachten. Aber seine Geselligkeit war wiederum ge=
bunden durch die vorgeschriebene strenge Trennung der Ge=
schlechter, deren gemeinsamer Verkehr allein ein wahres geselliges
Leben verbürgt, dazu entfremdete der streng kirchliche Sinn,
wie er sich vom 11. Jahrhundert an ausbildete, ihn der Welt=
lichkeit und ihrem Thun in einem Maße, daß ihm der
beobachtende Sinn verloren geht und er sich allein von der
Tradition des antiken Schrifttums leiten läßt. Aber unter den
Ottonen, wo er noch mitlebt in dem Verkehr eines regsamen
Hoftreibens, gelingt es doch einem Klostermann, in dem „Ruod=
lieb" um das Jahr 1000 ein Bild des gesellschaftlichen Lebens
seiner Zeit zu zeichnen. Es ist der älteste deutsche Roman in
lateinischen Versen, den wir besitzen und der uns schildert, wie
der Held nach Erprobung von zwölf Weisheitslehren die Hand
einer schönen Königstochter erringt.

Ein einsamer Sproß — dieser Roman, und in seiner lehr=
haften Tendenz und moralischen Ausprägung am wenigsten das
Muster eines solchen; nur daß wir aus ihm erkennen, wie die
höfische Sitte schon zu bestimmten Formen sich ausgebildet hat.
Diese Entwickelung des gesellschaftlichen Lebens gipfelt in der
Ausbildung des Rittertums, das nach der Abkehr des Mönch=
tums von der Weltlichkeit sich auch der litterarischen Interessen
bemächtigt und wiederum sein Wesen und seine Eigenart gerade
in der Litteratur zum Ausdruck bringt, am vollendetsten in der
Form des Romans, der jetzt seine glänzendste Blüte im Mittel=
alter erlebt. Denn nichts anderes als Romane sind die in
unseren Litteraturgeschichten als „höfische Epen" aufgeführten
Werke eines Hartmann v. d. Aue, Wolfram von Eschenbach und
Gottfried von Straßburg. In ihnen spiegelt sich das Gesell=
schaftsleben ihrer Zeit, seine Sitten, Anschauungen und Ideale

in bewundernswürdiger und zum Teil künstlerisch vollendeter Weise wieder. Vor allem bezeichnend für den Höhegrad einer Gesellschaft bleibt immer die Stellung, welche das weibliche Geschlecht in ihr einnimmt; indem das Rittertum die Frau in Anlehnung an den Marienkult zu dem Gegenstande männlicher Verehrung, Sehnsucht und Hingebung erhebt, führt es das erotische Element in seine Sitten wie in seine Dichtung ein; es bilden sich gleichsam ideale Typen des männlichen und weiblichen Wesens, denen der Roman ihre litterarische Verkörperung giebt. Drei Liebespaare leiten bezeichnenderweise diese höchste Blüte romantischer Poesie im deutschen Mittelalter ein; sie kommen über den Rhein und werden „in Deutschland wie Heilige begrüßt": Flore und Blancheflur, Tristan und Isolde, Aeneas und Dido. Aus Nordfrankreich, der Heimatstätte des Rittertumes, strömt danach der ganze bunte Reigen der sogenannten Artusromane und ihrer Gestalten den sinnenden deutschen Dichteraugen zu; die „Erec" und „Ivein" Hartmanns v. d. Aue, „Parzival" Wolframs von Eschenbach und „Tristan und Isolde" Gottfrieds von Straßburg und die zahllosen Werke ihrer Nachahmer beruhen auf diesen französischen Vorbildern und nur in der Art ihrer Verarbeitung prägt sich das eigentümlich deutsche Temperament mit seiner Neigung für innerliches Gemütsleben und religiöse Erhebung aus.

Die Blüte dieses mittelalterlichen Romanes umfaßt das 12. und den Beginn des 13. Jahrhunderts — es ist auch die Blüte der ritterlichen Gesellschaft. Der Roman stolziert im aristokratischen Versgewande einher, aber schon im 13. Jahrhundert begegnen wir einer prosaischen Bearbeitung des gleichfalls aus dem Artusromane stammenden Lanzelotstoffes. Mit der Auflösung der höfischen Formen des Rittertumes vollzieht sich auch die Sprengung seiner litterarischen Kunstform; sein gesunkener Geist vermag keine geniale Schöpfung mehr zu erzeugen, da der gesellschaftliche Untergrund zerstört ist. Mächtig kommt im Reiche das **Bürgertum** empor, aber es ist noch nicht wie Mönchtum und Rittertum der Träger der geistigen Bildung seiner Zeit; eingeschlossen und eingeengt in seinen korporativen Standeszellen entfaltet es sich wohl zu reichem volkstümlichen Leben, bleibt aber überwuchert vom Privilegien- und Kastengeist. Ihm gewährt die erzählende Litteratur nur den Reiz der Unterhaltung; die prosaische Form tritt an Stelle der poetischen, die Ausmalung eines gesellschaftlichen und sozialen Sittenlebens verschwindet ebenso wie der „höfische" Ton, die Kunst der Konversation, und der derbe, schlichte Stil, der alle Umschweife vermeidet, deckt sich mit dem derben, nüchternen Geiste des Bügertumes. Den Erzählungen fehlt jeder gesellschaftliche Charakter, den noch Boccaccio und Chaucer ihren Novellen zu geben vermochten. Mit Recht hat man daher den zahlreichen, zum größten Teil fremdländische Stoffe behandelnden Erzeugnissen dieser mittelalterlichen Prosa nur den allgemeinen Namen „Volksbücher" gegeben. Alexander der Große, Salomon und Markolf, Guseldis, Guiscardo und Ghismonda, Fortunatus u. s. w. sind die Helden dieser volkstümlichen Litteratur.

Das Zeitalter der Reformation durchdringt dann die emporgekommene bürgerliche Welt mit neuen Ideen und macht sie fortan zum Träger der geistigen Bewegung. Im Bürgertume entwickelt sich langsam ein Stand, der die volkstümliche Richtung zurückdrängt, ihr gegenüber aber einen gewissen internationalen Charakter besitzt: das **Gelehrtentum**, das zunächst der Humanismus so bedeutsam verkörpert. Es ist charakteristisch, daß das beste Volksbuch, welches diese Epoche erzeugt, eine ausgesprochene Tendenz gegen das Gelehrtentum enthält, indem es den kühnen, alles wissen wollenden Doktor Faustus der Hölle und ihren gräßlichen Strafen überantwortet. Im Reformationszeitalter bewahrt dies Gelehrtentum noch die Verbindung mit dem Volksgeiste, zu dessen Führer es sich aufschwingt. Die treuherzige Gestalt des Hans Sachs ist ein lebendiges Zeugnis, wie das

Bürgertum seinerseits die Welt des Wissens und der Erkenntnis poetisch sich nahe zu bringen sucht, und in dem Bürger von Kolmar, Jörg Wickram, sucht der deutsche Roman sich sogar unabhängig von äußeren Einflüssen auf eigene Füße zu stellen. In Wickrams Romanen „Goldfaden", „Gabriotto und Reinhard" (1550—56) werden die Standesunterschiede der Liebenden bereits glücklich überwunden und mehr noch als in diesen Büchern im „Knabenspiegel" und in der Geschichte von den „guten und bösen Nachbaren" der ganze Anschauungs= und Lebenskreis des deutsch=evangelischen Bürgertumes geschildert. Den kernigsten litterarischen Ausdruck findet dieser humanistische Protestantismus jedoch in Johann Fischart (1545—1591); hier erhebt er sich zu einer humoristisch=satirischen Auffassung des gesamten derzeitigen Sittenlebens. Auch Fischarts „Gargantua und Pantagruel" ist freilich eine wenn auch durchaus eigen= artige Bearbeitung des französischen Originals Rabelais und der Dichter verfuhr nicht anders als Hartmann v. d. Aue oder Wolfram von Eschenbach, da er den fremden Stoff mit seinem Geiste und dem Leben seiner Zeit erfüllte.

Mit dem Humanismus hatte das Bürgertum die Bahn für eine freie, von dem Mönchtume und seinen theologischen Voraus= setzungen unabhängige Bildung gewonen. Aber die Entwickelung der geschichtlichen Dinge verhinderte noch auf lange Zeit hinaus, daß es auf der Grundlage dieser Bildung sich zu einer freien demokratischen Gesellschaft organisierte. Aus den Klostermauern war der wissenschaftliche Geist herausgetreten, dafür verzopfte er sich nur allzubald in dem Gelehrtenmuseum, das seine poly= historischen Künste in zünftlerischer Weise für sich betrieb. Der 30jährige Krieg machte obenein die Schicksale des deutschen Volkes und Bürgertumes abhängig von dem üppig aufstrebendem Potentatentume reichsfürstlicher Häupter, die sich ihrerseits ehr= furchtsvoll vor dem Hofe zu Versailles neigten und französischen Ton und Geschmack kultivierten, soweit es ihre deutsche Schwer=

fälligkeit erlaubte. Von den Neigungen dieser Gelehrtenkaste einerseits und dieses höfischen Lebens andererseits wird fast das gesamte litterarische Leben dieser unseligen Epoche bestimmt. In dem vielbändigen Helden „Amadis" aus Frankreich, dessen Abenteuer mit Zauberern und Drachen bis in das 18. Jahrhundert hinein gelesen werden, erwacht der alte höfische Ritterroman zu neuem Leben. Die französische Galanterie feiert ihre Triumphe in den natürlich nach französischen Modellen verfertigten Schäferromanen eines Philipp von Zesen („die adriatische Rosamunde" 1645). Der Gelehrtenroman, wie ihn Buchholtz („des christlich deutschen Großfürsten Herkules und der böhmischen königlichen Fräulein Valiska Wundergeschichte" 1660), Ziegler („Asiatische Banise" 1688), Caspar von Lohenstein („Arminius und Thußnelda" 1689) produzieren, verarbeitet Geschichte, Fabel, Ethnographie und die alten Ritterromanmotive mit theologisch-moralischen Exkursen zu ungeheuerlichen Geschichtsklitterungen. Vielfach vermischen sich dabei die beiden Kategorien des Höfischen und des Gelehrten, wie nicht anders zu erwarten, da sie auf dasselbe Lesepublikum rechnen; es wird nach französischem Vorbilde Modesache, zeitgenössische Persönlichkeiten in die Maske irgend eines römischen oder orientalischen Fürsten zu stecken. Alles in allem eine Produktion, in der nur der Geist einer bestimmten Kaste spukt, die abseits von dem wirklichen Leben des Volkes steht, sich aber für die gesellschaftlich bedeutsamste ihres Zeitalters hält. Allein ganz zu unterdrücken vermag sie auch die volkstümliche, bürgerliche Richtung nicht, die eine andere aus dem Auslande strömende Welle auf das Glücklichste fördert. In Spanien hat der alte Ritterroman mit Cervantes „Don Quixote" eine realistische Gegenbewegung hervorgerufen: den Abenteurer- und Schelmenroman, der nun in Deutschland Nachahmung bei wirklichen Talenten findet. Die farbenreichen, trotz des in ihnen waltenden Humors ernsten Bilder deutschen Lebens im „Simplicius Simplicissimus" (1668) und der Landstörtzerin „Kourage" von Grimmelshausen und der satirische „Schelmuffsky" von Christian Reuter (1696) verleihen dieser romanreichen Epoche ihre litterarische Bedeutung.

Das 18. Jahrhundert brachte in den sozialen wie in den litterarischen Verhältnissen eine große Umwandlung hervor. Es ist, nach seinem Stimmungsgehalt beurteilt, das Jahrhundert der Sehnsucht. Alles drängt aus seinen Kreisen heraus, ohne sie verlassen zu können; neue Gedanken und neue Verhältnisse beschäftigen den Geist der Menschen. Auf dem Gebiete des Romanes eröffnet ein Buch wie der englische „Robinson Krusoe" von Defoe (1719) dies Jahrhundert; es entfesselt nicht bloß den Drang in die Ferne, sondern es lenkt den Sinn auch auf die großen Probleme sozialer und staatlicher Kultur. Die „Insel Felsenburg" von Johann Gottfried Schnabel (1731—43) ist der deutsche, vielgelesene Reiseroman, der zum erstenmal den unglücklich Leidenden Europas ein idyllisch-paradiesisches Leben eröffnet — ein so fruchtbarer Gedanke, daß man sich wundert, weshalb unsere eigene, utopischen Darstellungen, so zugeneigte Zeit ihn bisher nicht wieder aufgegriffen hat. Die Romane der englischen Moralisten und Humoristen mit ihrer starken Auslösung des Empfindungslebens wirken bestimmend auf die deutsche Gemütswelt ein. Eine Uebersicht über den Roman des 18. Jahrhunderts ist auch in kurzen Zügen hier nicht möglich. Nur ein charakteristisches Moment sei hervorgehoben. Gleichzeitig vollzieht sich nämlich ein wichtiger Umschwung in den deutschen gesellschaftlichen und litterarischen Verhältnissen; sowohl der gelehrte Zopf wie der galante Ton werden ihrer Herrschaft entsetzt. Die Litteratur ist nicht mehr Sache der Gelehrten und der Höfe; sie stellt sich auf eine neue soziale Basis. Der Dichter des „Messias", ist der erste Poet, der sein Leben und seine Laufbahn abhängig macht von dem Ertrage und Erfolge seiner dichterischen Werke und damit allen seinen Brüdern in Apoll das nachzuahmende Beispiel giebt. Wie Klopstock ein neues Evangelium der Poesie verkündet, so schafft er gleichzeitig den neuen Stand der Litteraten, jenen Stand, dessen Aufgabe es zunächst ist, in Opposition gegen den Kastengeist des Gelehrtentumes und die soziale Macht der höfischen Mode, innerhalb der Nation die Geister aus allen Ständen zu einer freien Vereinigung der Bildung und Aufklärung zu sammeln und gleichzeitig mit dem litterarischen auch das gesellschaftliche Leben zu reformieren. Die deutsche Gesellschaft wird fortan wesentlich durch ihre litterarischen Neigungen bestimmt und der deutsche Roman trägt daher mit Vorliebe einen litterarischen Charakter, den man in den Werken Goethes, Wielands, Klingers und Nicolais in gleicher Weise spüren kann. Eine solche Ausbildung litterarischer Gemeinden und Interessen in den verschiedensten Schichten deutschen Volkslebens war freilich nur ein mangelhafter Ersatz für eine auf einer sozialen Umgestaltung der alten Verhältnisse beruhende Organisation; hier aber gerät unser Ueberblick über die Entwickelung des Romanes von seinen Ursprüngen bis zur Wende des 18. Jahrhunderts auf Fragen, die uns nicht weiter beschäftigen können. Die innige Verbindung des Romanes mit dem gesellschaftlichen Leben eines Volkes wird indessen nicht mehr zu leugnen sein; wir gestehen offen, daß, wenn wir eine Geschichte der modernen Gesellschaft besäßen, das eigentümliche Verhältnis, das zwischen Roman und Gesellschaftsleben besteht, viel leichter und klarer in allen Einzelheiten darzulegen wäre.

Der Charakter des deutschen Romanes, im Mittelalter einst ausgesprochen aristokratisch, hat dem Zuge des geistigen Lebens folgend, in immer stärkerem Grade eine demokratische Richtung eingeschlagen. Er warf die alte glänzende Versrüstung von sich ab, verließ Hof und Burg und wandelte im schlichten Prosagewande in die Stadt, um dort ein Gast des Hauses und ein Freund aller zu werden. In demselben Maße wie die Kluft der Stände ausgefüllt wurde, die Geburts- und Interessengruppen einander näher traten, kam er in der Litteratur empor. Verwundert wie ein Großvater auf das Gebahren eines erwachsenen Enkelkindes schaute das alte Epos in seiner Grandezza auf den neuen geschäftigen, vielgewandten Geist, der mit seinen Augen in alle Fächer und Schubladen der menschlichen Gesellschaft und des menschlichen Herzens sah, überall entdeckte, was die Seelen erfreuen oder erschüttern konnte, und dem jedes Mittel sich fand, zu verkünden, was er entdeckt hatte. Dem Epos erging es wie jenem Greise in der griechischen Mythologie: ihm war Unsterblichkeit, aber nicht die zweite, ebenso notwendige Gabe der ewigen Jugend beschieden, und während es in seinem alten Ruhme verkümmerte, war für Roman und Novelle jede neue Zeitbewegung das Bad, welches sie verjüngte.

Die ungemeine, innere Beweglichkeit und die Leichtigkeit, sich den verschiedensten Denk- und Anschauungsarten anzupassen, hat die Beliebtheit des Romans veranlaßt. Er diente jeder Leidenschaft und jedem Gedanken, er belohnte die Guten und bestrafte die Bösen, er lachte mit den Fröhlichen und weinte mit den Traurigen. Die verwickeltsten Formen des modernen Lebens fing er in seinem Spiegelbilde auf und den einfachsten gab er zugleich den innerlichsten Ausdruck. Diese Beweglichkeit förderte auch seine ästhetische Entwickelung; er wurde das Instrument, auf welchem ein Dichter alles zu sagen und auszudrücken vermochte, was ihn bewegte. Ein solches Instrument bot freilich eine Gefahr: es verleitete dazu, Empfindungen und Gedanken kund zu geben, denen ein künstlerischer Zweck nicht inne wohnt und die sogar demselben entgegenwirken. Alljährlich brachte und bringt heute der litterarische Markt hunderte von solchen Romanerscheinungen, die mit der Kunst des Romanes durchaus nichts zu thun haben. Daraus nun etwas wider den Roman zu folgern zu Gunsten einer anderen Dichtungsart etwa des Epos selbst, wäre ebenso gerecht, wie wenn man das Klavier auf Kosten griechischer Saiteninstrumente herabsetzen wollte, nur weil jenes heutzutage von so vielen Stümpern bearbeitet wird, während diese den Gedanken an künstlerische Leistungen in uns hervorrufen. Eine rein ästhetische Betrachtung des deutschen Romanes würde sich nun auf die dichterisch und künstlerisch wertvollen Romanschöpfungen zu beschränken haben, sie würde in deren Schönheiten einzudringen, Wesen und Gesetz des Romanes an ihnen zu erörtern suchen und zweifellos die fruchtbarste Belehrung bieten, nebenbei, auch die angenehmste Aufgabe sein. Wer aber die Entwickelung des modernen, deutschen Romanes schildert, darf auch an Erscheinungen nicht vorübergehen, denen er an sich keine ästhetische Bedeutung zuschreibt, ja die er vielleicht geradezu als wertlos bezeichnet, wenn man allein sein ästhetisches Gewissen fragen würde. Das ist der eine Grund, warum hier in den folgenden Blättern Romane genannt und aufgeführt werden, die längst im Staube der Bibliotheken vergessen und vergilbt sind. Der zweite Grund ist jedoch noch wichtiger, und er war nicht der reizloseste, welcher dieser Darstellung als Aufgabe vorschwebte.

Jeder Dichter, das Genie wie das dürftigste Talent, ist ein Sohn seiner Zeit, von ihr abhängig und durch sie bestimmt, in seiner Naturanlage vielleicht ebenso wie in seiner geistigen Entwickelung. Dem großen Strom ihrer Empfindungen, Gedanken und Stimmungen kann er sich nicht entziehen, ja er soll sich sogar denselben nicht entziehen, weil er für Mitlebende schafft, nicht für Nachgeborene. Nur ein Philosoph wie Marquis Posa will ein Bürger derer sein, die da kommen werden, der Dichter will Teilnahme und Anerkennung derer erwerben, die seine Zeitgenossen sind. Den Romandichter verweist seine Kunst am dringendsten auf die idealen Bedürfnisse seiner Zeit und ihres sozialen Lebens. Er steht auf der Warte und schaut über Land und Meer hinaus: da flutet es an ihm vorüber mit tausend Wogen, in den wunderlichsten und seltsamsten Erscheinungen, jetzt vom Sonnenlicht erhellt, nun vom Dunkel beschattet, eine verworrene Masse mit tausend Fragen und Rätseln. Diese Masse enthält seine Stoffe, seine Ideen, seine Tendenzen und seine Charaktere. Alle die Dinge, die anderen wie das flüssige Element des Wassers durch die Hände rinnen, empfangen von ihm Form und Gestalt, aber was er auch immer gestaltet, in seinem Inhalt ist es nichts anderes als die Anregung, die ihm das zeitliche Leben bot, und sobald es aus seiner formenden Kraft wieder hervorgegangen, wird es von neuem zu einer Anregung der Zeit. Der Romandichter wirkt nicht bloß durch sein formales Können, durch die Meisterschaft des Stils, die feine Beobachtung ästhetischer Gesetze, er wirkt vor allem durch den geistigen Inhalt seines Werkes, durch den Charakter des Stoffes und durch das Temperament, welches diesen Stoff bis in seine feinsten Poren durchdringt. Man darf freilich nicht einseitig unter Stoff das Gewebe der Handlung begreifen, die Maschinerie des Romanes, vielmehr sind in dem Stoff die Charaktere die Hauptsache, nur daß sie zum Unterschied von dem Drama enger mit der Natur und Eigenart der bestimmten Sphäre verknüpft sind, die zu schildern der Roman als seine Aufgabe betrachtet. Und alles dies: Stoffsphäre, Charaktere, Tendenzen, sie entspringen aus dem eigentümlichen Leben einer Zeit wie der Dichter selbst, der sich ihrer bemächtigt, und sie werden gleichsam zu Fäden, welche die Entwickelung des Romanes durchlaufen. In demselben Maße aber werden sie auch zu charakteristischen Aeußerungen des geistigen Lebens überhaupt, sie bilden zu dem geschichtlichen Wirken einer Nation die Psychologie der Stimmungen und Gedanken, welche jenem zu Grunde liegen.

Diesem letzteren Gesichtspunkte wird nun unsere Darstellung gerecht zu werden suchen, so viel wie sie es vermag. Nach Möglichkeit wird das eigentümliche Verhältnis, welches zwischen Roman und Zeit oder Gesellschaft besteht, erörtert werden.

Um nur auf einiges hier hinzuweisen: wie poetische Roman-Stoffe und -Motive auftreten und behandelt werden, bis sie, abgenutzt und verbraucht, in Vergessenheit geraten, ist keine Sache des Zufalls; der Geist der Zeit beschwört herauf, was eine lebendige Wurzel in seinen Empfindungen trägt, und er vernichtet es wieder, sobald diese Wurzel abgestorben ist. In seinen Stoffen hat der moderne Roman bei uns deutschen mälig eine Sphäre der Wirklichkeit nach der anderen in seinen Bereich gezogen. Wie ein Eroberer ging er aus, nichts anderes war ihm zunächst eigen als die Kraft der Phantasie, die ihren blendenden Schein auf das weite Gebiet der Wirklichkeit warf, ohne sich dessen bemächtigen zu können. Sein Reich war nicht von dieser Welt; nur in der Kunst und Poesie fühlte er sich heimisch. Langsam betrat er die Erde, zuerst mit ungewissem, zögerndem Schritte, ehe er erkannte, daß was auf ihr blüht, gedeiht und untergeht, den Inhalt seines Schaffens ausmachen müsse. Aber so bald ihm diese Erkenntnis geworden, blieb er ihr treu. Zu der Phantasie gesellte sich die Beobachtung, aus einem Erfinder wurde der Romandichter zugleich ein Finder. Er saß nicht mehr im Kämmerlein, um auf die Inspiration seines Genius zu warten, sondern er ging unter die Menschen und machte Augen und Herz auf, um ihres Glückes und Unglückes teilhaftig zu werden und es in seinen Schöpfungen wiederzugeben. Er entdeckte die Eigenarten der Stände und Berufsklassen, die Vorurteile der Gesellschaftsschichten, die Bedingungen des täglichen Daseins, und die Veränderungen, welche die Zeit in allen diesen sozialen oder politischen Verhältnissen schuf, traten auch im Romane hervor, der sich nun in die Breite entwickelte, immer neue Arten und Abarten erzeugte. Ein Anhänger Darwins würde sagen, er differenzierte sich; in demselben Maße aber, wie er sich differenzierte, wuchs bei ihm auch die Bedeutung seines Stoffgebietes, dessen eigentümlicher Charakter immer schärfer und genauer geschildert wurde. So entstand denn in unserer Zeit das Schlagwort des „Milieu", unter welchem die Einheit aller natürlichen und sozialen Bedingungen verstanden wird, die auf eine Handlung oder auf einen Charakter von bestimmendem Einfluß sind. Was die Geschichte und die Naturwissenschaften im Großen gelehrt hatten: die Bedingtheit menschlicher Entwickelung durch die physische Welt, wurde im Romane gleichsam auf den besonderen Fall übertragen und an ihm nachgewiesen.

Dieselbe schärfere Teilung und Ausbildung, wie sie an den Romanstoffen sich vollzog, wurde auch den Charakteren zu teil. Die ersten modernen deutschen Romane sind um die sozialen Verhältnisse ihrer Helden sehr unbekümmert. Die Helden leben und lieben in den Tag hinein; sie haben soviel innere oder äußere Erlebnisse, zeigen so viele schöne Gedanken und Empfindungen, haben so viele Abenteuer zu bestehen, daß die Frage, wovon und wie sie leben, kaum gestreift wird. Sie sind echte Dichterkinder, in denen ihr geistiger Vater allein dichtet und denkt und die an der Welt nur die Ideale interessieren, welche die Menschheit sich geschaffen hat. Außer der Liebe sind es zunächst nur Poesie und Kunst, die den Romanhelden interessant machen. Der Typus des Liebhabers, welcher eine Liebe nach der anderen überwindet, ist dem deutschen Romane von Anfang an sympathisch gewesen und mit ungewöhnlicher Zähigkeit hält er an ihm auch in unseren Tagen noch fest. Daraus zu schließen, daß wir Deutsche in der Schilderung von Liebesverhältnissen das Wesen des Romanes sehen, möchte mehr als voreilig sein. Viel richtiger wäre der gegenteilige Schluß, daß die Liebe nicht allein die Seele des Romanhelden auszufüllen vermag, und dieser Gedanke ist mit dem stärker gewordenen Wirklichkeitssinne immer mehr und gewiß mit Recht als entscheidend von dem Romandichter vertreten worden. Etwas zu wollen und zu wagen ist Lebenstrieb dem deutschen Gemüte, und so sind in unseren besten Romanen die Helden Wollende und Wagende.

Der Inhalt ihres Lebensideales verändert sich nach den Gedanken und Stimmungen des Dichters selbst; wie dieser aber aus dem Reiche der Träume, so sind auch seine Helden mälig in die Arena der Wirklichkeit herabgestiegen, haben sie sich immer lebhafter in der Beschränktheit und Gebundenheit einer bestimmten sozialen Sphäre gefühlt, in der sich zu bescheiden oder gegen die anzukämpfen ihr Schicksal ausmacht. Nicht bedeutungslos ist es ferner, wie im Romane die Vertreter der Stände sich im allgemeinen Interesse der Zeit abwechseln, wie bald dieser, bald jener Stand die Herrschaft der Lesewelt erringt; ja nicht bloß auf die Stände selbst, auf die beiden Geschlechter erstreckt sich dieser Wechsel. Vom Anfange unseres Jahrhunderts bis zu den Jungdeutschen dominiert im Romane der Mann; er liebt und die Jungfrau wird geliebt, sein Schicksal erregt den höheren Anteil. Die jungdeutsche Periode bis 1848 stellt dagegen mit einem Male das Weib in den Vordergrund, das seine Rechte von der Gesellschaft verlangt, und da sie die Gesellschaft verweigert, so gewährt sie der Roman. Wie die Helden in den Romanen Frauen sind, so sind es auch Frauen, die jetzt die Feder des Romanschriftstellers in die Hand nehmen. Dann kehrt sich das Verhältnis von neuem um und in unseren Tagen seit den 70er Jahren hat es sich leider wieder so gewandt, daß im allgemeinen die Frau im Romane den Ton angiebt, ihn schreibt, ihn liest und sich zu seiner Heldin macht.

Die Typen des Romanes, wie sie sich im Laufe der Jahre verändern und umgestalten, sind charakteristisch für das gesellschaftliche und soziale Leben einer Zeit, nicht bloß für die Individualität ihrer Autoren; sie sind Reflexbilder aller Stimmungen und Verstimmungen, jeden gesunden und jeden kranken Stoffes, der sich in den Anschauungen einer Generation erzeugt und abgelagert hat. Sie sind Gradmesser für die ethische Wärme und die natürliche Kraft dieser Generation. Wer die Romanhelden von Werthers Tagen bis auf unsere Gegenwart, in Reihe und

Glied aufgestellt wie eine Armee übersicht und mustert, erkennt bald, daß wir Deutsche männlicher, fester und gesunder geworden sind. Wir haben gelernt, die Aufwallungen des Gemütes, eine leicht entfesselte Empfindsamkeit zu beherrschen und ihren Ausdruck zu dämpfen, unsere Willenskraft ist energischer, dauerhafter und beständiger geworden, unsere ethischen Grundsätze haben sich vertieft. Der jugendliche zügellose Schwung der Phantasie, der glückliche Rausch in Schmerz und Entzücken, der weltenüberfliegende Enthusiasmus, alles das ist uns verloren gegangen, wir haben andere Eigenschaften für sie eingetauscht, welche der Phantasie bestimmte Ziele und Aufgaben gesetzt, sie mit dem edelsten Gehalte der Wirklichkeit gesättigt haben.

Diese Bemerkungen führten vielleicht weiter als sie sollten. Zwischen dem ästhetischen Gebiete des Romanes und den Geschehnissen der Wirklichkeit bleibt ja immer eine gewisse Kluft, denn niemals ist der Roman Wirklichkeit oder auch nur die vollkommene Photographie derselben. Was er zu gewähren vermag, sind nur Spiegelbilder der Wirklichkeit im Medium der dichterischen Individualität und was zwischen diesen und der Welt der Geschichte besteht, ist nur eine Analogie der Entwickelung, die indessen sicherlich auf einem gemeinsamen Grunde beruht. Immerhin müssen wir eingedenk bleiben, daß der Roman eine Dichtung ist und daß für die Dichtung die ästhetischen Gesichtspunkte die ersten und letzten sind. Auch unsere Betrachtung möchte zugleich für manches vergessene bedeutende Werk das ästhetische Interesse wieder wecken, und hofft gerade dadurch das Verständnis desselben zu erleichtern, wenn sie sein Verhältnis zu den geistigen Anschauungen seiner Zeit in das rechte Licht stellt.

In dieser ästhetischen Entwickelung des deutschen Romanes findet sich nun stärker als in anderen Dichtungsarten eine gewisse Eigentümlichkeit ausgebildet, die dem Romane in den Augen des Chauvinismus nicht zum Vorteile dienen wird: er steht unter der Einwirkung **fremdnationaler** Einflüsse. Es hängt das mit seiner gesellschaftlichen Natur zusammen, er hat damit aber auch einen internationalen Beruf gewonnen, wenn sich durch ihn wie durch einen gemeinsamen Hausfreund die Völker in ihren nationalen Sitten und Lebensanschauungen kennen lernen. So haben auch fremde Muster den deutschen Romandichter so gut wie Romanschreiber oft genug entscheidend beeinflußt, und wie man nicht eine Geschichte des deutschen Dramas schreiben kann, ohne Shakespeares zu gedenken, so läßt sich auch nicht vom deutschen Romane erzählen, ohne Walter Scott und andere Meister zu erwähnen. Ja, es sind sogar nicht einmal immer die ausländischen Meister, welche die breiteste Spur in unserer belletristischen Litteratur hinterlassen haben, es sind auch die Sensationshelden der Mode, denen man in Deutschland so gut nachgeeifert und nachgeschrieben hat wie in anderen Ländern. Allein auch das muß unserem Romane nachgesagt werden: so bereitwillig er fremde Bahnen einschlug, fremde Motive noch einmal ausnutzte, fremde Ideen zu den seinigen machte, was der deutschen Natur widerstrebte, ist von ihr rasch genug wieder abgestoßen worden, und für das, was sie an fremdem Gute wirklich gewann, wird sie sich nur dankbar erweisen können. Das Beste von allem war vielleicht die Form des Romanes selbst, die in der deutschen Ursprünglichkeit nur mit einem gewissen Ungeschicke gehandhabt wurde; auch hierin haben wir wie im Drama zwischen der französischen und der englischen Technik die Mitte zu wahren gesucht, am meisten freilich der letzteren verpflichtet, bei welcher die verwandte Stammesart uns von vornherein anziehen mußte. Mit der Form kamen zugleich die Ideen über den Rhein und den Kanal zu uns und wohl läßt sich die Behauptung begründen, daß keine Gattung der Poesie in dem Maße die großen geistigen Strömungen in sich aufgenommen, welche durch die moderne Kultur gehen, wie der Roman. Man kann ihn geradezu einen Pionier der

Kultur nennen; er ist eine von den unermüdlichen Mächten, die daran arbeiten, die Sperren und Dämme nationaler Vorurteile niederzureißen, Licht und Freundschaft in die Herzen der Völker zu tragen, sie in gemeinsamen Gedanken zu dem großen Werke der Humanität zu verbinden, für das doch in letzter Reihe allein die Nationen in die Welt gekommen sind. Die schöne Stunde, in der wir uns in die poetische Schöpfung eines fremden Dichters vertiefen, bringt uns auch seinem Volke nahe, und um so näher, wenn wir hier es selbst in lebendiger Tüchtigkeit ringen und sich mühen sehen. Das Los gemeiner Menschlichkeit ist überall gleich; wer es in reinen und getreuen Zügen schildert, bewegt heutzutage die Herzen der gesamten Kulturwelt. Die Menschheit lauscht seinen Worten.

Erster Abschnitt:
Der klassische und der romantische Roman.

Wenn der Romandichter das Bild seiner Zeit und Gesellschaft in seinen Werken wiedergiebt, so kann die geschichtliche Betrachtung den Roman der Vergangenheit nicht ohne einen Blick auf die realen Verhältnisse und die Richtung des geistigen Lebens jener Vergangenheit verstehen und würdigen. Der Roman des 19. Jahrhunderts hat seine Grundlagen in dem sogenannten klassischen Roman, nicht darum klassisch, weil er den Höhepunkt der Romandichtung darstellt, sondern weil dies Wort als Ausdruck litterarischer Kanonisation seinen Schöpfern zuerteilt worden ist. Vor allem ist es Goethe, an den wir zu denken haben, wenn wir von dem klassischen Romane sprechen. Goethes Geist war so reich, daß er ein Jahrhundert in sich zusammenfaßte und ein anderes voraussah. Er ist unser Zeitgenosse und wird noch der Zeitgenosse unserer Nachgeborenen sein. Wenn wir uns in ihn versenken, vergessen wir, wie sehr die Geschichte seitdem das Angesicht der Erde und unseres eigenen Vaterlandes verändert hat, wie viel uns selbst zu eigen geworden ist, was seine leuchtenden Dichteraugen noch nicht sahen und woran sein Geist noch keinen Anteil hatte.

Dennoch ist es zur richtigen Würdigung des Romanes, nicht bloß des Goetheschen, zu Ende des 18. und zu Anfang des 19. Jahrhunderts gut und notwendig, den Unterschied und den Gegensatz hervorzukehren, in welchem unsere eigene Zeit zu jener abgelaufenen Periode sich befindet. Er ist so groß wie vielleicht nie der Unterschied zwischen Beginn und Ausgang eines Jahrhunderts gewesen ist. Die Helden der Freiheitskriege stehen in politischer, nationaler und wirtschaftlich=technischer Hinsicht dem Bürger des dreißigjährigen Krieges näher, als wir mit unserem Staatsleben, unseren Eisenbahnen, Telegraphen und Zeitungen ihnen selbst. Unsere Schulkinder empfangen mit dem ersten Unterricht Anschauungen und Begriffe, welche den Gebildeten damals, wenn überhaupt, so nur als Traum und Märchen vorschwebten. Staat und Gesellschaft sind ver= ändert worden, die ökonomischen Verhältnisse haben durch den ungeheuren Aufschwung der Technik eine eigenartige Entwickelung erfahren und ein immer kräftiger werdendes Nationalbewußtsein gründet sich auf reale, politische Institutionen, nach welchen damals nur die subjektive Sehnsucht vorhanden war. Es gab kein großes, mächtiges Deutschland, ja nicht einmal einen geo= graphischen Begriff für dieses Wort. Deutschland war das märchenhafte Land, das sich erstreckte, „soweit die deutsche Zunge klingt und Gott im Himmel Lieder singt". Es hatte keine Ver= fassung, es war ein Raritätenkabinet von Verfassungen. Es war kein Staat, sondern eine Staatenbündelei, in welcher es einen Kaiser, Könige, Reichsfürsten, Reichsgrafen u. s. w. im bunten Durcheinander gab. Kein politisches Band hielt die Bürger dieser Staaten und Städtlein inniger zusammen. Seitdem der große Preußenkönig die Augen geschlossen hatte und das preußische Schwert auf faulenden Lorbeeren ruhte, war auch die Teilnahme für deutsche Angelegenheiten selbst in den Schichten der Gebildeten erloschen. Von den Händeln der Welt waren es nur die Ereignisse in Frankreich, die Staunen und Aufsehen in der deutschen Kleinstädterei erregten. Die Revolution von 1789 hatte erst Enthusiasmus, dann Enttäuschung und Abscheu hervorgerufen, nun aber kam die dämonische Gestalt Napoleons I.

Man sah einen einfachen Artillerie-Offizier, der sich zu dem
Glanz der Kaiserkrone emporhob, der als Cäsar die Welt zu
unterjochen begann, bis die eine Flammennacht von Moskau
seine Herrlichkeit in Asche legte. Diese Erscheinung war so
außerordentlich, wuchs so über den Alltag hinaus, daß sie, wie
sich litterarisch feststellen läßt, das deutsche Gemüt damals mehr
beschäftigt hat als seine eigenen Unglücks- und Freiheitskriege.
In romantischer Weise verknüpfte man später die politische
Gestalt des französischen Eroberers mit der pietistischen Idee
des Antichrists und gründete aus diesem Gedanken heraus die
„heilige Allianz". Die Freudenfeuer zur Erinnerung an die
Schlacht von Leipzig erloschen vielfach wenige Jahre nach der
ruhmreichen Völkerschlacht, das Andenken Napoleons blieb. Die
christliche und patriotische Romantik hatte ihn im zähneknirschen-
den Haß mit Kleist den „Höllensohn" genannt, die atheistische
Romantik (Heine) bewunderte und vergötterte ihn als Titanen.

Dürr, pedantisch und schwerfällig war das gesellschaftliche
Leben dieser Epoche. Es gab keine Metropole, deren geistige
Schwingungen erregend und belebend sich bis in den kleinsten
Winkel deutscher Erde fortpflanzen konnten; der politischen
Dezentralisation entsprach auch die gesellschaftliche. Geistreiche
Zirkel und ästhetische Thees von ausgesprochen litterarischem
oder künstlerischem Charakter in einigen größeren Städten, so
in Berlin, Weimar, Dresden und Heidelberg — das war alles.
Die Stände standen einander schroff und hochmütig gegenüber,
der Adel allen Volkskreisen, der Offizier dem Gelehrten, der
Gelehrte dem Bürger. Wenn Goethes Wilhelm Meister in
dem edelsten Freundschaftsverhältnis zu den adligen Personen
des Romanes steht, so eilt die Anschauung des Dichters von
der geistigen Ebenbürtigkeit der gesellschaftlichen Begriffen seiner
Zeit weit voraus. Das bürgerliche Genie in Schiller und
Goethe mußte sich zu dem Wörtchen „von" bequemen. Was
die ästhetischen Zirkel betrieben, war der Extrakt, die Blüte

der Kulturarbeit eines ganzen Jahrhunderts, freilich erschien es dem Fremden als ein Nebel von Poesie, Mystik und Philosophie, welcher für die Menge auch der wohlhabenderen Kreise undurchdringlich war. Madame de Staël, dieser weibliche Tacitus des romantischen Deutschland, klagte in ihrem Buche „De l'Allemagne" bitter, daß die Deutschen nicht zu plaudern verständen. In der That ist in den künstlerisch am höchsten stehenden Romanen jener Zeit der Tiefsinn Wortführer und der Dialog läßt nur allzu sehr den anmutigen Reiz eines reich entwickelten Gesellschaftslebens vermissen.

War man in den litterarischen Klubs geistreich, so zeigte man sich in der bürgerlichen Gesellschaft pedantisch. Der Bürgerstand war eine Kaste für sich, eingepfercht in die Beschränktheit des kleinstädtischen Lebens, in welcher der kräftige Gemeinsinn des Mittelalters schon längst verstorben war. Tüchtiger, biederer Sinn fand sich auch hier und ein patriarchalischer Geist erfüllte das Familienleben. Aber beides verkümmerte und versauerte doch vielfach. Die Möglichkeit, durch Reisen seine Anschauungen zu erweitern, war dem Bürger bei der Schwierigkeit der Verkehrsverhältnisse sehr beschränkt; die Reichspostkutsche der Herren von Thurn und Taxis erwies sich als teuer und unbequem. Damals konnte, wer eine Reise that, wirklich etwas erzählen, und es war seinen Zuhörern fast lieb, wenn er sich bei der Erzählung seiner Abenteuer nicht zu sehr an die Wahrheit hielt. Man erlebte eben nichts und es dauerte lange, ehe die Welle großer Zeitereignisse sich bis zu den Mauern dieses kleinstädtischen Daseins fortwälzte. Wer aber nichts erlebt, verliert zuletzt den Maßstab für die Beurteilung von Begebenheiten; er sieht in dem Kleinen und Kleinlichen ungemein interessante Dinge und andererseits ist nichts abenteuerlich und phantastisch genug, um seiner Phantasie imponieren zu können. Bei manchen belletristischen Erzeugnissen, die damals verschlungen wurden, packt uns ein Erstaunen, wie diese Lange-

weise ertragen wurde, und bei anderen wie den Ritter- und
Räuberromanen begreifen wir nicht, daß diese Folge von Abenteuern und Unsinnigkeiten jemals Interesse erwecken konnte.
Adel, Gelehrte und Bürger, im gesellschaftlichen Leben durch
eine Kluft geschieden, fanden sich allein in den geheimen Gesellschaften des Freimaurer- und Rosenkreuzertums zusammen,
gleichsam in einer anderen idealeren Welt, welche das Licht des
Tages scheuen mußte. Aber daß die Stände überhaupt den
inneren Drang fühlten, auf einem gemeinsamen Boden sich zu
begegnen, war dennoch überaus charakteristisch für die Zeit.

Ein merkwürdiger Gegensatz kennzeichnet diese Epoche und
ihr geistiges Leben. Alle sozialen Institutionen waren darauf
eingerichtet, das Individuum in festgefügten Schranken zu halten;
kleinlich wie diese selbst, mußten in ihnen auch die Anschauungen
des Einzelnen werden, und in allem, was auf das praktische
Leben, auf die Bethätigung des Willens Bezug nahm, waren
und blieben sie es auch. Trotzdem hatte sich dieses Zeitalter
zu einer Verehrung des Individuellen, zu einem weitumfassenden
Begriff der menschlichen Natur und zu einer Freiheit des Gedankens emporgeschwungen, wie sie nur ein auf das Aeußerste
gesteigerter Idealismus erzeugen kann. Land und Meer waren
unter den Völkern nach dem Ausspruch Jean Pauls bereits
verteilt, den Deutschen war nur die Luft geblieben, d. h. das
Reich der Träume. Im Anfang des 18. Jahrhunderts hatte
der Pietismus gelehrt, die Augen nach innen zu richten, die
Wirklichkeit war das Thränen- und Jammerthal, nur in seinem
Gemüt sollte der Mensch göttliche Gnade und Erlösung finden.
Auf die religiöse Inbrunst folgte dann die Begeisterung für die
Kunst, aber das Land des Schönen lag in jener Vergangenheit,
da man die Tempel der Venus Amathusia baute. Reste seiner
Herrlichkeit barg noch der sonnige Süden Italiens, nur war er
fern, so fern, daß allein behagliche Vermögensverhältnisse und
die Sehnsucht zu ihm den Weg fanden. Die Bibel hatte den

Natursinn wieder geweckt, jedoch im Geiste der Psalmen ihn gebildet, in welchen die Himmel jauchzten, die Grundvesten der Erde bebten und Gott auf den Fittigen des Windes schwebte. Das Gefühl des Unendlichen ging diesem Geschlechte in seiner vollen Stärke auf; das Unendliche vermochte man nicht zu schildern, dafür stammelte das Gefühl den ekstatischen Ausdruck seiner Erregung. Erst in der Darstellung idyllischer Ländlichkeit und homerischer Natureinfachheit kam man zu einer gewissen Ruhe und Anschaulichkeit. Die aufgeregte, entfesselte Empfindung durchströmte zugleich die innigeren Beziehungen menschlicher Gemeinschaft mit einer Leidenschaftlichkeit, welche die Willenskraft untergrub. Vielleicht wäre sie in Wahnwitz ausgeartet, wenn nicht der nach innen gekehrte Sinn auch dort Steuer und Kompaß gefunden hätte. Wie das abstrakte Gefühl, so entdeckte man auch die abstrakte Vernunft; beides verbunden ergab den abstrakten Menschen. Man baute mit den Regeln dieser abstrakten Vernunft das Weltall ebenso wie den Staat von neuem auf. Die Seele umfaßte nun einmal alle Geheimnisse, die höchsten und feinsten Kräfte des Universums, sie war die Harfe, auf welcher der Weltgeist seine Akkorde anschlug; das Individuum brauchte nur auf diese Töne aufmerksam zu lauschen. Man erkennt hier den Punkt, in welchem Klopstocks „Oden", Goethes „Werther" und Kants „Kritik der reinen Vernunft" sich begegneten. Diese Richtung auf das innere Dasein erschien in dem Lauf der Alltäglichkeit vergröbert zu einem Kultus des Persönlichen. Man merkte auf jeden eigenen Herzschlag, notierte sich in Tagebüchern seine Empfindungen; jeder Brief war ein psychologisches Bekenntnis, die Beichte einer schönen Seele, und wer einen Roman schrieb, ließ seinen Helden mit Vorliebe in der ersten Person erzählen oder vielmehr reflektieren. Ich-Romane und Romane in Briefen gehörten zu den Lieblingsformen der Belletristik. Der Ueberschwang der Empfindung erzeugte Kontraste zwischen dem, was man sprach, und dem, was man that, welche auch in den Herzensverkehr der beiden Geschlechter etwas Unwahres und Affektiertes brachten. Die Liebe war eine poetische Religion, bei der es nicht so genau genommen wurde, in welchem Tempel man seine Andacht abhielt. Die über den Rhein gekommene Frivolität trug dazu bei, die sittlichen Normen des Ehelebens ins Schwanken zu bringen. In Frankreich hüllte sich diese Frivolität in die Formen des Salontons, in Scherz und Esprit, in Deutschland schillerte sie in allen Regenbogenfarben der Sentimentalität, während der Geist der sinnlichen Lüsternheit dann wiederum keck zu Tage trat. In den Romanen nach „Werther" ist der Don=Juan=Typus fast der beliebteste; der Held hat immer ein großes Herz, und die Schönen, die er erobert, müssen bitter über ihn weinen, wenn sie sich nicht von anderen Helden trösten lassen.

Aus diesen sozialen und kulturellen Verhältnissen am Ende des 18. und am Beginn des 19. Jahrhunderts erwuchs der moderne deutsche Roman. Er war da, als das Individuum den Zwiespalt zwischen der Welt seines Innern und der Welt der Wirklichkeit empfand und in einer leidenschaftlichen Schilderung diese beiden Welten einander gegenüberstellte. Goethes „Werther" war der erste moderne Roman.

1. Goethe und Jean Paul.

Als der „Werther" im Herbst 1774 erschien, war Goethe 25 Jahre alt. Der Hauch der genialischen, ewigen Jugend lebt in der Sprache dieses Romanes, obwohl die Zustände und das Gesellschaftsbild, das er schildert, längst überwunden sind und auch in der Technik selbst der moderne Roman ganz andere

Grundsätze befolgt. Die langen Gefühlsergüsse ermüden heute, der Held erscheint schwachherzig und matt; er quält sich mit seiner Leidenschaft, wo wir rasche Entschlüsse erwarten möchten. Das Problem des Romanes ist überaus einfach, und das Stückchen Welt, das der Dichter vor uns aufthut, wie weit liegt es ab von dem bewegten Leben unserer Zeit gleich einem idyllischen, in Sonntagsstille schlummernden Dörfchen! Und doch fesselt uns nicht bloß der Reiz dieses Idylls, der Held selbst bewegt unser Herz trotz seiner überschwänglichen Sentimentalität, seinen Reflexionen und Schwärmereien, denen erst die Sonne Homers, dann der düstere Mond Ossians aufgeht. Ein geheimes Band der Sympathie verknüpft uns mit Werther, als könnte er ein Sohn unserer Tage sein. Es ist mehr als eine Liebestragödie, was sich in dem Buche abspielt, und wenn es einer Zeitkrankheit seine Entstehung verdankt, das Zeitliche liegt nur in der Sentimentalität, die Krankheit ist auch dem 19. Jahrhundert geblieben. In späteren Jahren hat Goethe es selbst ausgesprochen, daß der „Werther" weit über seine Zeit hinausreiche. „Gehindertes Glück, gehemmte Thätigkeit, unbefriedigte Wünsche", sagte er mit Bezug auf den Helden, „sind nicht Gebrechen einer besonderen Zeit, sondern jedes einzelnen Menschen, und es müßte schlimm sein, wenn nicht jeder einmal in seinem Leben eine Epoche haben sollte, wo ihm der Werther vorkäme, als wäre er bloß für ihn geschrieben". Darin liegt der moderne Charakter des „Werther". Aus der Stärke seiner Wünsche und Leidenschaften schöpft das moderne Individuum das Recht auf deren Befriedigung und dem Eigensinn des Lebens legt es Forderungen vor, welches dieses mit der schwerfälligen Wucht seiner Verhältnisse zurückweist. Nicht die Liebe allein trägt die Schuld an Werthers Selbstmord, auch die sozialen Zustände, auf die sein bitterer Hohn fällt, treiben ihn zu dem verhängnisvollen Schritte, obgleich diese Motive weniger stark von dem Dichter herausgearbeitet worden sind.

Die Leidenschaft ist immer revolutionär und ihre Gedanken sind nicht die Welt des Philisters, dem die Güter der Erde im Schoße liegen und der sich nicht zu rühren wagt, aus Furcht, sie zu verlieren. Die Widersprüche des Lebens fühlt nur der, welcher unter ihnen zu leiden hat. Werther entwickelt geradezu dieselben Forderungen, mit welchen die moderne französische Dramatik gegen die Gesellschaft Krieg führt. „Es ist wahr (ruft er aus), der Diebstahl ist ein Laster, aber der Mensch, der um sich und die Seinigen vom Hungertode zu erretten, auf Raub ausgeht, verdient der Mitleiden oder Strafe? Wer hebt den ersten Stein auf gegen den Ehemann, der im gerechten Zorne sein untreues Weib und ihren nichtswürdigen Verführer aufopfert? gegen das Mädchen, das in einer weihevollen Stunde sich in den unaufhaltsamen Freuden der Liebe verliert?" Könnten diese Sätze nicht in den Werken des jüngeren Dumas stehen oder vielmehr stehen sie nicht darin? Das berüchtigte „tue-la" und das Thema der „Denise" klingen in diesen Gedanken an. Nicht bedeutungslos ist es darauf hinzuweisen, daß der „Werther" der „Nouvelle Héloise" von Rousseau entsprungen ist, daß in die Wiege unseres modernen Romanes der französische sein Pathengeschenk gelegt hat. — „Ach, ihr vernünftigen Leute!" rief ich lächelnd aus. „Leidenschaft! Trunkenheit! Wahnsinn! Ihr steht so gelassen, so ohne Teilnahme da, ihr sittlichen Menschen! Scheltet den Trinker, verabscheut den Unsinnigen, geht vorbei wie der Priester und dankt Gott wie der Pharisäer, daß er euch nicht gemacht hat wie einen von diesen. Ich bin mehr als einmal trunken gewesen, meine Leidenschaften waren nie weit vom Wahnsinn und beides reut mich nicht. Denn ich habe in einem Male begreifen lernen, wie man alle außerordentlichen Menschen, die etwas Großes, etwas Unmögliches wirkten, von jeher für Trunkene und Wahnsinnige ausschreien mußte". Was hier ausgesprochen ist, verhallte nicht. Mehr als einmal ist die Zeit wiedergekommen, wo die Werthernaturen das Recht der Leidenschaft der Welt gegenüber trotzig geltend machten, und immer ging freilich der Lauf der Dinge mit der Fülle seiner Aufgaben ruhig an diesen zerrissenen Herzen vorüber.

Erst auf der Mittagshöhe seines Lebens veröffentlichte Goethe seinen zweiten Roman „Wilhelm Meisters Lehrjahre" (1795—96), das Ergebnis einer fast zwanzigjährigen Arbeit, der er nach abermals zwanzig Jahren eine Fortsetzung „Wilhelm Meisters Wanderjahre" (1829) gab. Die reife Erfahrung des Mannes, den Welt und Leben über das in jedem Menschenschicksale waltende Gesetz belehrt haben, spricht aus den „Lehrjahren" und ihrem Helden. Werther, eine problematische, gebrochene Natur, endet tragisch, Wilhelm Meisters Irrfahrten durch die Welt dienen der Entwickelung und Läuterung seines Charakters, den das Geschick schließlich zu seinem Lebensglücke führt. An Stelle der aufgeregten Empfindsamkeit findet sich nun des Dichters ruhiger, behaglicher Fluß der Diktion; hell und klar wie das Wasser, welches die Geheimnisse seiner Tiefe offenbart, ziehen reizvolle Gedanken an uns vorüber. Die matten satirischen Lichter des „Werther" sind durch einen sanften Humor ersetzt; spielend webt er in die Erzählung hinein gleich dem Sonnenlicht, das auf die Geäste des Waldes fällt. Schon die ersten Briefe des „Werther" erfüllen uns mit einer bangen Sorge um den Helden, und ebenso beweist uns schon das erste Kapitel von „Wilhelm Meisters Lehrjahren", daß das Schicksal Wilhelms in einer sicheren Hand ruht. Aber die Wirklichkeit tritt nicht viel schärfer hervor, als im „Werther", das Welt- und Gesellschaftsbild, welches der Roman umspannt, ist in unbestimmten Farben gehalten, nur die Theaterverhältnisse sind mit größerer Anschaulichkeit entwickelt, während im übrigen der Dichter eine Scheu vor der dreisteren Schilderung konkreter Zustände zu hegen scheint. Dürftig ist auch die Erfindung der Fabel: ein Kaufmannssohn zieht in die Welt, gerät unter das

Theatervolk, erlebt allerlei Liebschaften, wird mit Edelleuten bekannt und von ihnen in ihre Gemeinschaft aufgenommen. Er heiratet eine sehr vernünftige und verständige Dame, der er selbst mit ebenso ruhiger und vernünftiger Neigung sich genähert hat. Die Fäden, die von einem Ereignis zum anderen leiten, sind kaum merklich, die geheime Gesellschaft des Thurmes bleibt in ihren Zwecken uns fremd und rätselhaft; ein stärkeres geheimnisvolles Interesse gewinnt die Fabel nur durch die Einführung Mignons und des Harfners; hier greift sie in das romantische Gebiet und bedient sich der starken Farben desselben: süße Sehnsucht, leidenschaftliche Innigkeit, der tief melancholische Hauch einer fernen träumerischen Welt, banger Schmerz und grausige Erschütterung, aus ihnen ist Mignons Charakter und Schicksal zusammengewoben. Die Frauengestalten des Romanes: Marianne, Philine, Aurelie, Natalie und ihre Tante, die „schöne Seele", drängen sich überhaupt stärker der Phantasie des Lesers auf als die männlichen Charaktere. Sie sind in unserer Romanlitteratur fast typisch geworden, und wüßte man nichts weiter als Wirkung der „Lehrjahre" anzugeben, als daß ihre Heldinnen immer wieder die Bewunderung Nachschaffender gefunden haben, so würde der Roman außer der ästhetischen doch eine weitgehende litterargeschichtliche Bedeutung besitzen.

Allein die „Lehrjahre" haben noch viel tiefer auf ihre Mit- und Nachwelt eingewirkt. Man kann sagen, noch heute zwingen sie jeden künstlerisch arbeitenden Romandichter, sich mit der Theorie und Praxis dieses Goetheschen Meisterwerkes auseinanderzusetzen. Die Theorie, welche der Dichter lehrt: der Roman stelle im Gegensatz zu den Handlungen und Charakteren des Dramas Begebenheiten und Gesinnungen dar, der Romanheld sei gegenüber dem Held des Dramas passiv — war von dem englischen Roman jener Zeit abstrahiert; in dem Sinne, in welchem Goethe sie meinte, ist sie in der späteren Zeit von den besten Mustern befolgt worden. Nur darf man nicht ver-

gessen, daß ihre etwas einseitig-bestimmte Formulierung durch
den Vergleich mit dem Drama geboten war. Auch der Romanheld ist nicht bloß leidend, auch er bewegt sich nicht bloß in
Gesinnungen und ist nicht, wie Goethe es wollte, auf einen
glücklichen Ausgang seines Schicksales angewiesen. Aber er
setzt auch nicht so sehr wie der Held des Dramas bestimmtere
Willensmotive dem Geschicke entgegen, vielmehr läßt er sich gern
von der Welle des Zufalles treiben, und in welcher Weise er
diese zu benutzen weiß, entscheidet zuletzt über Glück oder Unglück seines Lebens. Das Schicksal, das im „Wilhelm Meister"
waltet, ist ein wohlwollendes; wie in dem Amadis, dem alten
Ritterroman, die Geister den Helden mahnend und ratend nahen,
so ist es hier die geheime Gesellschaft des Turmes, welche sich
des „Lehrlings" annimmt, ihn zwar irren läßt, bis er den
Irrtum gründlich ausgekostet hat, doch dazu beiträgt, daß er
über diesen Irrtum zur Klarheit gelangt, ehe er daran zu
Grunde geht. Diese „Maschinerie", wie es Schiller vielleicht
in derselben Erinnerung an die alten Ritterepen nannte, ist ein
höchst unglückseliger Apparat der „Lehrjahre"; in dem Zeitalter der Freimaurer und Rosenkreuzer hatte er noch ein romantisches Gepräge, Goethe wollte ihm zugleich einen symbolischen
Gehalt geben, die alles zum Besten wendende Hand der Lebensmächte in ihm versinnbildlichen; jetzt schadet er dem Verständnis
und der Wirkung des Romanes. Mit einem bestimmten Ideal
tritt Wilhelm Meister in das Leben, der Schauspielkunst möchte
er sich widmen, eine Nationalbühne gründen; als er diesem
Traume aber nachgeht, führt ihn das Glück auf einen anderen
Platz und in eine andere Stellung, welche seinen Drang nach
Bildung des äußeren und inneren Menschen allein befriedigt.
Die Zeit, in welcher er irre ging, war die Lehrzeit seines
Lebens. So manche Bedenken man auch gegen die Durch-
führung des Problemes erheben mag, in der allgemeineren
Formulierung, daß der moderne Zeitroman Entwickelungs-

geschichte sein müsse, ist in den „Lehrjahren Wilhelm Meisters"
für die deutsche Litteratur ein dauerndes Muster oder Schema
gewonnen worden. Freilich wird die Entwickelung des Indivi=
duums hier in einem besonderen Sinne aufgefaßt. Nicht an
kraftvollen Thaten erprobt sich der Mann, sondern allein der
unendliche Bildungsdrang des Jünglings wird, ähnlich wie in
Wielands „Agathen", auf sein bestimmtes Maß zurückgeführt,
welches die Forderungen des Herzens mit den Ueberlegungen des
Verstandes in einen natürlichen Einklang bringt. Die Harmonie
der „schönen Seele" war das psychologische Ziel der Entwickelung.
Die Stürme der Leidenschaft sind zur Ruhe gekommen, und von
dem schlichten Bürgersohn, da er seine Hand für immer der
verständigen Natalie reichte, gilt der Spruch aus dem „Faust",
dort wie hier das Motto der Dichtung: „Wer immer strebend
sich bemüht, den können wir erlösen". Diese einseitige Richtung
der „Lehrjahre" auf die Bildung ist an dem Roman am ersten
verstanden worden und hat in jener Epoche eine ganze Kategorie
solcher Bildungsromane hervorgerufen.

Nur mit wenigen Worten kann hier auch der Fortsetzung
der „Lehrjahre", „Wilhelm Meisters Wanderjahre"
gedacht werden. Sie sind kein Roman, sondern ein Novellen=
Cyklus und diese äußere Form an ihnen hat vielleicht am
meisten nachgewirkt, wenn sie auch von den Nachschaffenden
kunstvoller und einheitlicher gehandhabt worden ist als von dem
greisen Dichter, der sie nicht über den Charakter einer bloßen
Sammlung hinausbrachte. Trotzdem darf man nicht verkennen,
daß Goethe eine alte Grundform der epischen Darstellung in
den „Wanderjahren" auch für den deutschen Roman, wiederum
nutzbar gemacht hat, eine Form, die erst in unserer Gegenwart
in entschiedenem Maße zur Anwendung gekommen und vielleicht
noch eine reiche Zukunft hat. Während die Form der „Lehr=
jahre" das Weltbild aus einem Kreise umfaßt, dessen Mittel=
punkt der Held ist, erweitert es sich hier zu einer ganzen Reihe

von Kreisen, die sich gegenseitig berühren oder vielmehr mit ihren Sphären ineinander greifen sollten. Am geistreichsten hat sich dies Schema für die Novelle erwiesen, allein auch für den modernen Roman hat es eine Bedeutung, die am besten durch Balzacs „comédie humaine", Zolas „Rougon-Macquart", Freytags „Ahnen" und Sacher Masochs „Vermächtnis Kains", Kellers „Sinngedicht" u. s. w. erläutert wird. Leider kann man nicht behaupten, daß der Dichter des „Wilhelm Meister" in den „Wanderjahren" noch auf der Höhe seiner Kraft steht; Phantasie und Schaffenskraft haben in den Novellen nach= gelassen, die Gestalten verblassen zu dünnen Schemen, stärker und fast aufdringlich macht sich der lehrhafte Zug der Diktion bemerkbar. Um so eigentümlicher und reizvoller ist die Ge= dankenwelt des Romanes, deren Geheimnisse noch kaum sämtlich erforscht sind. Die „Wanderjahre" bilden denselben Parallelis= mus zu dem zweiten Teil des „Faust" wie die „Lehrjahre" zu dem ersten. Das Wissen und Erkennen, die Harmonie der Bildung tritt dem greisen Dichter hinter der That zurück; aus dem Bildungsvereine des Thurmes ist der große „Wanderbund" geworden, in welchem ein jeder sich einer schlichten praktischen Thätigkeit seinen Anlagen gemäß widmet und in welchem keine Standesvorurteile mehr bestehen. Wilhelm Meister wirkt als Wundarzt, freilich ist er mehr auf die Erziehung seines Sohnes als auf Patientenkuren bedacht. Pädagogische und sozialistische Ideen, welche die Menschheit durch eine neue Kultur reformieren wollen, werden in sonderbarer Form in dem Romane vorgebracht. Wüstes Land Amerikas erscheint als der Zukunftsboden, wo diese neue Kultur ihre ersten Früchte tragen und von welchem die Wanderer einst reicher und verständiger in die Heimat zurück= kehren sollen. Die Menschheit soll dadurch in sozialer wie in geistiger Hinsicht auf die höchste Stufe gehoben werden, mate= riell jedem ein angemessener Anteil an den Gütern dieser Erde, geistig der mögliche Grad der Entwickelung seiner seelischen

Kräfte gewährt werden. Ein wunderlicher Tiefsinn zeichnet diese Andeutungen aus, als habe der Greis mit dem seherischen Blick des Dichters noch einmal die ferne Weite der Zukunft durchmessen wollen, ehe sein großes Auge für immer diese Welt aus seinem Ringe entließ. Manches aus dieser Ideenwelt hat auch auf die spätere litterarische Produktion eingewirkt, doch können sich die „Wanderjahre" nicht mit den „Lehrjahren" messen, weder an künstlerischer Bedeutung noch an geschichtlichem Einfluß.

Eins der Probleme, welche Goethe hier in freier phantastischer Weise berührte, die Frage nach dem natürlichen und sittlichen Grunde der Ehe, ist in den „Wahlverwandtschaften" zu einer ebenso eigenartigen wie künstlerisch vollendeten Gestaltung gelangt. Die Novelle sollte ursprünglich in den Rahmen der „Wanderjahre" eingeschlossen werden; sie wuchs aber in ihrem Inhalte und ihrer Bedeutung über die dort notwendigen Grenzen hinaus und erschien darum in selbständiger Form. Als Kunstwerk ist sie zweifellos das reifste epische Werk des Dichters; mit Absicht betont er, daß an demselben nicht bloß das Herz, sondern auch der Verstand gearbeitet habe. Wie überall hat auch hier Goethe aus der Fülle seiner Lebenserfahrungen geschaffen und den eigenen Liebesschmerz zu einer dichterischen Verklärung erhoben. Der 60jährige war damals (1807) in Leidenschaft für die reizende Minna Herzlieb entbrannt. Das Problem des Ehebruchs indessen war ihm nahe gelegt durch die mannigfache Behandlung, die es in der zeitgenössischen Litteratur erfuhr, und die auch wir noch näher betrachten werden. Die „Wahlverwandtschaften" gelten leider noch heute in gewissen Kreisen als ein unsittliches Buch, sogar dort, wo man für ein französisches Unsittendrama öfter ein Lächeln des Entzückens als ein Pfui der Entrüstung bereit hat. Sieht man nun, wie Lafontaine, Kotzebue und Konsorten das Thema des Ehebruchs variierten und zu einem „versöhnenden" Abschlusse brachten, so

3*

wirkt der Dichter geradezu mit einer sittlichen Hoheit auf das Gemüt. In künstlerischer Steigerung, die nur im zweiten Teile leidet, wird uns das Sujet mit der wunderbaren Einfachheit und Anschaulichkeit des Goetheschen Stiles entwickelt; wir erfahren die Vorgeschichte des Ehepaares Eduard und Charlotte, welche uns zugleich einen tiefen Einblick in den Charakter dieser Ehe giebt; wir sehen mit der Ankunft des Hauptmannes eine erste Wolke über ihrem Glücke. Das Gespräch über die chemischen Wahlverwandtschaften, welche von den dreien so fälschlich ausgelegt werden, weist bereits auf Ottilien als eine bedeutsam eingreifende Persönlichkeit hin, bis dann thatsächlich mit ihrem Eintreffen die Lösung der Neigungen erfolgt, Eduard und Ottilien, Charlotten und den Hauptmann die verbotene Leidenschaft umstrickt. Die Folge davon ist jener geistige Ehebruch Eduards und Charlottens, den der Dichter so wahr und zurückhaltend zugleich in wenigen Sätzen schildert. Aber er schildert ihn als ein Vergehen, ebenso schwer und unsittlich wie der reale Ehebruch, und wenn Eduard am Morgen erwacht, scheint ihm „die Sonne ein Verbrechen zu beleuchten", und heimlich stiehlt er sich von der Seite seiner Gattin hinweg. Es ist einer der romantischen Züge in dieser Novelle, welche sonst selbst das Alltägliche nicht verschmäht, daß der Dichter den Ehebruch an dem Kinde offenbar werden läßt, welches die Züge des Hauptmannes mit den Augen Ottiliens auf seinem Gesichte vereinigt. Das geistige Element, die verborgene Leidenschaft, wirkt also auf die schöpferische Macht der Natur zurück. Das Bild von den vier chemischen Elementen, die paarweise verbunden, sich paarweise scheiden, um überkreuz sich wiederum zu verbinden, ist mehr als ein Gleichnis im Sinne des Dichters; es trifft die dunkle Naturseite der menschlichen Seele, aus welcher die Leidenschaften sich erzeugen. Im Sinne Schopenhauers möchte man sagen, es ziele auf den jeder Individualität zu Grunde liegenden Willen zum Leben. Aber dieser elementaren

Gewalt der Leidenschaften steht doch die Welt der Erkenntnis gegenüber als eine erlösende und befreiende Macht; Charlotte und der Hauptmann besiegen die Leidenschaft, Ottilie opfert sich selbst, sie zu besiegen und nur der schwache Eduard sucht vergebens, ihrer Herr zu werden und geht schließlich an ihr zu Grunde. Die Entwickelung entspricht den Charaktereigentümlichkeiten der Personen: der unstete, an Widerspruch nicht gewöhnte Sinn Eduards ist nicht zu bändigen, Charlotte und der Hauptmann sind kühlere und im Leben geprüfte Naturen, und für das jungfräuliche, der Leidenschaft noch wehrlos unterworfene Herz Ottiliens ist der Tod des Kindes die harte Leidensschule, in welcher sie selbst zur Entsagung sich durchringt. Daß der Dichter zum Schlusse sie zu einer wunderthätigen katholischen Heiligen erhebt, erklärt sich aus seinen damaligen romantisierenden Neigungen; für den Roman ist es freilich eher ein störender, als ein förderlicher Zug, welcher die reine Menschlichkeit dieser lieblichen Mädchengestalt getrübt.

Das Bild der chemischen Verwandtschaften, so auf die Seelenverwandtschaften bezogen, gewährt einen tiefen Einblick in die Art, wie der Dichter die sozialen Probleme behandelt wissen wollte. Er steht ihnen gegenüber auf jenem naturwissenschaftlichen Standpunkte, der sie nach den ihnen eigenen Gesetzen künstlerisch darzustellen sucht. Die Größe und Weite der Welt, die Mannigfaltigkeit ihrer realen Verhätnisse bedeutet ihm wenig im Vergleiche zu der inneren Entwickelung seiner Charaktere: jene erschöpft er nicht, diese arbeitet er mit wunderbarer Deutlichkeit heraus. So ist schon „Wilhelm Meister" mehr die Naturgeschichte eines Bildungsganges als das epische Bild eines Helden, der durch bestimmte Verhältnisse zu einem bestimmten Schicksale geführt wird; seine Gesinnungen sind die Hauptsache, die Begebenheiten nebensächlich. So ist auch in den „Wahlverwandtschaften" der Einfluß der Außenwelt auf die Hauptpersonen nur ein eingeschränkter. Von allen Nebenfiguren der

Novelle wirkt vielleicht das in wilder Ehe lebende Paar, der Graf und die Baronin, allein bestimmend auf Gedanken jener ein; die übrigen dienen nur dazu, die Charaktere der beiden Paare noch schärfer zu kontrastieren. Die Begebenheiten der Handlung selbst erwachsen aus dem Inneren der Personen, nur der Tod des Kindes ist ein Moment, welches unabhängig von menschlichen Willenseinflüssen eingreift. Der letzte Grund aller Verkettungen ist ein geheimnisvoller, den der Dichter allein durch ein Analogon der chemischen Wissenschaft anzudeuten vermochte. Wenn Eduard seine Leidenschaft in den Krieg trägt, so erfahren wir nichts davon, wie sein Gemüt durch die wechselvollen Bilder des Schlachtfeldes und des Soldatenlebens berührt wurde; derselbe kehrt aus dem Feldzuge zurück, als welcher er ausgezogen ist. Diese Beschränkung auf einen kleinen und unbedeutenden Kreis menschlicher Geschehnisse, mit welcher zugleich die höchste Entfaltung des seelischen Lebens aus tiefstem Kerne heraus verbunden ist, erhebt die Novelle auf eine Kunststufe, welche vielleicht, um eine Vermutung zu wagen, noch als das epische Ideal der Zukunft gelten kann. Die Entscheidung dieser Frage wird freilich von der anderen abhängen, ob die geschichtliche oder die naturwissenschaftliche Art der Betrachtung in Zukunft das epische Dichten und Schaffen bestimmen wird. Die Geschichte trachtet nach einem weitestmöglichen Kreise; sie untersucht die Beziehungen der verschiedensten Gebiete zu einander, sie verknüpft das Hundertste mit dem Tausendsten und sie sieht in den Thaten und Gesinnungen selbst des größten ihrer Helden mehr das Ergebnis gewisser Situationen als den Einfluß individueller Naturanlagen. Die Naturwissenschaft nimmt dagegen den Einzelnen so gut wie das Einzelne als ein Ganzes und indem sie die Gesetze ermittelt, welche seinen Bau, seine Gestalt und sein Leben regeln, kümmert sie sich weniger darum, wie Zeit und Umstände zufällig darauf eingewirkt haben. Um das Genie zu beweisen, erörtert die Geschichte die Verhältnisse, in denen es geboren, die Hindernisse, mit denen es gekämpft und die es besiegt, die Thaten, die es verrichtet hat. Die Naturwissenschaft betrachtet seinen Körper und die physiologischen Grundlagen seines Geistes, sie seziert und wiegt das Hirn, sie beobachtet die Art der gesamten physischen Entwickelung; sie studiert die Bedingungen und die Eigenart des Verstandes- und Gemütslebens, die Temperatur der Willensthätigkeit, danach sind ihr die Thaten zuletzt Selbstverständlichkeiten. Diese beiden Auffassungen haben sich auch in dem epischen Schaffen unseres Jahrhunderts unverkennbar ausgeprägt, die geschichtlichen mehr in dem abenteuerfrohen Romane, die naturwissenschaftliche mehr in der psychologischen Novelle. Aber weder ist die eine auf dieses noch die andere auf jenes Gebiet beschränkt, noch schließen sie sich beide gegenseitig grundsätzlich aus. Der Accent der Betonung bildet hier den Charakter.

Während Goethe über seine Zeit sich erhebt, steht Jean Paul (Friedrich Richter) (1763—1825) ganz in dem Banne ihrer Verhältnisse. Die wunderlichen Kontraste jener Epoche, die im Eingange dieses Abschnittes gezeichnet wurden, spiegeln sich sämtlich in seinen Romanen wieder: der himmelhochstrebende Zug der Empfindung und die Dürftigkeit der realen Anschauung, die maßlose Subjektivität, welche mit phantastischen Träumereien ihr Spiel treibt und das leidenschaftslose, sentimentale Behagen des Kleinstädters an den Bildern seines engumgrenzten Daseins. Der Schwung seiner Phantasie hebt ihn hoch über das Irdische empor zu der Milchstraße mit ihren Myriaden von Sternen, wo seine Seele droht, sich im Unendlichen aufzulösen, und doch steigt sie von dort wieder in die irdische Erbärmlichkeit nieder und nistet sich in den kleinen Freuden und Leiden ein, welche die ärmliche Existenz eines Schulmeisterleins oder Armen-Advokaten bieten. Ein genialer, aber barocker Humor ist das Bindeglied zwischen dieser Phantasie und Sentimentalität; er allein giebt hier den Empfindungen wie den Dingen eine gewiſſe Realität, wenn nur nicht die Gelehrſamkeit ſtets durch die verwickeltſten Analogien den Thatbeſtand verhüllte. Kein Romanſchriftſteller hegt einen ſolchen Haß gegen die Schlichtheit der Thatſachen wie Jean Paul. Er ſpinnt ſie ein in ſeine Gefühlsergüſſe und humoriſtiſchen Exkurſe; er ſchmückt ihre Gräber mit dem reichſten und blühendſten Schmucke ſeiner Phantaſie und ſeines Witzes. Allein ohne Thatſachen giebt es keine Erzählung, keinen Roman und die Wirklichkeit iſt nichts anderes als eine einfache Folge von Thatſachen. Jean Pauls Romane laſſen ſich dagegen mit jenen koloſſalen Barockbauten vergleichen, in deren Ornamentik tauſend und abertauſend Formen und Geſtalten in wunderlichem Durcheinander auf uns herabſchauen; das Auge muß darauf verzichten, ihren Linien im einzelnen zu folgen und mehr ermüdet und niedergedrückt, als gehoben und erfreut wendet ſich der Geiſt von dieſen Orgien einer regel- und zielloſen Einbildungskraft, welche nur produziert, um zu produzieren. Die begeiſterte Bewunderung, die man dem Dichter einſt entgegenbrachte, erklärt ſich nur daraus, daß er alle Stimmungen der Zeit im ſtärkſten Fortiſſimo anſchlug, in ihm erreichte der ſentimentale Zug des 18. Jahrhunderts ſeinen Höhepunkt, ja er überſpannte ſich geradezu; eine Steigerung dieſer Richtung war nicht mehr möglich, und das neue Jahrhundert verlor langſam, aber im immer ſtärkeren Maße die Fühlung mit den Schöpfungen eines Genies, das wie kein anderes gewiſſe Einſeitigkeiten der deutſchen Natur bloßgelegt hat.

Jean Paul hat für den deutſchen Roman kein neues fruchtbares Prinzip aufgeſtellt. Von den Engländern (Fielding und Sterne) und Rouſſeau ging er aus; ſeine erſten Romane „Unſichtbare Loge" (1793) und „Hesperus" (1795) waren Erziehungs- und Bildungsromane im Sinne des „Emile" von Rouſſeau. Die „Unſichtbare Loge" blieb unvollendet, eine ſchöne Ruine, „Hesperus" entzückte die damalige Frauenwelt, während er die heutige mit ſeinen Gefühlsſchwelgereien nur langweilen würde. „Titan", „Siebenkäs" und die unvollendeten „Flegeljahre" (1796—97) sind auf dem Gebiete des Romanes das beste, was er geschaffen hat. Die Erfindung in allen diesen Büchern ist überaus dürftig und in ihrer Dürftigkeit doch unnatürlich und phantastisch. Alle Augenblicke wagt der keck seine Persönlichkeit vordrängende Autor vom Boden seines Romanes aus die seltsamsten Luftsprünge und Abschweifungen; sein Stil liebt die verwickelten Perioden, die Sprache nimmt ihre Bilder und Gleichnisse aus tausend und einer Wissenschaft. Seine Charaktere kann man in drei Klassen teilen; in „schöne Seelen", d. h. die idealgesinnten Jünglinge und Jungfrauen, — die Titanen und Titaniden, und die Philister und Humoristen. Eine sanfte, blumenhafte Zartheit der Empfindung ist den ersteren eigen, eine Ueberspanntheit des Sinnes und der Phantasie der zweiten Klasse, ein tragikomischer Humor oder ein Stich ins Närrische der dritten. Am wenigsten verständlich von den drei Arten, welche nur den Stimmungen in der Brust des Dichters entsprechen, sind uns die Titanen und Titaniden geworden, die problematischen Naturen jener Epoche, denen sein Roman „Titan" besonders gewidmet ist. Die Titanen sind dem Dichter die Menschen, welche „die Milchstraße der Unendlichkeit und den Regenbogen der Phantasie zum Bogen ihrer Hand gebrauchen wollen, ohne eine Sehne darüber ziehen zu können" — eine Definition, mit welcher der Goethesche Ausspruch von den problematischen Naturen, denen keine Situation genug thut und die keiner genügen, in die Jean Paulsche Bildersprache übertragen ist. Das Los dieser Titanen ist der Untergang; sie werden vom Schicksale „geopfert". Die interessanteste Figur unter ihnen, Roquairol, trägt einen fast Byronschen Zug; in langgespreizten Sätzen wird sie als eins jener Kinder und Opfer des Jahrhunderts charakterisiert, die alle Freuden des Lebens, alle Erkenntnis genossen und denen nur die ruhelose Phantasie geblieben. „Eine vertrocknete Zukunft voll Hochmut,

Lebensekel, Unglauben und Widerspruch liegt um sie her. Nur noch der Flügel der Phantasie zuckt an der Leiche". Indessen fehlte es Jean Paul an jeder gestaltenden Kraft, um derartige dämonische Charaktere herauszuarbeiten und seine läppischen Erfindungen in der Handlung verderben alles. Roquairol täuscht seinen Freund und verführt, indem er dessen Maske annimmt, die Geliebte desselben, die sich ihm hingiebt; nach dieser That erschießt er sich. Ein anderer Typus dieser Art, halb ins Humoristische gezogen, ist im „Siebenkäs" der Held und Armen=Advokat; dieser zieht wirklich die „Sehne auf den Bogen der Unendlichkeit", denn um von seiner Frau loszukommen, deren hausbackene Prosa mit seinem reizbaren, phantastischen Naturell nicht übereinstimmt, läßt er sich als tot begraben und heiratet dann auferstanden als ein anderer eine „schöne Seele". Alle Liebesverhältnisse haben bei Jean Paul einen ätherischen Glanz, das schmachtende Leuchten des von ihm so gepriesenen Abendsternes. Aechte Sinnlichkeit der Leidenschaft ist ihm fremd, freilich auch die Lüsternheit des Witzes, um so stärker lebt in ihm jenes überschwängliche Gefühl der Freundschaft, welchem das 18. Jahrhundert Tempel und Altäre in seinen Parkanlagen widmete. Freunde sind bei ihm ein Herz und eine Seele, zu jedem Opfer bereit; im Siebenkäs ähneln sich Siebenkäs und Leibgeber sogar körperlich zum Verwechseln, so daß sie Namen und Stellungen tauschen können.

In den „Flegeljahren" besteht diese Freundschaft zwischen zwei an Charakter verschiedenen, an Körper gleichen Zwillingsbrüdern, Gottwalt und Gottwult, und nie ist Jean Paul glücklicher gewesen, als in der Schilderung dieses Verhältnisses, mit dessen jähem Abbruch leider auch der Roman, sein reifstes Werk, abbricht. Der Dichter, der in der Unendlichkeit so gut Bescheid wußte, fand keinen anderen Ausweg aus dem irdischen Konflikte, daß zwei Brüder ihr Herz bei derselben Geliebten verloren haben, als daß der eine von ihnen heimlich den anderen ver=

laſſen mußte. Die „Flegeljahre" ſind der erſte Anſatz zu einem humoriſtiſchen Romane. Das Problem, eine unpraktiſche, ſchüchterne, poetiſche Jünglingsſeele einer reichen Erbſchaft, den Klauſeln eines Teſtamentes und den Kniffen von ſieben Neben=erben gegenüber zu ſtellen, war ein echthumoriſtiſcher Gedanke; er mußte bis zu der ironiſchen Konſequenz durchgeführt werden, daß das Dichtergemüt keinen Pfennig der Erbſchaft erhielt, aber aus ſeinem Wolkenhimmel auf die Erde zu ſtehen kam. Seinem optimiſtiſchen, ewig jugendlichen Idealismus konnte jedoch Jean Paul nicht entſagen, vielleicht verlor er darum die Luſt, den Roman zu vollenden.

Jean Paul iſt gewiß ein großer Humoriſt, aber er iſt kein humoriſtiſcher Romandichter: es fehlt ihm das Erſte und Not=wendigſte dazu, die Fähigkeit, einen Charakter plaſtiſch zu ge=ſtalten. Nur auf dem kleinen Gebiete der humoriſtiſchen Idylle hat er wirklich Hervorragendes, wenn man auch kaum ſagen kann, Dauerndes, geſchaffen. Seine kleinen Schriften: „Leben des vergnügten Schulmeiſters Wuz", „Quintus Fixlein", „Katzen=bergers Badereiſe", einzelne Partien aus dem „Siebenkäs" und aus den „Flegeljahren" ſind der Nachwelt am erträglichſten ge=blieben, denn hier vertieft er ſich in das realiſtiſche Kleinleben der Philiſterwelt, ſchießt er ſeine ſatiriſchen Spottpfeile auf kleine und große Größen ab, entdeckt er ſeine Originale und närriſche Käuze, wird er der Dichter der Armen und Bedrückten, auf deren ſorgenvolles Haupt er die ſchönſten Sterne ſeiner idealiſtiſchen Traumwelt ſammelt. Wer könnte den Reichtum dieſer ſeiner Gedanken ermeſſen, allein wer möchte es auch? Man vergleicht die Dichter mit Geſtirnen, Jean Paul iſt mit keinem Stern zu vergleichen. Er iſt die Abendröte eines ſcheidenden Tages, alle Ideale und Geſtalten des 18. Jahr=hunderts zerfließen bei ihm in einen endloſen, roſigen Schimmer.

Aber dieſer Schimmer glänzt trotzdem noch weit in unſer eigenes Jahrhundert hinein. Jean Pauls Verhängnis iſt es gewesen, daß er einen ebenso guten wie schlimmen Einfluß auf die Litteratur späterer Jahre ausgeübt hat, und darum konnte eine wenn auch nur flüchtige Charakteristik seiner Eigenart an dieser Stelle nicht übergangen werden. Alle seine Unarten in Stil und Sprache haben breite Spuren in dem Schrifttum dieses Jahrhunderts zurückgelassen. Er hat jenen Geist der ästhetischen Unordnung gefördert, der in den Werken der Jungdeutschen Gesetz und Regeln spottet, von ihm haben andere, die keine Genies waren, gelernt, ihr winziges Ich zum Mittelpunkte ihrer Werke und der Welt zu machen. Von ihm haben sie gelernt, mit bunten Fetzen und Lappen aus allen Wissenschaften zu prunken, ohne daß sie vielleicht das ABC einer einzigen begriffen. Von ihm haben sie den gesuchten Witz, die gezwungene Satire und die Manier geerbt, mit falschen Bildern die Welt der Wirklichkeit zu überkleben. Von ihm aber haben sie freilich auch gelernt, den jugendfrohen Idealismus sich in einer dumpfen Zeit zu bewahren, das Gefühl der Menschenwürde in der geringsten menschlichen Kreatur heilig zu achten, den Traum einer freieren und schöneren Menschlichkeit zu träumen. So groß und so verschieden sind seine Nachwirkungen, die im einzelnen zu verfolgen Aufgabe der allgemeinen Litteraturgeschichte ist. Für die deutsche Romandichtung aber darf man das Urteil wagen, daß er durch seine Manier alle kleinen Geister in beklagenswerten Irrtum gelockt hat und daß er nur jenen großen Talenten zur Förderung und zum Segen gereichte, die das Beste seiner Eigenart in Fleisch und Blut hinüber zu nehmen vermochten, ohne die eigene Fähigkeit künstlerischer Beobachtung und Gestaltung dafür zu opfern.

2. Die Romantiker.

Die Romantik ist entstanden aus der tiefen Sehnsucht des deutschen Gemütes, seine Ideale und Träume nicht bloß im

Herzen zu tragen, sondern ihnen eine objektive Giltigkeit, den Charakter einer realen Welt beizumessen. Die feinsten und gröbsten Elemente der Phantasie haben sich in ihr verschmolzen und im wunderlichen Gegensatz wechselt bei ihr ein grübelnder Tiefsinn, welcher die Abgründe des Lebens zu durchschauen meint, mit einem gedankenlosen, öden Spiel von Farben und Gestalten. Zwiespältig wie ihr Charakter ist ihr Ursprung: die höchste philosophische Spekulation und der krasseste Aberglaube begegneten sich um die Wende des Jahrhunderts in einem Punkte, dessen sich die Phantasie bemächtigte, jene Bewegung hervorzubringen, welche zuletzt alle geistigen Schöpfungen in ihre wirbelnden Kreise zog.

Mehr als bei einem anderen Volke hat bei uns Deutschen die Philosophie das poetische Schaffen beherrscht, und man kann leider nicht sagen, daß sie der Entwickelung unserer Litteratur überwiegend zum Heil gedient hat. Der Dichter soll ein Weltweiser sein, aber seine Weisheit soll er im Leben, nicht in Systemen finden. Kant hatte gelehrt, daß Zeit und Raum keine Realität besitzen, außer als Anschauungsformen des menschlichen Geistes — dann gab es für die Phantasie vielleicht eine Welt, wo Zeit und Raum aufgehoben waren, eine trancendente Sphäre des Ewigen. So folgerten nicht die Philosophen, aber die Poeten. Fichte meinte, die Welt der Wirklichkeit sei nur eine Schöpfung des Ichs, nicht des empirischen, sondern eines anderen geheimnisvollen Ichs, das im Denken des Menschen denke, gleichsam hinter seinem Selbstbewußtsein stände. Eine dunkle, unergründliche Naturseite des Menschen war damit angedeutet, ein Zusammenhang mit einem Etwas, daß der Seele zu gleicher Zeit unendlich nahe und unendlich fern war, das die äußere Welt bestimmen konnte und doch nicht von ihr bestimmt wurde. War die Welt, wie man sie sah, nicht ein Traum, ein Schein und Schatten, hinter welchem das ewige Geheimnis lag? An diese Spekulation knüpfte die dichterische Phantasie ihre eigene. Als ihre Aufgabe sah es die Romantik an, die Beziehungen zwischen dieser wirklichen und jener ewigen Welt, zwischen dem empirischen Geist und jenem geheimnisvollen Etwas in uns selbst aufzudecken, im künstlerischen Bilde wiederzugeben; ihr Charakter bestand in der Vermischung von Traum und Wirklichkeit, wobei dem Traume eine ebenso objektive Giltigkeit, ja sogar eine höhere zukam, als den Ereignissen im gewöhnlichen Laufe der Dinge; ihre Wirkung beruhte auf den Kontrasten, welche sie durch diese Mischung erzeugte.

Es gehört der Kulturgeschichte an, in welcher Weise diese Anschauungen auf dem Gebiete des damaligen öffentlichen Lebens sich äußerten. Wie die große politische Erscheinung eines Napoleons sich in ihrem Lichte ausnahm, ist bereits angedeutet worden. Was aber die Gegenwart vermissen ließ, bot die Vergangenheit des Mittelalters in reicher Fülle, entsprach doch die Mischung heidnischer und christlicher Vorstellungen, von denen es erfüllt war, dem Wesen dieser neueren Romantik, sodaß dieselbe in ihm gleichsam ihre Heimat fand. Litterarisch war das Mittelalter bereits entdeckt in den Schauerszenen der Ritterromane, die durch den „Götz" heraufbeschworen worden waren. Das 18. Jahrhundert hatte über den mittelalterlichen Aberglauben gelacht, ihm waren die Gestalten des „Götz" und anderer Helden nur sympathisch als die Dolmetscher seiner eigenen Ideen; die Romantik des neuen Jahrhunderts fand die Zeichen und Wunder der Vergangenheit tief begründet in der menschlichen Gemüts- und Gedankenwelt.

Eine breitere Charakteristik dieser romantischen Strömung liegt nicht in unserer Aufgabe. Wir stehen ihr gegenüber nur mit der Frage, welche Umgestaltung Roman und Novelle durch sie empfingen und in welcher Weise sie sich selbst in dem epischen Schaffen abspiegelte. Manche Eigenart der romantischen Auffassung wird dabei vielleicht schärfer, manche auch weniger

deutlich hervortreten. Mag die Natur des Gegenstandes dafür
die Rechtfertigung bilden.

Der romantische Roman knüpfte zuerst eng an den klassischen
an, und den Einfluß des „Wilhelm Meister" läßt unzweifelhaft
der „Heinrich von Ofterdingen" spüren, in welchem Novalis
das neue Programm der Romantik zur Ausführung bringen
wollte. Der Dichter mit seinem wahren Namen Friedrich
Leopold von Hardenberg, am 2. Mai 1772 in Mansfeldschen
geboren, besuchte die Bergakademie zu Freiberg und wurde ein
begeisterter Anhänger der Fichteschen Philosophie; leider starb
er jung, am 25. März 1801 zu Weißenfels an den Folgen
eines Blutsturzes. Ein Lyriker („Hymnen an die Nacht") von
unvergänglicher Eigenart, prägt sich diese seine lyrische Indivi=
dualität auch in seinem Romane aus. Sein Buch, eins der
merkwürdigsten unserer gesamten Litteratur, ist leider Fragment
geblieben; um es richtig zu würdigen, muß man nicht nur nach
dem Fragment, sondern auch nach der Skizze der Fortführung
urteilen, welche Tieck aus den Papieren des Dichters hinzu=
fügte (1802). „Wilhelm Meister" hatte nach dem Urteil von
Novalis einen ziemlich spießbürgerlichen Abschluß gefunden,
„Heinrich von Ofterdingen" sollte die Bildungsgeschichte eines
Dichters wiedergeben, nicht nach den Gesetzen der realen,
sondern der poetischen Welt. Nur der Anfang dieser Bildungs=
geschichte ist ausgeführt worden. Sie beginnt mit einem Traum:
Heinrich, der Sohn eines Eisenacher Bürgers, träumt von einer
geheimnisvollen blauen Blume, die in einem blauen Felsenthale,
in einer ihm unbekannten Gegend blüht. Er reist darauf in
Gesellschaft von Kaufleuten nach Augsburg; unterwegs lernt
er einen alten Bergmann und einen geheimnisvollen Einsiedler,
Friedrich von Hohenzollern, kennen, der in alten Büchern und
Chroniken studiert. Von beiden empfängt er die erste Belehrung
über das Wesen der Poesie. „Wir verlangen", sagt der Klausner,
„nach der einfachen, großen Seele der Zeiterscheinung und finden

wir sie, so kümmern wir uns nicht um die zufällige Existenz ihrer äußeren Figuren". Die äußeren Figuren sind Novalis in der That bedeutungslos, sie gehen wie Schatten hin, kaum voneinander unterscheidbar; die Kaufleute, die Heinrich begleiten, sprechen sogar nur im Chor. In Augsburg begrüßt der Jüngling im Hause seines Großvaters den Dichter Klingsohr, dessen Gestalt ebensowenig wie die des Helden mit der Sage vom Zauberer Klingsohr in Verbindung steht, vielmehr ist Klingsohr ein Dichter, ernst, gemütvoll und gedankentief wie Novalis selbst. Er giebt Heinrich Unterweisung in der Dichtkunst: ihm ist Dichten, was ein jeder Mensch in jedem Augenblicke empfindet und denkt, — eine wunderliche Theorie, die auch mit seiner eigenen Dichtung nicht in Einklang gebracht ist. Denn das Märchen, welches er als Probe seiner Kunst vorträgt, eine Verherrlichung von Liebe und Poesie, führt hoch empor in die Regionen der Allegorie und Phantastik. Heinrichs Herz hat inzwischen die Liebe zu Klingsohrs Tochter Mathilde ergriffen. Hier bricht das Fragment ab.

Die Skizze Tiecks schildert nun die weitere Ausbildung Heinrichs. In einer geheimen Priesterkolonie, welche an die geheime Gesellschaft vom Thurm im „Wilhelm Meister" erinnert, wird der Jüngling über Anfangs- und Endgründe menschlicher Betrachtung, über Leben und Tod belehrt. Nach erworbener Erkenntnis kehrt er zum Leben zurück, lernt die große Welt kennen, das Altertum, das Morgenland, den Hof Kaiser Friedrichs II., vielleicht auch den Zukunftsboden Amerikas, Bilder, die wahrscheinlich in Freskozügen gehalten worden wären. Damit wird ihm das Wesen der Wirklichkeit offenbar, aber die Wirklichkeit genügt dem romantischen Dichtergeiste nicht; es erwacht vielmehr in ihm der Trieb, sie zu „verklären". „Die wunderbarste Märchenwelt tritt nun ganz nahe, weil das Herz ihrem Verständnis geöffnet ist". Wie es scheint, sollte Heinrich in einem Sängerkriege, der auf Tod und Leben ausgestritten wird, unterliegen; „auf die übernatürlichste und zugleich natürlichste Weise" fällt dann die Scheidewand zwischen Fabel und Wahrheit, Vergangenheit und Gegenwart: „Glauben, Phantasie und Poesie schließen die innerste Welt auf", in welcher die Apotheose Heinrichs als Dichter stattfindet. In diesem Fabellande der Dichtung hat alles eine andere und neue Wirklichkeit, kleidet sich in andere Farben und Formen, als sie die irdische Natur zeigt: Luft und Wasser, Blumen und Tiere, sie sind auch dort, aber ihr Wesen ist verändert; Tiere, Pflanzen, Steine und Gestirne, Elemente, Töne und Farben „kommen zusammen und sprechen wie ein Geschlecht". In diesem Märchenjenseits findet Heinrich die „blaue Blume", aber sie ist nicht bloß eine Blume, sondern auch seine Geliebte Mathilde. Ihr und sein Kind sitzt daneben an einem Sarge und verjüngt ihn; dieses Kind hat zugleich die Bedeutung der „Urzeit", der goldenen Zeit am Ende. Und nun verschwimmt und verdämmert alles in einen Nebel von Mystik und Allegorie: Heinrich wird die Poesie, seine Mutter ist die Phantasie; er zerstört das Sonnenreich, hebt den Wechsel der Jahreszeiten auf und Vergangenheit und Zukunft schließen sich im Ringe.

So sieht es in dem berühmten Lande der blauen Blume aus. Allein auch aus dieser Skizze noch tritt die Idee des „Heinrich von Ofterdingen" klar hervor. Es sollte, wie Tieck es ausdrückt, dargestellt werden, daß „dem Dichter, welcher das Wesen seiner Kunst im Mittelpunkte ergriffen hat, nichts widersprechend scheine; ihm sind die Rätsel gelöst, durch die Magie der Phantasie kann er alle Zeitalter und Welten verknüpfen, die Wunder verschwinden und alles verwandelt sich in Wunder". Bei Novalis versinkt alle Wirklichkeit in die Tiefen eines träumerischen Pantheismus, alle Gegensätze verschwinden, das Poetische ist auch das Moralische und Religiöse — er spricht einmal geradezu von der Identität eines wahrhaften Liedes mit einer edlen Handlung —, die ganze Welt ist ein Gedicht und der Weltgeist der große Weltdichter. Poesie ist alles und was nicht poetisch ist, hat keinen wahrhaften Bestand. Das Auge des Dichters blickt durch die Wirklichkeit in die blaue Grotte des Universums hinein, wo die Wunderblume blüht, deren Schimmer alles mit magischem Lichte überzieht; indem er so das Wirkliche in dieser bläulichen Beleuchtung betrachtet, gewinnt es für ihn jene besondere Bedeutung, die den Charakter der Allegorie ausmacht. Der spekulative Tiefsinn dieser Anschauung beruht, wie man erkennt, auf der Vermischung zweier Weltbilder, deren Eigenart sich gegenseitig ausschließt. Man kann das Wesen des romantischen Romanes nicht kürzer ausdrücken.

„Heinrich von Ofterdingen" enthielt gleichsam das metaphysische System der Romantik. Die neue geistige Bewegung sollte indessen bei ihrer Entstehung auch ihre Ethik aus sich heraus gestalten. Nach Novalis war das Poetische und das Sittliche identisch; diesen Grundsatz hat die Romantik zu jeder Zeit auf Tod und Leben verfochten, und immer, wo dieses Programm aufgestellt wird, ist eine romantische Strömung in Sicht. Das wirkliche Leben durch die poetische Anschauung zu reformieren, welche sich nicht um die konventionellen Gesetze und Sitten der Gesellschaft kümmerte, sondern ihr poetisches, wohl verstanden nicht ihr sittliches Ideal an deren Stelle setzte, war der Inhalt der „Lucinde" (1799) von Friedrich Schlegel, eines Buches, dessen Gedanken nicht aus dem geistigen Leben unseres Jahrhunderts zu verwischen sind. Friedrich Schlegel, der Bruder des Shakespeare-Uebersetzers, (1772—1826) hat sich vor allem als Kritiker einen Namen gemacht. In dem Berliner Salon der schönen Henriette Herz lernte Schlegel Mendelssohns Tochter Dorothea Veit kennen, und knüpfte mit ihr ein Liebesverhältnis an; man sagt, die Geliebte, die er später zu seiner Frau machte, sei das Urbild seiner „Lucinde" gewesen. Auch dieses Werk, das in seiner aphoristischen Form, in seiner

Sammlung von Phantasien, Gesprächen, Briefen u. s. w. ein Roman kaum zu nennen ist, blieb Fragment wie die Dichtung von Novalis, und gleich dieser war es in mannigfacher Weise von Goethes „Wilhelm Meister" beeinflußt. Wie dort die „Bekenntnisse einer schönen Seele" die Psychologie eines geklärten, religiösen Gemütes geben, das keine Dogmen mehr braucht, so schildern in der „Lucinde" die „Lehrjahre der Männlichkeit" die Psychologie der romantischen Liebe. Die Studie grenzt freilich an die Psychiatrie. Der Held, Julius, ist ein leidenschaftlicher Spieler; in ihm „brannte eine Liebe ohne Gegenstand und zerrüttete sein Inneres". Er wird sinnlich aus „Verzweiflung am Geistigen" und mit einer gewissen „Treuherzigkeit" unsittlich. Da findet er ein edles Mädchen; in Begriff es zu verführen, überläuft es ihn und er verläßt dasselbe. Bei einer Koketten fällt er ab, er verkehrt darauf mit einer gemeinen Dirne, die jedoch nicht so egoistisch gesinnt wie er selbst sich tötet, als er sich von ihr trennt. Nun vergöttert er sie und verachtet alle gesellschaftlichen Vorurteile. Nach manchen vergeblichen Versuchen, mit der Gesellschaft wieder Fühlung zu gewinnen, lernt er Lucinde kennen, die ihm frei und natürlich entgegenkommt, nicht wie die anderen seine Sinnlichkeit auf irgend eine Art zurückweist. Er bemerkt, daß sie Geist von seinem Geist sei. „Auch sie war von denen, die nicht in der gemeinen Welt leben, sondern in einer **selbstgedachten und selbstgebildeten**". Mit kühler Ruhe gesteht sie ihm, daß sie schon Mutter gewesen sei, und indem sie sich ihm hingiebt, „öffnet sie ihm die Tiefen ihrer großen Seele und alle Kraft, Natur und Heiligkeit, die in ihr war". An ihr wird es Julius klar, daß „die Frauen im Schoße der Gesellschaft allein Naturmenschen und allein den kindlichen Sinn haben, mit dem man Geist und Gabe der Götter annehmen muß". — Alles andere, was der Roman enthält, sind Reflexionen und Schilderungen, welche das Verhältnis zwischen Julius und Lucinde im romantischen Geiste ausmalen. Die Sinnlichkeit ihrer Orgien ist nicht die Sinnlichkeit der Gemeinheit oder der Liebe; es ist ein Kultus des Fleisches, bei dem jede Leidenschaft in Reflexion verflüchtigt wird, und anstatt der Ehrlichkeit des Gefühles kommt jenes Raffinement des Intellekts zum Vorschein, das im „Ausmalen" der „schönsten Situation" die eigentliche Orgie feiert. Diese romantische Sinnlichkeit verhält sich zu der wirklichen wie Novalis Welt der blauen Blume zu der Welt, wo Sonne, Mond und Sterne den Dingen ihre farbenreiche und duftende, freilich darum auch vergängliche Schönheit verleihen. Bei Novalis entspringt die romantische Phantasie noch dem ahnungsvollen Gemüte, bei Schlegel kokettiert nur die Phantastik des Verstandes mit ihren geistreichen, geheimnisselnden Aussprüchen über die Liebe als Religion, über die Herrlichkeit des Müssigganges und der „göttlichen Frechheit", die Weihe der „ewigen Liebesnacht" und andere romantische Süßigkeiten; das harte Urteil Schillers, welches die „Lucinde" den Gipfel der Unnatur nannte, war nur gerecht. Ein geistvoller Eunuche würde etwa in den gleichen Dithyramben über die Sinnlichkeit schwelgen. Diese schönen Seelen, Julius und Lucinde, werfen trotzdem der verrotteten Gesellschaft den Fehdehandschuh hin: „es sollte nur zwei Stände unter den Menschen geben, den bildenden und den gebildeten, den männlichen und den weiblichen, und statt aller künstlichen Gesellschaft nur eine große Ehe dieser beiden Stände und allgemeine Brüderschaft der Einzelnen. Statt dessen sehen wir eine Unzahl von Rohheit".

Die Ideen, die hier in wunderlicher Verworrenheit ausgestreut wurden, haben eine fortzeugende Kraft gehabt; es spricht diese Kraft jedoch nicht für die Gesundheit der Gedanken, sondern nur für die Krankheit der Zustände, in welchen sie sympathisch erscheinen. Ein Theologe wie Schleiermacher hat verteidigende Briefe über diese „Lucinde" veröffentlicht, auf die Jungdeutschen hat sie vielfach eingewirkt; so hartnäckig setzte sich dies

romantische Ideal der Lebenskunst selbst in den besten Köpfen
fest, daß man vergaß, wie jede echte Sinnlichkeit für die Poesie
sowohl wie für das Leben allein aus dem Gefühle entspringt.
Was hier als „Verklärung der Sinnlichkeit" gepriesen wurde,
waren nur die Zuckungen der Impotenz; indem sie das Gemeine
in eine höhere Sphäre erheben wollte, geriet sie gerade desto
fester in seine Umstrickung.

Zwischen Novalis und Friedrich Schlegel nahm Ludwig
Tieck eine Mittelstellung ein. Er sah die Romantik entstehen,
selbst einer ihrer geistigen Väter, der die „mondbeglänzte Zauber=
nacht" besang, und er sah sie, in dem alten Sinne wenigstens,
noch wieder vergehen; seine Lebensgeschichte umfaßt ungefähr
alle Stadien dieser Bewegung. Er war am 31. Mai 1773
als Sohn eines Seilermeisters zu Berlin geboren, wo er, be=
kanntlich zum Vorleser des Königs Friedrich Wilhelm IV. er=
nannt, nach einer ungemein fruchtbaren und vielseitigen Thätig=
keit auf litterarischem Gebiete am 23. April 1853 starb. An
Novalis erinnerte er zuerst durch die Sentimentalität der Em=
pfindung, die freilich nicht zur Gemütstiefe bei ihm wurde, und
mit Friedrich Schlegel teilte er die spielende Geistreichelei, die
Lust am Paradoxen. Tieck besaß einen zarten Sinn und einen
lebhaften Verstand; er war ein Talent, kein Genie, aber ein
Talent, das seine Fühlhörner in alles steckte und sie ungezwungen
wieder herausziehen konnte, eine Natur, als deren Gabe sich
unverdrossene Empfänglichkeit und als deren Fehler sich Un=
beständigkeit erwies. Zu einem großen Werk fehlte es ihm
weder an Phantasie noch an Erfahrung, aber an ausdauernder,
schöpferischer Gestaltungskraft und an einem starken, energischen
Gefühl, das der Lebensatem jeder dichterischen Komposition sein
muß. Da sein Witz reger war als sein Gemüt, wurde er
geistreich anstatt tiefsinnig, und das war vielleicht noch ein
Vorzug, allein sein Witz trieb zu oft auch ein bloßes Spiel
mit seinen Empfindungen; sie wurden ausgeklügelt und manieriert

wie nur die dialektischen Kunststücke eines Sophisten. Seine Erstlingswerke „Abdallah" und „William Lovell" (1796) behandelten Stoffe von grausiger Beschaffenheit und entfalteten geradezu dieselbe Virtuosität in der Sezierung abnormer Seelenzustände wie Franz Moor und Werther; die Helden taumeln von Verbrechen zu Verbrechen, nicht aus freiem Entschluß, sondern als Spielball geheimnisvoller Hände. Diese erste Periode endete, als der „Wilhelm Meister" erschienen war und Tieck mit seinem Freunde Wackerode sich dem Kunstenthusiasmus hingab; aus den seelischen Abgründen des Verbrechens schwang er sich nun plötzlich in die reine Aetherluft der Kunst. In „Franz Sternbalds Wanderungen" (1798) taucht das Mittelalter und die deutsche Kunst desselben auf; Nürnbergs getürmte Stadt, die Tieck als Student von Erlangen aus mit seinem Freunde Wackerode einst kennen und bewundern gelernt hatte, die freundliche Gestalt Albrecht Dürers, Kunst-, Wander- und Liebesleben unter dem blauen Himmel Italiens, alles das grüßt uns in ansprechendem Bilde; schwärmerische Lieder, in denen die Reize der Schönen und der Natur gepriesen werden, und breite Betrachtungen über das Wesen der Kunst müssen die zahlreichen Lücken der Fabel ausfüllen. Irgend ein bestimmteres Ort- und Zeitkolorit ist freilich nicht vorhanden, dem Dichter gilt der Enthusiasmus für die Kunst bei seinem Buche sowohl wie bei seinem Helden als die Hauptsache. Die Kunst selbst wird ganz im romantischen Sinne gefeiert: sie soll nicht das Einzelne als Gesondertes darstellen, vielmehr ihm einen allgemeinen Sinn anheften, der es zur Allegorie erhebt. In Wahrheit ist Franz Sternbald auch mehr ein Poet, als ein Maler, und wie Wilhelm Meister eilt er von einer Schönen zur anderen. Tieck hat das Bildungsproblem des Goetheschen Romanes zu spezialisieren gesucht im Sinne der künstlerischen Entwickelung eines Malers; da der Roman aber Fragment blieb, läßt sich nicht sagen, ob er die Aufgabe wirklich erfüllt hätte. Für die Litteratur wurde durch die „Wanderungen" zunächst nur die Spielart des sogenannten Kunstromanes gewonnen, und dieser Gewinn läßt sich, wenn man die Nachschöpfungen überblickt, nur als ein recht zweifelhafter charakterisieren. Wichtiger war es, daß der Roman in das bürgerliche und das Kunstleben des deutschen Mittelalters hineingriff; hier wurde nicht bloß dem Kunstgeschmacke, sondern auch dem epischen Dichter der Hinweis auf eine reiche und interessante Welt.

Philosophische und ästhetische Spekulationen bildeten die eine Seite der Romantik; sie verliehen ihr eine gewisse idealistische Richtung, welcher die andere Seite, die Sagenwelt des Mittelalters, zunächst in der hausbackenen, plumpen Form der Ritterromane das realistische Gegengewicht hielt. Gab es Beziehungen zwischen dieser sinnlichen und einer ewigen Welt, so waren die augenscheinlichste Manifestation dieser Verbindung für den gemeinen Verstand die Geister und Gespenster; an diesen hielt der Volksglaube trotz der Aufklärung des 18. Jahrhunderts noch fest, und in den Augen der Romantiker erhöhte die Bedeutung dieses Glaubens der poetische Reiz, in welchen manche liebliche Volkssage die geheimnisvollen Erscheinungen einhüllte. Mit Eifer machte man nun in der Litteratur auf diese ungewöhnlichen Gesellen Jagd; ein ganzer Hexensabbath siedelte sich auf dem deutschen Parnaß an, durch seinen romantischen Spuk wurde der Harz jetzt der deutsche Olymp und in manchem Romane oder mancher Novelle mußte sich die kahle Kuppe des gespensterreichen Brockens zeigen. Das Wunderbare und Rätselhafte, das Schaurige und Gruselige mußten ihre Wirkung thun. Noch das poetischste Geschick in der Behandlung solcher Stoffe entfaltete Friedrich de la Motte=Fouqué, der den alten Ritterroman der gesellschaftlichen Bildung anzupassen verstand. Am 12. Februar 1777 zu Brandenburg geboren, hatte Fouqué als Leutnant die Freiheitskriege mitgemacht; als pensionierter Major gehörte er zu den dichterisch oder litterarisch be-

gabten Offizieren, die nach dem Kampfe sich ganz der Muße
ihrer kriegerischen Muse widmeten, ohne ihren vollen Dank zu
ernten; in ärmlichen Verhältnissen starb er am 23. Januar 1843
zu Berlin. Er war der Modeschriftsteller in seinem Genre
vor und nach den Freiheitskriegen, und seine Phantasie, an
keinen Raum und keine Zeit gebunden, wirrte ganze Sagen=
knäuel durcheinander. Die Liebeshöfe der Provence, das alt=
französische Rittertum, das Wikingertum des Nordens, das
Maurentum in Spanien ließen in seinen Romanen ihre Ritter
und Geister sich wacker austummeln, ohne daß den Autor die
Verschiedenheit dieser Kreise irgendwie genierte. Der „Historie
vom edlen Ritter Galmy" (1806) folgten der „Zauberring"
(1813) und die „Fahrten Thiodulfs, des Isländers"; (1815)
namentlich die beiden letzteren Romane sind ein ganzes ethno=
graphisches Ritter= und Gespenstermuseum. Die rohe und grobe
Darstellung der Schauerromanfabrikanten ersetzte Fouqué durch
einen süßlichen Stil; seine Helden sind Giganten an Kraft und
nehmen es mit einem Dutzend von Gegnern auf. Trotzdem
aber fließt in ihren Adern, noch mehr in denen der Heldinnen
anstatt des heißen Blutes nur das heiße, dünne Theewasser
des Berliner Salons und mit Recht hat man von ihm gesagt,
daß er die Pferde besser zu charakterisieren verstanden habe
als die Menschen. Um von dem Spuke, der in ganzen Heerden
bei ihm antrat, nicht geholt zu werden, meisterte Fouqué die
Unholde durch das Christentum; die heidnischen Geister, Zauberer
und Hexen, für die er Sympathien besaß, mußten ohne Gnade
zum Schlusse sich taufen lassen. Der alte, freigeistige Ritter=
roman bekam so seine christliche Tendenz, die dem Zeitgeschmack
jener Jahre entsprach und die Beliebtheit des Dichters erhöhte.
Dieser war sogar so fromm gesinnt, daß er in der Vorrede
seiner Romane den lieben Gott um seinen Beistand anrief,
was dem immerhin freidenkerischen Tieck zu bitteren Worten
Anlaß gab. Frauen und Jungfrauen erhielten damals ihren

neuesten Fouqué schön eingebunden alljährlich als Weihnachts=
geschenk wie heutzutage ihren Dahn oder Ebers. Die Zahl
der Bände spottet fast der Aufzählung. Ein bestimmtes Talent
wird man Fouqué jedoch nicht absprechen können; das Schaurige
und Wunderbare verstand er packend und fesselnd zu gestalten,
sogar die elementaren Kräfte nicht ohne poetische Züge zu ver=
menschlichen wie in der „Undine", (1811) der kleinen Novelle,
zu der eine Damenhand auch wohl noch heute gern greift.
Das kühle, anmutig oder mutwillig plätschernde Element des
Wassers ist in den Charakteren der Undine und ihres Onkels
Kühleborn überaus charakteristisch gezeichnet; beide aber ver=
harren noch ganz in der Sphäre des Spukhaften, wie über=
haupt kein Strahl des menschlichen Gemütes bei Fouqué die
Natur erhellt. Sie ist ihm nur die Behausung der Gespenster,
die in Bergeshöhlen in ihr wohnen und in deren Seele kein
Herzschlag sich regt.

Diese gespenstige Welt durchzieht auch den besten Roman,
welchen die Romantik hervorgebracht hat, ihr herrlichstes und
ergreifendstes Produkt: „Die Kronenwächter" von Achim von
Arnim. Auch er war wie Tieck und Fouqué ein Berliner;
am 26. Januar 1781 geboren hatte er sein Interesse zuerst
den Naturwissenschaften zugewandt, dann zog ihn die Romantik
in ihre Kreise und er widmete sich ganz der Poesie. († zu
Berlin am 21. Januar 1831). Der erste Band seines Haupt=
werkes erschien 1817 und der zweite erst nach dem Tode des
Dichters, von Bettina von Arnim herausgegeben. Zwischen
den beiden Büchern herrschen Widersprüche des Inhalts, die
sich nur dadurch erklären, daß Arnim eine durchgreifende Um=
arbeitung des Ganzen plante; leider traf das Werk das alte
Verhängnis der romantischen Muse, daß es nicht zu einem
Abschlusse gelangte. In vier Bänden gedachte der Dichter ein
großes Gemälde des deutschen Lebens im Mittelalter zu ent=
werfen, mit frommem Herzen und scharfschauendem Blick hatte

er sich in die Zeiten deutscher Vergangenheit vertiefte, ihm selbst
war die Fähigkeit eigen, plastisch und anschaulich zu gestalten,
und keine Rücksicht auf die konventionellen Formen machte ihn
zaghaft, zu schildern, was er als Eigentümlichkeit dieses ver=
gangenen Lebens erkannt hatte. Mit Brentano hatte er (1806
und 1819) „Des Knaben Wunderhorn" herausgegeben, eine
Sammlung alter von ihm gesammelter Volkslieder, und an dem
schlichten, treuherzigen Ton dieser Poesie den eigenen Stil ge=
bildet. In lockerer Verbindung, ohne vermittelnde Uebergänge
reihen sich seine Sätze etwas hart aneinander, aber Dinge und
Personen blicken aus ihnen wie mit sprechenden Augen und
wundervolle Gleichnisse von höchster poetischer Schönheit be=
leuchten die Ereignisse und Begebenheiten der Handlung oft mit
magischem Lichte. Dramatische Wirkungen kennt seine Er=
zählungsweise nicht, sie liegt noch fern der modernen Technik;
im leisen Flusse ziehen die Ereignisse an uns vorüber, oft ver=
missen wir die nähere und deutlichere Begründung, wie es für
die romantische Kunst charakteristisch ist: der Strom hat geheime
Unterläufe, die hier und da auftauchen, in das Ganze eingreifen,
dieses fortführen und jenes vielleicht auf eine Sandniederung
setzen, wo es unbenutzt liegen bleibt. Aber hält man sich nicht
an die Komposition, welch eine Welt baut sich da mit realistischer
Sinnlichkeit und märchenhafter Sinnigkeit vor uns auf! Waib=
lingen und Augsburg in ihrer mittelalterlichen städtischen Herrlich=
keit öffnen ihre Thore und Gassen und in prächtigen Genrebildern
tritt das Leben unserer Altvordern in seiner kräftigen Derbheit
uns entgegen. Alle Typen des Reformationszeitalters gehen
an uns vorüber; die große Landstraße des Mittelalters belebt
sich mit ihren fahrenden Gesellen, ihren Landsknechten, Sängern
und Gauklern; ein drastischer Humor umspielt oft diese derben,
knorrigen Gesellen. Der Kaiserhof entfaltet seine Pracht und
seine Turniere; geschichtliche Charaktere, die vorübergehend auf=
treten, wie Maximilian, Luther, Ulrich von Württemberg, der

tapfere Georg von Frundsberg, in einfachen Strichen gezeichnet, atmen eine lebendigere Wahrheit als sie die anspruchsvolle Manier geschichtsphilosophischer Reflexion in modernen Romanen zu erreichen vermag. Derb und geradezu roh benimmt sich dies Geschlecht vergangener Tage, streitlustig und becherfroh, weder im Guten noch im Schlimmen vermag es Maß zu halten. Wie die Schönheit der Frauen ist auch deren Charakter hart und herbe, ohne zierliche Anmut im Reden und Handeln, oft erweisen sie mannhafter und roher als der Mann die Macht ihres Mundes und sogar ihrer Faust. Aber ihre Liebe ist keusch, still und verschlossen und als innersten Kern birgt sie die Treue: wo diese gebrochen wird, wenn auch nur in Gedanken, bricht Sünde und Schande über die Verbrecherin herein (Anna), und wo sie sich bewährt in allen Gefährnissen, da hebt sie auch Sünde und Schande auf und adelt das Herz, das ihr folgte. (Susanne).

In der Idee des Romanes spricht sich die Sehnsucht des deutschen Gemütes — die Freiheitskriege waren geschlagen, als die „Kronenwächter" erschienen — nach einer erneuten Einheit, nach der deutschen Kaiserkrone aus. Wo war des Reiches Herrlichkeit und wem mußte es gelingen, sie wieder zu bringen? Ein heutiger Romantiker würde sicherlich Kaiser Rotbart und den Kyffhäuser mit den krächzenden Raben bei einer solchen epischen Darstellung verwandt haben, origineller war Arnims Erfindung, obwohl sie an die geheime Gesellschaft im „Wilhelm Meister" erinnert. Die „Kronenwächter", ein geheimnisvoller Bund, bewachen auf einem märchenhaften Glasschloß mitten im Meere die deutsche Krone, und, feind dem regierenden Hause Habsburg, trachten sie die Abkömmlinge des alten Hohenstaufengeschlechtes zu Gegenkaisern auszubilden. Der erste Hohenstaufensproß, Berthold, geht zu Grunde, nachdem sie ihm, dem armen Waisenknaben, zu Ehren und Reichtum verholfen haben. Er stirbt an den Särgen seiner Ahnen durch einen unheimlichen

Zauber, denn einst durch das Blut eines Jünglings vom Tode
gerettet, blieb ihm das Verhängnis zu sterben, wenn jener sterben
würde; in dem Augenblicke, wo Anton tödlich verwundet zu=
sammenbricht, sinkt auch Berthold, obwohl in weiter Ferne von
ihm, entseelt zu Boden. „Bertholds erstes und zweites Leben"
heißt der erste Teil der „Kronenwächter"; nach jener Trans=
fusion des Blutes, die der Zauberer Faust, hier nicht ein Doktor
aller vier Fakultäten, sondern ein viehischer Trunkenbold, an
ihm vorgenommen, führte Berthold nur noch ein zweites, ein
Scheinleben. Der Hohenstaufensproß ist nicht zu der großen
Aufgabe berufen. Mystisch und seltsam ist der Grund; ist es
das romantische Verhängnis, so fragt man, oder eine moralische
Verschuldung, die ihn dazu unwürdig macht? Nach dem Zu=
sammenhang der Handlung scheint das letztere annehmbarer zu
sein. In einem anderen Romane hat Arnim das tiefsinnige
Wort ausgesprochen: „ein Tag innerer Versündigung könne den
Menschen um ein halbes Jahrhundert an Geist, Erkenntnis und
Durchdringung alles Lebendigen schwächen und veralten". Diese
innere Versündigung wird in „Bertholds erstem und zweiten
Leben" mit Tod und bitterem Herzensweh gestraft. Zwar nicht
mit Thaten, sondern nur mit Worten und Gedanken ist ge=
sündigt worden, allein das Schicksal lohnt dafür wie für die
vollbrachte That. Die Liebe Bertholds zu seiner Gattin Anna
wird durch geheime Einflüsse gestört, die das Herz des einen
zu seiner Jugendgeliebten, Annas Mutter Apollonia, die Neigung
der anderen zu dem jungen Maler Anton hinüberziehen. Und
wenn beide Teile auch keinen Ehebruch begehen, ihre Leidenschaft
spricht: Anton malt am Hause Bertholds eine Madonna, die
wider seinen Willen die Züge Annas bekommt, und Anna ge=
biert einen Knaben, der Anton ähnelt, als wäre es sein eigener
Sohn. Das Motiv aus den „Wahlverwandtschaften" ist hier
wiederholt, der Ausgang jedoch ein weit grellerer. An dem
Brunnen, den Berthold Apollonia zur Liebe angelegt hat, finden

sich die Leidenschaften Antons und Annas, hier entbrennt auch der schreckliche Streit und blutige Kampf der Taufgäste, dem scheinbar Antons Leben und mittelbar wirklich das Bertholds zum Opfer fallen. Dieser tragische Abschluß ist hoch poetisch; leise Erinnerungen an das blutige Fest König Etzels im Nibelungenliede malen sich in dieser Tauffeier aus mit ihren Gegensätzen von derber Lustigkeit und bitterem Hader, fröhlichem Minnesang und schmerzenreicher Liebesnot; die matter werdende Hand des Dichters hat diese Szenen nicht energisch und dramatisch genug zu gestalten gewußt, aber noch in ihrer etwas verworrenen und verschwommenen Führung greifen sie tief in die Seele hinein.

Der zweite, später erschienene Teil der „Kronenwächter" behandelt die Schicksale Antons, der durch Annas Pflege wieder zum Leben erwacht, dann die Witwe Bertholds heiratet und mit ihr eine höchst unglückliche Ehe führt. Schließlich läuft er ihr fort und in die Welt hinaus, unter den Landsknechten führt er ein abenteuerliches Leben, in einem öffentlichen Hause gewinnt er die Liebe eines jungen Mädchens, das ihn nicht mehr verläßt, sondern mit ihm planlos umherzieht. Es scheint, daß ihn die Kronenwächter in ein tolles, unsittliches Leben zu verstricken suchen; denn auch er ist ein Hohenstaufensproß, der aber den selbstsüchtigen Zwecken des geheimen Bundes widerstrebt. Der Roman endet mit der gräßlichen Szene, daß Anton in die Heimat zurückkehrt und dort trunken in der Stunde des nächtlichen Sinnenrausches sein Weib Anna ermordet. Noch mehr als im ersten Bande häufen sich in diesem zweiten die schauerlichen Züge und am wenigsten weiß man, worauf der Dichter die Bestimmung seines Helden gründet, später die Kronenburg zu erobern und die Krone zu gewinnen. Aus den Andeutungen, die über die Fortsetzung noch vorhanden sind, erkennt man mit Erstaunen, daß dieses farbenreiche, halb phantastische, halb realistische Leben wie Novalis „Heinrich von

Ofterdingen" in ein bloßes Spiel des Verstandes ausarten, die prächtigen Figuren zu nüchternen Allegorien erstarren sollten, um den Satz zu erläutern, daß die Krone Deutschlands fortan nur noch geistig zu erringen sei. Deutschlands Macht eine rein geistige, der Träger seiner Krone eine allegorische Puppe — wie weit ab steht die Wirklichkeit unserer Gegenwart von diesen romantischen Träumereien!

So verrannte sich die Romantik auch dort, wo sie von der Wirklichkeit ausging und sie mit den höchsten poetischen Gaben meisterte, immer nur in die alte Schattenwelt, in welcher es keinen Rückweg zu der Sonne Homers gab. Die Welt wurde zum Märchen, das Märchen zur Welt, man spielte mit bunten Steinen, ohne daran zu denken, mit ihnen zu bauen und zu gestalten, denn das Beste, was man leisten und erreichen konnte, war eigentlich in jedem Anfange bereits gegeben; in jedem Punkte stand man dem inneren Zentrum gleich nahe. „Was ist uns denn in einer Geschichte so wichtig", bemerkt der Dichter der „Kronenwächter" einmal, „doch wohl nicht, wie sie auf einer wunderlichen Bahn Menschen von der Wiege ins Grab zieht, nein, die ewige Begebenheit in allem, wodurch jede Begebenheit zu unserer eigenen wird, in uns fortlebt, ein ewiges Zeugnis, daß alles Leben aus einem stammt und zu einem wiederkehrt". Diese tiefsinnige, gemütsinnige Auffassung des Einzelnen, wie sie besonders Novalis und Arnim charakterisiert, konnte niemals zu der Anschauung eines harmonischen Kunstwerkes gelangen, denn die Harmonie des Kunstwerkes liegt in der diesseitigen Welt und ist eine andere als die der jenseitigen. Es ist nicht zufällig, daß die bedeutenden Romane der Romantiker Fragment geblieben sind. Niemand empfand den Drang, ein letztes Wort zu sagen, einen Abschluß zu gewinnen und ein künstlerisches Weltbild zu vollenden. Der Fakir, der sein Auge auf einen Punkt heftet und dem mit der geistigen Versenkung in den winzigen Gegenstand die ganze Herrlichkeit der Welt offenbar wird, bedarf keines Fernrohres, ihre Weite zu messen, keines Mikroskops, ihre Geheimnisse zu erforschen, keines Berges, ihre Schönheit zu überblicken. Ihm ruht alles das in der Tiefe des eigenen Gemütes. Die Romantik hatte den reichsten Segen der Muse empfangen, die köstlichsten Gaben waren ihr zu teil geworden, und wohl hätte sie den Höhepunkt deutscher Dichtung erreichen können; so aber, da nichts im äußeren Leben ihr wert schien, nachgestaltet und nachempfunden zu werden, sind Trümmer und Ruinen ihr Werk gewesen. Nur in dem kleinen Kunstwerke der Novelle hat sie auf epischem Gebiete dem deutschen Volke die anmutigste Blüte ihrer großen dichterischen Eigenschaften hinterlassen.

3. Die romantische Novelle.

Die Novelle ist wie der Roman ein Erzeugnis der romanischen Völker; als die Romantik Umschau hielt über die Poesien anderer Nationen, kamen die Muster eines Boccaccio und eines Cervantes zu neuer Anerkennung und Nachahmung. Goethe hatte vor allem in den „Unterhaltungen deutscher Auswanderer" und in der „Novelle" oft unter Anlehnung an fremde Stoffe das neue Genre mit zartem Verständnis gepflegt: ein ruhiger, behaglicher Stil war für dasselbe die Bedingung der Form, eine „neue, seltsame und wunderliche Begebenheit" die ihres Inhalts. Das Uebermaß der Reflexionen und Gefühlsergüsse, der Ein- und Beilagen, mit welchem man damals den Roman überlud, konnte sie nicht gebrauchen. Auf die Kunst des Erzählens kam es allein an und in dieser ist ein welscher Dichtermund nur zu oft anmutiger und erfreuender gewesen als ein deutscher. An der Novelle mußte unsere epische Kunst wieder das Erzählen lernen; da die Romantik mit ihrem Roman nie das Ideal einer volkstümlichen Poesie erreichte und erreichen konnte, warf sie sich auf die novellistischen Stoffe, deren Eigenarten ihrem phantasievollen Charakter überdies so günstig entgegenkamen. Wie das Märchen einst zur Zeit, da es keine Litteratur und keinen Buchhandel gab, die Novelle des Volkes gewesen war, so hüllte sich jetzt im Anfang die Novelle in das bunte Gewand des Märchens, ehe sie ihre eigene Form fand. Mit der Kunst des Erzählens war es im allgemeinen schwächer bestellt, allein die fremden Muster halfen bald nach; die Technik schien nicht schwer, wo der Reiz der Dichtung allein im Stoffe vorhanden war. Die kunstvollere Ausgestaltung und Gliederung der modernen Novelle lag der romantischen noch fern. Darin aber beweist auch die moderne Novelle noch das alte, romantische Blut und die Abstammung vom Märchen, daß sie bisweilen leicht und gewandt über die Prellsteine des gewöhnlichen Lebens hinweghüpft und unbekümmert um das Staunen der Philister lustig in die freie, blaue Welt hinaussteuert.

Das größte plastisch gestaltende Talent der Romantik, Heinrich von Kleist (1777—1811), ist auch ihr größtes episches Talent. Nach seinem Tode erst sind seine kleinen „Erzählungen" von Tieck herausgegeben worden und noch langsamer als die Dramen haben sie ihre rechte Würdigung gefunden. Der Stil des Dichters ist von einer eigenartigen Kraft, knapp, gedrängt in seinem Satzgefüge und doch wuchtig wie der Schlag des Meißels, der die Statue aus dem Marmorblock arbeitet. Alles in ihm wendet sich an die Anschauung, selten mischt sich eine Reflexion ein. Ohne Umschweife geht der Dichter auf sein Ziel los und entwickelt seine Handlung wie eine mathematische Formel, indem er entweder ab ovo beginnt oder — mit Vorliebe — uns sogleich in eine gespannte Situation hineinstellt. „Michael Kohlhas" ist die berühmteste seiner Erzählungen. Der Held, ein einfacher Roßtäuscher, beginnt den Kampf mit der Gesellschaft und dem Staat, die ihm Gerechtigkeit dafür verweigern, daß der Junker Wenzel von Tronka wider Recht ihm seine Pferde einbehalten hat. Der Charakter des Helden ist zunächst die schlichteste, bürgerliche Verständigkeit, allmählich aber wächst er in das Dämonische hinein. Kohlhas thut alle möglichen Schritte, um sein Recht zu erhalten und als ihm alles mißlingt, wird er ein Räuber und Mordbrenner, immer aber ist er bereit, vor jedem Gericht sich zu stellen, das gerecht ist. Weniger als um den Schadenersatz für die Pferde ist es ihm um das seiner menschlichen Würde angethane Unrecht zu thun; offen bekennt er dem großen Reformator, welchem er seinen Handel vorträgt: „Verstoßen nenne ich den, dem der Schutz der Gesetze versagt wird; wer mir ihn versagt, der stößt mich zu den Wilden in die Einöde hinaus, er giebt mir die Keule, die mich selbst schützt, in die Hand". Der Staat ist ihm nur ein Vertrag, der auf Gegenseitigkeit beruht, wird er gebrochen, so steht das Individuum frei und souverän da, kann Manifeste an seine Feinde erlassen, Fehde ansagen und Krieg führen. Erst als sein Recht ihm geworden, giebt Kohlhas sich zufrieden und erleidet freudig den Tod. Gewisse romantische Züge trüben den Schluß der Novelle, an welchem auch stark hervortritt, daß nicht bloß der Starrsinn des Rechtes, sondern ebenso sehr ein dämonisches Gefühl der Rache in der Brust des Helden lebt. Dem Satze: besser Unrecht leiden als Unrecht thun, stellt der Dichter den anderen gegenüber: besser Unrecht thun als Unrecht leiden — sein ganzer Charakter verkörpert sich in ihm. Hört man nicht aus der Novelle wie ein fernes Echo den wilden Kriegsruf der „Hermannsschlacht?" Auch sie predigt nichts anderes als den düsteren Spruch: besser Unrecht thun als Unrecht leiden, grausamer als der grausame Feind sein, wenn einmal der Urzustand der Dinge, die gegenseitige Vernichtung eingetreten ist. Kleists Novellen

halten sich im übrigen vollständig fern dem Leben seiner Zeit;
meistens sind sie düster und tief erschütternd wie „Michael
Kohlhas" und das „Erdbeben von Chile", doch geht bisweilen
kontrastierend und die Wirkung verschärfend ein bitterer Humor
durch seine Schilderung. Wer, der es gelesen, könnte in „Kohl=
has" das Bild der beiden Gäule vergessen, die der Abdecker
nach Dresden gebracht hat, wie die gaffende Menge die arm=
seligen Klepper höhnend umsteht und der rohe Knecht für den
alten Satz: „naturalia non sunt turpia" ein so drastisches
Beispiel gewährt — ein niederländisches Genrebild, welches das
Elend tierischer Kreatur schneidend in die Seele dringen läßt.
Dämonisch wie Kohlhas in seinem Gerechtigkeitsgefühle ist im
„Findling" Piochi in seinem Hasse; da er auf dem Schaffotte
steht, weigert er sich standhaft das Sakrament zu nehmen und
dadurch selig zu werden, er will seinen Gegner bis in die Hölle
mit seinem Hasse verfolgen. In der „Verlobung auf St. Do=
mingo" führt ein Mißverständnis die tragische Katastrophe
herbei; die weibliche Heldin, Toni, ist eine der sympathischsten
Charaktere Kleists. Sie erleidet dasselbe Schicksal, das die
erste Braut ihres Geliebten um diesen erlitten hat, und dieser
Zug motiviert auch wohl am besten Gustavs Selbstmord: es
graut ihm vor seinem eigenen Leben. In dem „Erdbeben von
Chile" verbindet sich die rührende Idylle unter den Schrecken
des Naturereignisses mit der dramatischen, tragisch verlaufenden
Volkserregung und der Parallelismus zwischen der Furchtbarkeit
der Naturgewalt und der Furchtbarkeit menschlicher Leidenschaft
übt einen grausigen Eindruck auf das Gemüt des Lesers aus.
Die „Marquise von O..." behandelt einen heiklen Stoff, der ein
tragisches Ende erwarten läßt und nur gezwungen es vermeidet;
der Charakter der Marquise ist übrigens vortrefflich gezeichnet.
An ihn erinnert auch die Littegarde im „Zweikampf", einer
romantisch=mittelalterlichen Geschichte, worin der Dichter das Duell
als Gottesurteil mehr zu rechtfertigen als zu verwerfen scheint.

In Kleists Novellen liegt das Unheimliche mehr in dem menschlichen Charakter, Tiecks erste Erzählungen, die er im „Phantasus" (1812—17) veröffentlichte, versetzen es mehr in die Natur. „Der blonde Eckbert", der „getreue Eckart", der „Runenberg", der „Liebespokal" ꝛc. zeigen die magische Macht der Natur auf die menschliche Seele; es sind schauerliche Geschichten, um so schauerlicher, als der Dichter sie mit eiskalter Miene und mit großem technischen Geschicke erzählt. Der an schauerlichen Effekten reichste und doch zugleich humorvollste Dichter der Romantik war E. T. A. Hoffmann. Er war ein Ostpreuße, am 24. Januar 1776 zu Königsberg geboren; er hatte sich der juristischen Laufbahn gewidmet und war von der Regierung 1803 nach Warschau als Rat geschickt worden, als der Einmarsch der Franzosen in diese Stadt seiner Staatskarriere 1806 ein Ende machte. Darauf verwertete er seine hervorragenden musikalischen Talente in der unsicheren und notvollen Stellung eines Musikdirektors bei verschiedenen Schauspielergesellschaften, bis er endlich im Jahre 1816 wieder als Rat beim Kammergerichte in Berlin angestellt wurde. Unvergessen sind in der Berliner Tradition noch heute die „Weinabende", die er in Berlin bei Lutter und Wagner mit schauspielerischen Größen wie Devrient u. a. zusammen feierte. Er war eine wirklich geniale Natur von einer seltsamen Mischung der Eigenschaften; scharfer, witziger Verstand einte sich bei ihm mit sprühendem, leidenschaftlichen Temperament. Vielleicht kann man in seinen Schriften das Wesen der „romantischen Ironie" am besten studieren. Man fragt, worin bestand diese sogenannte romantische Ironie eigentlich? Die Philosophen geben darauf eine ganz andere Antwort als die Poeten; weder Tieck noch Hoffmann haben an das „Ewige" gedacht und an den „Untergang der Idee im Moment ihrer Verwirklichung", wie Solger einst die Ironie definierte. Sie ist im Grunde genommen ein sehr mechanisches Verfahren; man betrachtet ein- und denselben

Gegenstand von zwei entgegengesetzten Standpunkten und fügt diese verschiedenartigen Bilder unvermittelt zusammen. Das Schöne ist dann zugleich häßlich, das Häßliche schön, das Prosaische phantastisch, das Komische schauerlich, das Tragische lächerlich, alles in demselben Augenblicke, ein Taschenspieler= kunststück des Verstandes, an dem freilich auch die Phantasie und das Temperament ihren Anteil haben. Diese Kunststücke und Effekte waren Hoffmanns ureigenes Element und am er= götzlichsten waren sie, wenn er, das ostpreußische Genie, sie am Berliner Spießbürgertume ausübte, das er haßte, wie jedes Genie die Philisterwelt haßt. Er treibt diese Streiche mit einer Virtuosität, bei welcher dem Leser selbst Hören und Sehen vergeht. Er verwandelt einen Archivarius in einen Geier und den Geier wieder in den Archivarius, niemand weiß genau, soll er es für eine Sinnentäuschung des Helden, der dem Archivarius guten Tag sagt, oder für einen Spuk halten. Oder der Kanzlei=Sekretär Tusmann, eine urprosaische Schreiber= seele, geht abends nach Hause, wider Gewohnheit vielleicht etwas spät und etwas vom Weine angeheitert. Da begegnet ihm ein Kerl auf der Straße, reißt ihm beide Beine aus, wirft sie ihm ins Gesicht und läuft weg. Vor seiner Hausthür sieht sich Herr Tusmann auf einmal doppelt, er tanzt mit einem Besen= stiele, und siehe, um ihn herum wimmelt es nun von lauter Tusmännern, die jeder mit einem Besenstiele tanzen. Am anderen Morgen aber sitzt er auf dem Denkmale des großen Kurfürsten. Diese Abenteuer erfahren wir aus dem Munde des Herrn Tusmann selbst, der sie mit kläglichster Miene be= richtet; hat er geträumt, ist er verrückt oder sind ihm diese Wunder wirklich begegnet? Die mutwillige Laune des Dichters vermeidet die bestimmte Antwort, aber in dem Gegensatze der pedantischen Philisterhaftigkeit des Charakters und der phan= tastischen Tollheit der Abenteuer liegt ein unendlich komischer Reiz. Natürlich verzerrt der Humor des Dichters dadurch seine

Helden zu Fratzen und Karrikaturen, der Eindruck geht tief ins Schauerliche und Dämonische, und diese Fratzen grinsen uns aus den meisten Hoffmannschen Schriften, so aus den „Phantasiestücken in Callots Manier" (1815), aus den „Elixiren des Teufels" (1816) und selbst aus den Novellen der „Serapionsbrüder" (1819—21) entgegen. So dämonisch ist das Naturell des Dichters, daß auch sein Stil sich oft genug in solchen Sprüngen und Uebergängen bewegt. Am ergötzlichsten ist diese Karrikirung bei der Tierwelt, mehr als Tiecks „Gestiefelter Kater" haben vielleicht die „Lebensansichten des Katers Murr", die mit den Memoiren des verrückten Kapellmeisters Kreisler durcheinander geworfen werden, den humoristischen Kater litteraturfähig gemacht. In den „Elixiren des Teufels" erzeugt der Dichter dagegen die schauerlichsten Wirkungen, die Doppelgängerei wird mit einem Uebermaß von Verbrechen in Verbindung gebracht, das Blut erstarrt bei der Lektüre dieser gräßlichen Geschichten. Rein phantastisch ist in den „Serapionsbrüdern" auch der „Sängerkrieg auf der Wartburg", während in der Novelle „Meister Martin und seine Gesellen" die Biederkeit und sinnliche Fülle des Mittelalters vortrefflich geschildert ist.

E. T. A. Hoffmann tritt noch in einer anderen Beziehung unter den Romantikern hervor, die nicht uninteressant erscheint. Er ist, obwohl ein Ostpreuße, der erste Berliner Dichter, und wenn man von der Berliner Ironie spricht, ist man leicht geneigt, ihn als Muster und Typus derselben anzusehen. Die Physiognomie der zukünftigen Reichshauptstadt hat er treu und richtig geschildert, u. a. in des „Vetters Eckfenster", und einzelne Typen aus der Berliner Gesellschaft, wie z. B. den „Kommissionsrat" so naturwahr gezeichnet, daß auch heute noch manche Realisten und Naturalisten nicht gegen ihn aufkommen. Ein Genie vereinigte er drei scheinbar sich widersprechende Eigenschaften in sich; Realist, Phantast und Humorist war er vor allem ein Schalk, aber ein Schalk wie Mephisto im „Faust";

der Dämon war mächtiger in ihm als die künstlerische Besonnenheit, zuletzt packte ihn selbst das Grausen, wenn er bei Lampenlicht seine Geschichten niederschrieb.

Achim von Arnims und Fouqués Novellen verloren sich ganz in das romantische Land, in welchem anstatt des Gesetzes der Wirklichkeit nur die subjektive Willkür herrscht. Die grausigen Effekte, die in ihnen aufgespeichert sind, sollen hier nicht näher berührt werden; sie halten sich im Charakter der Romane dieser Dichter. Brentanos Novelle: „Geschichte vom armen Kasperl und dem schönen Annerl" wird in einem anderen Zusammenhange zur Besprechung gelangen. In Tiecks Novellen trat dies Genre in eine neue Phase seiner Entwickelung, vom Märchenhaften machte es den Fortschritt zum Modernen. Tieck war plötzlich die Erkenntnis gekommen, „daß der echte Dichter nur der Sohn seiner Zeit und daß das Beste seines Jahrhunderts sich in seinen Werken abspiegeln müsse". Das Beste des Jahrhunderts waren ihm freilich die romantischen Ideen, allein er schränkte doch in diesen neuen Novellen die Einwirkungen der Wunderwelt ein, er nahm einen Anlauf, Leben und Ideen der eigenen Gegenwart zu schildern, wenn ihn sein Pfad auch zeitweilig immer wieder in die Vergangenheit zurückführte, und er zeichnete wirklich eine ganze Reihe origineller Charaktere. Nur stellten sich zu solchen Vorzügen auch die Schattenseiten ein, nicht bloß, daß er mit Virtuosität die Kunststücke der romantischen Ironie behandelte, weit schlimmer war, daß die alte Novellenform nun wieder zum Behälter sehr geistreicher, aber oft sehr überflüssiger Reflexionen wurde, welche mit ihren Ranken und Gewinden das dünne Geflecht der Handlung versteckten. Die Novelle des ästhetischen Theetisches, die auch in unseren Tagen noch gedeiht, hat in Ludwig Tieck ihren geistigen Vater. 1823 erschienen die „Gemälde" und die „Verlobte", 1824 „Musikalische Leiden und Freuden" und die „Reisenden", 1828 „Der Alte vom Berge", „Die Gesellschaft

auf dem Lande" und „Dichterleben". Tieck schilderte darin die
geistigen, besonders die ästhetischen Interessen der höheren
Gesellschaft in einem feinen, geistreichen Stil, er kontrastierte
die Charaktere sehr hübsch nach den Gesichtspunkten der Ironie.
Im „Dichterleben" entwickelte er seine Ansichten über die Poesie;
die Novelle ist eine historische, sie hat das Leben Shakespeares
zum Gegenstand, allein von einem historischen Kolorit verspürt
man nicht allzuviel, selbst die Charakteristik ist schwächer als in
anderen Novellen. Die Green, Marlowe und Shakespeare sind
im wesentlichen alle Tiecks, die nur verschiedene Ansichten über
die Poesie äußern. Es ist nicht uninteressant, an dieser Novelle
den Unterschied festzustellen, welcher seit Tiecks Tagen in der
ästhetischen Auffassung des großen englischen Dramatikers ein=
getreten ist. Wir setzen die Bedeutung Shakespeares, gewiß
nicht ohne Einseitigkeit, vor allem in die realistische Kunst seiner
Charakteristik, seiner Seelenmalerei, Tiecks Shakespeare legt es
als Absicht des Dichters aus: „denselben Trieb, der das Tier
roh und stark und die Blume geheimnisvoll erregt und ent=
wickelt, in himmlische Klarheit, in Sehnsucht nach dem Unsicht=
baren zu steigern, sodann das Leibliche mit dem Geistigen, das
Ewige mit dem Irdischen, Cupido und Psyche im Sinne des
alten Märchens in Gegenwart und unter dem Beifall der Götter
zu vermählen". Diese romantische Sehnsucht nach dem Unsicht=
baren empfindet unsere Generation bei Shakespeare schwächer,
als es die Romantiker einst gethan haben. Mit dieser Novelle
ist Tieck zugleich der Schöpfer des Litteraturromans ge=
worden, eines Genres, das ebensowenig glücklich zu nennen ist
wie der durch „Franz Sternbalds Wanderungen" hervorgerufene
Kunstroman. Von den späteren Novellen Tiecks erwähnen wir
nur noch zwei als charakteristisch: den „jungen Tischlermeister"
(1836) und „Vittoria Accorombona" (1840). Tieck hat beide
Werke Romane genannt, sie sind ihrer ganzen Anlage nach in=
dessen nur breit gesponnene Novellen, welche dadurch merk=

würdig erscheinen, daß sie in der Entwickelung des Dichters ein neues Stadium bezeichnen. Ihre Entstehung fällt in die Zeit, wo die Romantik in ihrer alten Form bereits abgewirtschaftet hatte, neue Ideen bewegten das deutsche Leben und das jederzeit geschmeidige Talent Tiecks vermochte auch ihrem Einflusse sich nicht zu entziehen. Der „junge Tischlermeister" bleibt aber trotz seiner Reflexionen über Innungen und Zünfte der überzeugendste Beweis, daß die alte romantische Weltanschauung unfähig war, soziale Fragen zu behandeln. Man denke sich einen Handwerker, der im Kreise abliger Personen auf gleichem Fuße mit ihnen verkehrt, dort als Professor angesehen wird, wie ein Professor spricht und wie ein junger Edelmann liebt und geliebt wird, obwohl er zu Hause ein Weib besitzt, und man wird in diesem Charakter kein Bild aus dem Leben, sondern nur eine romantische Grille erkennen. „Vittoria Accorombona" steht unter der Einwirkung der Emanzipationsromane: Die Komposition ist verworren, der Stil unruhig, die Reflexion kehrt zu dem Charakter des Tagebuches zurück und vor allem ist die Heldin, die italienische Dichterin, das freigeistige Weib aus den Romanen der Jungdeutschen, das in seiner Liebe über alles hinwegsieht, selbst darüber, daß der Geliebte seine erste Frau umgebracht hat. Daneben zeigen sich die alten, schauerlichen, romantischen Züge; Vittoria Accorombona sieht in visionärem Zustande groteske Gestalten und Fratzen, die sich ihr drohend nahen, und von solchen Gestalten wird sie später wirklich in gräßlicher Weise ermordet. Die Novelle war als das letzte auch das unerquicklichste Werk des gealterten Dichters.

Am anmutigsten stellte sich die romantische Weltflucht noch in Eichendorffs (1778—1857), des eigentlichen Lyrikers der Romantik, Dichtungen dar. Die Poesie flüchtete sich hier aus dem „staubigen Boden Europas" in den deutschen Wald, dessen träumerische Stimmung vielleicht kein anderer deutscher Dichter so wunderbar wiedergegeben hat, am schönsten, wenn über den flüsternden Bäumen die stille Nacht steht, die Bäche verschlafen rauschen und der frische Duft dieser Welt geheimnisvoll das Herz erhebt. Auch durch seine Novellen weht diese Stimmung; seine Helden sind passive, träumerische Naturen und doch wie der „Taugenichts" (1826) in der gleichnamigen Novelle und Fortunat in „Dichter und ihre Gesellen" Kinder des Glückes, die nicht säen und nicht ernten und von ihrem himmlischen Vater trotzdem ernährt werden. Die erste Dichtung ist geradezu ein Kabinettstück, eines der schönsten Erzeugnisse deutscher Novellistik; einfach in der Erfindung, schlicht in der Charakteristik, von taufrischem Humor erfüllt, singt sie mit ihrem Helden das Lob der göttlichen Faulheit, aber wie gut wird man diesem gutmütigen, herzigen Burschen, der keine andere Lust kennt, als auf dem Rücken liegend sich die Sonne in den Hals scheinen zu lassen oder höchstens zu seiner Fiedel zu greifen. „Dichter und Gesellen" stehen hinter dieser Novelle künstlerisch weit zurück trotz ihrer zarten Stimmungsbilder. „Dichterschicksale" wäre vielleicht ein passenderer Titel gewesen, denn für die Art, wie die romantischen Dichter sich selbst charakterisierten, ist sie höchst interessant. „Es giebt nur wenige Dichter in der Welt", bemerkt einer der in der Novelle vorkommenden Dichter, „und von den wenigen kaum einer steigt unversehrt in diese märchenhafte, prächtige Zaubernacht, wo die wilden, feurigen Blumen stehen und die Liederquellen verworren nach den Abgründen gehen und der zauberische Spielmann zwischen den Waldesrauschen mit herzzerreißenden Klängen nach dem Venusberge verlockt, in welchem alle Lust und Pracht der Erde entzündet und wo die Seele, wie im Traum, frei wird mit ihren dunklen Gelüsten". In der That gereicht zweien dieser Dichter in der Novelle die romantische Zaubernacht zum Unheil, nur Fortunat wird glücklich in der Liebe, Otto geht geistig und körperlich zu Grunde und Lothario verzichtet auf die Welt, um als katholischer Priester ein Gottesstreiter zu werden. Ein vierter,

Dryander, ergiebt sich einem zügellosen, vagabondierenden Leben unter Komödianten. Er ist der poetische Faselhans, der in jeder Minute einen neuen Entschluß faßt und darüber den alten vergißt, sprunghaft und unberechenbar in seinem Wesen, erfüllt von den höchsten Plänen und ohne Willenskraft, sogar ohne eigentliche Absicht, sie auszuführen. Dieser Typus findet sich mehrfach in den Werken der Romantiker, er ist stets humoristisch gehalten, aber er bleibt für die Romantik vielleicht bezeichnender als der „Heinrich von Ofterdingen", der nach der blauen Blume suchte. Im wirklichen Leben müssen diese Figuren damals nicht selten gewesen sein.

In eine humoristische Beleuchtung trat die romantische Welt in Wilhelm Hauffs (1802—27) Novelle „Memoiren des Satans" und in den „Phantasien im Bremer Ratskeller" desselben Dichters. Mephisto und Ahasver, der ewige Jude, sind beliebte Figuren in der damaligen belletristischen Litteratur, und eine Studie, wie diese beiden Typen seit Goethe variiert worden, würde manches Interessante ergeben. Hauff faßt sie beide in ergötzlichster Weise ganz nach gesellschaftlichen Voraus= setzungen auf: Satanas ist ein feiner Mann, ein Baron, Ahasver hat dagegen eine unzweifelhafte Aehnlichkeit mit einem polnischen Handelsjuden. Die „Phantasien" verbinden das Phantastische und Humoristische nicht in der scharf ironischen Weise Hoffmanns, sondern in der gemütvollen Art des Schwaben, dem selbst die Gespenster artige Hausgeister und fidele Gesellen sind. Das anmutig und phantasievoll gestaltende Talent des Dichters bekunden auch seine übrigen Novellen, unter ihnen als die besten wohl die „Bettlerin vom Pont des Arts" und „das Bild des Kaisers", letztere ungemein charakteristisch für die in Süddeutschland damals herrschende Auffassung Napoleons; leicht und frisch geschrieben sind sie der Beweis einer hervor= ragenden Erzählungskunst. In Hauff hätte vielleicht die Romantik und vor allem der Roman neue Bahnen einschlagen können, wie sie in Frankreich der ältere Dumas betrat. Der frühe Tod des Dichters hinderte seine Entwickelung. Der „Mann im Monde" ist eine geistreiche Persiflage auf Claurens Manier; damals nahm man das Buch ernst und verschlang es als Claurensches Machwerk mit Entzücken. In der That fällt auch heute noch die Unterscheidung von den Arbeiten jenes Modeschriftstellers nicht so leicht.

Noch eines originellen Dichtertalentes muß hier gedacht werden, dessen Novellen den üppigen exotischen Pflanzen mit ihrer wunderbaren Farbenpracht glichen und wie diese auch rasch verblühten. Die Wissenschaft und die Poesie hatten den Orient entdeckt, Goethe und Rückert bewegten sich in dem Strophen- und Gedankenmaße orientalischer Lyrik und der Freiheitskrieg der Griechen erregte die leidenschaftliche Liebe, welche in der Seele des Deutschen für den Boden des alten Hellas wohnt. Mit dröhnender Metallstimme sang damals Wilhelm Müller seine „Griechenlieder" und von fingerfertigen Romanschreibern wurden zu Beginn der zwanziger Jahre mehr Romane über den Kampf der griechischen Helden und die Greuel der Türkenwirtschaft verbrochen, als jemals bis dahin über die deutschen Freiheitskriege erschienen waren — auch einer der bezeichnendsten Züge für die romantische Stimmung im Volke selbst, das noch kein poetisches Interesse für das kannte, was ihm selbst am nächsten liegen mußte. In freiheitliche Kriegsstimmung wußte sich indessen Leopold Schefer, dessen erste Novellen 1825—1829 erschienen, nicht zu versetzen. Der Dichter, in der Litteraturgeschichte vor allem durch sein „Laienbrevier" bekannt, am 30. Juli 1784 zu Muskau geboren, hatte durch die Gunst des Grafen Pückler den Orient bereisen können, aus dem er im Jahre 1820 zurückkehrte, um fortan bis zu seinem Tode (18. Februar 1862) in Muskau ein beschauliches, ganz poetischen Arbeiten gewidmetes Leben zu führen. In den reifenden Jahren der Männlichkeit hatten sich ihm die Wunder des Ostens erschlossen; er hatte das blaue ägäische Meer befahren mit seiner Perlenschnur von Inseln, auf der Akropolis von Athen, am goldenen Horn, selbst an der Küste Kleinasiens hatte sein Fuß verweilt. Das bunte Völkergemisch von Griechen, Türken und Franken, die schönen Frauen, der herrliche Wein, die Sonne Homers, dies bunte Farbenspiel hatte es seinen schönheitsdurstigen Sinnen angethan und seinen pantheistischen Träumereien zugeneigten Geist aufgeregt. Der Schauplatz seiner Novellen war daher neben Italien vorzugsweise diese orientalische Welt, und etwas von ihrem inneren Leben ging auf den Dichter über. Seine Helden sind Ausbunde von Schönheit, seine Frauen weich und lieblich, leuchtende Blumen, zart und duftig, seine Stoffe gräßlich und schaurig, seine Komposition verworren und verschleiert. Dafür schwärmt er in Reflexionen und Schilderungen, und ein Kapitel wie die Beleuchtung der Peterskuppe im „Zwerg" ist in unserer gesamten epischen Litteratur nicht oft geschrieben worden. Wie hier die Außenwelt, von den fieberhaft erregten Nerven des Helden erfaßt, ein großartiges, phantastisches Leben gewinnt, erinnert an die glänzenden Naturschilderungen des Engländers Dickens. Trotz seiner weichen, träumerischen Zerflossenheit war Schefer eine in sich harmonische Natur, voll tief sittlicher Gedanken und Empfindungen; ihm mangelte nur die Kraft der Gestaltung menschlicher Charaktere. Er pries als den innersten Kern des Lebens den Willen und doch gleiten seine Figuren wie Schemen und Schatten an uns vorüber, die nicht mehr eigenen Willen in sich fühlen als die Blüte am Baume und die Aehre auf dem Felde, welche unter dem Winde schwanken. Der Grundgedanke seiner Novellen ist von einer tiefen, ethischen Wirkung. Im „Zwerg" sehen wir, daß „die Thaten des Menschen nicht in die Luft geschrieben sind, wie Kinder mit dem Finger am blauen Himmel schreiben — jemand webt sie in den Teppich des Lebens. Die Vergangenheit kommt, uns zu richten". In der „Erbsünde" sind es die unreinen Gedanken der Eltern, die als Stoff der Sünde in den Kindern nachwirken und die Sünde vorbereiten — ein Gedanke, den unsere Gegenwart aus dem Psychischen in das Physiologische hinübergezogen hat. „Leonore di San Sepulcro", eine Novelle im Stile von Romeo und Julia und weit schauerlicher in ihrem Ausgange als das Shakespearesche Drama, enthält die erschütternde Lehre, daß ein heimliches Glück keins sei, daß aus ihm sich nur Unglück erzeugen könne. Die schönste von den orientalischen Novellen ist die „Persierin", in welcher das Weib des Orients sich wirklich zu einer tragischen Größe erhebt. Im Uebrigen sind leider die „dunklen Mächte des Schicksals" bei Schefer nicht minder allgewaltig als in den Hauptwerken der Romantik.

Die orientalisch-pantheistische Novelle ist in unserer Litteratur, anders als die orientalische Lyrik, die immer neue Triebe entwickelt hat, nur eine Episode geblieben. Dem Grunde dieser Erscheinung nachzudenken, ist nicht schwer. Die Lyrik begnügt sich mit den Farben und dem unbestimmten, strahlenden Zauber dieser östlichen Welt, Roman und Drama verlangen ein treu gezeichnetes Bild, in welchem mehr als die Farbe die Linie Bedeutung hat. Wir wollen in ihnen keine Gedanken, sondern Charaktere und Menschen, keine phantastischen Bilder, sondern ein wahres, episch oder dramatisch bewegtes Gemälde empfangen. Als mit Coopers Indianern ganz Deutschland auf den Kriegspfad zog, da waren es nicht die Prairie, die Wigwams und die Wälder seiner Szenerien, die den Enthusiasmus erregt hatten, sondern die Gestalten des Lederstrumpf und des letzten Mohikaners. Die orientalische Novelle Schefers war nur ein fremdes Reis am deutschen Stamme, eine Blüte von der berauschenden Pracht der Königin der Nacht, die jedoch den Morgen eines neuen Tages bisher nicht erlebt hat.

4. Die volkstümliche Unterhaltungslitteratur.

Der Ritter- und Räuberroman. Die Belletristik des Bürgerstandes. Anfänge des historischen Romans.

Der Roman und zum Teil auch die Novelle der Romantik, wie sie in den beiden vorangehenden Abschnitten gekennzeichnet worden, sind zu ihrer Zeit nicht ins Volk gedrungen. Die große Menge las andere Schriften als „Heinrich von Ofterdingen", die „Kronenwächter" und die Tieckschen Theetisch-Novellen. Auch sie hatte ihre romantische Litteratur, diese Romantik wirkte jedoch mit drastischeren Mitteln und selbst die Fouquéschen Gespenster waren zu gelehrt für sie. Sie basierte einfach auf dem krassen Aberglauben und den Vorstellungen, die durch die Ritter- und Räuberdramen vom Mittelalter erweckt worden waren. Unter ästhetischen Gesichtspunkten betrachtet, ist diese Litteratur Schund, sogar zum Teil schlimmer als Schund, nicht uninteressant erscheint sie dagegen vom kulturhistorischen Standpunkte.

Goethes „Goetz", noch mehr freilich die Ritterdramen des Grafen Törrings: „Agnes Bernauerin" (1780) und „Caspar der Thorringer" (1782) hatten die Ritterstiefel und Ritterspieße auf die Bühne gebracht, von dort wanderten sie in die Romane der Leihbibliotheken und erzeugten durch ihre Anwesenheit den sogenannten „Schauerroman", der mit dem Namen seiner — sit venia verbo — „klassischen" Autoren Spieß, Cramer, Vulpius, Veit Weber, Schlenkert u. s. w. untrennbar verbunden ist. Seine Abstammung vom Drama hat dieses Genus, so alt es wurde und es wurde sehr alt, nie verleugnet; seitenlang finden sich in diesen Romanen dialogisierte Szenen, die sich ausnehmen, als wären sie aus einem Theaterstück herausgeschnitten. Das bedeutendste Werk waren entschieden Veit Webers (Georg Wächter) „Sagen der Vorzeit" (1790—99), deren sieben Bände zahlreiche Nachahmungen hervorriefen und die auf den Charakter auch der höheren Romantik einen nicht zu unterschätzenden Einfluß ausgeübt haben; sie waren ein Hauptanlaß, daß man begann, die alte Märchen- und Sagenwelt, soweit sie noch im Munde des Volkes lebendig war, wieder zu sammeln. Von irgend welcher kulturhistorischen Färbung des Mittelalters war in diesen und den anderen Erzeugnissen nicht die Spur zu finden, nur der alte Apparat aus dem Ritterdrama wurde in Bewegung gesetzt und vom Ritterdrama stammten auch der hohle, schwülstige Stil und die Tendenzen dieses Ritterromanes. Religiöser Art waren die letzteren nicht, vielmehr standen sie ganz unter der Einwirkung des Aufklärungsgeistes und wandten sich voll Schroffheit gegen die Geistlichkeit; in hunderten dieser Machwerke findet man die sinnliche Begehrlichkeit und die Schlauheit des Pfaffen oft sehr drastisch behandelt. Die Rolle, welche der Klausner, der Waldbruder spielt, ist ganz die des Philosophen einer biederen Nützlichkeitsmoral. Auch gegen die Standesvorurteile, welche Adel und Bürgertum schieden, machten diese Ritterromane Front. Die heilige Vehme und andere Geheimbünde, die der Geschmack des 18. Jahrhunderts nun einmal liebte, waren selbstverständlich in ihnen vertreten, allein sie hatten doch einen höheren Zweck, als dem Leser das Gruseln beizubringen, sie griffen tief in die allgemeine Volksstimmung, die für Freiheit und Recht schwärmte. Sie lenkten den Blick des gemeinen Mannes — und man muß die Zustände jener Zeit im Auge haben — auf eine ausgleichende Gerechtigkeit, die er selbst im Leben nicht fand und deren phantastische Gestaltung ihn hier mit einer gewissen Genugthuung und mit einem gewissen Trost erfüllte.

Eng mit dieser Romankategorie hing eine andere zusammen, die sich sogar bald mit ihr mischte: der Räuberroman, der ebenso aus dem Räuberdrama sich entwickelte. Schillers „Räuber" und Zschokkes „Aballino, der große Bandit" gaben hier die Anregung, Vulpius' „Rinaldo Rinaldini" das Muster. Dieses

Buch hat die gesamte Räuberromanlitteratur bis auf unsere Tage beherrscht und sein Held ist in Deutschland populärer geworden als mancher berühmte Name. Sein Verfasser, Chr. Aug. Vulpius, geb. am 23. Januar 1762 zu Weimar, hat ein sehr unstetes Dasein geführt, ehe er 1797 als Theatersekretär an das unter Goethes Leitung stehende Weimarer Hoftheater berufen wurde; bekanntlich wurde er dort durch seine Schwester, die schöne Vulpius 1806 der Schwager unseres großen Dichters. Er starb nach einer unheimlich fruchtbaren litterarischen Thätigkeit als herzoglicher Rat zu Weimar am 26. Juni 1827. Das Bestechende an den Schillerschen „Räubern" war das Paradoxon, daß nur ein Räuber der wahrhaft Gerechte und auserwählt sei, die Tugend zu belohnen, das Laster zu strafen. Recht und Freiheit sind die beiden Glücksgüter, deren sich der Räuber erfreut, Vulpius fügte in seinem „Rinaldo Rinaldini" als ein drittes die Liebe hinzu. Das Werk ist interessant als ein Spiegelbild des allgemeinen Geschmackes, wie er in den gewöhnlicheren Schichten unseres Volkes lange Jahre hindurch maßgebend gewesen ist. Freilich, liest man es heute, so begreift man kaum, worin einst sein Reiz gelegen hat. Es ist eine langweilige Aufzählung von Abenteuern, in jedem der 18 Bücher, in welche das Werk eingeteilt ist, wird dasselbe Lied abgehaspelt: Rinaldo Rinaldini verliebt sich, kommt in Gefahr, wird eingesteckt, aber gleich darauf gerettet. Der Held des Romans ist ein Räuber vom Schlage Karl Moors; er ist stolz, ritterlich, ein Freund der Armen, ein Feind der ungerechten Reichen. Er ist auch wie dieser ein sentimentaler Naturfreund; jedesmal wenn ein Sonnenuntergang geschildert wird, hat er gefühlvolle Regungen, beklagt er sein Schicksal und wünscht sich in das idyllische, unschuldige Dasein zurück, das er als Hirtenknabe geführt hat. Aber er unterscheidet sich von dem Schillerschen Helden, der nur seine Amalia im Herzen trägt, darin, daß er als echter Don Juan sich in tausend Liebesverhältnisse stürzt und daß kein

Mädchen ihm in die Augen sehen kann, ohne sich in den schönen Räuber zu verlieben. Aurelie, Rosalie, Olympia, Dianora, Serena, Laura, Leonore, Fiametta, Oriane, sie sind kaum alle aufzuzählen, die Schönheiten, die er in und außer der Reihe liebt, wie sie ihm gerade in den Weg kommen. Treue kennt er nicht und in dieser Hinsicht gleicht ihm vor allem die Olympia, die seinen Lebensweg in mannigfacher Weise kreuzt. Am meisten hängt sein Herz an Dianora, die von ihm einen Sohn bekommt und in deren Schloß er auf der Flucht getötet wird, nachdem sich kurz vorher das Geheimnis seiner Geburt enthüllt hat. Er ist nämlich kein gemeiner Hirtensohn, sondern der Sprößling eines Prinzen, eines geheimnisvollen Alten, der sich in die Mysterien der „Krata Repoa" vertieft hat und nebenbei sein Vaterland, Korsika, durch einen Aufstand zu befreien hofft. Vergebens sucht er Rinaldo zur Teilnahme an diesem Unternehmen, das jedesmal durch die italienische Polizei entdeckt wird, zu bestimmen. Daneben spielen die Karbonari und andere Geheimbünde eine Rolle. Rinaldo Rinaldini wird selbst als Kavalier in eine solche geheime Gesellschaft von einem Marchese aufgenommen.

Interessant ist nicht zuletzt, daß auf den „Rinaldo Rinaldini" kein geringeres Werk als Goethes „Wilhelm Meister" augenscheinlich eingewirkt hat. Nicht nur die Komposition und der ganze Romanapparat, auch die Charakteristik hat verwandte Züge. Die leichtfertige Olympia des Romans ist der Philine nachgebildet, freilich nur wie ein Knabe das Meisterwerk eines Malers nachpinselt, die Rosalie ist Mignon, Dianora erinnert an Marianne, der Alte von Fronteja ist der Abbé vom geheimnisvollen Turm mit einigen Zügen des greisen Harfners. Auch die Einstreuung der lyrischen Gedichte in „Rinaldo Rinaldini", so üblich damals auch Gedichte in Romanen sich fanden, und selbst der Umstand, daß Italien der Schauplatz dieses Banditenromans ist, deutet auf das große Werk. Nur nicht die

Moral; diese paßt sehr schlecht zu der Exaltiertheit des Helden und zu seinen sentimentalen Stimmungen; sie ist so trocken und ledern wie der Stil des Verfassers. Genieße dein Leben und gieb dich den sinnlichen Freuden hin, so lange es dir vergönnt wird, ist hier der Weisheit letzter Schluß; ihr entspricht auch das Behagen, mit welchem die schlüpfrigen Liebesszenen geschildert sind. Der „Rinaldo" hatte einen ungeheuren Erfolg; wenn im Jahre 1843 erst die sechste Auflage erschien, so waren die zahlreichen Nachdrucke und Nachahmungen daran schuld; besonders unter den ersteren hatte Vulpius zu leiden und zur Strafe für sie ließ Rinaldo in einer der erneuten Auflagen einen Reutlinger Nachdrucker, der sich zur Aufnahme in seine Bande meldete, hängen, „weil er für die Gesellschaft zu schlecht sei". So rächte sich damals ein deutscher Autor! Die Räuberromane zu Lande und zu Wasser, die nun von flinken Federn in die Welt gesetzt wurden, haben das sittliche Urteil leider in jener Zeit auf das Entsetzlichste verwirrt. Im Jahre 1798 erschien ein Buch, kein Roman: „Walther der Deutsche. Biographie eines Niedersachsen, welcher Dieb, Räuber, gebrandmarkter Verbrecher und doch ein ehrlicher Mann war", und unter dem Jahre 1806 erschien ein anderes, das sich einen „psychologischen Versuch" nannte und betitelt war: „Der Mörder bei kaltem Blute und mit Ueberlegung und doch ein Mann, welcher Achtung verdient". Bis in die Mitte unseres Jahrhunderts hinein hat diese Kategorie der Ritter= und Räuberromane eine besondere Abteilung des Leihbibliothekenromans gebildet. Aus einer ähnlichen Stimmung ging Zschokkes „Alamontada, der edle Galeerensträfling" (1802) hervor, eine Novelle, deren Einleitung aus einer schön geschriebenen, rationalistischen Betrachtung über das Wesen der Religion besteht. Der Verbrecher wurde hier zum tugendhaften Dulder, was Wunder, wenn, wie wir sehen werden, die Tugend sich zuletzt im Roman als Gegenspiel, als eine Kette unedler Eigenschaften und sittlicher Vergehen darstellte!

Vorher sind noch einige andere Romangattungen aufzuzählen, die geistig mit dem Ritter- und Räuberroman verwandt sind. Der durch den „Don Quixote" angeregte Abenteurerroman, in welchem alle Ingredienzien, das Komische, Phantastische, Sentimentale und Lüsterne sich mischten, erlebte eine zweite Blüte; die Einwirkung der frivolen französischen Liebesromane, die vielfache Uebersetzer fanden, verlieh dieser Gattung noch einen besonderen Hautgout. Da gab es Abenteuer des Junkers Hans von Birken (1811), Abenteuer Hadschi Babas (1828), Abenteuer des Grafen von J...., Verliebte Abenteuer, Kreuz- und Querzüge eines schalkhaften Freiers (1812), Abenteuer des Ritters Mendoza d'Aran und seines Knappen Trüffaldin (nach dem Französischen, 1812), Abenteuer und Wallfahrten einer deutschen Schauspielerin ꝛc. ꝛc. Der „komische Reiseroman" war eine Unterart dieser Species, die hier nicht weiter erörtert werden soll. Der Gesamtcharakter dieser Romane war schlüpfrig und sinnlich und in seiner Komik wiederum breit und plump. Im Jahre 1789 war Bernardin de St. Pierres: „Paul und Virginie" erschienen, 1801 „Atala" von Chateaubriand; die Länder in fernen Meeren wurden nun die Stätte, wo Unschuld und Glück noch ungetrübt weilen konnten, da die Welt der Kultur sie nicht mehr kannte. Die sentimentale Schäferpoesie des 17. Jahrhunderts kam in diesen transozeanischen Idyllen wieder zum Leben, sie empfing dabei durch die Einwirkung von Defoes „Robinson" oft einen bestimmten lehrhaften Zug. Von dem letzteren Werke schossen die Nachahmungen üppig ins Kraut; für jedes Land auf der Karte von Europa und außerdem für jeden kleinen deutschen Staat im besonderen wurde ein „Robinson" fabriziert. Die transozeanische Welt kam in Romanen wie: „Tameha, die Königin der Sandwichsinseln", „Zilia, die Peruanerin", „Odevahi" (ein Seitenstück zu Atala), „Ataliba, der letzte Inka von Peru" und anderen Erzeugnissen zu einer ziemlich sonderbaren Darstellung, daß sie aber nicht unbeliebt war, beweist u. a. der geradezu europäische Erfolg, den Kotzebues Theaterstück „Gurli" auf der Bühne errang.

Sentimentalität, Frivolität und eine trockene Nützlichkeits= moral sind auch die Grundstoffe des damaligen Gesellschafts= romanes, wie er durch Lafontaine und Genossen charakterisiert wurde. Dieser Schriftsteller, geboren am 20. Oktober 1758 zu Braunschweig, von Hause aus Theologe — er machte u. a. als Feldprediger den Zug in die Champagne mit — war bis zu seinem Tode (20. April 1831) der Liebling des Bürgerstandes, es ist bekannt, daß sogar die schönen Augen der Königin Luise über seine Romane weinten. Die Fülle der gefühlvollen Phrasen, die bei ihm zwei Liebende aneinander zu verschwenden wissen, setzt geradezu in Erstaunen; in dieser Gefühlsschwelgerei und Gefühlsüberschwenglichkeit bezeugte der Lafontainesche Roman seine Abstimmung vom „Werther". Wie ein endloser Thränen= strom ergießt sich seine larmoyante Seelenstimmung durch ganze Bände. Mit der Wertherschen Sentimentalität verquickt sich aber die Lüsternheit des „Faublas"; Lafontaines Heldinnen gehen bisweilen dicht am Bordel oder am Ehebruch vorüber, wenn sie nicht geradezu hineingeraten und seine Helden sind energielose Schwächlinge, die bei jeder Gelegenheit straucheln, sich aber doch auf die Tugend hinausspielen. Die Moral, die in seinen Büchern gepredigt wird, entspringt im Gegensatze zu den romantischen Spekulationen aus der nüchternen Aufklärungs= philosophie. Die Tugend ist ein herrliches Gut, die Natur= anlagen d. h. im Lafontaineschen Begriff Sentimentalität und Sinnlichkeit sind es nicht minder. Wenn hier ein Konflikt ent= steht, wer wollte das eine um des anderen willen verdammen? „Schwach sind wir alle gewesen", bemerkt am Schlusse eines Romans einer seiner Helden, „und Grundsätze sind nötig. Ich glaube auch, daß eine Zeit kommen wird, wo sie allein die Quellen unserer Tugenden wie unseres Glückes sein werden; noch aber ist diese Zeit nicht da". Der kurze Inhalt eines seiner am meisten gelesenen Romane — ihre Gesamtzahl belief sich auf mehrere hundert Bände — mag dazu dienen, von dem Geiste dieses Schriftstellers einen Begriff zu geben. Der Roman ist betitelt: „Die Gefahren der großen Welt oder Bertha von Waldeck". Held und Heldin lernen wir zunächst durch ihre brieflichen Ergüsse kennen, wie es damals bei dem Romane des Bürgerstandes Mode war. Nach manchem Ah! und O! und Ach! heiratet Anton von Stein das junge, adlige Fräulein Henriette, die ihn leidenschaftlich liebt, eine Liebe, die er erwidert, aber nicht in dem Maße von Henriettens seufzender Leidenschaft. Denn kurz vor seiner Vermählung hat er noch eine andere geliebt, Bertha von Waldeck, leider ist diese plötzlich für ihn verschwunden. Wir erfahren nun die Abenteuer dieser zweiten Heldin bei den Polen und Russen, ein ganzer Band wird damit gefüllt, ehe sie als Gesellschafterin einer leichtsinnigen und lebenslustigen Generalin wieder in Antons Nähe kommt. Antons Liebe zu ihr erwacht von neuem, nur wagt er es nicht, seiner Frau die Treue zu brechen. Diese jedoch, von Eifersucht ergriffen, rächt sich dadurch, daß sie sich dem ersten besten hingiebt. Die Szene, wie der Liebhaber in ihrem Hause entdeckt wird, ist so pikant, daß sie in jedem modernen Ehebruchsroman stehen könnte. In wildem Zorn stellt Anton seine Gattin zur Rede und Henriette rechtfertigt sich mit folgendem Bekenntnis: „Ich sank, aber ich liebte den Elenden nicht, der mich unglücklich machte. Es war nicht einmal ein Sinnenrausch, der mich in seine Arme warf. Es war eine tiefe, verzweifelnde Verachtung des Lebens. Du warst gefallen, glaubte ich. Was lag daran, was nun noch fiel?" Eine solche eiskalte Frivolität dünkt dem Autor nicht etwa unheimlich, sondern rührend, und er sorgt gewissenhaft dafür, daß am Schlusse die versöhnten Gatten sich in die Arme fallen. Die vollkommenste Verworfenheit vergab er mit christlichem Herzen, sobald er sie nur in schöne Worte kleiden konnte. Die menschliche Natur war ja so schwach, daß auch die Edelsten fehlen mußten; so malte er denn die Wollust und nicht den Teufel, sondern den rettenden Engel daneben, und seine Leser berauschten sich an seinem falschen Gefühls= schwall.

In diesem Stile arbeitete eine große Anzahl von Schrift= stellern, mit Lafontaine wetteiferten Kotzebue, Schilling, A. W. Lindau und Laun (Fr. Schulze), die zum Teil an die Stelle der Gefühlsseligkeit eine breitspurige Behaglichkeit setzten, die richtige Bettelsuppen=Litteratur, in welcher der Ehe= bruch schmackhaft gemacht werden sollte. Diesem Zusammen= hange gehören Goethes „Wahlverwandtschaften" an, obwohl der große Dichter mit den Sudlern nichts gemein hat als das äußerliche Thema. Auch der Romantiker Achim von Arnim schrieb seinen moralischen Roman: „Armut, Reichtum, Schuld und Buße der Gräfin Dolores, eine Geschichte für arme Fräulein" (1810), ein Werk, das ganz die sprunghafte Kom= positionsart der Romantik, aber auch eine vortreffliche Charakte= ristik aufweist. Zarte, schöne Stimmungsbilder wie die klassische Schilderung des verfallenen Schlosses gleich im ersten Kapitel fesseln das Gemüt und wohlthuend wirkt der tiefsittliche Geist des Dichters, bestände nur die Handlung nicht aus einer Reihe von Zufälligkeiten und Mißverständnissen. Ein armes, kokettes Grafenfräulein wird von einem reichen Edelmanne geheiratet, aber ihre Koketterie gereicht ihr zum Unheil, die Gräfin wird ihrem Gatten untreu. Der Schuld muß die Sühne folgen. Der Graf, in dem Arnim das Muster eines Kavaliers schildert, verstößt sie nicht, vielmehr soll sie durch aufopfernde Mutter= liebe ihr Vergehen sühnen, und indem sie sich voll Reue der Aufgabe widmet, kehren für sie auch freundlichere Tage wieder. Sie liebt jetzt ihren Gatten mit glühender Liebe, er dagegen behandelt sie, wenn auch zart und respektvoll, stets mit einer gewissen Zurückhaltung, die sie tief schmerzt. Die Eifersucht erhöht diesen Schmerz; eine Fürstin liebt den Grafen und sucht ihn nachts heimlich auf, allein anstatt in sein Zimmer gerät sie in das eines Schreibers, der für sie schwärmt. Ohne ihren Irrtum erkannt zu haben, entdeckt sie der unglücklichen Dolores ihre Liebe und fordert sie auf, sich von dem Gatten scheiden zu lassen. Dolores entsagt aus Schmerz über den angeblichen Treubruch des Grafen und stirbt am gebrochenen Herzen; die Fürstin vergiftet sich selbst, als sie erfährt, wem sie sich hingegeben. Das ist der Hauptfaden der Handlung, die sonst nach romantischer Manier allerlei Gedichte und Novellen noch in sich schließt; ihre Tragik erscheint uns gezwungen und unverständlich, so himmelhoch das Werk sich auch aus dem Lafontaineschen moralischen Sumpfe emporhebt.

Wenn Lafontaine den Ehebruch von der weinerlichen, Arnim ihn von der ethisch-romantischen Seite nahm, so faßte ihn Julius v. Voß von der leichten Seite auf. In ihm sehen wir einen Typus, wie ihn der litterarische Markt von Zeit zu Zeit immer wieder zu erneuern scheint. Julius von Voß war ein ehemaliger Offizier; er war ein Preuße, geboren am 28. August 1768 zu Brandenburg, und vertauschte, nachdem er bis zum Leutnant gekommen, (1798) den Degen mit der Feder. Außer seinen Romanen schrieb er zahlreiche Theaterstücke († 1832). Seine Bildung setzte sich zusammen aus dem Rationalismus der deutschen und der französischen Litteratur des 18. Jahrhunderts: von der letzteren hatte er einen spöttelnden, frivolen Ton, von dem ersteren eine gewisse logische Schärfe und den gesunden Menschenverstand sich angeeignet. Seine zahlreichen Romane, welche eine ganze Bibliothek bilden, geben mit ihren schlüpfrigen Situationen den französischen kaum etwas nach; er übertraf darin jeden Berliner Realisten unserer Tage. Sein Ideal war der preußische Offizier und da ihn keine romantische Brille blendete, hat er uns ein treues Bild von diesem militärischen Charakter vor und nach 1806 aufbewahrt. Man ersieht daraus, daß die Lessingschen Herren von Tellheim zu seiner Zeit bereits überaus selten geworden waren. Die älteren Offiziere betrachteten ihre Compagnieen als eine fette Pfründe und kamen sonst nicht über die Anschauungen des Kamaschendienstes hinaus, die jüngeren lebten dagegen ganz dem sinnlichen Genusse; Venus und Bacchus waren die beiden Armee=Gottheiten und wie ihnen wurde auch dem König Pharao wacker gehuldigt. Trotzdem steckte noch ein tüchtiger Sinn und fröhliche Zuversicht auf den eigenen Mut in dem Soldaten. Wie Julius v. Voß den preußischen Offizier schildert, war er damals ein Gemisch von Fanfaronade und Thatkraft, von pedantischem und chevaleresken Wesen, von Liebenswürdigkeit und Leichtsinn, von Ehrenhaftigkeit in allen militärischen und Sittenlosigkeit in allen bürgerlichen Dingen. So wird er uns in seinen Romanen verherrlicht; seine sinnlichen Ausschweifungen bekommen bei Voß den Charakter von Heldenthaten, man lese nur den Roman: „Begebenheiten eines schönen Offiziers, der wie Alcibiades lebte und wie Cato starb" (1817). Daneben besaß dieser Schriftsteller eine gewisse komische und satirische Begabung, welche die Zustände der Zeit geißelte und für manches einen freien, klaren Blick bewies. Er verspottete die nach den Freiheitskriegen auftretende altdeutsche Schwärmerei, das Turnerwesen, den Schlegelschen Katholizismus und die in Mode gekommene Hellseherei in nicht übler Manier, selbst die politischen Zustände beurteilte er mit einem gewissen Freimut. Wo er nur die Zeit schildert, wird der Kulturhistoriker ihn noch heute zu schätzen haben, denn von allen Romanschriftstellern dieser Epoche besitzt er allein einen ausgeprägten Wirklichkeitssinn, wo er aber poetisch werden will, wird er schwülstig und wo er Moral predigt, und dessen enthielt er sich nicht, sogar widerwärtig. Ein verständiger Kopf und vollkommener Rationalist, der Romantik feind, konnte er sich als Modeschriftsteller zuletzt doch nicht der romantischen Strömung ganz entziehen; da er nicht an Gespenster glaubte, so erklärte er sie rationalistisch, nachdem er vorher seine Leser durch klappernde Gerippe und gläserne Särge gruselig gemacht hatte. So versöhnte er sein belletristisches Geschäftsprinzip mit seinem Gewissen; andere haben später in ähnlicher Weise Kompromisse mit ihren litterarischen Ueberzeugungen abgeschlossen.

Heinrich Zschokkes ist bereits Erwähnung gethan, die Novellen des Schweizer Erziehungsmannes gehörten zu den erfreulichsten Erscheinungen in der Unterhaltungslitteratur seiner Zeit. Zschokke, der geborene Magdeburger (1771—1848), ist nach einer etwas abenteuerlichen Laufbahn in der Schweiz, wo er auf verschiedenen Gebieten, namentlich auf dem der Schule und des Verwaltungswesens in geradezu hervorragender Weise praktisch wirkte, zum Schweizer geworden; hier empfing der ehemalige Räuberdrama- und Schauerromandichter die pädagogische Richtung, die der Schweizerlitteratur eigen ist; man denke nur an Pestalozzis „Lienhard und Gertrud", Gotthelfs Schriften, ja selbst an Kellers Novellen. Die Rousseau-Pestalozzischen Gedanken über Erziehung, religiöses Leben und vernunftgemäße Lebensweise sind von Zschokke in verschiedener Weise verarbeitet worden. Seine Schriften umfassen zahlreiche Bände, am bemerkenswertesten sind darunter, abgesehen von dem historischen Romane „Addrich im Moos": „Die Prinzessin von Wolfenbüttel", „Der Flüchtling im Jura", „Ein Narr des 19. Jahrhunderts", „Die Herrenhutergemeinde" und die kleinen komischen Erzählungen. Sein einst vielgerühmtes „Goldmacherdorf" mit seiner Bauernpädagogik muß dagegen als bereits vollkommen veraltet bezeichnet werden. Zschokke besaß eine echt volkstümliche Schreibart, eine bewegliche Phantasie, eine ungetrübte Klarheit des Verstandes und einen Blick, der die komische Seite an jedem Ereignis leicht auffaßte; mit Recht sind seine Schriften noch nicht ganz aus den Hausbibliotheken verschwunden. Er hat weder neue Gedanken noch neue Typen aufgestellt und der künstlerische Wert seiner Novellen darf nicht überschätzt werden, allein er hat auf die Masse des Lesepublikums immer anregend und erziehlich eingewirkt und das soll dem tüchtigen Manne nicht vergessen sein. In der gesamten sogenannten „moralischen" Unterhaltungslitteratur im ersten und zweiten Jahrzehnt dieses Jahrhunderts wird man ihm wenig zur Seite stellen können.

Am meisten Bewunderung fanden indessen Schweiz und Schweizer Art in Deutschland durch ein berüchtigtes Buch, betitelt: „Mimili" von Clauren. Der unter diesem Pseudonym seiner Zeit wohlbekannte preußische Hofrat Karl Heun (1771 —1854) wandelte die breiten Wege Lafontaines und Kotzebues und überkarrikierte die Karrikaturen derselben. „Mimili" (1816), ein Naturkind vom Schlage der „Gurli", und die Heldin dieser in den Alpen spielenden Novelle, wurde das Entzücken der deutschen Leserwelt. Dieses Wunder von Unschuld und Bildung nennt alle Alpenkräuter mit lateinischen Namen, spricht gewandt wie eine Stadtdame und enthüllt jene gemachte Keuschheit, die unter ihrer süßlichen Ziererei die Sinnlichkeit nur schlecht verbirgt. Der Held prunkt mit Patriotismus, der allmählich in Mode gekommen war, und kitzelt den Leser durch seine lüsternen Reflektionen und durch die Schilderung der pikanten Situationen, in die er gerät. Die Szenerie dieser Begebenheiten bilden die Alpen, freilich nicht die Berge, wie sie uns aus Tschudi und Zschokke anschauen, sondern nur die vom Maschinisten effektvoll beleuchteten Prospekte. Den Schokoladefiguren entsprach der Syrup der Darstellung, eine affektierte Poesie setzte jeden Begriff in sein kosendes Diminutiv; da giebt es nur „Leibchen" und „Röckchen" und zu ihnen gehören „Lilienwangen", „Schwanenhälse", die „Purpurwürze der Lippen", das „Pfirsich=Sammt der Wangen" und andere herrliche Sachen, worunter die eßbaren nicht die geringste Rolle spielten. Man sieht bei derartigen Schilderungen leibhaftig den Verfasser vor sich, wie er selbst sich lüstern das Mäulchen wischt, und sehr witzig hat Hauff in seiner „Controverspredigt" diese Manier gerichtet. In anderen

Novellen und Schweizergeschichten Claurens ist die Darstellung bisweilen noch läppischer, aber in „Mimili" tobte sich das von Lafontaine, Schilling u. a. hervorgerufene Modegenre gleichsam aus. Nachdem es mit diesem Erzeugnis seinen Höhepunkt erreicht hatte, der allerdings kein Höhepunkt der Kunst war, hatte es sich erschöpft. Andere Bestrebungen verdrängten es aus dem Interesse des Publikums.

Im Jahre 1815 erschienen in Deutschland die Uebersetzungen der Romane Walter Scotts, und man kann sagen, in dem Decenium von 1820—30 beherrschen die Werke des großen Schotten das litterarische Interesse fast ausschließlich. Von hier an datiert eine neue Epoche des modernen Romans. Mit ungeheurem Enthusiasmus aufgenommen erweckten sie vielfache Nachahmungen; erst jetzt wurde das große Gebiet der Geschichte für die Dichtung erschlossen, in einem Sinne, wie er bisher durch die Romantik versucht, aber bei der Willkür ihrer Methode nicht erreicht worden war. Von der deutschen Romantik war auch Walter Scott ausgegangen, Goethes „Goetz" und Veit Webers „Sagen der Vorzeit" hatten seine Einbildungskraft angeregt, die Liebe zu seiner Heimat und ihrer geschichtlichen Vergangenheit die Wahl seiner Stoffe bestimmt. Diese Momente, seine Beziehungen zum Romantischen und sein Vaterlandsgefühl machten ihn dem deutschen Geiste verwandt. Es ist schwer, einen deutlichen Begriff von dem Einflusse zu geben, den der Dichter auf die belletristische Litteratur Deutschlands ausgeübt hat: überall sind seine Spuren nachweisbar, in den meisten epischen Talenten des Jahrhunderts hat er die Lust des Fabulierens geweckt, für die Kunst der Darstellung das Muster geboten.

Eine Darstellung wie die unsrige kann kein litterarisches Bild des großen Schotten entwerfen, sie kann nur die Hauptpunkte hervorheben, in denen er auf unsere Litteratur ein=

gewirkt hat. Von Walter Scott haben die Geschichtschreiber ebenso wie die Romandichter gelernt: die einen, was das Wesen der Geschichte, die anderen, was das Wesen des Romans ist. Er hat den Historikern gezeigt, daß die Geschichte keine Anhäufung abstrakter Ideen ist, sondern dieselbe Fülle von Erscheinungen, die dem Geschichtschreiber in seiner Zeit entgegentritt, und dem Romandichter, daß seine Charaktere nicht die bloßen Spiegelbilder seiner Gedanken sein dürfen, vielmehr wie durch Kleid und Stand, so durch Eigenart der Rede und Sinnesart sich unterscheiden müssen. Und da er Wahrheit und Kraft als Haupthebel seiner Poesie erkannte, suchte er sich seine Modelle — denn als echter Künstler arbeitete er nach Modellen — nicht in den höheren gesellschaftlichen Kreisen, wo die Formen der Sitte an die Stelle der Natürlichkeit treten und das Gebot der Klugheit und Lebensart den Ausdruck der Leidenschaft dämpft. Er studierte das Leben und den menschlichen Charakter vielmehr an den niederen Ständen seiner Heimat: die Pächter und Bauern mit ihrer derben, gesunden Fröhlichkeit, ihren humoristischen Sonderheiten, ihrer hitzigen Streitlust — das sind seine Vorbilder und sie selbst hat er vielleicht am glücklichsten geschildert. Eher als die George Sand und Auerbach entdeckte er die Bauernnovelle. Er machte die Vergangenheit nicht zum Träger seiner subjektiven Einfälle; wie er den Boden von Jugend auf kannte, welcher den Schauplatz seiner Romane abgab, wie er die Natur in den reizendsten landschaftlichen Stimmungsbildern belauschte, so vertiefte er sich in die Eigenart abgelaufener Zeiten, in ihre Sitten, Anschauungen und Sprachformen. Dies antiquarische Studium war ihm keine unfruchtbare Gelehrsamkeit, die sich in Anmerkungen in und unter dem Texte hervordrängte, sondern es verlieh seiner epischen Kunst Farbe und Form. Am glücklichsten war er dann, wenn die Erinnerung an das Vergangene noch nicht im Gedächtnis seines Geschlechts erloschen war, wenn die Reste einer mündlichen Tradition dem

Bilde noch den eigensten Zug der Zeitstimmung zu geben vermochten. Was die heutigen französischen Naturalisten mit so viel Stolz ihr „Milieu" nennen, bezeichnete schon lange vor ihnen der Scottsche Roman mit „Sittenschilderung". Und wie im Stoffe, so war er auch in der Form und Technik ein Neuerer und ein Begründer. Er gab für die epische Komposition eine ganz neue Methode und ganz neue Mittel, den Leser zu spannen und zu fesseln, von dem Einfachen zu dem Verwickelten überzugehen, die Phantasie auf die Höhe und zum Mittelpunkte der Ereignisse zu führen, von dem aus das Weltbild des Romanes in seiner ganzen Klarheit ausgebreitet lag. Die Erzählungskunst war nicht dramatischer Art, wie man wohl gemeint hat, sie war nur episch und ganz aus dem Wesen des Epos geschöpft, Walter Scott ist nicht nur Erzähler, er ist vor allem epischer Künstler.

In Deutschland hatte der historische Roman vordem nur schwache Versuche gezeitigt; Karoline Pichler hatte ihn als Familienroman in ihrem „Agathokles" (1808), die Zeit Diokletians schildernd, mit würdigen steifmoralischen Betrachtungen versehen. Ignaz Feßler suchte in seinem „Mark Aurel" (1790), „Aristides" (1792), „Matthias Corvinus" (1793) und „Attila" (1794) den Despotismus in der Form des 18. Jahrhunderts zu verherrlichen. Die zahlreichen Emigrantenromane stellten das Schicksal der französischen Emigranten, von denen ganze Scharen sich in den Rheinlanden festsetzten, gewöhnlich in rührselig-weinerlicher Manier dar. Historische Charaktere traten selten darin auf. In den Gespensterromanen wurde nur undeutlich und allgemein ein historischer Hintergrund bisweilen gezeichnet, Hauptsache aber war der Schicksalsspruch irgend einer Wahrsagerin oder Somnambule, die Erscheinung einer Geliebten und dergleichen Hokuspokus mehr. Die Ritterromane, die vielleicht hauptsächlich in Betracht kommen konnten, kümmerten sich wohl um die Sagen, aber nicht um die geschichtliche Welt. Sie begnügten sich mit dem Apparate, der bereits früher gekennzeichnet worden. Als Walter Scott bekannt wurde, fiel man in doppelter Weise über ihn her: man übersetzte ihn und man kopierte ihn, soviel an ihm zu kopieren war oder vielmehr was man fähig war, an ihm zu kopieren. Zahlreiche Federn setzten sich in Bewegung und schrieben mit unendlichem Eifer: an Fruchtbarkeit wenigstens wollten sie dem großen Schotten gleichkommen. Ein junges, frisches Talent, Wilibald Alexis, schmuggelte sogar ein Erstlingswerk „Walladmor" unter dem großen Namen auf den litterarischen Markt und das heißhungrige Leservolk nahm den Jünger für den Meister. Auch der junge Wilhelm Hauff wagte sich mit einem Stoffe aus der württembergischen Geschichte, dem „Lichtenstein" (1824), gleichzeitig in die Oeffentlichkeit und das anmutig geschriebene, phantasiereiche Werk zeigt, wie viel Treffliches sein Verfasser noch auf diesem Gebiete hätte leisten können. Ludwig Tiecks rasche Empfänglichkeit war nicht minder bereit, die neuen Wege zu wandeln. Die Geschichte der Camisarden in den Cevennen hatte ihn angezogen, bezeichnenderweise durch die Berichte über die Prophezeiungen und Visionen dieser geistigen Nachkommen der Albigenser, und so entstand aus seinem Interesse für diese Dinge und seinem Interesse für die Darstellungskunst Walter Scotts der „Aufruhr in den Cevennen" (1826). Das Buch verrät sein Vorbild auf jeder Seite; es war vortrefflich geschrieben. Die Schilderungen der Bauernversammlungen sowie einzelner Typen aus denselben ließen das Talent Tiecks von einer ganz neuen Seite hervortreten. Leider artete die Behandlung der religiösen Fragen mit dem Fortlaufe der Erzählung immer breiter aus, das historische Kolorit wurde schwächer und undeutlicher, der Roman drohte in die Theetisch-Novelle überzugehen — da verlor der Dichter selbst das Vertrauen auf seinen Genius. Auch dies Werk ist Fragment geblieben. Eins der besten Bücher dieses geschichtlichen Genres ist Heinrich Zschokkes „Abdrich im Moos" (1826). Der Dichter, den wir nach seinen Novellen bereits charakterisiert haben, lieferte hier sein bestes Werk. Den Stoff entnahm er seiner schweizerischen Landesgeschichte, wie Hauff und Tieck knüpfte er an eine Empörung an, und zwar an einen Aufstand der Schweizer Bauern gegen die Städte im Jahre 1635, und gegenüber seinen Mitstrebenden war er in einer glücklicheren Lage. Tieck hatte sich in Zustände und Charaktere versetzen müssen, die er aus eigener Anschauung nicht kannte, Zschokke sah bei dem altkonservativen Sittenleben der Schweiz noch in seiner Zeit alle Eigenheiten bewahrt, die er in seinem Romane zu schildern unternahm. Er teilte das glückliche Los Walter Scotts, daß er aus der lebendigen Anschauung heraus noch die Menschen und ihre Neigungen, die Formen ihres umgänglichen Lebens zeichnen konnte, wie sie dem Zeitcharakter des Romans entsprachen, und die gewaltige landschaftliche Szenerie der Schweiz hat er nicht minder gut zu schildern gewußt. Sein Held Abdrich, ein düsterer und energischer Charakter, hat eine gewisse Verwandtschaft in seinem Schicksal mit Alamontada, dem edlen Unglücklichen. Ein empfindsamer Zug entstellt leider diese knorrige Gestalt, die sonst überaus glücklich mit ihrer verschlossenen Zurückhaltung und ihrem klugen Verstande den schweizerischen Typus wiedergiebt.

Auf etwas anderen Wegen als diese Schriftsteller, Wegen, die trotzdem zu Walter Scott zurückführten, schritt eine Gruppe von Schriftstellern, unter denen van der Velde, Tromlitz, Rehfues und Karl Spindler als die hauptsächlichsten Vertreter zu nennen sind. Sie suchten sich die interessanten Episoden der Geschichte aus, um in den kurzen Bericht der Chronik vergnügt einen langen Romanfaden einzuspinnen. Van der Velde (1779—1824) ging mit Vorliebe nach Schweden und Norwegen (Arwed Gyllenstierna 1823, Christine und ihr Hof); aber sein unruhiger Geist blieb nicht an diese Länder gefesselt; er schilderte auch die „Eroberung von Mexiko", „den böhmischen Mägdekrieg", „die Wiedertäufer" u. s. w. in einem leichten, gefälligen Stil, wobei er soviel romantische Sagenblumen in seinen Schöpfungen anpflanzte, als nur anging. Karl von Tromlitz — ein preußischer Offizier, mit seinem wirklichen Namen Karl von Witzleben, der nach einer verdienstreichen militärischen Laufbahn in den napoleonischen Kriegen gleich Fouqué und Voß die Feder ergriff — wandte sich mit seinen historisch-romantischen Erzählungen 1826—28 der deutschen Geschichte und mit Vorliebe der Zeit des 30jährigen Krieges zu. Die besten seiner Erzeugnisse sind „Die Pappenheimer", „Der Page des Herzogs von Friedland", „Die Vierhundert von Pforzheim" und „Franz von Sickingen". Der poetische Gehalt der Tromlitz und van Veldeschen Schriften war gering, sie interessieren nur durch den Stoff, nicht durch die Behandlung, obwohl diese sich immer noch weit über die alten Ritterromane erhob.

Einer der fruchtbarsten Erzähler dieser Richtung war Karl Spindler. Sein Leben war selbst nicht ohne einen gewissen abenteuerlichen Charakter. Am 16. Oktober 1796 zu Breslau als Sohn eines Tonkünstlers geboren, studierte er in Straßburg die Rechte, trat dann in französische Militärdienste und ging bald darauf zum Theater über, dem er 10 Jahre lang ausschließlich angehörte. Er starb am 12. Juli 1855, in der letzten Zeit seines Lebens ungebührlich vergessen. Spindler besaß eine erstaunliche und schier unerschöpfliche Phantasie und wenn er sein Talent hätte in Zucht nehmen können, würde er unter den ersten Romandichtern Deutschlands seinen Platz haben. Aber er schrieb leicht und flüchtig, ohne Prinzip und Konsequenz, ganz nach der Laune der Mode und verflachte in einer wüsten Vielschreiberei die glückliche Gabe, spannend und fesselnd erzählen zu können. In seinen historischen Romanen, wie in dem „Juden" (1827), dem „Bastard" (1829), dem „Jesuiten" (1829) verband er die Elemente der alten Schauerromane mit dem kulturhistorischen Notizenmaterial, das er in Chroniken fand: Zigeuner, Raubritter, Räuber, Astrologen, untergeschobene Kinder, wiedergefundene Söhne, dumme, verschmitzte oder schurkische Pfaffen, das Landsknechtstreiben, Juden-Edelmut und Juden-Scheußlichkeit, die Vehme, römische Kaiser, türkische Prinzessinnen — dieser ganze Mummenschanz wanderte in interessanten Bildern und Abenteuern an dem Leser vorüber. Spindler erzählte frisch und flott ohne die Reflexionen der Romantiker und Moralisten, seine Handlung bewegte sich stets energisch vorwärts. Seine Charakteristik hatte keine Tiefe, allein sie bot stets eine Figur, welche sich der Phantasie einprägte und die man nicht vergaß. In dem „Invaliden" (1831) entwarf er ein höchst spannendes Gemälde aus der französischen Revolution, ihre Greuel zeichnete er keck und krass und das Porträt Napoleons kam sogar vortrefflich heraus. Spindler erinnert in der Buntheit und lebhaften Bewegung seiner Handlung an Fouqué; er stellte dem christlichen Romantiker gegenüber den Fortschritt dar in dem Uebergange von der Sage zur Geschichte, von blassen Phantasietypen zu lebendigen menschlichen Charakteren.

An Bildung überlegen war seiner Erfindungsgabe der Autor des „Scipio Cicala" (1832), Philipp v. Rehfues (1779—1843), der Italien zum Schauplatze seines Romanes wählte und eine Reihe fesselnder Schilderungen aus dem italienischen Leben und der geschichtlichen Vergangenheit Neapels entrollte. Rehfues erzählte spannend und farbenreich, er wirkte mit allen möglichen romantischen Effekten und traf auch glücklich das Zeitkolorit der spanischen Herrschaft in Neapel, die der Kurator der Universität Bonn, zu welchem Amte ihn die preußische Regierung 1818 berief, einst 1805 selbst aus eigener Anschauung kennen gelernt hatte.

Wir stehen hier an der Schwelle einer neuen Zeit für den historischen Roman sowohl wie für den Roman überhaupt. Der historische Roman Walter Scotts führte die romantischen Geister aus ihrer idyllischen oder düsteren Traumwelt der Wirklichkeit und ihrer Poesie näher. Die Moralisten, die sie in ihren Werken wiederzuspiegeln suchten, waren in Mehrzahl ungesund, unwahr und unsittlich: ungesund in ihrer Empfindung, unwahr in ihrer Phantasie und unsittlich in ihrer Lebensauffassung. Die poetische Weltanschauung der Romantiker war dualistisch; der wirklichen Welt gegenüber verhielten sie sich als echte Pessimisten: selbst das Edelste konnte in derselben nicht aufkommen und wohl ihm, daß es also war, denn erst dadurch trat sein poetischer Gehalt in die Erscheinung und zugleich wurde die Herrlichkeit der erträumten Welt offenbar. Nur unter diesem Gesichtspunkte beschäftigten sich die Romantiker überhaupt mit dem Leben, das zu meistern sie doch die Eigenschaften großartiger Phantasie und blühendster Gestaltungskraft besaßen. Nichts wäre ungerechter, als wenn man ihr Schaffen mit den Schlagworten von Idealismus und Realismus messen wollte, sie waren beides, Idealisten und Realisten, wenn man will sogar Naturalisten. Aber ein innerer Widerspruch verzehrte ihre Gaben und rieb alle Dichterkraft auf: in der Entwickelung der Kultur fiel der Romantik nur die Aufgabe zu, fruchtbare Keime in das 19. Jahrhundert zu streuen und es der Zeit zu überlassen, was davon aufging. Die Romantik ist der große Stimmungsakkord, welcher dies Jahrhundert einleitete und dessen Schwingungen langsam verhallend selbst bis in das bewegte Leben unserer eigenen Tage hineinklingen.

Zweiter Abschnitt.
Das Revolutionszeitalter 1830—1848.

1. Die Jungdeutschen.

Den Zeitabschnitt von 1830—1848 schließen Erschütterungen des politischen und sozialen Lebens in den europäischen Staaten ein, welche der Epoche ihren Charakter geben. Am spätesten hat die deutsche Nation die Einladung des revolutionären Dranges gesehen, aber was 1848 ausbrach, die Revolution der Gewalt, war schon durch eine Revolution des Geistes eingeleitet worden. Der Geist der Unruhe ist in diesem Zeitalter heimisch und steckt auf allen Thürmen und Zinnen seine wehenden Fahnen aus; wo er das Angesicht des Staates nicht verändern kann, verändert er das Bild der Welt in den Köpfen, und der Zwiespalt zwischen der Wirklichkeit und dem Gedanken ist seine Folge. Eine eigentümliche Ironie des Schicksals machte die Jünger des großen Philosophen, der wie in Gottes Geheimnisse eingeweiht die Einheit von Denken und Sein und alles Wirkliche für vernünftig erklärt hatte, zu den Bannerträgern dieses Widerspruches. Ein neues Geschlecht, an dessen Wiege der Lärm der Napoleonischen Zeit, Schlachtmusik und Kanonendonner ertönt war, betrat jetzt die Bühne. Es stand unter der Nachwirkung großer Erinnerungen, der letzte ersterbende Glanz der Befreiungskriege fiel mahnend auf diese jungen Häupter. Mit jugendlichem Uebermute, voll Phantasie und Thatkraft drängten sich die neuen Gestalten vor, von der

neuen Zeit ihre Aufgabe zu empfangen. Es gährte in allen
Köpfen von einem schönen weltbeglückenden Traum, aber das
Elend der Zeit legte schon früh eine Krankheit auf das Gemüt
der jungen Talente und die aufgeloderte Thatenlust verglomm
nur gar zu rasch. Nicht ganz unzutreffend hat Gutzkow einst
diese Stimmung geschildert: „Die Zeit von 1830—1848", sagte
er in einer späteren Ausgabe der ‚Wally‘ „war reich an
Bundestagprotokollen, Zensurverboten, Einkerkerungen, Lokal=
Ausweisungen aus allen Staaten der deutschen Landkarte, aber
unter dieser hergebrachten Eisesdecke, der einmal in den Para=
graphen der deutschen Regierungspraxis üblichen vier Jahres=
zeiten, wogte und wallte das Meer, bewegt vom Atemzuge des
ewigen Frühlings — die stille Liebe zu allen möglichen Idealen
der Menschheit hatte in jener Zeit jeden ergriffen und gab
jener Epoche einen vorzugsweise träumerischen und um so un=
praktischeren Charakter, als man in einem Lande ohne Oeffent=
lichkeit, bei einer Presse mit Zensur wirklich zu einer voll=
kommenen Stubenexistenz im Volke gelangen kann".

Aber die Hauptsache war doch: der Frühlingswind hatte
neue Ideen und Probleme in das abgeschlossene romantische
Hindämmern geweht; sie zu lösen empfand die Jugend die
Verpflichtung und mit der Verpflichtung auch den Eifer. Die
französische Revolution von 1830 schüttete ihre politischen Fragen
aus, auf die man auch in Deutschland eine Antwort suchte.
Heinrich Heines Witz und Ludwig Börners Radikalismus ent=
flammten die demokratischen Gesinnungen der deutschen Jugend,
sie stellten beide dem noch auf der Bärenhaut von den Freiheits=
kriegen sich ausruhenden deutschen Michel das französische Volk
als eine Art Ideal vor, dem er sich würdig an die Seite stellen
müßte. Das Zeitalter der Romantik war national gewesen,
jetzt wurde man weltbürgerlich, oder genauer, man schwankte
zwischen dem Einen und dem Anderen. Dauert ja noch heut=
zutage der Parteizank an, ob Heine und Börne Deutsche im

Herzen gewesen sind oder nicht. Für die Litteraturgeschichte besteht dieser Zweifel kaum noch; sie hat den weltbürgerlichen Zug schon längst nicht mehr als Eigenheit einiger leitender Persönlichkeit, sondern als der Epoche selbst wesentlich erkannt. Die politischen Regungen beherrschten das öffentliche Interesse; man muß es bei Laube nachlesen, mit welchem Jubel die Kunde von dem Ausbruche der Pariser Revolution begrüßt wurde. Die Studenten liefen aus den Hörsälen unter die Litteraten, auch wenn ihnen, wie Gutzkow, eben erst ein akademischer Preis zugefallen war, welcher reizte, die begonnene Bahn fortzusetzen. Ein neuer Schriftsteller-Stand war geschaffen, der fortführen wollte, was die Litteraten des 18. Jahrhunderts einst unternommen: die Reform der Gesellschaft mit litterarischen Mitteln. Jetzt warf man sich auf die Prosa und diente anstatt der Muse dem „Zeitgeist", der jedem die Augen über „die Bestimmung des Jahrhunderts" öffnen sollte. Diese beiden Schlagworte, an sich unklar und unbestimmt, mehr schöne Worte als deutliche Begriffe, weil jeder sich etwas anderes unter ihnen dachte, entflammten die Jugend und rissen sie aus der kaum begonnenen Karriere in die Unruhe und Unsicherheit des litterarischen und journalistischen Lebens. Der Zeitgeist war leider kein liebevoller Genius, er streute niemand Rosen auf den Weg, sondern legte ihm Steine des Anstoßes vor die Füße, ja er öffnete dem jungen Litteraten sogar freundlichst die Thür des Gefängnisses, wo er wie Gutzkow und Laube Gelegenheit fand, über die „Zeit und ihre Probleme tiefer nachzudenken".

In politischer Hinsicht war der Radikalismus lange nicht so stark vertreten wie ein gewisser zahmer Liberalismus. Die Begeisterung klammerte sich an ein Wort „Freiheit", ohne über ihren Inhalt tiefer nachzugrübeln. Mit den neuen politischen Begriffen kamen auch neue soziale Anschauungen von jenseits des Rheins. Wie man dem Adel als Stand den Krieg erklärte, nicht den Edelleuten und schönen Gräfinnen, für welche das

Herz der Jugendlichen noch immer eine Schwachheit besaß, so
setzte man unter dem Einflusse des französischen Sozialismus,
des St. Simonismus und der leidenschaftlichen Romane der
George Sand die Stellung der Geschlechter in eine neue
Beleuchtung. Die Ehe wurde plötzlich ein „Problem", das neu
gelöst werden mußte, wenn anders man vom Zeitgeiste recht
erleuchtet war. Nicht der Mann allein, auch das Weib hatte
seine Rechte und nicht bloß die Rechte seines Herzens geltend
zu machen. Frauengeister wie die Rahel, die Bettina v. Arnim
und selbst die unglückliche Stieglitz, die sich den Tod gab, um
ihren Gatten zu dichterischem Schaffen zu begeistern (29. Dezember 1834) erhoben sich bedeutsam über die Männerwelt.
So tauchte auch als neues Schlagwort die „Emanzipation des
Fleisches" auf, die von der reaktionären Seite als „Verherrlichung der Sinnlichkeit" hingestellt wurde, während in
Wahrheit nichts anderes als die „Wiederherstellung des Natürlichen in allen Lebensbeziehungen" darunter verstanden war
und man im Besonderen die Befreiung der Ehe von kirchlichen Fesseln dabei im Sinne hatte. Wie gegen Staat und
Gesellschaft nahm die neue Schule auch der Kirche und ihrer
Lehre gegenüber eine andere Stellung ein. Die klassische Zeit
war entweder pietistisch oder indifferent — man denke an
Goethes Auslassungen über das Christentum, die ihn zu dem
„göttlichen Heiden" stempelten, — und die Romantik hatte sich
von christlicher Gesinnung so durchdrungen, daß sie zuletzt in
katholischen Kapellen zu der Mutter Gottes betete. Das neue
Geschlecht nahm den Glauben ernster. Sich ihm willig hinzugeben, widerstritt gewissen Forderungen und Folgerungen der
Vernunft, ihn ganz bei Seite zu setzen, war einmal zu un-
poetisch und dann lehnte sich eine gewisse Empfindsamkeit dagegen auf. Man kämpfte in sich einen harten Kampf, den nur
die praktischeren Naturen leicht und glücklich überwanden,
während andere schwer wie Jakob einst mit ihrem Gotte rangen

und nie ganz zu einer inneren Ruhe über diese Fragen kamen. Aber in diesen Seelenkämpfen, diesen Anfällen eines unbefriedigten Skeptizismus gewann man doch die Kraft, den schönen Gedanken der Toleranz darum um so eindringlicher den Zeitgenossen vorzuhalten. Die Romantik drohte unser klassisches Erbe: die Idee der Toleranz und der Humanität dem 19. Jahrhundert zu rauben; auch wenn der jungdeutschen Schule nur das Verdienst bleiben sollte, auf dieses Erbe den Blick der Nachwelt zurückgelenkt zu haben, so hat sie ihrer Zeit genug gethan.

Unter einem Fluch hatte indessen dieses neue Geschlecht zu leiden: es war in seiner Jugend ein altkluges Volk, das zu früh reif geworden war, zu schnell auf eigenen Füßen stand und zuviel Ideen an die Dinge heranbrachte, ehe es diese Dinge selbst kennen gelernt hatte. Das Gebrechen lag in der Zeit selbst. Zunächst verschloß sie dem politischen Interesse die politische Laufbahn, in der allein Urteil und Erfahrung gewonnen werden. Wenn man ferner wie Hegel das ganze Weltgetriebe aus dem Begriffe abhaspelte, lohnte es sich dann noch, etwas von den Dingen der Wirklichkeit kennen zu lernen? Alle Geheimnisse steckten in den Begriffen und das wunderliche Spiel der Hegelschen Weisheit, welche die Begriffe ineinander überschlagen ließ, bildete den Geist des Paradoxen nur noch mehr aus, der in der romantischen Ironie von den Vätern auf die Söhne vererbt worden. Die alte Romantik wurde auf das Heftigste bekämpft, allein die tote erwachte in einer neuen Form. Den Gegensatz einer Wunder= und einer wirklichen Welt hatte man überwunden, dafür geriet man in einen andern Zwiespalt zwischen Traum und Wirklichkeit. Wie die alte Romantik verhielten sich auch die Jungdeutschen ironisch zu der Wirklichkeit. Sie übernahmen von Tieck den Ton der Ironie, der rasch in die schärfere Färbung der Satire überging. Man setzte seine Ideenwelt der wirklichen gegenüber und verspottete die spießbürgerlichen oder hyperromantischen Gestalten und Gedanken, die in Deutschland noch umherschlichen. In der That wurde dieses Gebiet der Satire von einzelnen Talenten nicht ohne Glück bearbeitet, am genialsten freilich von Heinrich Heine, der in Paris auch über Deutschlands politische Verhältnisse sich mit jenem humorvollen Behagen ergehen konnte, ohne welches die Satire zuletzt trocken und unangenehm wirkt. In dieser Hinsicht war der große Dichter ein rechtes Kind des Glückes: hätte er in Deutschland gedichtet und geschrieben wie die Gutzkow und Laube, mit der steten Aussicht auf irgend eine gastfreundliche Hausvogtei, vielleicht wären die schönsten Blüten seines satirischen Witzes nie erwacht und das Gelächter seiner fröhlichen Laune hätte sich sicherlich in dieselben krampfhaften Grimassen verwandelt, durch welche die Jungdeutschen ihre satirische Begabung bekundeten. Denn in Deutschland war der Humor damals tot, man lachte wohl mit den Gesichtsmuskeln, aber es war ein tonloses Lachen. Das Leben schien erbärmlich und nur durch Ironie und Satire konnte der Verstand sich von dem peinigenden Eindrucke desselben befreien. Dieser Zwiespalt wirkte auch auf das Gemüt und offenbarte sich hier als „Weltschmerz". Byrons geniale Erscheinung blendete alle Geister, er war der Abgott dieser Modernen. Der Weltschmerz trat an die Stelle des romantischen Grausens vor den Nachtseiten der Natur und an Stelle der Sehnsucht nach der blauen Blume erhob sich Sehnsucht nach einem unbekannten, unnennbaren Gut. Nur ein Unterschied war zwischen der alten und dieser neuen Romantik; jene floh die Welt, froh eine bessere irgendwo im Himmel oder in der Vergangenheit zu finden, diese voller Beziehungen auf das wirkliche Leben geberdete sich in ihrer Sentimentalität als der Märtyrer desselben. Für die alte Romantik war jeder Mensch ein Poet gewesen, da er ja in jedem Augenblicke dachte und empfand, trotzdem hatte auch sie die Philister ebenso gehaßt wie die neue, welche jeden, der sich anders benahm als die gewöhnlichen Sterblichen, zum Genie erhob. Das Rezept, ein Genie zu sein, war damit gegeben: es bestand vor allem darin, über alles mögliche zu philosophieren und in recht ungewöhnlichen Ausdrücken. Man verschmähte die Formen der Prosodie, dieser reflexionsseligen Jugend war die Prosa allein die passendste Form zur Ausgestaltung ihrer Gedanken und Empfindungen, der prosaischen so gut wie der poetischen. Ein böses Muster bot der jetzt hoch gefeierte Jean Paul, der mit der seltsamen Bildersucht und der Einmischung wissenschaftlicher Ausdrücke in seinem Stil vorangegangen war. Einfachheit und Klarheit im Stil waren verpönt und geschmacklose Bilder galten als geniale Geistesblitze.

In keiner Dichtungsart hinterließ dieser neue Geist deutlichere Spuren als im Roman. Der Roman wurde das große Gefäß, in welchem sich die Ideenfluten von rechts und links sammelten in ihren Widersprüchen und Gegensätzen, aber das Gefäß barst — bildlich gesprochen — unter diesem Drucke. Die Kunstform des Romanes löste sich wieder auf in Briefe, Aphorismen, Tagebücher und Berichte, und für einige Zeit war der Einfluß Walter Scotts zurückgedrängt, glücklicherweise nur für einige Zeit, dann besiegte er auch die Jungdeutschen. Das wertvolle, neue Element, das die Jungdeutschen dem Romane verliehen, war, daß er nun mit Energie zum wirklichen Leben Stellung nahm und die Mächte desselben zu meistern suchte. Sein Mißgeschick lag darin, daß er selbst die wahren Mächte des Lebens noch nicht kannte.

Im Jahre 1833 sprang frisch und keck, voll von burschikosem Uebermute, der junge Heinrich Laube mit einem Roman in die litterarische Arena, welcher den stolzen Titel „das junge Europa" trug. Eines Maurermeisters Sohn (am 18. September 1806 zu Sprottau geboren) hatte Laube in Halle und Breslau Theologie studieren sollen, aber vor allem dem fröhlichen Burschenleben und seiner Vorliebe für das

Theater gehuldigt. Als Hauslehrer auf dem Gute eines Edelmannes bei Breslau hatte er vornehmes Wesen kennen gelernt, gleichzeitig sich noch stärker in die politische Freigeisterei des Zeitalters vertieft. Nicht zuletzt war es die politische Erhebung vom Jahre 1830, die sein Interesse entflammte und ihn zu seinen ersten litterarischen Kundgebungen veranlaßte. Ganz und gar der Kanzel entfremdet, übernahm er es nun 1833, als Redakteur der in Leipzig erscheinenden „Zeitung für die elegante Welt", das Evangelium der „Mode", wie es sich in seinem Kopfe darstellte, in seinem Roman zu verkünden.

Aus keinem Werke erkennt man besser die Stimmungen und Tendenzen der damaligen Jugend: es war ein Kreis von Poeten, den der Roman noch ganz im romantischen Stil sich als Helden auserwählt hatte. Das Programm seines Verfassers hieß Goethe, Jean Paul, Heinrich Heine, George Sand, Lamennais, Shakespeare und last but not least Heinse, dessen „Ardinghello" mit den Stilarten jener anderen Meister unverkennbare Spuren in dem Roman hinterlassen hatte. Auf den unbefangenen Sinn wirkt er indessen noch heute wie ein einheitliches und originelles Werk. Seine Fabel war dürftig genug, sein Inhalt bestand nur aus einer Reihe lose verknüpfter Liebesabenteuer. Die Helden lieben alle durcheinander und kreuz und quer; nicht ihre Geliebten, sondern die Liebe ist ihnen Hauptsache und mit kecker Dreistigkeit verhöhnen sie die Treue und leisten sie Meineide in ihren Liebeshändeln. In den einzelnen Charakteren kommt sowohl die neue Richtung als auch ihr Gegensatz zum Ausdrucke. Valerius ist die Seele der neuen Jugend, ihr Dichter und Philosoph, Hippolyt stellt in seiner stattlichen Erscheinung den genußsüchtigen aristokratischen Lebemann, den Liebeshelden par excellence dar, welchem die Damenherzen unwiderstehlich zufliegen, Konstantin ist der liederliche Falstaff dieses Dichtervereins, Leopold der Kleine der ironische Humorist und in William verkörpert sich die alte Richtung der Romantik.

Zur Strafe muß der letztere denn auch den Sündenbock der Gesellschaft und des Romanes spielen. Mehr als die Ereignisse interessieren die Ansichten, die in Briefen und Gesprächen ausgetauscht werden. Der ernste, gesetzte Valerius fesselt am meisten. Ungebundenheit, Freiheit in allen religiösen und moralischen Dingen ist sein erster Glaubenssatz. Man merkt es, wie sehr er sich an dem nun plötzlich auferstandenen Gedanken der Humanität begeistert hat, und wie die Humanität des Weimarischen Dichters ist auch die seinige dem Christentume feindlich gesinnt. Während er die individuelle Richtung in Moral und Religion mit Eifer verficht, ist er in der Politik sozialistisch, wurzeln seine Anschauungen in jener Demokratie, welche die individuellen Interessen zurückdrängt und das Wohlergehen der Gesamtheit fordert. Diese Ansicht versteigt sich bei ihm sogar zu der Hoffnung, daß die Nationalitäten verschwinden, eine Universalrepublik einst auf der Welt bestehen würde, die alle die „Millionen der Selbstherrscher" vereinigt. Der ganze Stolz der Richtung äußert sich in dem Preis der „Mode" als der großen Herrscherin auf allen geistigen Gebieten, während die Romantik das Moderne verpönte! Jede neue Bewegung in der Litteratur fängt immer mit zwei Schlagworten an: Die Jungen nennen die Alten Philister und rufen energisch zur Rückkehr zu der Natur. Novalis hatte den Wilhelm Meister als philiströs getadelt, hier im „jungen Europa" schilt Valerius wiederum die Romantiker „Philister" und preist die Natur, die stets in allen Aeußerungen und Regungen gesund sei. Der Dichterbund, dem er angehört, beträgt sich denn auch in der That nichts weniger als philiströs und schwärmt für die „Enthüllung des Fleisches" mit einer Sinnlichkeit, von der bezeichnender Weise eine gewisse Koketterie untrennbar ist. In einer der „schönen Situationen", um das Schlegelsche Wort zu gebrauchen, tritt Hippolyt, seine Geliebte im Arm, sogar vor den Spiegel, um ihre gemeinsame Gruppe zu bewundern. Aber das Temperament

Laubes ist trotzdem zu realistisch und kräftig, als daß es sich allein mit dem „Genuß des Genusses" aus der Lucinde hätte begnügen können, und bei aller Unklarheit der Ideen verleugnet sich nicht das energische Gefühl einer robusten Lebenskraft. Die Charakteristik der Figuren ist nicht besonders tief, sie hält sich mit einer wunderlichen Vorliebe an die Aeußerlichkeiten. Seine Frauen sind entweder zarte, duldende Wesen, die sich die Untreue ihrer Geliebten nicht besonders zu Herzen nehmen, oder geistreiche, kokette Weltdamen wie die Fürstin Constantine, die geradezu die Untreue zum Grundsatze erhebt. Dieser Psychologie angemessen ist der Hymnus des Dichters auf das Weib, „das sich mit Freiheit ergiebt, das stark genug ist die äußeren Nachteile der Gesellschaft zu ertragen, sobald diese den Betrug gegen sie entdeckt" — alle übrigen, die in Treue bei dem ungeliebten Gatten ausharren, sind einfach „beklagenswerte Galeerensklaven der Sitte". Wenn in diesen Ansichten der Einfluß der Romane von George Sand unverkennbar war, so blieb Laube dafür in gewissen romantischen Zügen seines Romanes durchaus deutsch. Valerius muß sich einem markierten Unbekannten ohne Grund und Ursache zum Duell stellen und schwer verwundet werden. Der Unbekannte erweist sich als der Bruder einer Geliebten, der er die Treue gebrochen hat. Noch eigentümlicher ist die Ironie, mit welcher der Dichter den Charakter seiner Figuren umbiegt: der sinnliche, abenteuerlustige Hippolyt wird später zu einem wahnsinnigen, sentimentalischen Schwärmer, der aus Liebe sogar ins Wasser geht, und der Romantiker William setzt auf einmal die jungdeutschen Emanzipationstheorien in die Praxis um, wobei er freilich die bittersten Erfahrungen macht.

In dem zweiten Bande dieses „jungen Europa" läuten die Sturmglocken der französischen Revolution hell und freudig; der Roman hatte eine vorwiegend sozialpolitische Tendenz. Anderer Art und Tendenz war das in demselben Jahre 1833 erscheinende Werk Gutzkows „Maha Guru; die Geschichte eines Gottes". Das merkwürdige Buch erinnert an Voltaires philosophische Romane und ist von Heineschen Tendenzen erfüllt. Es entstammte dem inneren Geistes- und Empfindungsleben des Dichters, in dessen jugendlicher Brust die Hegelsche Philosophie einen unruhigen Skeptizismus nur genährt und mancherlei Grübeleien über Wahrheit und Wesen des Christentumes geweckt hatte. Karl Gutzkow, das Haupt des jungen Deutschlands, war am 17. März 1811 in Berlin als Sohn eines prinzlichen Bereiters und späteren Subalternbeamten geboren. Der rastlose Ehrgeiz, der schon in dem Knaben wühlte, hat dem Manne manche bittere Enttäuschung bereitet. Als 20 jähriger Student, der wie Laube sich dem Kanzelberuf widmen sollte, stürzte Gutzkow sich in die Unruhe des journalistischen und litterarischen Lebens; Menzel, der große Litteraturpapst des Cottaschen „Morgenblattes" berief ihn 1831 als Mitarbeiter seines Journals nach Stuttgart, wo er sowohl auf politischem wie litterarischem Gebiete durch seine Arbeiten Aufsehen erregte. Von allen Jugendwerken Gutzkows ist „Maha Guru", sein erster Roman, für unsere Zeit noch das genießbarste. Angeblich sollte der Roman eine objektive, bildliche Darstellung tibetanischer Sitten und Gebräuche sein, in der zugleich eine höhere Idee sich wiederspiegelte. Das tibetanische Institut des Dalai Lama reizte des Dichters Phantasie nur darum, weil der Stoff durch die ironische Darstellung Analogien mit der christlichen Hierarchie gewann. In Paro, einem Flecken in Tibet, besteht und blüht seit langer Zeit eine Götzenfabrik, deren Vorsteher Hali-Jong in der Erzschmelzerei ein Künstler ist. Seine Götzenbilder sind berühmt in ganz Tibet, denn sie sind stets auf das sorgfältigste nach dem von der Priesterschaft des Landes festgesetzten Kanon verfertigt. Da entdeckt das Auge Hali Jongs, daß, wenn er ein wenig die Entfernung zwischen Nase und Oberlippe bei seinen Götzen änderte, der künstlerische Eindruck ein weit größerer sei, und unbesonnen führte er diese Neuerung aus: die tibetanischen Götzengesichter werden in seinen Händen auf einmal den menschlichen ähnlicher. Das ist aber ein Frevel, welcher den ganzen Zorn der Priesterschaft weckt; es ist ein Eingriff in die geheiligte tibetanische Dogmatik. Die Nase der Gottheit nämlich bezeichnet ihre Allgegenwart: wer also ihre Nase anders nachbildet, ändert auch ihr Wesen und ihren Charakter. Hali Jong wird aufgefordert, persönlich sich vor der Priesterschaft in der Hauptstadt zu verantworten. Traurig und niedergeschlagen zieht er mit seiner Tochter Gylluspa und seinen drei Brüdern nach Lasso, wo ein großes Autodafé mit seinen Götzenbildern veranstaltet und er selbst in den Kerker geworfen wird. Inzwischen ist der Regent, der die Stelle des Dalai Lama vertrat, gestorben, und die Priesterschaft entdeckt einen Jüngling, in welchem der Gott wieder Mensch geworden ist: Maha Guru, einen Jugendgespielen Gylluspas, der diese eben so heiß liebt wie sie ihn. Man erweist ihm jetzt als Dalai Lama alle vorgeschriebenen tibetanischen göttlichen Ehren und Maha Guru phantasiert sich so in seine Rolle hinein, daß er darüber ganz seine Jugendgeliebte und ihren unglücklichen Vater vergißt. Seine Gotttollheit macht ihn sogar witzig, er weiß auf einmal allen spitzfindigen Einwürfen gegen seine Allmacht ebenso spitzfindig zu begegnen. Hali Jong verteidigt sich vor seinen Richtern in einer langen glänzenden Rede; hier fallen am häufigsten satirische Streiflichter auf das Christentum. Was der Künstler in seiner Rede geltend macht, ist das Interesse und das Recht der Kunst gegenüber den willkürlichen Festsetzungen der Tradition. Mit Heftigkeit weisen ihn die Priester zurück, am heftigsten der Großinquisitor: die Tradition sei das heiligste Buch des Glaubens, die Kunst nur ein schwacher Nothelf der Religion, unveränderbar stehe das ewige Dogma da. Das Ergebnis dieses Redekampfes ist, daß der Künstler Hali Jong zuletzt von den fanatischen Mönchen zerrissen wird. Gylluspa bricht über der Leiche ihres Vaters verzweifelnd zusammen. Maha Guru indessen kümmert sich nicht um diese Dinge. Er sieht seine Geliebte leiden, er duldet die Ermordung ihres Vaters; in dem heiligen Raume seines Palastes sitzend, lebt er als ein unthätiger, beschaulicher Heiliger. Seine Göttlichkeit ist seine Schwäche. Ein Zufall ruft einen Umschwung hervor. Eine Empörung, durch chinesische Ränke veranlaßt, bricht aus, der Palast des Dalai Lama wird gestürmt, dieser selbst nur durch seinen Bruder, einen Schamanen gerettet, der mit ihm in eine Einöde flüchtet. Hier findet er auch Gylluspa, und fortan leben die drei nach der tibetanischen Sitte der Polyandrie in glücklicher Ehe zusammen. Gylluspa lehrt ihn, „die vergangene falsche Göttlichkeit in der wahren Menschlichkeit zu vergessen". Dieser Gedanke, daß die wahre Menschlichkeit höher stehe als die falsche Göttlichkeit, sollte überhaupt die Idee des Romanes sein.

Man erkennt aus dieser Inhalts-Skizze, wie Hali Jong ein größeres Interesse erweckt als Maha Guru, der Künstler menschlicher und verständlicher in seinem grotesken Kostüm erscheint als der Heilige. In dem Konflikte Hali Jongs liegt ein interessanteres Problem: der Künstler als Reformator der Religion, als Revolutionär gegen die Hierarchie. Wäre der tibetanische Götzendienst nicht so barock und unverständlich oder hätte Gutzkow andere Zustände und Verhältnisse zu dem Weltbilde seines Romanes benutzt, die unseren eigenen Anschauungen näher gelegen, Hali Jong wäre eine Figur, die vielleicht nicht so leicht vergessen worden wäre. Sie gehört zu den Grundtypen, die in Gutzkows künstlerischer Begabung lagen. In der interessanten Novelle „Der Sadduzäer von Amsterdam", in der Tragödie, „Uriel Akosta" hat sich dieser Charakter wiederholt als der Kämpfer höherer Tendenzen gegen den Spruch der Satzung.

In Sittenschilderungen romantischer Natur sich zu üben, fehlte es indessen dem jungen Dichter an Fülle innerer An=

schauungen, an Harmonie des geistigen Lebens. Er mußte sich schütteln wie ein junger Baum, um alles, was auf seinem grünen Geäst saß und nistete, den ganzen Maikäferschwarm von Fragen, Anregungen, widerstrebenden Gedanken und sentimentaler Schwärmerei los zu werden. Das geschah in der „Wally", die 1835, zwei Jahre nach Maha Guru, veröffentlicht wurde. Der Roman trug außer dem Eigennamen im Titel noch die Bezeichnung „Die Zweiflerin" und erregte einen Sturm und Aufruhr, den wir heute kaum noch verstehen. Sein äußerer Anlaß war eine interessante kulturhistorische Thatsache: der freiwillige Tod, den Charlotte Stieglitz, die Gattin des Dichters, gewählt hatte. Wir wissen, wie dieses Ereignis die Zeitgenossen aufregte. Theodor Mundt (1807—1861) verherrlichte die Stieglitz und ihre That in seinem für die „Emanzipation des Fleisches" eintretenden Roman: „Madonna oder Unterhaltungen mit einer Heiligen" (1835); von jungdeutschen Ideen erfüllt, feierte er geradezu „die christliche Gesinnung", welche dieser Frau die Kraft gegeben, sich in den Tod zu stürzen. Charlotte wollte das ermattende Talent ihres Gatten mit neuem Schwung erfüllen, sie träumte davon, wie ihre unweibliche That sich in die Begeisterung der Poesie umsetzen würde — ein eitler Wahn, eine rätselhafte Verirrung dieser schönen Seele, welche ihre Mitwelt auf das höchste bewunderte, die Nachwelt nur beklagen kann. Es ist schon darauf hingewiesen, wie sehr in dem neuen Geschlechte das weibliche Element sich hervordrängte, wie es seinen Anteil forderte an den Rechten und Pflichten des Mannes: auch dieser Selbstmord sollte in Wahrheit nur „die Gleichstellung der Frau im Reiche des Geistes und der That" besiegeln. So faßten ihn die Zeitgenossen auf, so gärte er sich in Gutzkows Gemüt auch zu einer Dichtung aus. „Wally" sollte ein Interesse an den Ideen wie eine persönliche und wie eine Herzenssache darstellen. Das war der psychologische Gedanke des Romanes, der daneben freilich noch andere und zwar polemische Tendenzen hatte. Der Autor setzte den Kampf, der im „Maha Guru" gegen das „große, geistige Phantasma der Jahrhunderte", gegen das Theologen- und Kirchentum begonnen, in diesem Buche fort. Religion ist den beiden Helden des Buches, Cäsar und Wally, ein „Produkt der Verzweiflung" und aus Verzweiflung hierüber giebt sich Wally, in deren haltloser Zweifelsucht ein „Zeittypus" charakterisiert sein sollte, zuletzt selbst den Tod. Die Stimmung jener Tage ist uns fremd geworden, heute erscheint uns Wally als ein forcierter, unmöglicher Charakter, und nur wenn man sich des Todes der Charlotte Stieglitz erinnert, wird die Figur begreiflich. Bezeichnend für die damalige Zeitrichtung bleibt auch der Held; er weist die Züge auf, die bei den Jungdeutschen typisch sind. Natürlich ist er „ein genialer Charakter"; hier mit den Worten des Dichters sein Porträt: „Cäsar stand im zweiten Drittel der zwanziger Jahre. Von Nase und Mund schlängelten Furchen, in welche die frühe Saat der Erkenntnis gefallen, jene Linien, die sich von dem lieblichen Eindruck bis zur dämonischen Unheimlichkeit steigern können ... Er hatte einen ganzen Friedhof toter Gedanken, herrlicher Ideen, an die er einst glaubte, hinter sich; er fiel nicht mehr vor sich selbst nieder und ließ seine Vergangenheit die Kniee seiner Zukunft umschlingen und jene zu dieser beten ... Er war reif, nur noch formell, nur noch Skeptiker, er rechnete mit Begriffsschatten, mit gewesenem Enthusiasmus. Er war durch die Schule hindurch und hätte nur noch handeln können, denn wozu ihn seine toten Ideen machten, er war ein starker Charakter". Natürlich können solche ausgehöhlten Charaktere keine Leidenschaft mehr empfinden; wenn sie sich daher ihre Liebe gegenseitig gestehen, so erfüllt sie nicht das elementare Gefühl, sondern der abstrakte Gedanke der Humanität: sie denken beide an ihre geistige Gleichheit, fühlen sich als „Bruder und Schwester". Nichtsdestoweniger sind sie in ihrer Liebe auch pikant und Wally gewährt dem Geliebten sogar den unverhüllten Anblick ihrer körperlichen Reize, eine geschmacklose Situation, die sich der Dichter sehr unschuldig dachte: es sollte das Treugelöbnis beider Seelen dadurch eine symbolische Weihe erhalten. Als „starker Charakter" heiratet indessen Cäsar darauf eine reiche Jüdin, Wally aber legt ein Tagebuch: „Geständnisse über Religion und Christentum" an, deren an Lessings Wolfenbüttler „Fragmente des Ungenannten" mahnende Tendenz Entsetzen erregte. Es mag daran erinnert sein, daß in dem Jahre, wo „Wally" erschien, Strauß sein „Leben Jesu" veröffentlichte. In diesen Bekenntnissen der Wally erklingt das alte Leitmotiv aus „Maha Guru", das im „Uriel Acosta" wiederholt ist: am Untergang des Glaubens sind nur die Priester schuld. Auch sonst war das Buch geschwängert mit Reflexionen; die Schriften der Sand, Lamenais' „Paroles d'un croyant", die Hegelsche Philosophie, der Freisinn eines jungdeutschen Gemütes, romantische Reminiscenzen, alles, was damals die Zeit ergriff, wurde im geistreichen Spiele gestreift. In künstlerischer Hinsicht war die „Wally" ein herzlich schlechtes Opus, es wurde trotzdem bedeutungsvoll für die gesamte jungdeutsche Schule. Menzel, schon längst verstimmt über den jungen Apostaten, denunzierte in einer Besprechung des Buches, die ein Denkmal des hanebüchenen Teutonentumes dieses Kritikers geblieben ist, Gutzkow der Irreligiösität und französischer Frivolität. In seiner Sitzung vom 10. Dezember 1835 setzte der deutsche Bundestag infolge dieses Artikels die Schriften des „jungen Deutschlands", wie der Privatdozent Wienbarg in seinen „Aesthetischen Feldzügen" die Modernen getauft hatte, auf den Index. Er erklärte, die Bestrebungen der neuen litterarischen Schule gingen darauf aus: „in belletristischen, für alle Klassen von Lesern zugänglichen Schriften die christliche Religion auf die frechste Weise anzugreifen, die bestehenden sozialen Verhältnisse herabzuwürdigen und alle Zucht und Sittlichkeit zu zerstören". Der

Autor aber mußte auf einige Zeit ins Gefängnis wandern. Die Jungdeutschen waren die Ersten, die unter einem Sozialistengesetz zu leiden hatten.

Auch der nächste Roman Gutzkows, den er im Gefängnisse begann, trägt einen weiblichen Namen als Titel; die „Seraphine" erschien 1838. So wenig wie „Wally" erweckt sie heutzutage noch ein ästhetisches Interesse, ihr Bild hat so viel feine Züge, daß sie schon verblaßt sind, und dann wiederum so schroffe Uebergänge, daß sie unverständlich erscheinen. Wie „Wally" die Zweifelsucht im Glauben, sollte „Seraphine" die Zweifelsucht in der Liebe darstellen. Die Titelheldin ist die deutsche Gouvernante, die, in kleinen Verhältnissen aufgewachsen, sich in der Welt herumdrücken muß, dabei weder vom Glücke noch von der Liebe begünstigt wird. Zwei ihrer Liebhaber sind echt jungdeutsche Charaktere. Arthur ist ein weltschmerzlicher Streber, ehrgeizig, ideal gesinnt, dem aber der „Zwiespalt zwischen Herz und Welt" schon früh am Leben nagt. Ihm gegenüber ist Seraphine die gefühlvolle Resignierte, die mit ihm einen überaus sentimentalen Briefwechsel führt, so daß er klagend „die Feder und die Phrase" für ihr Uebel erklärt. Edmund dagegen wird als das Gegenteil von Arthur geschildert: rezeptiv, weiblich, hingebend, duldsam und urteilslos, und ihn behandelt Seraphine deswegen auch entgegengesetzt wie Arthur, indem sie ihm gegenüber kurz, männlich und entschieden auftritt, ohne daß wir begreifen, wie sich dieser Gemütswechsel erklärt. Wie sie es ausdrückt, ist sie eben sich „selbst ein Rätsel". Schließlich läuft sie einem rohen Patron nach, dessen Frau sie wird und der sie mißhandelt; sie vernachlässigt ihre Wirtschaft und stirbt bei der Geburt eines Kindes — ein barocker Ausgang, den Gutzkow noch durch einen Hymnus auf seine Heldin krönt. Dem Dichter war ihr Leben und Charakter ein interessantes Problem, inwiefern, beleuchtet der Ausspruch einer anderen Persönlichkeit in dem Romane über die Heldin: „Sie haben die Kraft nicht, sich von der hergebrachten Ordnung der Dinge zu befreien. Sie nehmen vielleicht zu öfterem geniale Anflüge und bestimmen sich selbst Ihr Schicksal, sinken aber immer wieder, weil Sie sich hilflos vorkommen, auf die Ebene herab, auf die Natur, die alles gleichmacht und gleichstellt". Gutzkow nennt das eine treffende Charakteristik ihres Lebens und ihres Sinnes, heute wird man Seraphine nur für ein kapriziöses Molluskengeschöpf nehmen. Ueber die Zeitverhältnisse rauscht dagegen wieder ein ganzes Feuerwerk von satirischen und ironischen Ideen herab.

Die „genialen Anflüge" charakterisieren die Helden der jungdeutschen Schule am besten. In Gutzkows letztem Roman dieser Epoche „Blasedow und seine Söhne" tritt sogar eine ganze Schar dieser mit dem Leben im Zwiespalte stehenden Genies auf. Das Werk ist ein satirischer Erziehungsroman und weist schon im Stile unverkennbar auf Jean Paul hin, in ihm wird jedes und alles berührt: Theologie, Aesthetik, Metaphysik, Politik und Journalistik. Gutzkow gab von diesem Romane selbst zu, daß er überall die Spuren ephemerer Eindrücke an sich trage. Der Pastor Blasedow bestimmt den Beruf seiner Söhne nach den Neigungen, die er bei ihnen wahrnimmt, und erzieht sie demgemäß; das Experiment schlägt aber, und darin besteht die Satire, gänzlich fehl. Die Söhne begehen eine Menge dummer Streiche; Oskar der Schlachtenmaler ist der Führer der jugendlichen Bande, ein anmaßender, hochmütiger und unehrlicher Schelm, den der Dichter dabei mit besonderer Liebe behandelt. Nach manchen Abenteuern zieht die Gesellschaft zuletzt nach Egypten. Einige komische Episoden sind auch hier vortrefflich, wie das Buch überhaupt den Geist Gutzkows nicht verleugnet.

Was bei Gutzkow noch Geist und Empfindsamkeit war, machte sich bei anderen Mitstrebenden als Ueberspanntheit und Manier breit. Man wollte um jeden Preis geistreich sein und nahm den Mund recht voll; wer einen konfusen Gedanken konfus ausdrückte, einen Charakter in das Unmögliche verzerrte oder sonst die Welt auf den Kopf stellte, erwarb das Anrecht, zu der jungen Schule gezählt zu werden. Oft genug hat sich eine solche Erscheinung in unserer Litteratur wiederholt: die Nachahmer waren schlimmer als die Vorbilder, nicht jeder Stürmer ist ein Eroberer, mancher bleibt nur ein Dränger, denn nicht jeder Most gärt sich zu einem klaren Weine ab. Die Erzeugnisse dieser Kategorie sämtlich hier aufzunehmen, hätte wenig Zweck; die „Zwiespältigen" arteten in die „Zerrissenen" aus. In seiner Novelle „Quarantäne im Irrenhause" (1835) gab ein anderer Jungdeutscher F. G. Kühne (geb. 1806, gest. 1888), damals Redakteur der „Zeitung für die elegante Welt", später (bis 1859) der „Europa", einem paradoxen Gedanken Ausdruck, den schon Tieck und Gutzkow — der letztere in seiner Satire „Briefe eines Narren an eine Närrin" — behandelt hatte. Er zeigte nämlich die Welt unter den Gesichtspunkten des Wahnsinns und verschob das Bild so, daß Vernunft als Unsinn und Unsinn als Vernunft erschien. Die romantischen Reminiscenzen mischten sich hier mit der Hegelschen Dialektik. Der Inhalt der Novelle ist dürftig, die Reflexionen gehen Seiten lang hin, wunderliche Kombinationen des Verstandes, in die man freilich oft vergebens Sinn und Verstand hineinzubringen sucht. Die Polenbegeisterung der Zeit — man sang den tapferen Lagienka auf allen Gassen — erfüllte wie diese Novelle so eine ganze Reihe späterer Romane mit den „schönen blassen Polinnen"; der polnische Künstler wurde von dieser Periode an ebenso eine stehende Romanfigur wie der Jude, beide als Typen der unterdrückten Menschheit. Es ist hier nicht der Ort, auf die realen Verhältnisse der Zeit näher einzugehen, nur die Reflexe, welche der Roman aufgenommen, beschäftigen uns. Aber es muß gesagt sein, daß auch aus diesen unkünstlerischen Schöpfungen ein warmer Strom von Sympathie für die Unglücklichen des Jahrhunderts in die Massen drang. Vor allem war der Jude

ein interessantes Subjekt für diese Richtung. Die Jung=
deutschen selbst waren gegen seine Schattenseiten trotz ihrer
humanen Prinzipien, trotz Heine und Börne, durchaus nicht
blind, aber sie gingen auf seine Verhältnisse ein, sie würdigten
ihn nach der Eigenart seiner Vergangenheit, seines Rasse=
charakters, seines Familienlebens, und selbst, wo sie ihn ins
Groteske verzerrten, ließen sie seine Vergehen nur die Entartung
edler Triebe sein und warfen die Bürde seiner Schuld denen
zu, die ihn geknechtet und getreten.

Im Jahre 1838 erschienen E. Willkomms „Europa=
müde" und Laubes „Krieger", der zweite Teil des „jungen
Europa". In beiden ging der jungdeutsche Ueberschwang
zu Ende: in dem einen Opus verzerrte er sich zu Grimassen,
in dem anderen Roman verklärte er sich zu männlichem Ernst.
Der Grundton der Stimmung ist jedoch in beiden verwandt,
hier forcierte Verzweiflung, dort hoffnungsvolle Entsagung.
Ernst Willkomm (geb. 1810, gest. 1886), der später in
den fünfziger und sechziger Jahren ein überaus frucht=
barer Romanschriftsteller der Leihbibliotheken wurde, sprach in
diesem seinem Jugendwerke das Verdammungsurteil über Europa
aus. In den „Europamüden" wird eine Galerie von Cha=
rakteren gezeichnet, die an den Laubeschen Poetenverein erinnern,
nur daß sie alle von Weltschmerz und Skeptizismus zerrissen
sind. Der „Kolossalmensch" Kasimir, ein Dichter, der stets in
viehischen Cynismen redet, ein phantastischer Fischerknecht, der
ein Virtuos im Geigenspiel, ein protestantischer Priester, den
überreizte Sinnlichkeit zum Haß gegen das Christentum treibt,
ein wahnsinniger Mönch, der zwischen lateinischen Hymnen
wollüstige Weisen singt, ein Jude Mardachai und ein Christ
Bardeloh, die beide voll wahnsinnigen Grimmes gegen die
europäische Civilisation wüten und zu aberwitzigen Plänen
sich verschwören — es ist eine Gesellschaft von Larven und eine
Handlung voll gräßlicher, abstoßender Szenen. Europa, ruft

der Dichter aus, ist bereits siech und krank, angesteckt von dem Aussatze der Civilisation, ein Land der Verzweiflung und des Marasmus, die Wohnstätte knechtischer Demut, religiöser Heuchelei und schmählichen Hochmutes. Nur eine Rettung winkt noch, die Flucht hinüber zu dem Lande der Freiheit; in der alten Welt aber ist alles verloren. „Der Geist kann nicht retten, da er ein Sklave der Skepsis, nur die Natur die Unnatur bekämpfen. Sie ist nach Amerika geflohen, wo die Freiheit den Orden der Menschheit in 26 silbernen Sternen auf die Brust geheftet hat". Das ist der Ausgang: Europas Schicksal ist es, „den Kreuzestod für die Humanität zu sterben".

Zu einer merkwürdigen Reise seiner Anschauungen und Gedanken war glücklicherweise Heinrich Laube gelangt. In dem zweiten Teile des „jungen Europa" wurden „Die Poeten" durch „Die Krieger" abgelöst. Auf Laube traf zu, was er selbst von seinem Helden Valer in diesem zweiten Teile sagt: „Obwohl der begeisterndsten Gefühle fähig, war doch ein gewisses rationelles Wesen in seinem Innern mächtig, es war zu viel Charakter in ihm, als daß er hätte fortschreiten können, ohne wiederholt zu prüfen". So schritt auch Laube fort, langsam, sorgfältig erwägend und doch energisch, bis er im Leben den rechten Platz für sich gefunden hatte. Freilich zur Resignation nötigen ihn auch die Umstände, unter denen der Roman wie seine Fortsetzung, der dritte Teil des „jungen Europa", „Die Bürger" entstanden. Unter der Anschuldigung, vor sieben Jahren der Burschenschaft angehört und für die Einheit Deutschlands geschwärmt zu haben, wurde Laube 1834 in Berlin verhaftet und neun Monate in der Hausvogtei festgehalten. Man verurteilte ihn dann zu sieben Jahren Gefängnis, eine Strafe, die er, darin glücklicher als Fritz Reuter, auf anderthalb Jahre ermäßigt erhielt und auf dem Schlosse des Fürsten Pückler zu Muskau in mildester Form absitzen konnte. In der Berliner Hausvogtei schrieb er die „Krieger", einen Roman, der einen vollkommenen Bruch mit der jungdeutschen Manier bedeutete. Die Zerrissenheit der Komposition, wie sie seinem ersten und allen Gutzkowschen Romanen eigen gewesen, überwand er hier durch das Vorbild des großen Schotten, dessen Einfluß in dem neuen Romane unverkennbar ist. Noch heutigen Tages wird man ihn mit Vergnügen lesen. Er ist einer jener Zeitromane, in denen die Gegenwart den Charakter einer geschichtlichen Katastrophe trägt; daß Polen, nicht Deutschland, der Schauplatz war, erleichterte die objektive Behandlung. Von diesem Buche, kann man sagen, führt eine jetzt schon halbverwehte Spur zu den kommenden Romanen Spielhagens und Freytags. Die polnische Wirtschaft in „Soll und Haben" ist hier noch anschaulicher, jedenfalls umfassender geschildert worden, und die Art Laubes, seinen Helden in den Dienst zeitpolitischer Ideen zu stellen, erinnert wenigstens an Spielhagens Kunst, wenn sie sich auch nicht mit ihr messen kann. Valer, der Held der „Poeten", hat in überströmender Begeisterung sich der Sache der Polen gewidmet, und der Dichter schildert nun, wie die rauhe Welt der Thatsachen diesen uneingeengten deutschen Idealismus hart mitnimmt. Die Revolution bedeutet für Valer nur eine Reihe von Enttäuschungen, nicht bloß über ihre Erfolge, weit mehr noch über den Charakter der polnischen Nation selbst. Er, der mit seinen hochfliegenden Träumen in aller Geschwindigkeit eine Welt zu erobern gedachte, kehrt hier am Schlusse resigniert in seine deutsche Heimat zurück, um sich dort „eine Hütte zu bauen, das Weite auch ferner zu betrachten, aber nun fürs Nächste zu wirken". Der jungdeutsche Widerstreit zwischen Herz und Welt endet mit dem Entschlusse, den einfachen, praktischen Lebensaufgaben gerecht werden. Der große Traum einer Weltrepublik ist ihm für immer verrauscht und dafür der Gedanke der Nationalität aufgegangen. Nun sieht er die Kluft, die polnisches und deutsches Wesen trennt, und er verzweifelt an dem Schicksale Polens, das keine Nationalität mehr besitzt, und doch in einer fremden nicht aufgehen will. Von diesem Gesichtspunkte aus prophezeiht Valer sogar dem russischen Koloß eine große Zukunft, sobald derselbe einst daran geht, sein nationales Prinzip in sich auszubilden. Und das Schicksal Polens, es ist ihm auch das Schicksal des Judentumes, dessen Emanzipation nicht mehr ist als ein trauriger Zwitterstand: „Der emanzipierte Jude zieht ein stechend Hemd auf seinen Leib unter Frack und Weste". Aufgehen soll er darum in der Nationalität seines Landes, seinen Glauben, seine Eigenart ablegen, um nicht so langsam zu sterben wie die polnische Nation. Auf diese Mahnung antwortet freilich der Jude Joel, Valers Freund, der unter dem Fluche seiner Abstammung ein bitteres Schicksal erleiden muß, nur das Wort, mit dem ihn seine Verzweiflung aufstachelt: „Vor der Hand will ich schachern". Es ist, wie man aus dem Romane ersieht, ein rauher Reif auf die jungdeutschen Träumereien gefallen, selbst die Liebesszenen atmen diese Stimmung der Resignation. Die Emanzipationsdame, Fürstin Constantine, verlockt wohl Valer zu einem Schäferstündchen, aber die Liebe bewegt und erfüllt nicht mehr sein ganzes Herz. Der feurige Drang, der ihn in die weite Welt trieb, zu leben und zu genießen, verglimmt zuletzt zu leerem Rauche; es ist vorbei mit den tollen Emanzipationsideen wie mit dem politischen Radikalismus, der diesen Sohn des neuen Jahrhunderts einst mit Haß gegen den Adel erfüllte. Jetzt erscheinen ihm die Stände schon als berechtigt, der Verkehr mit dem Adel als eine höhere Sphäre und er spricht das schöne Wort von den „edleren Demokraten, die wohl nicht alle Unterschiede aufheben, sondern sie nur auf richtigere Unterscheidungsmerkmale gründen und die Aussicht auf einstige völlige Ausgleichung eröffnen wollen. Sie glauben an ein zukünftig Aeußerstes der menschlichen Civilisation".

In den „Bürgern", dem Abschlusse des Werkes, die uns Valerius im Gefängnisse und im Briefwechsel mit dem in seinem Genußleben zu Grunde gehenden Hippolyt schildern, kehrte Laube freilich noch einmal zu dem Thema der „Poeten", der Emanzipation der Liebe zurück, allein auch hier ist die Stimmung Entsagung und Valer findet im engen praktischen Wirkungskreise ein bescheidenes, stilles Glück. Auf dem dunkeln Hintergrunde dieser Resignation zeichnet der Glaube an die Zukunft sich wie ein helleres Farbenbild ab. Das war wohl der Standpunkt der Besonnensten, die damals in Deutschland ihre Ideale mit der Gegenwart verglichen und zu dem Ergebnis kamen, daß noch nicht alles verloren sei. Die ruhige Klarheit, mit welcher Laube seine Ideen entwickelt, hebt sein Talent vorteilhaft hervor unter der Menge der genialischen Anflügler; auch darüber war der Dichter zur Erkenntnis gekommen, daß er kein Genie sei, und diese Erkenntnis bewahrte ihn davor, sich als Genie zu geberden. Nicht minder tritt jetzt in Gutz= kows innerer Entwickelung eine Wendung ein; beide streben fortan nach einer objektiven, dem Subjektivismus entrückten Kunst und beide finden sie in dem folgenden Jahrzehnt in der Welt der Bühne, die dem Dichter des „Uriel Acosta" wie dem Leiter des Wiener Hofburgtheaters das dankbarste Feld ihrer Thätigkeit bieten sollte. Die Stimmungen, Tendenzen und Enttäuschungen der jungen Generation aber, welche in den dreißiger Jahren die Oeffentlichkeit zu erobern suchte, nirgends treten sie uns anschaulicher entgegen als in diesem Werke Laubes und nirgends erscheint ihre Ueberschwänglichkeit auch verzeihlicher.

---

2. Immermann.

Ein kräftiges, gesundes Lebensgefühl, die frohe Behag= lichkeit des Daseins schien in der jungdeutschen Schule, wie wir gesehen haben, nicht aufkommen zu können. Sie fand keinen Kern im wirklichen Leben und daher in ihm auch keinen festen Halt. Die Resignation erwies sich für sie als der Weisheit letzter Schluß. Daß diese Stimmung sich allein aus den Zeitverhältnissen ergab, nicht ein Mangel des Talents war, erkennt man an einem Dichter, der durchaus nicht zur jungdeutschen Fahne geschworen hatte und dem doch bei der Betrachtung der Gegenwart schwer auf das Herz fiel, wie wenig das Leben ringsum den idealen Anforderungen gerecht wurde.

Karl Immermann (geboren am 24. April 1796 zu Magdeburg, hatte als Student sich der burschenschaftlichen Bewegung gegenübergestellt; unter den Büchern, die auf dem Wartburgfeste verbrannt wurden (1819), befand sich auch eine Schrift, die ihn zum Verfasser hatte. Als Auditeur in Münster lernte er westfälisches Sittenleben kennen (1823-24), das er später so lebenswahr im „Münchhausen" schilderte. 1827 wurde er zum Landgerichtsrat in Düsseldorf ernannt, wo er sich durch seine Reform des Theaters große Verdienste erwarb. († 25. August 1870.) In seinen Dramen ganz Romantiker, näherte er sich der jungdeutschen Richtung in seinen Romanen insoweit, als auch er das Leben der Gegenwart zum Gegenstand und Inhalt derselben nahm. Ernst Willkomm hatte die Parole „Europamüde" ausgegeben. Zu derselben Zeit erfand Immermann das Schlagwort der „Epigonen". Es sollte erklären, was an der Zeit faul, schlecht und erbärmlich sei. „Wir sind," läßt er einen seiner Helden in dem Romane sagen, welcher unter dem Titel „Die Epigonen" 1836 erschien, „um mit einem Worte das ganze Elend auszusprechen, Epigonen, und tragen an der Last, die jeder Erb- und Nachgeborenschaft anzukleben pflegt." Diese Last besteht ihm einmal in der Fülle von Ideen, „die überall ausgeboten werden, die jedem zur Verfügung stehen, während es dafür an Ueberzeugung fehlt. „Statt dessen ist es Mode und beliebt, von Ansichten zu reden, obwohl man nie die Dinge angesehen, von denen man redet." „Der Fluch des gegenwärtigen Geschlechts," sagt er ferner, „ist, auch ohne alles besonderes Leid sich unselig zu fühlen. Ein ödes Schwanken und Wanken, ein lächerliches Sichernststellen und Zerstreutheit, ein Haschen, man weiß nicht wonach? Es ist als ob die Menschheit, in ihrem Schifflein auf einem übergewaltigen Meere umhergeworfen, an einer moralischen Seekrankheit leide, deren Ende kaum abzusehen ist." Mit dieser Lebensansicht kann man nur einen pessimistischen Roman schreiben.

„Die Epigonen" sind Bilder aus dem Anfange der zwanziger Jahre Deutschlands und bilden den neuen Versuch eines großen Zeitromanes im Stile „Wilhelm Meisters". Das Vorbild drängt sich sogar mit seinen Typen fast aufdringlich in die Nacheiferung hinein, allein dieser Rückblick war zugleich auch ein Fortschritt: in den „Epigonen" öffneten sich große Ausschnitte des realen Lebens wieder dem Blicke, die Stände in der Verschiedenheit ihrer Anschauungen und Tendenzen wurden in einer gewissen Objektivität gezeichnet, soziale Strömungen in gewissen Typen festgehalten und verkörpert. Das Werk nannte sich „Familienmemoiren", es kann mit größerem Rechte „Zeitmemoiren" genannt werden. Der soziale Grundton war freilich bitter und peinlich und es ist überall eine Welt der Anmaßung und des Hochmutes, die kläglichen Schiffbruch erleidet. Immermann greift in das Leben hinein, Stufe für Stufe führt er es vor, mit herben, unbarmherzigen und satirischen Strichen: den Adel, der seinen Vätern gemäß durch den Mummenschanz kindischer Turnierspiele sich in das Mittelalter zurückträumt, den reichen Industriellen, der durch die Macht des Kapitals den privilegierten Stand bedroht und doch ahnungslos den Eingriff in seine Familienehre erfährt, den lächerlichen studentischen Demagogismus, welcher über Tod und Leben der deutschen Fürsten in seinen Versammlungen beschließt und vor dem ersten besten Landgendarmen das Hasenpanier ergreift, den intriganten Staatsmann, der die Welt nach seinen Ideen zu lenken meint und dabei Fiasko macht. Sein Held bewegt sich in der Art des Wilhelm Meister durch diese Kreise, die ihm ihre Eigentümlichkeiten erschließen, und wie jenem naht auch ihm die Liebe in wunderlicher Gestalt: bald ist es eine Herzogin, bald ein Zigeunermädchen Fiametta, eine Wiederholung des Mignon-Charakters, bald eine idyllische Schäferin wie Cornelia, die ihre Herzen an ihn verlieren. Wie „Wilhem Meister" fehlt auch ihm indessen die Thatkraft und leider ist er nicht frei von den Zügen innerer Unwahrheit, wodurch auch er zu einem echten Sohne seiner Zeit gestempelt wird. Die Komposition des Romanes ist unkünstlerisch; so weit und groß das Weltbild war, das Immermann in den „Epigonen" umfaßte, zu einer harmonischen Einheit hat er es nicht gestalten können. Die Schlußkatastrophe geht ins Gräßliche, wenn sie auch nicht ohne tragische Größe ist: in der Entfesselung wilder Naturkraft und durch die Reden eines Wahnsinnigen bricht das Verhängnis herein, um Schande zu offenbaren und zugleich für ewig zu verbergen. Charaktere, die ihren Schlüssel im Verstande tragen, sind am besten gezeichnet; die leisen und feinen Schwingungen des weiblichen Gemütes, die dessen Poesie ausmachen, hat Immermann weder in seiner Cornelia noch in seiner Mignon-Fiametta wiedergegeben; was er an der letzteren am besten schildert, ist das Aeußerlichste: die Tanzkunst.

In dem satirischen Pessimismus des Dichters trat mit der Schärfe ein besonderer Zug hervor, der noch nicht berührt wurde: die Opposition gegen den Industrialismus. Auch die Jungdeutschen predigten gegen die Macht des Goldes, bei Immermann müssen indessen sogar die Fabriken zuletzt vom Erdboden wieder verschwinden und über ihren Grund der Pflug hinweggehen. Er haßt sie weit mehr als den kindischen Feudalismus, den sein Herzog repräsentiert. Sein Blick war nicht hell und ungetrübt genug, um aus den rauchenden Schloten einen der Atemzüge des neuen Jahrhunderts zu erkennen. Aber das Verhältnis der Stände zu dem Industrialismus, wie er es seiner Zeit entnahm, weicht doch von den Anschauungen unserer Gegenwart ab. Der Kampf bezieht sich bei Immermann nicht zwischen Proleteriat und Kapital — von diesen Schlagworten ist diese Epoche noch frei — er ist vielmehr das Duell zwischen dem ersten und dem zweiten Stande, Geburts- und Geldaristokratie messen sich mit einander, suchen sich einander zu vernichten und der Sieg fällt bei Immermann weder der einen noch der anderen Seite zu, sondern einem Dritten, in welchem sich ihre Gegensätze scheinbar versöhnen.

Das Talent Immermanns zur Satire entfaltete sich in ganz eigenartiger Weise in seinem zweiten Romane „Münchhausen, eine Geschichte in Arabesken" (1839). Man hat über der Dorfgeschichte, die der Roman enthält, seinen satirischen Charakter vielleicht mit Unrecht vergessen, wir Deutschen sind bitter arm an satirischen Werken und nur in kurzen, gereimten und ungereimten Epigrammen pflegen wir die Erstlinge unseres Witzes abzulagern. Die Satire Immermanns hatte freilich zwei Mängel: sie war zu litterarisch und gelehrt und zu wenig von einem behaglichen Humor gesättigt. Sein Held Münchhausen sollte den großen Lügengeist seiner Zeit versinnbildlichen, eine vortreffliche Idee, aber es war ein Fehler, wenn er den Lügenhelden bei einer so wunderlichen Familie wie der des verarmten Barons von Schnickschnackschnur festhält. Der alte Baron, die wunderliche Emerinta, der verrückte Schulmeister Agesilaus und nicht zuletzt Münchhausen selbst, alle, mit Ausnahme vielleicht des prosaischen Bedienten Buttervogel, sind Maschinenmenschen, deren künstliches Räderwerk man förmlich schnurren hört. Aus einzelnen Episoden, die Münchhausen zum besten giebt, wie der berühmten Ziegengeschichte auf dem Helicon, spricht jedoch ein wahrhaft aristophanischer Geist, während die Poltergeister in und um Weinsberg, in denen der Geisterkram des Dr. Justus Kerner bespottet wurde, viel Lärm machten, aber lange nicht die phantasievolle Ausgelassenheit der heliconischen Ziegen erreichten.

Ein großer Vorzug des Romanes war, daß er neben diese Münchhausen-Welt der Verneinung eine positive zu setzen hatte. Nichts kann mehr Immermanns realistische Natur, seinen Blick für die Wirklichkeit der Dinge beweisen als die anmutige, in den Roman verflochtene Bauernnovelle von dem Jäger Oswald und der schönen Liesbeth. Aus der überbildeten, rein litterarischen Gesellschaft, die von nichts als Philosophie, Religion, Kunst, litterarischen und sozialen Fragen zu sprechen wußte, flüchtete sich hier der Roman in das abgelegene Dorf der roten Erde, um von all den Ideen einmal wieder bei schlichten Menschen sich zu erholen, nicht mehr zu reflektieren, sondern zu schildern, nicht mehr geistreich, sondern wahr zu sein. Zugleich war der Gesichtspunkt, unter welchem der Dichter sich diese neue Welt ansah, ebenso überraschend wie neu: es war nicht mehr der Standpunkt des 18. Jahrhunderts, der für die schöne Ländlichkeit schwärmte, in ihren Menschen Vorbilder der Unschuld und Tugend, glückliche Kinder einer unverdorbenen Natur sah. Vielmehr war der westfälische Bauer, den Immermann in seinen Roman hineinstellte, weder Naturmensch noch von irgend einer Sentimentalität angehaucht; er war der hartköpfige, zähe Aristokrat des Dorfes, der wie nur einer vom Geburtsadel voll Standesbegriffe und Standesvorurteile steckte, der auf seine Sitte mehr hielt und sie ernster nahm als nur ein Hofmann das Hofzeremoniell. So zeichnet der Dichter uns seinen Hofschulzen, und daß wir den Mann liebgewinnen, beruht nicht zum wenigsten gerade auf den Eigenschaften, die ihn uns im wirklichen Leben unerträglich machen würden. Er ist unzart, derb, pfiffig, abergläubisch, selbstsüchtig wie nur einer; was in ihm auftaucht, wird ihm zum umumstößlichen Entschlusse, der selbst vor einem Verbrechen nicht zurückbeben würde, und mit eiserner Zähigkeit hängt er am Rechte des Alten, das in dem Schwerte Karls des Großen seinen symbolischen Ausdruck findet. Und wie er, sind sie alle, die auf der westfälischen Erde sitzen: gesunde, robuste Naturen, vielleicht durch einige Züge in das Drollige gerückt wie der Küster, oder auch moralisch gesunken wie der Spielmann. Die Liebesgeschichte, die der Dichter in die Sittenschilderung eingewebt, gehört durch einzelne, ergreifende Szenen zu dem Schönsten, was Immermann geschrieben hat und was in unserer Litteratur geschrieben worden ist, und doch traf er das Harte, Knorrige, Verstandesmäßige der Bauernnatur weit glücklicher als die poesievolle Naivetät seiner Liesbeth.

So vielen Beifall die Idylle vom Oberhof und seinem Schulzen auch fand, unmittelbar blieb sie ohne Nachahmung. Sie war neben Brentanos „Geschichte vom schönen Annerl und braven Kasperl" wie ein erstes Veilchen, das die Blumen des Sommers verkündet. Noch eins ließ Immermann zugleich vermissen. Den kräftigen Stimmungszauber der Landschaft, den geheimnisvollen Einfluß, welcher den Menschen mit der Scholle, auf welcher er geboren ist, verwandt macht, und der in tausend unbekannten magnetischen Strömungen zwischen ihr und seinem Gemüte, seinen Anschauungen, seinem Handeln besteht, hat Immermann noch nicht in seiner poetischen Eigenart zu erfassen vermocht: ihm kam es nur darauf an, der individualistischen Willkür, die genial mit dem Leben spielte, der modernen Zerrissenheit des Charakters und der ewigen Problemwut seiner Zeit das Bild einfacher Menschen entgegen zu halten, die, mehr durch die Sitte als ihr Gesetz bestimmt, auf festen, gesunden Füßen standen und in aller Beschränktheit ihres Lebens doch tüchtig und glücklich waren. Die Zeit der problematischen Naturen aber war noch nicht um, noch zogen allerlei Wahngebilde und trübe Nebelgestalten durch die Luft, noch erfüllten sie die Köpfe mit ihren Vorstellungen und Ideen, und nur langsam wich der Geist, welcher um die Wirklichkeit, für die Litteratur sowohl wie für die Politik, seinen grauen, verhüllenden Schleier gelegt hatte.

3. Die Gräfin Hahn-Hahn und Fanny Lewald.

Die Jungdeutschen hatten das weibliche Geschlecht in den Vordergrund der Litteratur gestellt; als sie selbst, des Tendenzromanes überdrüssig, sich anderen Stoffgebieten zuwandten, hatten sie den weiblichen Schriftstellern die Feder in die Hand gegeben, daß diese selbst für die „Emanzipation des Geistes" nach dem Vorbild der George Sand in die Schranken traten. Im Jahre 1838, gleichzeitig also mit Gutzkows „Seraphine" und mit Laubes „Kriegern", erschien der erste Roman einer Schriftstellerin aus den höchsten aristokratischen Kreisen. Er führte den Titel „Aus der Gesellschaft" und diese Bezeichnung erweiterte sich dann zu dem Gesamttitel einer ganzen Serie von Romanen, die bis zum Jahre 1846 reichen und von denen wir die hauptsächlichsten zu betrachten haben. Die Gräfin Ida Hahn-Hahn hatte von ihrem Vater, dem Grafen Hahn, dessen bekannte Theaterleidenschaft ihn schließlich ruinierte, die litterarischen Neigungen, nur auf ein anderes Gebiet angewandt, geerbt. Von Geburt einer der ersten aristokratischen Familien Mecklenburg-Schwerins angehörend (geb. am 22. Juni 1805) hatte sie sich mit einem wohlbegüterten Vetter, dem Grafen Adolf von Hahn-Hahn, vermählt, aber nach drei Jahren (1829) wurde die Ehe wieder gelöst. In dieser Ehe wie auf den späteren Reisen, die sie unternahm, sammelte sie die Erfahrungen für ihre Romane; als ihr Freund, Herr von Bistram aus Kurland starb, suchte sie 1850 Trost bei der allein seligmachenden Kirche und trat 1852 sogar als Novize in das Kloster von Angers, indessen lebte sie in der Folgezeit unabhängig von der Klosterregel und starb hochbetagt am 12. Januar 1880 in Mainz.

Die eigentümliche Schriftstellerin suchte mit ihren ersten Romanen wie die junge demokratische Generation eine führende Stellung im geistigen Leben der Zeit. Ihre Bildung beruhte auf der Kenntnis französischer und englischer Romane, ihr Ideal

lag in der Stimmung der Byronschen Poesie. Damit stellte sie
sich in einen gewissen Gegensatz zu den Jungdeutschen, die nicht
bloß auf George Sand und Byron, sondern ebenso intensiv auf
Goethe und Jean Paul, Schlegel und Heinse zurückgegriffen
und trotz aller abstrusen Ideen doch den großen Zusammenhang
mit der deutschen litterarischen Bewegung des Jahrhunderts
aufrecht erhalten hatten. Die Jungdeutschen waren weitsichtig,
für alles Große und Edle empfänglich, auf welchem Felde es
immer gewachsen war, und in ihrem kosmopolitischen Enthusias=
mus ehrliche, schwärmerische Deutsche. Die aristokratischen
Schriftsteller wie die Hahn dagegen erwiesen sich in litterarischen
Dingen ebenso ausschließend wie in gesellschaftlichen und neigten
viel mehr zur Verehrung des Fremdländischen. Der adligen
Schriftstellerin erschien die Demokratie, die allgemeine Gleich=
macherei als ein Greuel! Sie spielte sich geradezu als eine
Vorkämpferin des Adels auf, und sie ging nicht bloß aus Be=
dingungen ihres Talentes, sondern auch aus bestimmten aristo=
kratischen Neigungen nicht über jene gesellschaftliche Sphäre
hinaus, welche der französische Begriff „Salon" allein ab=
zugrenzen vermag. Außer der Geburt achtete sie nur das
Talent und sie war wenigstens nicht so einseitig, es nur in der
adligen Wiege finden zu wollen. Ihre Helden sind zum größten
Teil, ihre Heldinnen sämtlich mit einer adligen Krone geboren;
wo sie einmal einen Demokraten in einem Romane schilderte,
natürlich nur als Nebenfigur, malte sie ihn als einen mora=
lischen Mohren, dem als Verbrechen angerechnet wurde, was
ihren adligen Helden und Heldinnen nur Bethätigung genialischer
Lebenskraft war. Allein dieselbe Frau, die ihrer ganzen
Wesensrichtung nach der jungen Generation feindlich die Stirn
bot, stand doch in anderer Hinsicht wiederum mit ihr in Reih
und Glied zum Sturmlauf gegen gewisse Einrichtungen in der
Gesellschaft. Die „Emanzipation des Fleisches" nannte sie
zwar unsittlich, um so lebhafter trat sie für die „Emanzipation

des Geistes", d. h. in ihrem Sinne des weiblichen Charakters ein. Mit dem Pessimismus der jungdeutschen Schule betrachtete sie die Bestimmungen der Gesellschaft, welche das Verhältnis des Weibes zum Manne ordneten, die moderne Zivilisation schalt sie verweichlicht, feig und schamlos, die Gesellschaft eine große Organisation der Heuchelei. Sie stellte sich der Welt gegenüber mit den Empfindungen der angereisten Frau, welche, über die erste Blüte hinaus, den Ernst des Daseins kennen gelernt hat und in seinen Untiefen und Strudeln verzweifelnd sehnsüchtig nach einem festen Halte ausschaut. Der Grundtrieb ihres Wesens war ein feiner Egoismus, ja eine kokette Selbstbespiegelung, wenn sie in ihren Frauentypen ihr eigenes Bild immer von neuem ausmalte. Weil ihrem Sinne die Welt nicht genügte, war diese erbärmlich und schlecht, weil sie selbst genial war und keinen Einklang mit den Gesetzen des Lebens fand, mußte dieses zerrissen und verdorben sein. Wie die jungdeutsche Generation machte auch sie ihre eigene Subjektivität zum Maßstabe aller Dinge; daraus entstand „der ungeheure Zwiespalt", welcher auch ihr Leben ohne Genuß verzehrte.

Der Typus ihrer Heldinnen, denn Frauengestalten herrschen in ihren Romanen vor, ist im Grunde nicht originell: die „Lelia" der George Sand (1834) mit ihrem leidenschaftlichen Drange nach dem Glücke, nach einem unbekannten Etwas, dieser Frauencharakter voll hoher, edler Empfindungen, dem alle Männerherzen zu Füßen liegen, ohne daß er sich einem ergiebt, war auch Abgott und Vorbild der Dichterin. In mannigfacher Weise hat sie ihn variiert und daß sie immer wieder auf ihn zurückkam, zeigte ihre seelische Uebereinstimmung mit ihm. Die Sand war männlicher, vielseitiger, poesievoller, und doch verknüpfte in der That ein Band geistiger Verwandtschaft die beiden Frauen. Der erste Roman der Gräfin Hahn: „Aus der Gesellschaft" behandelte drei Liebesverhältnisse von ziemlicher Alltäglichkeit: die Gräfin Ondine — die Namen ihrer Heldinnen hallen im Ohre wie Nachklänge der Romantik — bricht die Ehe und wird dann von ihrem Verführer, dem Fürsten Casimir, schmählich verlassen. Ein junger Bildhauer Polydor wird das Spielzeug einer koketten Gräfin Regina: er glaubt, daß sie ihn liebt, und gesteht ihr seine Liebe, wird aber mit Hohn behandelt und rächt sich dadurch, daß er die Gräfin, als auch die Liebe bei ihr erwacht, schnöde zurückweist. Dieses zweite Verhältnis ist mit außerordentlicher Kunst geschildert und das Motiv für einige hundert spätere Frauenromane geworden. Die Haupt= Heldin ist jedoch die Gräfin Ida Schönholm, die unverstandene, schöngeistige Frau, der in allen Romanen der Hahn wieder= kehrende Typus. Ihr und ihres Geliebten Porträt sei hier wiedergegeben, einmal weil sie die überschwängliche Charakteri= sierung, aber auch seine Beobachtungsgabe der Dichterin zeigen, und zweitens, weil in ihnen die Grundelemente aller ihrer späteren Charaktere enthalten sind. „Es war ein seltsamer Kopf, gar nicht schön, doch sehr anziehend, der Schnitt einer Madonna, und der Ausdruck einer Sibylle, fatiguierte Züge, die auf mehr als 27 Jahre schließen machten, und ein durch= sichtiges, wechselndes Kolorit, das der Hauch erster Jugend über sie zauberte, Augen wechselnd im Ausdrucke wie die eines Kindes und verschieden im Glanze schillernd wie das Meer, aber zwischen den Augen und im Aufschlage der lang bewimperten Augenlider ein Zug von unaussprechlicher Schwermut. Lauter Kontraste und doch Harmonie, wie in den großen Bildern, welche die Natur vor uns aufstellt".

Dazu das Porträt des Helden; er ist ein Bürgerlicher mit dem schlichten Namen Otto und man sieht ihm nicht an, welchem Stande, welchem Berufe er angehört:

„Sein Benehmen hatte eine durchaus aristokratische Aisance ohne die schlaffe, langweilige Nachlässigkeit der Aristokratie, sein Ton war frei und lebhaft ohne die brüsken, herben, un=

galanten bürgerlichen Manieren. In Gang und Haltung war
dieselbe Frische und Ungezwungenheit. Der Kopf war prächtig,
von jenem marmorfarbenen durchsichtigen Kolorit, das blonde
Männer nie und brünette höchst selten haben, und das mit
dunklen Augen und Haar kontrastierend, den strahlenden Licht=
effekt hervorbrachte, der auf Gemälden von Rembrand so häufig
und so magisch ist. Wenn er schwieg, war der Ausdruck des
Gesichtes nachdenkend und sehr ernst; wenn er sprach, heiter,
fast übermütig, weil die sehr kurze, scharfgeschnittene Oberlippe
und die blendend weißen Zähne dem Munde einen leisen Anflug
von Ironie gaben. Dieser kleine Zug brachte ihn um das
Glück, von allen Frauen für einen schönen Mann erklärt zu
werden. Frauen hassen nichts so sehr als die Ironie ꝛc".

Der schwermütige Zug der Heldin, der ironische des Helden
sind die „genialen Anflüge", von denen die Charaktere der
Hahnschen Romane heimgesucht werden. Sie kehren in ver=
schiedenen Variationen wieder, wobei die Schwermut der Heldin
sich im wachsenden Grade steigert und die Ironie des Helden
zuletzt in ein eitles Spiel mit dem Leben, in einen liebens=
würdigen, selbstgefälligen oder gar rücksichtslosen Egoismus
zerrinnt. In diesem ersten Romane ist der Konflikt sehr einfach
und doch für die aristokratische Hahn unüberwindlich. Die
Hindernisse, welche die beiden Liebenden entdecken, sind auf der
einen Seite Ottos bürgerlicher Stand, auf der anderen Idas
Abneigung gegen die Ehe. Otto findet, daß ihre Seele, die in
Musik, Malerei und Poesie dilettantiert, in sein bürgerliches
Leben nicht hineinpasse, in dies Leben, welches „wie ein Hühner=
hof geschäftig, emsig thätig sei", während sie, „ein armer weißer
Schwan sei, der an die kühle, frische Einsamkeit auf seinem
blauen See gewöhnt ist". Dies Liebesweh der Beiden wird
sehr sentimental ausgemalt, sie trennen sich für immer, ihrem
Glücke entsagend und nur in der Hoffnung auf eine Vereinigung
in einer anderen Welt.

„Der Rechte" (1839) zeigt, wie selten das Hahnsche Ideal des Mannes auf Erden vorhanden und daß es dann noch seltener zur rechten Zeit sich einstellt. Es blitzen heitere Lichter in diesem Romane auf, welcher das Schicksal zweier Frauenseelen behandelt. Die Gräfin Katharina ist erst an einen rohen Lebemann, dann an einen energielosen, melancholischen Engländer verheiratet: sie ist ein entschlossener Charakter und sagt sich von beiden los. Als sie den Rechten endlich antrifft, halten er und sie eine Verehelichung für zu spät und beide leben fortan nur in inniger Freundschaft miteinander. Die melancholische Seite des Hahnschen Frauentypus stellt Vincenza dar, die ihr Leid und den ungeliebten Gatten mit Würde erträgt und stirbt, indem sie die Liebe zu einem Anderen in sich bekämpft. Mit Emphase wird die weibliche Treue als etwas Außerordentliches hingestellt. Der Roman enthält jedoch eine Reihe sehr gut gezeichneter gesellschaftlicher Typen. Wenn die weiblichen Figuren Ausbünde von Schönheit sind, so sind die männlichen geistreich und interessant und eine von den letzteren sogar, um einen wirksamen Kontrast zu bilden, obenein häßlich. Diesen Gegensatz von schön und häßlich hat die Gräfin noch öfter aufgestellt, da sie eine romantische Laune reizte, gerade das Häßliche zum Träger ihres männlichen Ideals zu machen. Die Eigenart ihres Charakters spiegelt vielleicht am trefflichsten ihr nächster Roman „Faustine" (1841) wieder. Er enthält die Geschichte einer jungen Gräfin, der bekannten genialen Natur, die, unglücklich verheiratet, von ihrem Liebhaber Andlau sich entführen läßt, darauf von diesem blutenden Herzens sich losreißt, um einem neuen Liebhaber, Mario von Mengen, zu folgen. Nach mehreren Jahren trifft sie ihren früheren Geliebten wieder, geht, von seinem Anblicke erschüttert, in ein Kloster und stirbt dort. Wie man sieht, ein Inhalt von nicht großem Interesse; allen Reiz muß der Charakter der Gräfin ausüben und er übt ihn auch aus trotz seiner an Gutzkows

„Seraphine" erinnernden Sprunghaftigkeit. Faustine ist eine bewegliche, goldene Natur, kapriziös und geistreich, von jenem zarten Humor, der die Liebenswürdigkeit mit leichter Hand aufträgt und sie doch ins Gemüt bringen läßt. Dann wiederum erscheint sie stolz, „sauvage", unabhängig, leidenschaftlich — das alte Gewebe von Widersprüchen, welche die Hahn in ihren Frauenfiguren vereinigt und die allerdings hier den Schein der Lebenswahrheit erreichen. Stärker als in den früheren Typen lebt in Faustine der Drang nach einer höheren Vollendung ihres Charakters, nach dem unbekannten, zu erringendem Gute: „ihr war das Leben eine Aufgabe, sich zur möglichsten Vollendung durchzuarbeiten und jede Begegnung sollte ein neuer Hammerschlag sein, um das Götterbild aus den rohen Felsmassen befreien zu helfen". Natürlich haßt sie die Ehe: „von einigen Millionen Ehen wird eine aus Liebe geschlossen". „Lieben ist, sich einem Gegenstande weihen, aber muß der Gegenstand durchaus derselbe sein?" fragt sie. Sie liebt Andlau und folgt doch Mario, indem sie sich der Kunst hingiebt, und sie liebt die Kunst, indem sie sich dem Kloster weiht, eine Märtyrerin ihres „Genius" oder, wie man drastischer und richtiger sagen könnte, ihrer Einbildung.

Dieser weibliche Typus artet in den folgenden Werken der Dichterin immer ungesunder aus, und in dem Roman „Ulrich" (1841) ist er bereits in das Krankhafte geraten. Wir sehen eine Abenteurerin, die sogar Maitresse eines Ministers ist, als sie mit dem Helden ihr Liebesverhältnis anknüpft. Der überschwängliche, romantische Grundzug dieses Frauencharakters hat etwas Hysterisches: sie ist eine ekstatische, erhabene Seele und will durch „Hulderichs" — wie sie ihren Ulrich nennt — Liebe erlöst werden, er soll ihr „Christus" sein. An dieser unnennbaren Sehnsucht krankte die Verfasserin selbst, was Wunder, wenn sie auch ihre Typen mit demselben Drange erfüllte; die Liebe ist die Erlöserin aller Erdenschuld. Eine kaum verkenn=

bare Spur führt mit diesem Gedanken aus den Romanen der Gräfin Hahn hinüber zu den Gestalten Richard Wagners, der diese romantische Empfindungsweise in den Mythus und die Sage zurückversetzt hat. „Sibylle" (1846) ist der Komperativ von „Faustine" und der Superlativ von „Ida Schönholm"; träumerisch, phantastisch, von heißer Sehnsucht nach dem unbekannten Gut ergriffen, findet sie dasselbe nicht, weil ihr die Wirklichkeit nicht genügt. Ein sentimental-elegischer Ton erfüllt das ganze Buch. Auch Sibylle trifft nicht auf den „Rechten", wenn sie in der Liebe und in der Ehe getäuscht wird, und als sie ihn endlich in ihrem Lehrer, dem genialen Fidelio gewonnen hat, da zeigt es sich, daß auch hier unüberwindbare Hindernisse für ihr Glück sich aufthun. Ruhelos widmet sie sich bald der Wissenschaft, bald der Kunst und bald dem Glauben, ohne von irgend einer dieser idealen Mächte befriedigt zu werden. Ihr Leben ist ein langsames Verbluten, ein Hinsterben der Seele, auch diesmal spielt der „Genius" die Rolle des Märtyrers, welcher die Dornenkrone des Schicksals tragen muß. Das Buch enthält einige vorzügliche Porträts wie den erwähnten Fidelio und den Grafen Otto. Die Stimmung des Romans ist jedoch im höchsten Grade unerquicklich. Sie deutet schon auf den Ausgang, den es mit dem Gemütsleben der Verfasserin selbst nehmen mußte; so weit hatte sie sich von den wahren Empfindungen, die das Leben beherrschen, entfernt, daß ihr nur die Entscheidung blieb zwischen einem halt- und bodenlosen Skepticismus und der blinden Hingebung an die feste Autorität. Wäre sie ein Mann gewesen, so wäre der erstere Ausgang nicht unwahrscheinlich gewesen, als Weib suchte sie ihren Stützpunkt in der Lehre des Katholizismus.

Die Gräfin Hahn hat auf die belletristische Litteratur stärker eingewirkt als man jetzt, wo ihr Name halb verschollen ist, vermuten möchte, leider im schädlichen Sinne. Aus ihren Büchern stammen die verschrobenen, sentimentalen Figuren des modernen Frauenromans, die Ueberschwänglichkeit der Darstellung, die verzuckerten Porträts, die Unwahrheit der Konflikte und nicht zuletzt die dem deutschen Romanschriftsteller eingewurzelte Neigung, den Menschen erst vom Baron an für romanfähig zu halten. Was sie später vom katholischen Standpunkte aus schrieb, trug einen frömmmelnden, klosterhaften Zug und erstickte langsam ihren litterarischen Ruf. Ueber ihren unsympathischen Zügen darf man jedoch nicht vergessen, daß sie wirklich eine außerordentliche Frau, eine geniale Natur war, deren erhitzte Einbildungskraft leider selbst das Gesunde im Wirklichkeitsleben als krank ansah, aber auch das Kranke noch mit dem Schimmer einer idealen Größe zu umgeben wußte. Die Zeit sorgte dafür, daß auch ihr schriftstellerischer Gegensatz nicht ausblieb, und in Fanny Lewald zeigte sich alsbald die kampfbereite Gegnerin.

Es mag in der Litteratur selten größere Gegensätze geben als diese beiden Frauengestalten: die eine bis in die Fingerspitzen Aristokratin, die andere bürgerlich und ganz von den demokratischen Gesinnungen ihrer ostpreußischen Heimat begeistert, die eine vom Protestantismus zum Katholicismus übergehend, die andere Jüdin und das Christentum, das sie annahm, nur für eine Form erachtend, welche ihr gegenüber dem Gedanken reinen Menschentums wenig bedeutete, jene in allen Nerven schrullenhaft, exaltiert, kokett, diese gesund und klar im Geiste, voll aufrichtiger Wahrheitsliebe, jene dem Kultus des Byronismus hingegeben, diese in Goethes reifer Männlichkeit ihr Lebensideal sehend. Die Gräfin Hahn war zweifellos als Schriftstellerin bedeutender, Fanny Lewald war es als Frau. Man thut ihr vielleicht nicht unrecht, wenn man das Beste, was sie auf der Welt geleistet hat, nur in den Anregungen ihrer reinen und lebendigen Persönlichkeit findet. Fanny Lewald (geb. 24. März 1811) war die Tochter eines jüdischen Königsberger Kaufmannes. Als 17jähriges Mädchen war sie mit

dem Willen des Vaters ihrem Bräutigam, einem Theologen, zu
Liebe zum Christentume übergetreten, aber der Tod ihres Ver-
lobten gab ihrem Geiste und ihrem Leben eine andere Richtung.
Auf Reisen entwickelte sich in ihr die Schriftstellerin; in ihren
ersten Werken war auch sie ganz von dem Geiste der Epoche
beherrscht, der den Namen der großen Französin George Sand
trug, und wie die Gräfin Hahn vertiefte sie sich in die Frage
der Ehe und des Ehebruches. Ihr Roman „Clementine" erschien 1842, es folgten 1843 „Jenny" und 1845 „Eine Lebensfrage". Diese Romane waren nichts weniger als interessant
oder bedeutend, sie bilden nur Denkmäler für die ethische Gesinnung ihrer Verfasserin. Auch hier wird die Forderung gestellt, die Liebe solle die Ehe heiligen, denn eine Ehe ohne Liebe
sei schlimmer als die Prostitution. Und doch nimmt Clementine,
eine Jugendliebe im Herzen, die Hand eines älteren, edleren
Mannes an und entsagt nach mancherlei Seelenkämpfen dem
wieder auftauchenden ersten Liebhaber: sie will das Vertrauen
und das Glück des Edlen, der sie zur Frau erwählt, nicht für
immer zerstören. „Eine Lebensfrage" behandelte dasselbe Sujet
mit entgegengesetztem Ausgange: ein Dichter und eine prosaische
Frau sind durch das Band der Ehe gefesselt, die Charaktere
stimmen in keinem Punkte überein, eine Jugendgeliebte des
Poeten bringt eine neue Verwickelung, dennoch glaubt er noch,
sich nicht von seiner Gattin trennen zu dürfen, bis er zuletzt
doch mit mannhaftem Entschlusse die Fesseln bricht. Der Roman
trat mit vieler Wärme für die Ehescheidung ein; hier wie im
ersteren Werke gehört die Sympathie des Lesers durchaus den
Entschließungen der Hauptpersonen. Die Dichterin verbreitete
sich in diesen Jugendwerken mit Leidenschaft über alle Dinge,
welche ihr Herz und die Zeit bewegten; Gespräch reiht sich an
Gespräch, in welchem litterarische und soziale Fragen erörtert
werden. „Jenny" behandelte das Thema der Mischehe zwischen
Juden und Christen: die konfessionellen Verhältnisse werden hier

bitter beklagt, die verhindern, daß ein reines menschliches Glück aus ihren Gegensätzen sich entwickeln könne. Der Roman gestaltete damit sich zu einer Anklageschrift gegen den Staat und die Gesellschaft; ihm eine höhere poetische Kraft und Wirkung zu verleihen, gebrach es der Verfasserin selbst an Ursprünglichkeit. Ihre Verstandesnatur faßte alles klar und richtig auf, allein sie riß auch niemand hin. In einer nicht üblen Satire „Diogena" (1847) verspottete sie ihre Nebenbuhlerin, die Gräfin Hahn, und deren Manier; das Buch war nicht ohne boshaften Witz und Laune geschrieben.

Nach dem Jahre 1848 begann ein neues Stadium in Fanny Lewalds litterarischer Entwickelung. Es würde außerhalb dieses Abschnittes liegen und doch ist die schriftstellerische Bedeutung von Fanny Lewald nicht so groß, daß, was über sie zu sagen ist, nicht an dieser Stelle gesagt werden könnte. Im Jahre 1854 vermählte sie sich mit Adolf Stahr, dem bekannten Schriftsteller in Berlin, wo ihr Haus der Mittelpunkt eines großen litterarischen Kreises wurde. Wie andere Autoren der Belletristik suchte auch sie ihre Menschen- und Lebenskenntnis durch Reisen zu erweitern, mit vielen merkwürdigen Persönlichkeiten kam sie zusammen, viel Merkwürdiges sah und erlebte sie, eine mutige Frau mit klaren Augen, kühlem Kopf und warmem Herzen, und ihr Leben selbst wurde dadurch interessanter als ihre Romane. Jahr für Jahr bis auf ihre letzten Tage schrieb sie Roman auf Roman, Erzählung auf Erzählung, achtbares Mittelgut, ohne besondere Leuchtkraft in seinen Farben und daher ohne stärkere Einwirkung auf die litterarische Produktion. Bürgerlich gesinnt empfand sie wenig Sympathien für den Adel, dessen Typen sie gern ins Schwarze malte wie in der vielbändigen Familiengeschichte „Von Geschlecht zu Geschlecht" (1864), wo der natürliche Sohn eines Freiherrn durch die Kraft der Arbeit sich zu der stolzen Höhe des Reichtumes emporschwingt, während das Freiherrngeschlecht sich zu Grunde richtet. Ihre Tendenz war stets sittlich und ernst, aber ihr Temperament bis in seine letzte Faser undichterisch. Wie mit ihren Gedanken, so blieb sie auch mit ihren Stoffen gern in der Zeit vor 1848; hier fühlte sie sich gründlich vertraut und hier zeichnete sie die Gegensätze des sozialen und politischen Lebens, wie sie dieselben mit ihrem klaren, „goethereifen" Denken, aus den Gesichtspunkten humaner Weltanschauung ansah. Protestantische und katholische Kreise kamen dabei nicht immer gut weg, und die ehemalige Jüdin verleugnete andererseits nicht das natürliche Gefühl dankbarer Pietät, wenn sie die Lichtseiten des Judentumes mit Eifer in ihren Werken hervortreten ließ. Die treffendste Charakteristik gelang ihr in den Erzählungen, die auf dem Boden ihrer ostpreußischen Heimat spielen. Sie starb am 5. August 1889 auf einer Reise in Dresden. Im ganzen hat sie in der Frauenbewegung sich ein größeres Verdienst erworben als in der Litteratur; das 20. Jahrhundert wird von ihr „Meine Lebensgeschichte" (1861-62) vielleicht noch mit Interesse lesen, denn an Stelle litterarischen Ruhmes ward ihr vom Schicksale jene wirkende Kraft verliehen, die der Dichter mit den Worten preist: „Höchstes Glück der Erdenkinder ist doch die Persönlichkeit".

---

4. Ausländische Muster (Dickens und Eugen Sue) und ihr Einfluß.

In dem Jahrzehnte 1840—50 waren es die belletristischen Schriftsteller der Engländer und Franzosen, welche die deutsche Lesewelt beherrschten. Eine Flut von Uebersetzungen überschwemmte den deutschen Lesemarkt: man übersetzte die sensationellen Verbrecherromane des Engländers Ainsworth, die großen, humoristisch-satirischen Werke eines Dickens, die grelle Romantik eines Dumas, Viktor Hugo und Sonlié, die naive, derbkomische Sinnlichkeit eines Paul de Kock, die sozialistischen Tendenzromane eines Eugen Sue und der Sand — der deutsche Leser verschlang mit Eifer alles, was ihm vorgesetzt wurde. Wohl zu keiner Zeit unseres Jahrhunderts, selbst nicht während der Romantik, ist der deutsche Heißhunger nach romantischen Begebenheiten, nach Exzessen der Phantasie aus so vielen und verschiedenartigen Quellen gespeist worden, und noch heute dauert die Nachwirkung jener Periode an. Mit diesen fremden Mustern konnte die heimische Produktion nicht wetteifern; es ist kein Zufall, wenn wir alle größeren Talente mit wenigen Ausnahmen sich anderen litterarischen Gebieten als dem Romane zuwenden sehen. Gewiß hat die sich steigernde politische Thätigkeit viele der Federn in ihr Lager gelockt, aber die deutsche Einbildungskraft konnte auch gegen die Ausgeburten der französischen Phantasie, gegen die schauerlichen Stoffe und die kräftige Beobachtungsgabe der Engländer nicht aufkommen: man stand nicht bloß quantitativ, sondern in einzelnen Fällen auch qualitativ weit diesen fremdländischen Romanschöpfern nach. Auch die Besten wurden durch sie unterdrückt, selbst Werke wie die von Wilibald Alexis, Heinrich König und Sealsfield konnten nicht zu einer größeren Beliebtheit sich emporschwingen. Das Publikum war bald der jungdeutschen Tendenzen satt geworden, es hatte genug von Ideen und Tendenzen, von geistreichen Gesprächen über Politik und Kunst, von Erörterungen über die Berechtigung des Ehebruches; es wollte sich einmal an dem Stoffe sättigen, und frei von der Mühe zu denken den ungehemmten Ausflügen und Spaziergängen der Phantasie sich hingeben. In den jungdeutschen Romanen war die Gefühlsanalyse zur Hauptsache geworden. Man brachte einige Personen zusammen, ließ sie sich in Briefen und Tagebüchern ausführlich berichten, was ihnen alles eingefallen sei, und der Roman war fertig. Mit der Kunst des epischen Vortrages war es bei den meisten deutschen Romanschriftstellern noch mangelhaft bestellt und wo diese wirklich glänzender auftrat, vermochte sie doch nicht mit den ungeheueren Erfindungen der Franzosen, mit der seltsamen Charakterisierung der Engländer gleichen Schritt zu halten.

Diese neue ausländische Romanlitteratur knüpfte einerseits an romantische, andererseits an sozialistische Tendenzen an. Die amüsanten Ungeheuerlichkeiten, die Alexander Dumas damals unter dem Namen von Romanen bot und in denen er freilich ein glänzendes Talent bekundete — man denke nur an den „Monte Christo" und „die drei Musketiere" — standen unter der Einwirkung der alten aristokratischen Romantik. Eigentümlicher waren die neu auftauchenden sozialistischen Tendenzen, welche sich in der Belletristik des Auslandes Bahn brachen. Der Roman stieg von den Höhen der gesellschaftlichen Kreise zu den Tiefen derselben herab, um mit grellen phantastischen Streiflichtern diese Welt zu beleuchten. Das Proletariat, das Elend, das Laster wurden seine Themata, die er nicht im Sinne einer scharfen naturalistischen Wahrheitsliebe, sondern nach den romantischen Gesichtspunkten des Kontrastes betrachtete. Das Erbe der Romantik geht in unserem Jahrhundert von Geschlecht zu Geschlecht: vielleicht bezeichnet der Beiname des romantischen seinen Charakter am treffendsten. Die Poesie des Kontrastes entdeckte die Tugend im Laster, ja sie fand, daß jedes Laster zuletzt eine Tugend sei. Die Romane E. Sues und V. Hugos haben in dieser Sophistik am meisten geleistet. Bei ihnen kann ein Mädchen im Verkehre mit dem Auswurfe der Menschheit ihre körperliche und seelische Reinheit bewahren; sie schwebt wie ein Engel durch den Koth der Verbrecherhöhlen. Bei Sue werden, wie in den „sieben Todsünden", die verderblichsten Anlagen die Mittel zu gerechten Thaten: das Böse ist eigentlich nur ein verkapptes Gutes, eine sittliche Eigenschaft, die nur darum unsittlich wirkt, weil sie sich nicht an ihrem rechten Platze befindet. Nicht im Sinne von Mephistos Ausspruch: „Ich bin ein Teil von jener Kraft, die stets das Böse will und stets das Gute schafft" wird das Laster gekennzeichnet; dieser grandiosen Weltironie, welche Satans Pfeile auf ihn selbst zurückfliegen läßt, steht es bei Sue weit fern. Es ist wie ein Baum mit schönen Früchten, auf die der Autor mit der Belehrung hinweist, daß nicht alle giftig seien, wie man den Kindern vorzureden liebe. Diese Anschauungsweise war uns Deutschen durch die Romantik nicht fremd; in Rinaldo Rinaldini, der in dieser Zeit noch eine Auflage erlebte, besaß man ja aus der klassischen Zeit den tugendhaften Räuberhauptmann. Aber neu war die reale Welt des Verbrechertums. Die Schurken, Mörder und Banditen saßen nicht mehr in den Felsenklüften Italiens und Spaniens und sangen dort zu der Guitarre, man entdeckte sie jetzt in den Spelunken und Tavernen der Großstadt, und der Romandichter ließ mit einem gräßlichen Wohlbehagen alle diese Typen, die seine Phantasie nicht scheußlich genug ausmalen konnte, an das Licht hervorkriechen. Ein Werk wie Eugen Sues „Geheimnisse von Paris" hat dadurch einen Erfolg gehabt, der alles zurück läßt, was der moderne französische Naturalismus verzeichnen kann. Es erschienen wohl einige Dutzend Uebersetzungen in allen möglichen Sprachen, in Deutschland und England warf man sich darauf, es zu kopieren und allein in einem Jahre (1844) brachte der deutsche Büchermarkt bändereiche Romanwerke über die Geheimnisse von Berlin, Hamburg, Königsberg, Petersburg, London, Brüssel u. s. w. In allen diesen Machwerken wurde das Verbrechertum und mit nicht geringer Vorliebe die Prostitution geschildert. Es war ein schauriges Lemurengeschlecht, daß hier seinen Grabgesang anstimmte. Den Romanschriftstellern folgten die Juristen und stellten aus den Akten die Mordthaten, die Biographien der Verbrecher zusammen. „Der neue Pitaval" von Hitzig und Häring (Wil. Alexis) herausgegeben, war noch das verdienst=

vollste Unternehmen unter diesen Sammlungen, die den sensationslüsternen Geschmack zu kitzeln suchten.

Mit dem Verbrechertume kam auch das Proletariat durch die französischen und englischen Schriftsteller, am meisten durch Sue und Dickens, zu litterarischen Ehren. Aber wie der sittliche Geist und der realistische Sinn Dickens das Verbrechertum ohne die falschen, romantisch schillernden Farben darstellte, mit denen Sue glänzte, so übertraf der Engländer den Franzosen auch in der Schilderung des Proletariats. Beide gingen darauf aus, die edleren Kräfte in der Brust des gemeinen Mannes zu schildern, Licht- und Schattenseiten des Lebens in den niederen Volksschichten wiederzuspiegeln, allein während es dem Engländer Sache des Herzens war, sah der Franzose darin nur eine Sache der Agitation. Er vertrat allein die Schlagworte der sozialistischen Bewegung, wie den Engländer das große Gebot der Menschenliebe erfüllte. In beiden wurzelte ein tiefer Haß gegen die Vorrechte gewisser Stände, gegen die niederen Eigenschaften bestimmter Berufsklassen, aber Dickens Haß war edel, von einem heißen Durste nach Gerechtigkeit entflammt, während Eugen Sues Haß nicht viel mehr war als der rohe Instinkt der Gasse, der dem Neide verwandt ist und nur ein Mittel der Spekulation wird: Dickens spekulierte auf die edelsten, Sue auf die gemeinsten Triebe. Wenn jener der englischen Heuchelei mit unerbittlicher Satire die Larve von dem Angesichte riß, so hetzte dieser die Volksmassen auf. Beide übertrieben, aber die Uebertreibung des großen englischen Schriftstellers entsprang seiner gewaltigen, unaufhörlich ihre Schwingen regenden Phantasie, und die Uebertreibung Sues hatte allein den Zweck, seiner Schilderung eine starke Wirkung zu sichern. Dieser litterarische Industrialismus ließ ihn zwar den größten Augenblickserfolg davontragen, aber sobald man seine Bücher gelesen, war man froh, wenn man diese schrecklichen Bilder vergessen konnte.

Dickens allein hat den „gemeinen Mann", wie man zu
sagen pflegt, jenen Vertreter des Menschengeschlechtes, dessen
Leben nur saure Wochen und spärliche Feste kennt, in einer für
immer mustergültigen Form der Romanlitteratur gewonnen.
Solche Typen kannte in der gesamten Weltlitteratur nur Einer
vor ihm: Walter Scott, und wenn man den ästhetischen Wert
des Romans erwägen will, darf man nie vergessen, daß nur
das Drama Shakespeares eine solche Fülle wirklicher Menschen,
individueller Charaktere, immer neuer und reizvoller Typen auf=
zuweisen hat. Walter Scott übertraf seinen Nachfolger wohl
an Gesundheit des Urteils, an Harmonie der Bildung und an
behaglicher Fabulierungskunst; Dickens wirkte dafür bedeutender
durch grelle Schlaglichter der Charakteristik und der Handlung,
die zwar oft etwas Unkünstlerisches haben, jedoch noch öfter der
Ausdruck einer tief aufgeregten, genialen Anschauungsart sind.
Er machte die Hauptstadt des britischen Reiches auch zur Haupt=
stadt des britischen Romanes. Er kannte sie — so seltsam der
Vergleich erscheint — wie ein Trödler seinen großen bunten
Kramladen, und Alles, was seiner Beobachtung darin auffiel,
stellte er unter diese Beleuchtung, die auch dem Alltäglichen
einen neuen humorvollen Reiz verlieh. So zeichnete er seine
Genrebilder: jede Figur steckte ihm voll Kuriositäten und er
freute sich so an diesen Eigenschaften, daß er selbst die Schurken
ungern in ihrer rohen Widerwärtigkeit enthüllte, daß er der
verbrecherischen Seele entweder den — wenn auch nur heuch=
lerischen — Schein des Wohlwollens und der Liebenswürdigkeit
gab oder tief aus ihrem Gemüt noch die verdunkelte Lichtspur
des Guten aufblitzen ließ. Das Herz aber wurde ihm weit,
wenn er bei den Guten dieser Erde, die arm, aber innerlich
glücklich durch das Leben gehen, zu Gaste kam, und der ganze
Zauber seiner poetischen Darstellung entfaltete sich, wo ein Kind
sein Held wurde, um den schweren Weg von der Unschuld zur
Erkenntnis zu wandeln. Er haßte den Adel, das Geld, die

Advokaten, er liebte das Volk, die Armut und die Unwissenheit, die nach ihrem Gefühl, nicht nach Rechtskniffen urteilt, und kein Spruch glänzte heller in diesem warmen Dichterherzen, als das Bibelwort: „Selig sind, die da geistig arm sind, denn sie werden Gott schauen!"

Mit Skizzen aus dem Leben der englischen Hauptstadt hatte Dickens seine litterarische Laufbahn begonnen, realistische Bilderchen, deren Wahrheit ein gemütvoller Humor in eine gewisse künstlerische Sphäre hob, die „Pickwickier" sicherten ihm dann seinen europäischen Ruhm, „David Copperfield", „Nicolas Nickleby", „Bleakhouse", „Barnaby Rudge" u. s. w. bedeuteten die Höhepunkte seines Schaffens. Aber seine Romane verleugneten nicht, daß ihr Dichter von der Skizze ausgegangen war; sie waren nur eine Reihe heiterer oder ernster Genrebilder, denen er durch Einfügung sensationeller Ereignisse stärkere tragische oder satirische Lichter aufzusetzen verstand. Unter unsern deutschen Dichtern ist E. T. A. Hoffmann ihm vielleicht am meisten verwandt. Der eine mehr Romantiker als Realist, der andere mehr Realist als Romantiker, ist ihnen beiden doch gemeinsam das sprühende, fast dämonische Naturell, mit welchem E. T. A. Hoffmann mehr die Charaktere, Dickens mehr die Natur erfüllt. Die Art, wie der Engländer landschaftliche Stimmungsbilder entwirft, ist geradezu einzig; die Natur bebt und zittert unter den fieberhaft erregten Nerven seiner Helden, tausend Einzelheiten treten uns lebendig und anschaulich vor das Auge, und in ihnen allen wogt das Temperament des Dichters und färbt sie mit seltsamen Farben. So viel man Dickens auch nachzuahmen gesucht hat, in dieser Kunst blieb er unerreicht, und nur wenn wir zu Spielhagens Romanen greifen, finden wir eine ähnliche Kunst, die seelische Stimmung in den Bildern der Landschaft zu reflektieren.

Man kann es ein Gesetz der Litteraturgeschichte nennen, daß der Einfluß eines dichterischen Charakters am stärksten erst in der Generation nach ihm hervortritt. Die Gegenwart kopiert ihn, aber sie begreift ihn doch nur zur Hälfte. So ist es Walter Scott und nach ihm Dickens in Deutschland ergangen. Die Erwähnung der fremdländischen Meister wie Sue und Dickens war indessen an dieser Stelle notwendig, nicht nur, weil ihre Werke den deutschen Litteraturmarkt beherrschten, sondern weil ihr Vorbild alsbald Nachahmung erweckte, die an Dickens anknüpfend, der deutschen Romanlitteratur zum Segen, in Sues Fußtapfen ihr zum Unheil gereichte.

Der deutsche Schriftsteller, welcher alle fremden Einflüsse hinsichtlich des Stoffes wie der Ideen in seinen Werken abspiegelte, war Alexander von Ungern-Sternberg. In Esthland geboren (22. April 1806) und in Dorpat erzogen, suchte er zunächst nach vollendetem Studium der Rechte (1829) um eine Anstellung im russischen Staatsdienst nach, doch schon im folgenden Jahre ging er nach Deutschland, wo er mit Tieck in Verbindung trat. Später nahm er seinen Aufenthalt in Berlin und wurde 1848 ein tapferes Mitglied der reaktionären legetimistischen Kreuzzeitungspartei. Die letzten Jahre seines Lebens verbrachte er auf einem Gute der Uckermark mit litterarischen Arbeiten († 24. August 1868). Eine vielseitige, begabte Natur, war Sternberg von einer ewigen Ruhelosigkeit und Beweglichkeit. Er wechselte seine litterarischen Vorbilder wie manche Leute ihren Glauben und ihre Götter: heute schrieb er kühle, ironische Reflexionen im Stile von Montaigne, morgen realistische Märchen mit humoristischen Gesellschaftsbildern, in denen die Byronschwärmerei höherer Stände karrikiert wurde, dann wieder historische Romane im ausgeprägten Memoirencharakter, gräßliche Schauergeschichten in Tieckschem Geschmacke und zuletzt soziale Romane mit den neueren französischen und englischen Tendenzen. Den Jungdeutschen gab er in seiner Novelle „Die Zerrissenen" (1832) einen neuen Namen, „Galathee" (1836) war ein Produkt der Zerrissenheit wie Kühnes und Willkomms

Schriften, „Psyche" (1838) ein Ehebruchroman mit George Sandschen Gedanken. Eine Musterkarte aller Stilarten zeigten seine Werke für jede derselben eine gewisse Begabung: er besaß ohne Zweifel Geist, Witz, Phantasie und Gestaltungskraft. Das Bedeutendste leistete er in seinen beiden Romanen „Diana" (1842) und „Paul" (1845); sie sind in der Entwickelung des deutschen Romanes Bindeglieder zwischen dieser und der nächsten Generation, nicht bloß Kopien, sondern sogar von eigenen Ideen erfüllt. „Diana" ist ein Roman in dem sensationellen Charakter der oben gekennzeichneten Verbrecherromane. Die Tochter eines jüdischen Verbrechers, Judith, wird durch Betrug mit einem adligen Kinde vertauscht und als Gräfin erzogen. In die adligen Kreise eingeführt, wird sie die Schwiegertochter eines alten Generals, eines echten „Kreuzzeitungsritters", dessen historisches Modell sogar angedeutet wird. Dieser hat seinen Sohn erschlagen, Judith ist zufällig Zeugin der That gewesen und als ihr eigener Betrug offenbar wird, droht sie, das Verbrechen des Generals der Welt bekannt zu machen, wenn er sich weigern sollte, sie als Braut seines zweiten Sohnes anzuerkennen. Ihr Mann wird später Gesandter in Rom und ein rachsüchtiger früherer Liebhaber, eine Verbrecherfigur, ermordet sie bei einem Feste. Die Zeichnung dieses weiblichen, starkgeistigen Charakters sowohl wie des Generals ist derart, daß trotz der Verbrechen der Verfasser für sie Sympathie erregen wollte. Das ist ihm nicht gelungen, da sein Talent nicht ausreichte, um diese Figuren in das Dämonische zu erheben, und so bleibt nur eine gewisse Verwirrung des sittlichen Urteils als Bodensatz dieser Lektüre zurück. Das Vorbild von Dickens ist im Uebrigen unverkennbar. Auch der Haß gegen die Juristen, der in einer stark aufgetragenen Figur eines Advokaten kraß hervorbricht, gegen das Geld und seine Macht, die Eigenart, wie Typen der Adelsklassen und der untern Bürgerschichten in humoristisch-satirische Beleuchtung gestellt werden, deuten auf den fremden Einfluß. Mit voller Deutlichkeit bezeichnet Sternberg die Hauptstadt Preußens als den Schauplatz der Begebenheiten, es weht echte Berliner Luft in diesem Roman, und das Ballfest im Kolosseum, die wüsten Zechereien der Leutnants sind frisch hingezeichnete Skizzen. Die sensationellen Verwickelungen heben sich in ihrer Unwahrheit doppelt unangenehm von diesen flotten, witzigen Crayonstrichen einer scharfen Beobachtung ab.

Sternberg war Aristokrat und wie die Gräfin Hahn von aristokratischen Anschauungen erfüllt; seine besten Schilderungen und Momentbilder entnahm er aus aristokratischen Kreisen. Er wollte indessen als Reformator des Adels auftreten, freilich nicht im Sinne der Demokartie, die nach dessen Abschaffung rief, sondern nach den Gesichtspunkten eines bestimmten Ideals. In seinem Romane „Paul" entwirft er dieses Ideal. Sue hatte in den „Geheimnissen von Paris" einen jungen Herzog eingeführt, der sich wie Harun Alraschid verkleidete. Eine ähnliche Idee lag dem „Paul" zu Grunde. Sternbergs Held, ein junger Edelmann, will beweisen, daß der Adel nur dann seines Vorranges würdig ist, wenn er auch an den Leiden und Freuden des gemeinen Mannes teilnimmt, ihm das Beispiel der Entsagung und Geduld bietet. Ein armer, schlesischer Weber legt diesen Gedanken in Pauls Herz. „Zeigt mir einen Reichen und Mächtigen heutzutage, der sich seines Reichtumes und seiner Macht freiwillig entäußerte, und, um uns durch die That, nicht durch schöne Worte zu zeigen, daß es etwas Höheres giebt als Gold und Wohlleben, zu uns herniederstiege, mit uns darbte und die Lehre der Geduld, des Gottvertrauens und der Demut, die sich so bequem auf einem Polster predigen läßt, werkthätig unter uns ausübte". Paul will dies Beispiel geben, er entsagt in der That seiner Offiziersstellung, seinem Reichtume, seinem Adel. Zunächst verdingt er sich als Gärtnergehilfe, darauf wird er Kommis in dem Geschäfte eines reichen Handelsmannes, dann Litterat in Leipzig, allein was er überall kennen lernt, ist derselbe Egoismus, dieselbe Gemeinheit. Zurückgestoßen und angewidert kehrt er in seine aristokratische Stellung zurück, übernimmt wieder sein Gut und heiratet. Dieser verworrene Lebenslauf seines Helden giebt dem Dichter reiche Gelegenheit, die gesellschaftlichen Kreise und die Stände zu schildern. Es ist manches vortrefflich darin, vor allem wird das Klubleben der Aristokratie mit viel Witz und Laune in humoristischen Schattenrissen gezeichnet. Nur daß der Held, der auszieht, ein Königreich zu suchen, diesmal nichts als den Esel nach Hause bringt. So borniert wie Paul in seinen aristokratischen Anschauungen war, bleibt er: seine Theorie wurzelt in demselben von ihm so getadelten Egoismus. „Wehe dem Lande, wehe der Regierung", ruft er aus, „die den Adel vernichtet, die dem Kaufmann und dem Advokaten den Platz einräumt, den der Edelmann, und nur der Edelmann, würdig besetzt halten kann". „In Summa: Von allem, was ist, ist der Adel das Beste. Ein dritter Band des Romanes „Paul in der Heimat" schildert in langen Gesprächen die Welt- und Staatsordnung nach dem Ideal dieses Aristokraten. Die katholische Kirche wird wegen ihrer Autorität und ihrer Kirchenzucht gegenüber dem Protestantismus gepriesen; die konstitutionellen Formen der politischen Verfassung werden geschmäht und nicht zuletzt will dieser ideale Edelmann von einem „einigen Deutschland„ nichts wissen: „nur die Geteiltheit des deutschen Ländergebietes verbürge die Tiefe des geistigen Lebens". Die kreuzritterliche Don Quixoterie jener Zeit fand in diesem Paul einen fast typischen Ausdruck. Freilich sparten sich die Junker der Wirklichkeit den unbequemen Weg durchs Volk, um zu solchen Anschauungen zu gelangen.

Nicht uninteressant ist es, diese sozialen Bilder aristokratischer Auffassung durch ihre demokratische Kehrseite zu ergänzen. In demselben Jahre (1845) erschien der Roman „Weiße Sklaven" von E. Willkomm. War es bei Sternberg die Einwirkung

englischer Schriftsteller, die in der Art der Beobachtung und
Darstellung sich nicht verleugnete, so wurde die demokratische
Richtung durch die sozialistische Schule der Franzosen am meisten
angespornt. Der Willkommsche Roman trug den Nebentitel
„Die Leiden des Volkes", aus dem schon seine Tendenz hervor=
leuchtete. Die Gegensätze zwischen gequälten Leibeigenen und
grausamen Gutsherren in der Lausitz, zwischen reichen Fabri=
kanten und hungernden Arbeitern sind in sensationellen Genre=
bildern ausgeführt, die durch ihre Umgehung künstlerischer
Zwecke etwas Beleidigendes haben. Kapital und Arbeit, Adel
und Volk, Tugend und Laster werden hier nach den Rezepten
der Sueschen Sensationsküche verarbeitet. Der Arme ist der
Tugendhafte, der Reiche der Schurke, die Prostituierte die Un=
schuld. Einzelne Kapitel steigern sich ins Gräßliche; das Duell
der beiden Brüder an der Spinnmaschine, die Rache, welche
die Sünderin Bianka an dem Verführer ihrer Schwester nimmt,
sind Situationen, die dem Sue nachempfunden, oder besser nach=
geschrieben sind, da man derartiges schwerlich nachempfinden
kann. Das Mitgefühl für das Volk erhebt hier seinen Ruf
nach der Staatshülfe und mit dem Haß gegen den Adel ver=
bindet sich der Haß gegen die Maschine: sie ist Willkomm das
schnöde Werkzeug des Kapitals, um das menschliche Gefühl bei
Arbeitern und Arbeitgebern herabzuwürdigen. Wahrheit und
Irrtum ringen in diesen Sätzen mit einander. Aus jedem Kapitel
spürt man aber, daß es trotz der forcierten Phrase nicht die
Brust war, welche Willkomm beredt machte, nicht das tiefe
sittliche Gefühl, das wie ein Urquell des Göttlichen den Dichter
ergreifen und mit heiliger Entrüstung erfüllen kann, um der
Anwalt der Armen und Elenden zu sein. Der Sozialismus
war eben Mode in der Belletristik geworden und er erstreckte
seinen Einfluß, wie wir im Spätern sehen werden, auch auf
litterarische Talente, die hoch über Willkomm standen.

5. Wibald Alexis und Sealsfield.
Der historische und der ethnographische Roman.

Im historischen Romane hatte sich, wie wir dargelegt haben, bei Walter Scott die Romantik zu einer neuen Form entwickelt, die mit gesundem Gefühle das wirkliche Leben zu umfassen trachtete. Von der Nachahmung allein ging man in Deutschland jetzt, wenn auch immer noch von seinem Einflusse geleitet, zu einer selbständigeren Entwickelung über. Wenn früher das Mittelalter die größte Anziehung auf die Roman=schriftsteller ausgeübt hatte, so bemächtigte man sich mälig auch der neueren Geschichte, ohne darum der mittleren untreu zu werden. Die Freiheitskriege wurden von dieser Zeit an ein beliebtes Thema der Romandichtung. 1834 erschien L. Rell=stabs Roman: „1812", 1838 Stolles: „1813". Der letztere Schriftsteller schlachtete in wundersamer Produktivität die ganze napoleonische Kriegszeit in Romanen aus: Elba und Waterloo 1838 — der neue Cäsar 1841 — Napoleon in Aegypten 1844 — Boulogne und Austerlitz 1848 — die Granitkolonnen von Marengo 1852. — Alles lesbare Romane, aber das stoffliche Interesse überwog doch bei ihnen. Andere wie Satori (Joh. Neumann) und Ludwig Storch (Hauptwerke: Kunz von Kauffung 1828, die Karuzzen 1826, der Freibeuter 1834, die Beguine 1833, — Ein deutscher Leineweber — ein ganzer Romancyklus 1846—1850) setzten die Traditionen der Romantik in ähnlicher Weise fort wie A. Dumas in Frankreich, freilich ohne das glänzende Fabulierungstalent dieses Romanciers: sie warfen sich auf jeden Stoff der Weltgeschichte, der irgendwie ein hervorragendes Interesse bot, und verarbeiteten die deutsche, englische, französische, italienische Geschichte im romantischen Sinne. Nur das klassische Altertum war für diese fingerfertigen

Fabrikanten eine terra incognita, vor deren Beschreiten man sich hütete. Man empfand den Unterschied zwischen der modernen und antiken Handlungs- und Denkart noch als zu seltsam, als daß man sich getraut hätte, allein aus den Notizen eines geschichtlichen Handbuches einen Roman zurecht zu zimmern. Am besten wurde man mit der Memoirenlitteratur fertig, wie sie namentlich die französische Geschichte bot, und eine ähnliche Behandlungsweise gestattete das deutsche Roccoco des 18. Jahrhunderts, das man jetzt plötzlich entdeckte und in malerischer Weise auszunützen begann. Die bunte Mannigfaltigkeit dieses Zeitalters in seinen Sitten, noch mehr in seinem Gedankenleben zog ein so vielseitiges Talent wie A. v. Sternberg besonders an, und Romane von ihm, wie „Saint Sylvan" 1839 und „Die gelbe Gräfin" 1848 geben ein in Ton und Farbe getreues Bild des eleganten Zeitalters. Hier kam nicht bloß das Memoire, sondern auch die Anekdote zu ihrem Recht, wenn auch jede poetische Wirkung fehlte oder gar nicht beabsichtigt war.

Das glänzendste Talent dieser Epoche auf dem Gebiete des historischen Romans tritt in Wilibald Alexis (A. Häring) hervor. Nennt man die großen deutschen Romanschriftsteller, so darf sein Name nicht fehlen. Er ist es allein, den wir Deutsche zur Vergleichung mit Walter Scott anzuführen haben; in vielem steht er dem großen Schotten nach, aber seine Eigenart wurzelt tief in dem deutschen Empfinden, wenn seine Stoffe auch nur den preußischen, ja eigentlich nur den märkischen Charakter zeigen. Mit glühender Vaterlandsliebe und mit einem weiten historischen Blicke hat sich Alexis in die Vergangenheit seiner Heimat vertieft und das Eigne ist: dieser Märker war kein Kirchturmphilister, kein Lokaldichter. Auch er hielt die Augen immerdar auf das große Ganze, mochte es sich ihm in in den Akten der Vergangenheit auch nur als das zerrissene und zerstückelte liebe deutsche Reich römischer Nation darstellen.

W. Alexis entstammte einer französischen Refugiésfamilie, die ihren französischen Familiennamen Harenc ins Deutsche übersetzte. Zu Breslau 1798 geboren, machte er den Feldzug von 1815 mit und widmete sich darnach erst der juristischen und später ganz der schriftstellerischen Laufbahn. Den Juristen wie den Schriftsteller kennzeichnet die von ihm gemeinsam mit Hitzig herausgegebene, unter dem Namen „Der neue Pitaval" bekannte Sammlung von Kriminalgeschichten. Seine Hauptromane umfassen die Zeit von 1832—56, fallen also wenig über den hier behandelten Hauptabschnitt hinaus. Vor 1832 hatte er einige mit Beifall aufgenommene Romane in Walter Scotts Manier veröffentlicht, denen er keck den Namen des Engländers beilegte. 1832 erschien „Cabanis", 1840 „Der Roland von Berlin" — dazwischen kamen Novellen im jungdeutschen Stil wie „Haus Düsterweg" und andere — 1842 „Der falsche Waldemar", 1846 „Die Hosen des Herrn von Bredow" und der „Wehrwolf", 1852 „Ruhe ist die erste Bürgerpflicht", 1854 „Isegrimm" und 1856 „Dorothee". Die Stärke von Alexis' Darstellungskunst war, kurz und knapp bezeichnet, das historische Genrebild. Seine Romane sind eine Reihe aneinander gefügter Bilder und das Gesetz der epischen Komposition, welches Spannung, Steigerung, Höhepunkt, Umkehr und Katastrophe erfordert, wird nicht oft von ihm in mustergiltiger Weise gewahrt. Er schlägt bisweilen die Fäden so kraus durcheinander, daß man ihnen nicht genau folgen kann. Die Verworrenheit der romantischen und jungdeutschen Komposition hat ihn darin stärker beeinflußt als sein großes Vorbild; es fehlen seinen Romanen nicht die großen poetischen Gedanken, aber sie stellen sich nicht immer rein und klar vor uns dar. Sein Stil leidet an der gleichen Eigentümlichkeit und Unart: er vermeidet geradezu die Einfachheit, nimmt gehäufte Ausdrücke, seltsame Bilder und Vergleiche in sich auf und erstickt die Schlichtheit der natürlichen Darstellung. Wo er im Chronikenstil redet, affektiert er eine Treuherzigkeit,

die doch bisweilen den Eindruck des Gekünstelten nicht vermeidet.
Aber im einzelnen, in der Komposition wie im Stil, ist seine
Wirkung oft von wunderbarer Tiefe, die Situation ebenso
packend und poetisch wie das einzelne Wort. Derselbe Zwiespalt
beherrscht seine Charaktere: manche stehen lebendig und einfach
vor uns und das Herz geht uns auf, sobald dieser und jener
uns wieder begegnet; andere aber zersplittern sich in einzelne
Züge, die, so sehr man sie auch in Gedanken zu einem ein=
heitlichen Bilde zu vereinigen sucht, doch nicht recht zu einem
solchen sich verschmelzen lassen wollen. Und gerade die größten
und eigenartigsten des Dichters leiden am meisten unter diesem
Mangel.

Von der Romantik ging W. Alexis aus und die jungdeutsche
Schule hat sein Schaffen beeinflußt. Man kann namentlich in
seinem ersten großen Roman „Cabanis" (1832) nachweisen, wie
diese Einflüsse sein reiches Talent, die Kraft des Dichters beein=
trächtigt haben. Eine glühende Begeisterung für den großen
Friedrich schlägt uns aus diesem Buche entgegen, nur daß das
Bild des großen Königs in lauter geistreichen, abstrakten
Exkursen gezeigt wird. Wenn er wirklich selbst auftritt, kommt
die Zeichnung nicht über die Anekdote hinaus, welche nur die
launenhafte Marotte, nicht aber die Größe des Preußenkönigs
kennt. Auch der Hauptheld des Buches, Etienne, fesselt uns
am meisten in der Schilderung seiner Knabenzeit: das Berlin
unter dem jungen König Friedrich mit seinen humoristischen
Stadttypen, die gesellschaftlichen Zustände der französischen
Kolonie — wie reizend und anmutig ist das alles geschildert!
Es geht ein Hauch von Dickens Humor durch diese Blätter.
Aber als der Held herangewachsen, wird er ein Anderer: die
frohe Kindlichkeit des Gemüts ist verschwunden, er ist von Stim=
mungen abhängig, unter denen die pessimistischen überwiegen.
Auch sein Leben, bekennt er, ist „ein Zwiespalt, ein Sehnen, Ahnen,
Wollen", ohne daß er recht weiß, wonach. Die jungdeutsche

Zerrissenheit des Charakters prägt sich mehr in ihm aus, als seinem historischen Zeitalter angemessen ist, und auch die weiblichen Figuren, mit denen er in Berührung kommt, die stolze Eugenie und die geistreiche, emanzipierte Amalie muten uns an wie Gestalten aus dem Salon der Rahel, welche man bekanntlich die Mutter des jungen Deutschland genannt hat. Die Erzählung greift andererseits im letzten Bande stark in die Romantik zurück, die Geister aus E. T. A. Hoffmanns Phantasiestücken spuken in einzelnen Kapiteln ohne eine ästhetische Notwendigkeit. Selbst die Figur, nach welcher der Roman benannt ist, der Marquis von Cabanis, ist nicht frei von romantischen Zügen. Dennoch bleibt dieser geschwätzige, stets in Illusionen lebende, gutmütige Phantast einer der originellsten Charaktere unserer Romanlitteratur.

Nicht zuletzt tritt das Soldatenleben des siebenjährigen Krieges in „Cabanis" in anschaulichen Bildern vor unser Auge. Welch' eine prächtige Figur ist z. B. Gottlieb, Etiennes Bruder, der als liederlicher Patron bei den Soldaten zum Spießrutenlaufen verurteilt wird, das Leben eines Marodeurs führt und doch für seinen König seinen Riesenleib opfert. Wer im Heere des großen Fritz keine Zucht, keine Moral, oft nicht einmal ein Vaterland besitzt, hat doch einen König, dem sein Blut und Leben gehört. Noch ein anderes Moment geht in diesem Romane, nicht für die deutsche Litteratur überhaupt, aber doch für die belletristische, zum erstenmal auf: das Auge und die Seele der Landschaft. Alexis hat, ehe er sich dem Romane widmete, Reiseschilderungen geschrieben und an den Schönheiten fremder Länder ist ihm das Verständnis für die Poesie der Heimat geworden. Es ist nicht sein letztes Verdienst, den deutschen Roman auf diese Weise befruchtet zu haben; die ganze fernere Entwickelung desselben sollte noch daran anknüpfen. Er weiß die Stimmung der Landschaft wiederzugeben wie nur ein Genremaler; sie lebt und webt auch in den Menschen selbst; zäh und fest wie die Kiefer ist auch der Sinn des Geschlechts, das auf

dem dürren Boden der Mark sich angesiedelt hat. Mehr als
einmal gebrauchte Alexis selbst diesen Vergleich. Und er zeichnet
in einfachen, kräftigen Strichen das Bild dieses märkischen Landes
unter allen Wechseln der Witterung, er schildert den Reiz der Heide,
des schwarzen Moorlandes, aus Sumpf und Nebel weht es uns
mit trübem Atem an. In Italien erprobte sich bisher der
Landschaftssinn der Deutschen, wo die Farben hell aufleuchten,
gingen ihnen die Augen auf; jetzt sahen sie, daß auch die kärg=
lichste Heimat ihre Schönheiten hatte.

Nicht bloß an der Landschaft, sondern auch an den Werken
der Menschen erwies sich dieses glänzende Schilderungstalent.
So ist in seinem nächsten brandenburgischen Romane: „Der
Roland von Berlin" (1840) die Schilderung des Rathauses der
Städte Kölln und Berlin ein kleines Meisterstück. Der Roman
greift vier Jahrhunderte zurück und behandelt die Aufhebung
der alten Stadtrechte Berlins durch Friedrich den Eisernen.
Alte und neue Welt ringen hier mit einander, das alte mittel=
alterliche Recht der Städte mit dem aufkommenden neuen Rechte
des Landesherrn. In dem Gegensatz des Bürgermeisters Joh.
Rathenow zu dem Kurfürsten findet der Konflikt eine lebendige
Charakteristik. Es ist der feste Glaube des Bürgermeisters, daß
das Recht ewig gelten müsse, das verbrieft und untersiegelt ihm
und den Seinen geworden, und es ist die innerste Ueberzeugung
Friedrichs, daß die allgemeine Wohlfahrt für den Landesherrn
höher stehe als das Recht der Einzelnen. Die Gewalt entscheidet;
die Stadt Berlin muß sich dem Kurfürsten vollkommen unterthan
geben, der steinerne Roland, das Sinnbild ihres Blutbannes,
des höchsten Stadtrechtes wird durch die Gassen geschleift und
in die Spree gestürzt. Damit kommt auch der Hochmut des
Bürgermeisters zu Fall. Er hat seinem Pflegesohne Henning
Mollner, einem frischen, aufgeweckten Berliner Gesellen, die
Hand seiner Tochter verweigert: sie solle sein eigen werden,
wenn der Roland am Brunnen sich von seinem Sitze erhebe und

durch die Gassen schreite. Was er für unmöglich hielt, ist nun in Erfüllung gegangen. Ein tragisches Verhängnis ruht auf diesem biederen Charakter; er hält zu sehr am Recht, um sich in die Zeit und ihre Forderungen schicken zu können. So geht die Zeit über ihn hinweg, seine besten Absichten werden mißverstanden und falsch ausgelegt, er, der edelste Bürger seiner Vaterstadt, erntet den Lohn der Verbannung. Allein auch dem Sieger, dem Kurfürsten ist kein dauerndes Glück beschieden: in jahrelangen Kämpfen mühte er sich ab, dies harte, zähe Volk zu bändigen, matt und krank zieht er zuletzt aus dem Lande, um in seiner Heimat Franken zu sterben.

Achim von Arnim hat das mittelalterliche Städteleben nicht genauer und vor allem nicht farbenreicher schildern können als Alexis in diesem schönen Romane. Das Tagen und Beraten der Geschlechter im Rathause, die Familien=Konflikte dieser Patricier, die Unruhe und der Uebelwille der Gewerke, das Treiben auf den Gassen, die Schwätzereien aus der Barbierstube, mittelalterliche Lustigkeit und Festivitäten, die Schrecken einer Belagerung, alles das ist in köstlichen Genrebildern ausgemalt und spricht oft mit reizendem Humor. Wie steckt in seinem Henning Mollner die ganze Pfiffigkeit und Durchtriebenheit des Berliner Gassenjungen, aber auch dessen Waghalsigkeit, Unerschrockenheit und zähe Treue. Ueber anderen Szenen liegt ein schauerlicher, düsterer Nebelton. Die Brandmarkung der Salome und der roten Hanne am Pranger, ihr Zusammentreffen mit den Raubrittern ist mit unheimlicher Spannung geschildert. Aus dem dürren Stoppelfelde der Chroniken ist hier ein grüner Teppich des Lebens geworden, alles steht mit lebendiger Anschaulichkeit vor uns und lebt sich in glänzenden Stimmungsbildern aus.

Ein ganz außerordentliches Problem stellte sich der Dichter in seinem nächsten Werke: „Der falsche Waldemar" (1842). Es steht dem „Roland von Berlin" in der Frische der Farben,

in dem Reichtume der Einzelheiten nach, aber es ist dichterisch
die schwierigste Aufgabe, welche Alexis gewagt hat. Der Held
des Buches erinnert an Schillers „Demetrius", an der ver=
schiedenen Behandlung der beiden Charaktere mag man nicht
undeutlich den Unterschied von Drama und Roman ermessen.
Das tragische Verhängnis des Demetrius liegt darin, daß er
ein betrogener Betrüger ist, der, nachdem er den Betrug erfahren
hat, doch seine Rolle fortspielt. Damit kommt in sein Innerstes
ein tiefer Bruch, durch den die tragische Katastrophe begründet
wird. Der falsche Waldemar ist hiervon frei. Er wird uns
von vornherein als der echte gezeichnet und als der echte handelt
und benimmt er sich, auch die größten Zweifler an seiner abligen
Geburt werden irre und mit ihnen der Leser selbst, obwohl er
in das Treiben der Eingeweihten sieht und keine Karte des von
Pfaffen und Weibern angesponnenen Intriguenspieles vor ihm
verdeckt bleibt. Erst zum Schluß enthüllt Waldemar sein Ge=
heimnis und nun ist es mit seiner Rolle und mit dem Romane
vorbei, während im „Demetrius" gerade an diesem Punkte die
höchste Spannung eintritt. Der Charakter des Demetrius liegt
in jeder Phase seiner Entwickelung offen vor uns, die Seele
Waldemars bleibt jedoch ein geschlossenes Buch für uns; erst
zuletzt öffnen sich ihre Siegel. Wir sehen in der Exposition
des Romanes die Mark nach dem Aussterben der Askanier den
wilden Einfällen ihrer Feinde preisgegeben, in den Wäldern
macht sich das Stellmeisertum breit, auf den Burgen sitzen die
Ritter, nur darauf bedacht, den Bürgern das Vieh wegzutreiben.
Kein Herr ist im Lande, Unfriede waltet, das gemeine Volk
ist elend und gedrückt. Da raunt das Gerücht durch die Massen,
der alte Markgraf sei nicht tot, er lebe noch und werde kommen,
seine Herrschaft wieder aufzurichten. Wer dies Gerücht auch
in die Welt gesetzt hat, das Volk glaubt daran, denn es braucht
den Herrn, welcher der Zügellosigkeit steuert. Und er erscheint,
eine ehrfurchtgebietende Gestalt, dem alten Markgrafen wunderbar

ähnlich; er kennt alles in der Vergangenheit, selbst die geheimsten Züge von Waldemars Leben, sodaß die Zweifler der Reihe nach verstummen. Das Recht hat einen neuen Herrn, er schlichtet weise und gerecht alle Zwistigkeiten, und vor dem Stuhl des Kaisers, der über seine Echtheit urteilen soll, vernichtet er seinen Gegner, Ludwig von Baiern, mit der furchtbaren Anklage, was unter dessen Herrschaft aus der einst so blühenden Mark geworden sei. Kaiser und Reich erkennen ihn an, nun aber kommen die, welche ihn als ihren Popanz zu gebrauchen gedachten, und fordern ihren Lohn. Er weist ihren Spott über seine angebliche Echtheit ebenso zurück wie ihre Ansprüche. Obwohl ein Müllerknecht, spürt er doch in sich den Geist des alten Markgrafen, der wie durch Seelenwanderung auf ihn übergegangen: er fühlt sich als echt, denn der Himmel war auf seinem Wege und das Volk glaubt an ihn. Dieses Bewußtsein ist ihm der Beweis seiner höheren Sendung, seiner Berufung. In diesem mystischen Bewußtsein, nicht unähnlich dem Gottglauben der Jungfrau von Orleans, überhebt er sich: er meint, der Sieg müsse bei ihm sein, er prophezeit, und der Ausgang macht seine Prophezeiung zu Schanden. Er wird geschlagen und muß sich seinem Gegner unterwerfen. Rätselhaft und seltsam erscheint ein solcher Charakter und gerade darauf beruht seine epische Wirkung. Freilich die Art, wie Alexis das Gegenspiel der intriguierenden Partei, der Gräfin von Nordheim und der Geistlichkeit, im Anfange zu stark hervorhebt, beeinträchtigt die Wirkung; anderseits ist die Umkehr, die Ueberhebung in dem Markgrafen zu matt charakterisiert. Die Darstellung bewegt sich hier in etwas flüchtigen Zügen und vor allem ist der mystische Untergrund des Charakters in seinem entscheidenden Stadium nicht kräftig genug entwickelt: gerade am Ende empfindet man die Kluft, welche den Müller Jakob Rehbock von dem gottberufenen Pilger scheidet, am tiefsten.

Wieder ein Jahrhundert vorwärts geht der Dichter in den

„Hofen des Herrn v. Bredow" und deren Fortsetzung, dem „Wehrwolf" (1846). Das erste Werk ist ein Muster des geschichtlich-humoristischen Romans, in unserer ganzen Litteratur stellt sich ihm nichts ähnliches an die Seite. Kurfürst Joachim herrscht in der Mark und Ritter Götz auf seiner Burg Hohenziatz, die uns in ungemein anziehender Weise bis in jedes Gemach, in jedes Winkelchen hinein geschildert wird. Der reinliche Bezirk mittelalterlicher Hausfrauentüchtigkeit umfängt uns und wunderbare, humoristische Streiflichter fallen auf dies anheimelnde Leben. Der gestrenge Herr von Hohenziatz ist ein biederer Ritter, ein furchtbarer Esser und Trinker, nicht zuletzt aber ein Feind von neuen Hosen. Die dicken, aus Elenshaut gegerbten Beinkleider, die er trägt, sind berühmt im ganzen Lande, er legt sie nie ab und sein Weib Brigitte kann sie nur heimlich waschen, wenn der Ritter acht Tage lang einen Rausch ausschläft. In allen Figuren steckt eine prächtige Gesundheit: was ist Brigitte für eine tüchtige, verständige redegewandte Hausfrau, wie anmutig schalkhaft ihre Tochter, die nicht umsonst den Namen Eva trägt, und wie schüchtern und unbeholfen benimmt sich Hans Jürgen, ihr Anbeter, der doch kein Dummkopf ist. An den Hosen aber hängt eine große Geschichte. Die Junker verschwören sich wider den Kurfürsten, und nur dadurch, daß man ihm die Hosen fortnimmt, wird Götz von der Verschwörung fern gehalten. Sie bringen sein Alibi an den Tag, nachdem Hans Jürgen den Kurfürsten gerettet hat; schon hatte der biedere Ritter sich in seiner Gefangenschaft beschwatzen lassen, etwas einzugestehen, was er nie begangen hat. Es sind prächtige Genrebilder: die Frau v. Bredow auf der Wäsche oder beim Reinmachen auf der Burg, in welcher Arbeit sie vom Kurfürsten überrascht wird, das stellmeisende Junkertum, Ritter Götz und Evchen, Bilder, die den Stift des Zeichners herausfordern und an denen die deutsche Illustrationskunst, die an so vielem modernen Schund ihre Mühe vergeudet, immer

noch achtlos vorübergegangen ist. Der historische Hintergrund
ist das Verhängnis Joachims zu seinem Adel. Vom besten
Willen erfüllt, sein Volk und Land glücklich zu machen, erntet
der Kurfürst Enttäuschung auf Enttäuschung. Sein Adel lauert
ihm auf, sein Günstling Wilkin v. Lindenberg ist hinter seinem
Rücken ein gemeiner Wegelagerer, und seine Strenge reizt nur,
anstatt Gehorsam zu erwecken. Das Charakterbild des Kurfürsten
wird im „Wehrwolf" (1846) noch weiter ausgesponnen. Allein
auch hier muß man sagen, was von allen entwickelteren Cha=
rakteren des Dichters gilt: die einzelnen Züge sind höchst fein
und originell, zu dem Schein eines einheitlichen Wesens wollen
sie nicht recht zusammenfließen. Der Charakter Joachims geht
in das Problematische: seine edelsten Absichten haben die ent=
gegengesetzte Wirkung, ihm, welcher der Beste sein könnte, ent=
fremden sich die Besten. Was er in diesem Augenblicke beschließen
will, schlägt im nächsten ins Gegenteil um. Fein wird motiviert,
warum er der Reformation feindlich gegenübersteht: daß ein
Mönch solche Gedanken auszusprechen wagt, die ihm vielleicht
selbst in der eigenen Seele lagen, macht den Kurfürsten zu
Luthers Gegner. Er, der der hellste Kopf seiner Zeit ist, hängt
dem finstersten Aberglauben an und läßt sich von Astrologen und
Pfaffen betrügen. So wird er von allen verlassen, auch von
seiner Gemahlin, die der neuen Lehre zugethan ist. „Sein
Herz war nicht bei seinem Volke", sagt der Dichter, aber auch
das Herz des Dichters war nicht ganz bei diesem Charakter.
Der Glaube an Wehrwölfe wird in dem Romane feinsinnig
symbolisiert: der Wehrwolf ist der Geist der Unruhe, der im
Lande umgeht. Auch hier erzeugte der poetische Humor des
Dichters einige köstliche Figuren und Episoden. Hans Jürgen
hat als Schwiegersohn des Ritters Götz die ledernen Hosen
geerbt, die ihm nun zum Fluche werden, und der lange Raub=
ritter Hake von Stülpe treibt mit den Mönchen und dem Ablaß=
händler Tetzel allerlei Ungebühr, weicht aber achtungsvoll mit

seinen Spießgesellen vor der Energie der alten Hausfrau von Hohenziatz zurück.

Der Dichter, der so warm den mittelalterlichen Ruhm der preußischen Residenz verkündete, war doch kein blinder Homer: er sah auch die Tage der Schmach und der Niedertracht in ihrer Vergangenheit und entwarf ihre ernsten und düsteren Bilder in dem Roman „Ruhe ist die erste Bürgerpflicht" (1852). Wir stehen hier in der unglücklichen Zeit vor und nach der Schlacht von Jena. Der Titel ist jenes unselige Schlagwort am Ende der Proklamation des Staatsministers Schulenburg-Kehnert, in welcher der Berliner Bürgerschaft Preußens Niederlage, der Anbruch einer schweren Zeit verkündet wurde. Die Verhältnisse des preußischen Staates und der Berliner Gesellschaft sind prächtig geschildert: es sind lauter Porträts, die an uns vorüberziehen, und die geistige Atmosphäre, welche sie umgiebt, ist erfüllt von den Miasmen jener philosophischen Fäulnis, welche in Frankreich eben erst überwunden war. Die höheren Kreise sind in ihren Typen frivol, ungläubig, betrügerisch und doch noch voll jener weltbürgerlichen Empfindsamkeit, die das Erbe des 18. Jahrhunderts darstellt, die Militärs übermütig, herausfordernd, liederliche Prahlhänse, die den Bürger von oben herab behandeln, die Beamten zum Teil zweideutige Charaktere, die nur an ihren Vorteil denken und der Bestechlichkeit zugänglich sind. Es ist eine geistreichelnde, verweichlichte Generation, die sich im Spiegel der Dichtung zeigt: nur einzelne Figuren treten markig und charaktervoll aus dieser moralischen Versumpfung hervor, vor allem der Freiherr v. Stein, der mit harten Worten gegen die Krankheit der Zeit wettert. In solcher Zeit der allgemeinen Fäulnis wanken die Besten und der Same des Verbrechens keimt in Naturen, die gesellschaftlich und ihrer Bildung nach mehr moralischen Mut und sittliche Ueberlegung entwickeln könnten als die ihren rohen Trieben folgenden Naturen. Nicht ohne Absicht weist der Dichter darauf hin, daß es das

Zeitalter der Romantik sei, wo alle sittlichen Begriffe in Fluß geraten sind. Ein Geist wie Louis Bovillard, genial und fascinierend beanlagt, verkommt und ergiebt sich den niedrigsten Ausschweifungen. Die Tugend einer Adelheit Alltag vermag sich kaum aus den listigen Verfolgungen von Kupplern und liederlichen Anbetern zu retten. Eine der Hauptfiguren, die Geheimrätin Ursimus, ist eine Giftmischerin, die ihren gut= mütigen, nur seinen Büchern lebenden Mann umbringt — eine Gestalt, die wohl in die Zeit der Schlacht von Jena paßt, noch besser aber in die Litteratur des Verbrechertumes, die im vorigen Abschnitte gekennzeichnet wurde. Neben der Geheimrätin schleichen noch andere sittlich verdorbene Charakter durch die Handlung wie der Legationsrat Wandel, der unter der Maske des geist= reichen Diplomaten im Anfange den Schurken vortrefflich ver= birgt. Nur die Familie Alltag in ihrer schlichten Bürgerlichkeit gewinnt das Herz; hier kommt der wahre Kern des preußischen Staates zum Vorschein, der die Befreiungskämpfe geführt und die siegreichen Schlachten einer späteren Zeit geschlagen hat. In der Sündflut, die mit der Schlacht von Jena über diese Welt hereinbricht, gehen die faulen und kranken Elemente zu Grunde und schon ein glücklicheres Loos fügt es, wenn ihnen wie dem jungen Bovillard der Tod für das Vaterland gegönnt ist. Leider ist die Katastrophe die schwächste Seite des Romanes, dem trotz aller Einzelbilder voll trefflicher Details, trotz seiner geistreichen Mannigfaltigkeit in den Charakteren wie in dem Gefüge der Handlung doch ein großer, gewaltiger Zug fehlt, jener Schwung von Vaterlandsliebe und Entrüstung, welcher wie ein Blitz die stärksten Empfindungen unserer Seele entzündet.

Etwas kraus und verwirrt ist auch die Erzählung im „Ise= grimm" (1856), der Fortsetzung von „Ruhe ist die erste Bürger= pflicht". Wenn dieser letztere Berlin zum Schauplatz hat, so „Isegrimm" das flache Land. Alexis Kunst der landschaftlichen Stimmungsmalerei feiert in diesem Romane einige ihrer größten

Triumphe und zugleich führt er den märkischen Bauern in die Litteratur ein. Der Roman gehört in der letzteren Hinsicht bereits zu einer anderen Epoche, die wir im nächsten Kapitel zu charakterisieren haben. Alexis hat den märkischen Landmann in seiner nüchternen Ruhe und Bedächtigkeit, in der Enge seines geistigen Gesichtskreises, aber auch in der ruhigen Entschlossenheit seines Charakters, wenn die Not ihn treibt, mit staunenerregender Naturwahrheit zu zeichnen verstanden: wie klar, faßlich und packend ist der Dichter, wenn er mit derartigen einfachen Charakteren zu thun hat, während seine gebildeteren und hochstehenden nie die geistreiche Laune jungdeutscher Zerrissenheit verleugnen können. Und ebenso vortrefflich gezeichnet ist sein „Isegrimm", dieses Modell eines rechtschaffenen Junkers, der alle mit Verachtung zu behandeln scheint nnd den doch das strengste Rechtlichkeitsgefühl leitet. Die Franzosenwirtschaft, die Abenteuerlichkeit und Windbeutelei der fremdländischen Offiziere ist nicht ohne Humor dargestellt, der auf dem ernsten Gemälde sich wohlthuend abhebt. Ein von würdiger freiheitlicher Gesinnung zeugender Ausblick auf die „Demokratenzeit" schließt den Roman.

Noch ein größeres Werk aus der märkischen Geschichte, „Dorothea" (1856), hat Alexis geschrieben. Es spielte am Hofe des großen Kurfürsten und steht den erwähnten Leistungen nach. Dann verhinderten Erblindung und Krankheit den Dichter, weiter zu schaffen. Fast ein vergessener Mann ist er 1870 gestorben. In seiner schönsten Wirkungszeit kam er nicht zu der Anerkennung, die er verdiente, denn er schrieb „märkische Geschichten" getreu nach der historischen Wahrheit, und das Publikum las lieber die Romane des A. Dumas, in denen von Wahrheit und Geschichte das Gegenteil zu finden war. Auch nach seinem Tode ist er — trotz der Volksausgabe seiner Werke — nicht zu der Beliebtheit gelangt, die er verdient. Die Schwächen seiner Werke stoßen diesen und jenen mehr ab, als seine Vorzüge ihn anziehen. Und doch war er das glänzendste Talent dieser unseligen Reaktionsepoche: die Fehler seiner Kompositionen, die Ueberladenheit seines Stiles, was sind sie anders als der Tribut, welchen auch diese große Dichterkraft ihrer Zeit zollen mußte, die aller Einfachheit und Klarheit mit so seltsamer Abneigung aus dem Wege zu gehen suchte.

In W. Alexis' historischen Romanen findet man, ausgenommen im „Isegrimm", wenige Beziehungen auf die Verhältnisse seiner Zeit, es sei denn die Begeisterung für seine heimatliche Geschichte und sein Glaube an den Beruf und die Zukunft des preußischen Staates. Weit energischer legte ein anderer Dichter, was sein Herz über die Wirren des Jahrhunderts empfand, in seine Romandichtungen. Heinrich König (geboren 1790 in Fulda, gestorben 1869) nahm lebhaften Anteil an dem politischen Leben seiner Heimat; freiheitlich gesinnt, trat der hessische Finanzsekretär mit voller Entschiedenheit auch gegen den katholischen Klerus auf, was ihn in mancherlei Händel verwickelte, sodaß er sogar vom Bischofe exkommuniziert wurde. Seine litterarische Entwickelung beruhte auf dem Losringen aus den Fesseln des romantisch-historischen Romanes zu einer freieren Anschauung der geschichtlichen Wirklichkeit. In der „hohen Braut" (1832), einem Stoffe aus der französisch-italienischen Revolutionszeit folgte er noch Walter Scott und anderen Mustern; die Tendenz war Aussöhnung zwischen Adel und Bürgertum auf der Grundlage edler Menschlichkeit. „Die Waldenser" (1836) gingen in das Mittelalter zurück und bekundeten die freireligiöse Anschauung des katholischen Dichters, der das Pfaffentum haßte. „Dichten und Trachten" (1839), später unter dem Titel „William Shakespeare" (1850), bereicherte das Genre der Litteraturromane um ein Werk von origineller Auffassung. Tieck hatte in seiner Novelle nicht so sehr das Leben als den Charakter der Poesie des englischen Dichters behandelt; König suchte den Charakter des Dichters selbst aus seiner Poesie, namentlich aus „Romeo und Julie", zu ergründen. Aber die Ausführung entsprach nicht den Intentionen: eine seltsame Unruhe geht durch den Roman, Shakespeare selbst erscheint als eine zu empfindsame Werther=Natur, die von einer unglücklichen Neigung gebrochen wird. Dem Roman wurde nur der Erfolg, daß auch andere Dichter zu belletristischen Zwecken mißbraucht wurden. Nicht ohne Glück waren ihm, wie hier bemerkt sei, in diesem Genre H. Kurz „Schillers Heimatjahre" (1843) und O. Müller: „Bürger" (1844) vorangegangen.

Sein bestes Werk schuf H. König in den „Klubbisten von Mainz" (1847). Die Zeit der Handlung im Roman ist ungefähr dieselbe wie in der „hohen Braut", aber er spielt auf deutschem Boden. Lokalkolorit, Temperament und Eigenart der rheinländischen Bevölkerung sind leicht und glücklich gezeichnet. Das Treiben der Emigranten am kurfürstlichen Hofe, die jesuitischen Intriguen, der Charakter des Kurfürsten selbst, das stürmische Revolutionsjahr in der alten Bischofsstadt, das Klubunwesen, die französische Besetzung der Stadt, dies bunte Gemälde wird lebendig und anziehend, oft mit einem drastischen Humor, der in den Volkstypen besonders hell auflacht und vor keinem derben Wort zurückscheut, vor unseren Augen entrollt. Umgekehrt wie in der „hohen Braut" ist es hier ein Adliger, der eine Bürgerstochter heimführt. Zunächst wider Willen ein Werkzeug in der Hand einer jesuitischen Partei — König bevorzugt solche blinden Glückshelden — macht der Held sich frei und erhebt sich zu einer selbständigen freiheitlichen Anschauung, die der Umgang mit Georg Forster, dem bekannten Gelehrten, in ihm stärkt. Die Porträts des Naturforschers, seiner Gattin Therese und ihres Freundes Huber sind sehr anziehend entworfen — König hat später in „Haus und Welt" noch eine Lebensgeschichte des Gelehrten und glühenden Freiheitsschwärmers geschrieben. Mit köstlicher Satire malt er die Typen der Klubbisten aus und über die uniformierten Sendboten der Revolution, die nach Mainz kommen, giebt er mit rückhaltlosem Freimut das mehr als drastische Urteil des Volkes wieder. Wie in Alexis erhebt sich auch in ihm die Seherstimme des Dichters, die des Vaterlandes Herrlichkeit verkündet: „In unserer allgewohnten submissen Stellung", läßt er seinen Liebling Forster sagen, „in der dankbaren Verneigung für das Lob unserer Treue wissen wir nur noch nicht, wie groß wir an Geist und Herzen sind; ständen wir einmal auf, stracks in unserem vollen Wuchse, wir würden alle — ich sage nicht deutschen Throne, sondern europäischen Völker überragen".

Königs letzter großer Roman „König Jeromes Karneval" (1855) gab ein Bild von den Zuständen eines Königreiches, das auf der Landkarte von Europa nur wenige Jahre verzeichnet war. Das Franzosentum in Deutschland, wie es Alexis im „Isegrimm" fast gleichzeitig behandelte, bot auch hier den Stoff, aber wenn bei Alexis der Junker und der Bauer, das Gutsbesitzerhaus und das Dorf Helden und Schauplatz der Erzählung sind, so geht König in die Stadt und an den Hof. Die Herrlichkeit des gutmütigen und sinnlichen Königs „Morgen wieder lustik" in Kassel, die Polizeiwirtschaft und das Spionentum der Franzosen, das Verhältnis gebildeter, patriotischer Männer zu dem neuen Regiment, in einer Fülle von Skizzen und Typen werden uns diese Gegensätze geschildert. Die Wirkung bei Alexis ist jedoch eine weit tiefere, weil er mehr die epische Stimmung beherrscht, seine Charaktere uns energischer packen. König schreibt förmlich aus Memoiren seinen Roman; wir begegnen den bedeutendsten Männern in Kassel und am Hofe, deren Ansichten, Meinungen und Tendenzen sich sehr breit und gelehrt aussprechen, während die Handlung nur in langsamen Schritten vorwärts rückt und jedes größeren Schwunges entbehrt. Der Vergleich des Regimentes Jeromes in Westfalen mit dem Rausch und Maskenlärm des Karnevals ist jedoch in anmutiger Weise durchgeführt. Auch der freiheitliche Sinn des

Dichters, die aus seiner ganzen Darstellung hervorblickende Einsicht, daß der richtige Idealismus nicht darin bestehe, die wirklichen Dinge der Welt zu umträumen, sondern sie ernsthaft ins Auge zu fassen, können als Vorzüge gelten.

Als der Dritte im Bunde gesellte sich Alexis und König der Westfale Levin Schücking zu, dessen erste Romane in diesen Zusammenhang gehören. Schücking, der Sohn eines westfälischen Amtmannes (6. Sept. 1814 geboren), nicht zuletzt in der Litteraturgeschichte bekannt durch seine Beziehungen zu Westfalens Dichterin Annette von Droste-Hülshoff, ging wie viele andere vom Jus ganz zur Litteratur über. Den stimmungsvollen Prolog seiner litterarischen Arbeiten bildete die Vollendung des von Freiligrath kaum begonnenen Werkes „Das malerische und romantische Westfalen" (1839—41). Schücking war ein anmutiges Fabulierungstalent, als Dichter von romantischen Einflüssen nicht frei, als Mann wie Heinrich König, obgleich Katholik, doch der freidenkerischen Richtung zugethan, und wie dieser voll warmer Begeisterung für die freiheitliche Entwickelung und die nationale Einheit unseres Vaterlandes. Seine Phantasie spann gar mancherlei Fäden in einem Romane zusammen, halb nach der Art Walter Scotts, halb nach der von Alexander Dumas Père, und wenn er dem ersteren nicht an Größe gleich kam, so erreichte er doch den letzteren fast an Erfindungsgabe und Fruchtbarkeit. Für unseren Geschmack ist die Art, wie er in diesen ersten Werken die Handlung aufbaut, nicht mehr klar und künstlerisch, da er seine Figuren viel zu sehr hin- und herschiebt, und doch muß die Handlung allein durch Ueberraschungen der Erfindung ihre Wirkung ausüben. Schückings Talent, Charaktere zu gestalten, war nicht bedeutend und er stand in dieser Hinsicht sowohl Alexis wie H. König bei weitem nach. In den „Ritterbürtigen" (1846), entwarf er ein Bild aus der Gegenwart seiner westfälischen Heimat. Alle Themata der bewegten Zeit klingen in diesem Buche an, nament-

lich die Adelsfrage, und mit scharfer Satire und oft glücklichem
Humor, in einem lebendigen, eleganten Stil geißelte der Dichter
den Hochmut, die Arroganz und die Unbildung der westfälischen
Junkerkreise. Vor allem aber war der landschaftliche Charakter
glücklich getroffen. Schücking liebte seine Heimat und hatte sich
mit ihren Eigentümlichkeiten vertraut gemacht: wie Alexis auf
seinem märkischen, König auf seinem rheinischen, stand er fest
auf seinem westfälischen Boden, dessen Erdhauch auch durch seine
Schilderungen weht. In den Romanen „Ein Sohn des Volkes"
(1849) und „Der Bauernfürst" (1851) ging er in die geschicht=
liche Vergangenheit seiner Heimat zurück und entwarf an=
sprechende Bilder des westfälischen Bauernlebens, die sich freilich
mit Immermanns „Oberhof" nicht vergleichen können. Diese
Epoche bezeichnete für Schücking nur den Ausgangspunkt seines
dichterischen Schaffens, mit Vorliebe blieb er jedoch auch in
seinen späteren Schöpfungen der Heimat treu und sein an=
mutiges Erzählungstalent hat eine Fülle von Stoffen der
deutschen Lesewelt geboten, ohne daß der Dichter es zu einer
höheren künstlerischen Leistung gebracht hat. Ein warmes
Gemüt, ein edler freidenkender Sinn sind ihm bis zu seinem
Tode (31. August 1883) eigen gewesen.

Bei Alexis und Schücking sehen wir, wie die Landschaft
zum ersten Male ihre Eigenheit im deutschen Romane merkbar
macht. Die Fremde hatte die Dichter gelehrt, den Reiz der
Heimat zu empfinden. Auch dieser Zug ist dem litterarischen
Leben Deutschlands in jener Zeit wesentlich, daß sich nicht bloß
die Geister begegnen, sondern auch die Menschen. Das Welt=
bürgertum des 18. Jahrhunderts gründete sich allein auf das
Bewußtsein geistiger Verwandtschaft, dann kam der große Kos=
mopolit des 19. Jahrhunderts, Napoleon, und mischte die Völker
durcheinander. Auf den Heerstraßen, wo seine Soldaten einst
marschiert, zogen nun anfangs der dreißiger Jahre die Feuille=
tonisten und Litteraten, die berühmten Reisenden nach der Art

des Fürsten Pückler-Muskau, die alles sahen, alles kannten und über alles ihre Glossen machten. Unmerklich wurden jedoch aus den geistreichen Köpfen ruhige Beobachter, die nicht bloß blasiert spöttelten, sondern einsahen, daß jeder Ort der Erde seine besonderen Bedingungen für die menschliche Existenz habe. Dazu gesellte sich der plötzliche Umschwung der Verkehrsverhältnisse. Im Anfange dieses Zeitabschnittes rasselte noch die Postkutsche von Station zu Station und Heinrich Laube mit seinen „Reisenovellen" (1834—37) konnte sich wegen seiner Manier den Leibkutscher Heines schelten lassen, im Jahre 1848 tönt der Pfiff der Lokomotive bereits schrill wie das erste Signal einer neuen Zeit durch Europa. Der Drang in die Ferne, der die Gemüter erfüllte, war nur ein anderes Symptom ihrer Unzufriedenheit mit der Gegenwart. Der romantischen Gespenster war man überdrüssig geworden, nachdem man mit Heine über sie gelacht hatte, auch das Publikum der Lesewelt wollte das Wirkliche, freilich nicht so, wie es sich ihm darstellte, sondern in einer anderen, fesselnden und interessanten Form. Wie man im sozialen Roman sich besondere Gesellschaftsgesetze und geniale Naturen konstruierte, für welche die ersteren paßten, oder auch die Nachtseiten des menschlichen Lebens in romantischer Weise sich ausmalte, so mußte nun der Reiseroman sich seine besondere Welt aufsuchen. Fenimore Cooper hatte in Deutschland die Indianer Nordamerikas populär gemacht, Scotts Romane schilderten schottische Sitten und Eigentümlichkeiten, bei beiden ging für uns Deutsche der geschichtliche Roman bereits in den ethnographischen über. Das neue „Land der blauen Blume" aber hieß Amerika, da der weltbürgerliche Geist dieser Epoche sich auf das engste verwandt mit jenen Gesinnungen fühlte, die jenseits des Oceans aufgesprossen waren und Freiheit und Demokratie hießen. Vor allem wurde die Phantasie gefesselt von den glänzenden Bildern, wie sie von dieser neuen Welt die Werke eines deutschen Schriftstellers entrollten, dessen geistige Physiognomie bei allen fremden Zügen, die sie in sich aufgenommen, doch den Deutschen nicht ganz verleugnet. Die litterarische Bewegung dieses Zeitalters ist auch der Untergrund für die so originelle Erscheinung eines Charles Sealsfield, und mit allen seinen Empfindungen wurzelt der Dichter, der aus fremdem Lande zurückkam, in dem Geistesleben seiner Zeit.

Charles Sealsfield, mit seinem wirklichen Namen Karl Postel, hat in einer Reihe von Romanen das große Land des Westens, seine ethnographischen, sozialen und politischen Zustände mit einer glänzenden Darstellungsgabe geschildert, wie es kein deutscher Autor nach ihm vermocht hat. Der „große Unbekannte", der erst in seinem Testamente das Geheimnis seiner Autorschaft enthüllte, war am 3. März 1793 zu Poppitz bei Znaim in Mähren geboren und starb am 26. Mai 1864 auf seinem Gute „Ueber den Tannen" bei Solothurn. Sein Lebenslauf war fast so abenteuerlich wie einer seiner Romane. Ein Jesuitenzögling entfloh er aus dem Stift des Kreuzherrenordens zu Prag 1822 nach Amerika, wo er nach einem vorübergehenden Aufenthalt in Deutschland und England ein Jahrzehnt in verschiedenen Berufsstellungen, u. a. auch als Redakteur lebte, bis er 1832 nach der Schweiz übersiedelte und dort seinen dauernden Aufenthalt nahm. Sein erster Roman erschien bereits zu Beginn dieses Zeitabschnittes (1832) und führte den seltsamen Titel: „Der Legitime und der Republikaner". Daran schlossen sich 1834 „Transatlantische Reiseskizzen", 1835 der Roman: „Der Virey und die Aristokraten", 1835—37 die „Lebensbilder aus beiden Hemisphären", 1838—42 „Deutsch=amerikanische Wahlverwandtschaften", 1841 „Das Kajütenbuch" und 1842-43 „Süden und Norden". Innerhalb zehn Jahren hat er so eine stattliche Reihe von Bänden geschrieben. Was das Publikum zunächst an seinen Werken entzückte oder geradezu verblüffte, war die außerordentliche Kunst der Naturschilderung. Sealsfield kannte die verschiedenen Länder der neuen Welt, die er zum Schauplatz seiner Erzählungen wählte, aus eigener Anschauung, sein Sinn war geweckt für den Reiz der Naturschönheit durch die großen Kontraste, welche die Länder der neuen Welt bieten. Das Charakteristische war ihm die Hauptsache, auch wenn es häßlich erschien, und in den jungfräulichen Strichen der neuen Welt, in ihrer Natur sowohl wie in ihrer Bevölkerung gab es mehr als einen unschönen Zug. Mit erstaunlicher Kunst weiß der Dichter z. B. in dem „Virey und die Aristokraten" das groteske mexikanische Bergland zu schildern, fast mit einem philosophischen Geiste, der die Geschichte und deren Charaktere in Einklang bringt mit ihrer Umgebung. Das Squatterleben in den Hinterwäldern, die Landschaften des Susquehannah und Mississippi und vor allem den Zauber der Prärie hat er, das Letztere im „Kajütenbuch" mit unvergleichlicher Kunst, in Bildern ausgemalt, deren poetische Kraft und Anschaulichkeit in unserer poetischen Litteratur nicht oft zu finden ist.

Wie jene Länder wimmeln auch seine Bücher von Charakteren aller Nationen; „Internationale Charakteristiken", so bezeichnete er selbst eins seiner Werke. Das Völkergemisch der neuen Welt: der Engländer, Ire, Franzose, Deutsche, Spanier, Creole und Neger, die ganze Musterkarte von Nationalitäten lärmt in seinen Romanen, jeder spricht in seiner Redeweise oder einem Kauderwälsch, welches der Verfasser sehr glücklich wiedergiebt. Sealsfields Sprache ist kein schönes Deutsch, es ist ein amerikanisches, eigentlich ein internationales Deutsch, das mit Fremdwörtern aller Sprachen, besonders des Englischen gespickt ist. Sein erstes Werk erschien zunächst in englischer Sprache und wurde dann ins Deutsche übersetzt, die übrigen behauptete er von vornherein deutsch geschrieben zu haben. In stilistischer Hinsicht ein Nachtheil, erwies dieses Mischmasch sich für die Charakteristik als ein Vorzug. Es war ihm ein Hilfsmittel, um die Eigenart jenes besonderen Charakters zu treffen, welchen

er allen andern eben genannten Volkstypen geradezu als ein
Ideal gegenüberstellt. Der Amerikaner ragt bei Sealsfield um
Haupteslänge ob allen Völkern der Erde. Der Engländer ist
in seinen Werken ein egoistischer, hartherziger Krämer, der
Franzose leichtlebig und phantastisch, obwohl Sealfield sehr viel
Sympathien für ihn empfindet, — den Iren zeichnet er als einen
lustigen Lumpen, den Spanier als eine falsche und grausame
Bestie, den Creolen als feig und gemein, den Deutschen als
schmutzig nnd geizig — der Amerikaner allein ist ein großer
Mann. Was sind das für Gestalten, diese Hinterwälbler!
„Da stand er, der Bauer, Lederwamms, Republikaner, Hinter=
wälbler, Holzhauer, der mir nichts, dir nichts gegen die spanische
Regierung das Schild erhebt, ihre Truppen schlägt, sich gegen
ihren Gouverneur im Kriegszustande befindet, sich mit Hunderten
seiner Landsleute in einem feindlich=fremden Lande festsetzt, und
das alles so ruhig, so gemächlich, so ganz sans façon, als wenn
er einen Nachbar=Hinterwälbler durchgebläut, den Rechtstitel
dazu in seiner Faust und Tasche führte. Dieser praktische Sinn,
Lebensweisheit sollte ich sagen, und wieder Ignoranz, dieses
Zartgefühl und Fühllosigkeit, diese Simplizität und Verschlagen=
heit, Starrheit und Geschmeidigkeit, sie derangierten uns". So
lautet bespielsweise die Charakteristik Nathans, des Squatter=
Regulators in den „Lebensbildern aus der westlichen Hemisphäre".
Aus ähnlichen Widersprüchen webt Sealsfield gern seine Figuren
und sie sind nicht nur vollkommen lebenswahr, sie spiegeln that=
sächlich die eigentümliche Mischkultur Nordamerikas wieder.
Man hat von Bret Harte gesagt, er entdecke in der Verbrecher=
seele noch den goldenen Faden, der sie an eine höhere Welt
knüpft. Eine solche Verbrecherfigur schildert auch Sealsfield im
„Kajütenbuch", ja er gründet auf sie sogar eine originelle Theorie
seines originellen Friedensrichters. Diese Naturen sind ge=
wissermaßen der Dünger einer besseren Zukunft des Staates.
Der Mörder sühnt seine Schuld, indem er sein Leben für die

Sache der Unabhängigkeit Texas' auf das Spiel setzt; er schafft nur Raum für die, welche besser sind als er. Sealsfield verherrlicht den amerikanischen Geist, den Sinn für die Unabhängigkeit des Eigentums und der Person, das Bewußtsein des Größten und Edelsten unter diesem Volke, daß er nichts sei ohne die Masse und daß er sich daher dieser Masse zu beugen habe. Das Hohelied demokratischer Freiheit und Macht klingt in allen Tonarten aus seinen Werken; man begreift, wie sie in Deutschland die „amerikanische Krankheit" d. h. die Sehnsucht nach dem jungfräulichen Freiheitslande fördern mußten.

Einige Ausnahmen gestattete sich der Dichter indessen doch von seiner Regel. In seinem ersten Romane: „Der Legitime und der Republikaner" z. B. ist der Held ein Indianerhäuptling, der alte Miko. Cooper hatte seine indianischen Helden ins Ideale gemalt, Sealsfield schilderte sie realistischer, wenn er auf sie auch mit Wehmut wie auf ein untergegangenes Heldengeschlecht blickte. „Unter anderen Verhältnissen", bekennt er von dem Miko, „in einer zivilisierteren Sphäre würde er ein Held, ein Wohlthäter von Tausenden geworden sein". Er geht zu Grunde, weil seine Naturkraft der Berührung mit den Weißen widerstrebt. Der Roman ist auch darum merkwürdig, weil er zeigt, wie sehr selbst Chateaubriand mit seiner „Atala" auf Sealsfield eingewirkt hat, obwohl der Dichter die Uebertreibungen des Franzosen hart tadelte. Ein elegischer Zug erfüllt das Buch, dessen Indianerszenen höchst anschaulich geschrieben sind. Gegenüber den Yankees und Hinterwäldlern ist indessen der alte starrsinnige Miko mit seiner Einbildung auf sein dauerndes Recht ganz Aristokrat, und diese Vorliebe für aristokratische Persönlichkeiten, die so seltsam den demokratischen Anschauungen Sealsfields widerspricht, bekundet auch „Der Virey und die Aristokraten". Der Schauplatz ist hier Mexiko im Anfange unseres Jahrhunderts, der Held gehört zu der höchsten eingeborenen Adelsklasse des Landes; als ein glühender Patriot haßt er die spanische

Herrschaft und doch hält er zu ihr, weil er die Interessen der Aristokraten nicht an die Masse der untersten Klasse, der Indianer, ausliefern möchte. Die ganze Sympathie des Autors ist bei dieser Figur, während er die übrigen Edeln nicht drastisch genug als eine Schar flacher Dummköpfe hinstellen kann. Der Geburtsadel besitzt in den Augen des Dichters seinen festen Wert, verhaßt ist ihm dagegen der Kauf- oder Briefadel, die Aristokratie des Goldes, die er in „Morton oder die große Tour" geradezu mit dämonischen Farben brandmarkt.

Es ist nicht unsere Aufgabe, diesen Widerspruch zu erklären, der in dem eigentümlichen Lebenslaufe des Dichters seine Lösung finden mag. Nur die Kunst seines Vortrages sei noch mit einem Wort gestreift. Sealsfield baut seine einzelnen Szenen höchst dramatisch; es ist Leben und Bewegung in seiner Erzählung, aber beides unterdrückt oft die Klarheit der Komposition. Nur mühsam hält man oft die Fäden fest, die sich zu verwirren drohen. Es ist Größe in seiner Schilderung, allein es ist nur die Größe der Skizze. Der Dichter wirft seine Skizzen, man möchte sagen, im Fresko-Stil hin, ohne daß er nach der Harmonie des Ganzen trachtet, manchmal bricht er geradezu die Erzählung dort ab, wo es ihm paßt. Trotzdem war sein Vorbild für unsere belletristische Litteratur ein außerordentliches und wenn er nicht auf die Massen wirkte, weil seine Romane zu sehr von Reflexionen durchsetzt waren, so wirkte er doch auf die Besten. Er erhob in einer Zeit, die nach mehr als einer Richtung in Gefahr war, ihre Naturempfindung zu verlieren, von neuem das Bild der großen Göttin des Lebens in ihrer kräftigen Schönheit: man sah sie bei ihm noch in der Ferne, aber man spürte doch ihren großen Atemzug. Die Zeit war gekommen, wo man im eigenen Lande die Hinterwäldler entdekte und wo mit dem neubelebten Naturgefühle auch ein gesunderer Geist der Freiheit erwachte.

Dritter Abschnitt.
Neue volkstümliche Richtungen (1848—1870).

1. Dorf und Stadt.

In unserer politischen Geschichte bedeutet das Jahr 1848 einen großen Einschnitt, einen mächtigen Meilenzeiger, an welchem der Historiker gern Halt macht, um sich über das Vorwärts und das Rückwärts Rechenschaft abzulegen. Auch die litterargeschichtliche Betrachtung wird sich mit Recht hier besinnen, alte Fäden fallen lassen und nach den neuen suchen, die nun am Webstuhle der Zeit gesponnen werden, und siehe da, die neuen Elemente sind schon lange vorhanden. Der Blick entdeckt plötzlich ein weites Blütenfeld, das über Nacht aufgegangen zu sein schien, und doch sind Frühling und Herbst, Herbst und Frühling gekommen, ehe diese Saat aufgekeimt ist. Als die revolutionären Bewegungen in Nord- und Süddeutschland gescheitert waren und die Tendenzen der bisherigen litterarischen Jugend die Probe auf das Exempel nicht bestanden hatten, vereinigte sich das deutsche Volk wieder zu der Lektüre der Dorf- und Bauerngeschichte, die ihm erzählen konnte, wie viel gesunde Kraft in seinen zersplitterten, zwiespältigen Stämmen noch steckte. Auch die Dorfgeschichte entsproß dem unruhigen, träumerischen Zeitalter von 1830—1848; jetzt nach den Tagen der Revolution wurde sie eine litterarische Macht von bestimmendem Einflusse. Es schien, als wollte die Litteratur sich für immer in den festen und bestimmten Gegensatz von Dorf und Stadt scheiden. Die Thatsache ist zu merkwürdig und die Behauptung, die Mode habe diesen Gegensatz veranlaßt, zu oberflächlich, als daß man sie ohne weitere Erwägungen hinnehmen sollte. Was sich hier ausbildete, war nichts Geringeres als ein neuer Begriff des alten Gegensatzes von Natur und Kultur.

Das 18. Jahrhundert faßte die Kultur gleichbedeutend mit der Bildung auf, der geistigen wie der gesellschaftlichen. Sie war ihm ein Zwang, und dieser Zwang um so stärker, je mehr der Mensch sich von dem Naturzustande entfernte. Die Natur dagegen war Auflösung der Sitte, innere und äußere Freiheit. Die Kultur hatte Laster und Verbrechen in die Welt gesetzt, weil der Mensch nicht mehr seinen Trieben und Instinkten folgen durfte. „Alles ist gut, wie es aus den Händen des Schöpfers hervorgeht", war Rousseaus berühmtes Verdammungsurteil der Kultur, „alles entartet in den Händen der Menschen". Die Natur war diesem schwärmerischen Geschlechte ein Ideal geworden, eine Göttin, die das Paradies auf Erden eröffnete: Freiheit und Unschuld lautete die Inschrift an den Pforten dieses Paradieses. So entflieht Werther den Kreisen der städtischen Gesellschaft, um sich ungestört inmitten „homerischer Zustände" seinen Gedanken zu überlassen. Die Natur ist die Idylle, in welcher Wolf und Schaf friedlich zusammen weiden; sie birgt das Glück und den Frieden, nach welchem die Menschen in der Kultur vergebens hasten und jagen. Zwei unschuldige Kinder, unter einem Palmenblatte wandelnd in einer tropischen, farbenprächtigen Gegend, schwärmerische Liebe zu einander im Herzen, wie Paul und Virginie in Bernardin de St. Pierres Idylle, und dazu die Moral, „daß unser Glück einzig und allein auf einem natur= und tugendgemäßen Wandel beruht" — das war es, was die damalige Lesewelt bezauberte und entzückte und ihr den höchsten Begriff der Natur bedeutete.

Um die Mitte unseres Jahrhunderts vertauschen diese Begriffe Natur und Kultur — es ist nicht zu viel gesagt — geradezu ihren früheren Inhalt. Die Epoche von 1830—48 war diejenige des erwachenden Wirklichkeitssinnes. Der Roman stellte sich in die Welt der Wirklichkeit mitten hinein zwischen ihre Bedürfnisse und Forderungen, die Schriftsteller und Dichter suchten auf Erden, wo sie ihre Ideen verwirklicht fänden, die Naturwissenschaften verließen sich bald nicht mehr auf die dialektischen Wanderungen der Hegelschen „Idee", um den Geheimnissen der Natur auf den Grund zu kommen, sondern allein auf Auge und Ohr und auf exakte Apparate. Mächtiger aber als das stille Arbeiten in der Gelehrtenstube und im Laboratorium wirkte der augenscheinliche Triumph dieser neuen Wissenschaft, das eiserne Dampfroß, das mit keuchendem Atemzuge plötzlich die idyllischen Fluren durcheilte. Mit der Macht des Dampfes als fortbewegender Kraft beginnt zweifellos eine neue Epoche der Menschheit wie einst mit der Erfindung der Buchdruckerkunst. Die Umgestaltung des Verkehrs durch die Eisenbahnen verändert die ökonomischen Verhältnisse in immer stärkerem Maße, und mit den ökonomischen auch die litterarischen. Diese eisernen Räder tragen einen Triumphwagen, auf welchem der Mensch jetzt ein zweites Mal die Erde sich unterwirft; siegreich zieht er über sie hin und überall öffnet unter dem eisernen Banne der Schoß der Natur ihm neue Quellen oder läßt die alten, zurückgehaltenen Schätze zum Allgemeingut werden. Mit dem neuen Verkehrsbetriebe entwickelt sich auch die Reiselust, mit der Reiselust die Beobachtungsgabe und der Sinn für die äußere Gestaltung der Wirklichkeit. Wie der Natur, so treten die Menschen sich gegenseitig näher, und je näher sie einander kommen, desto stärker empfinden sie, was sie gemeinsam haben und was sie trennt.

Wäre es ein Zufall, daß in dem Zeitalter, wo die Lokomotive ihren Siegeszug auch in Deutschland antritt, das Genre der Dorfgeschichte sich ausbilden mußte, so wäre es ein bedeutungsvoller. Aber nähere und engere Beziehungen zwischen Dorf und Stadt konnten sich erst entwickeln durch die Fortschritte der ökonomischen Technik, und erst durch gegenseitige allgemeinere Berührung wurde man sich seines Gegensatzes bewußt und sich gegenseitig interessant. Wie im 18. Jahrhundert die Idylle, so stellt im 19. die Dorfgeschichte das Verhältnis von Kultur und Natur, wie es allgemein empfunden wurde, in das rechte Licht. Die Kultur im Sinne der Bildung ist aber jetzt das Reich der Freiheit und Willkür geworden und der Wirklichkeitssinn entdeckt in dem unschuldigen ländlichen Dörflerleben die fruchtbare Macht der Sitte und des Herkommens. Im „Münchhausen" hatte Immermann zum erstenmale Dorf und Stadt in satirischen Vergleich gestellt: wie jenes beschränkt und gebunden durch Brauch und Sitte gesunde Charaktere erzeugt, während diese durch die schrankenlose Subjektivität ihrer Bildung nur dem Geist der Lüge und Phantasterei gehört. Die Bildung charakterisierte sich nun als das Allgemein-Menschliche, die Natur dagegen als das Besondere und Charakteristische, jene war in Gefahr, an sich selbst zu Grunde zu gehen, indem sie sich in sittliche Willkür verlor, diese trug in den Umständen ihres besonderen Lebens auch die Gewähr eines kräftigen und dauerhaften Daseins.

Ehe sie in allgemeine Aufnahme kam, besaß die Dorfgeschichte bereits eine litterargeschichtliche Vergangenheit. Ihre Anfänge lagen in Walter Scotts Bauerngestalten, eine stärkere Ausprägung bekam sie jedoch erst durch gewisse pädagogische Tendenzen. Ohne witzig sein zu wollen, kann man sagen, daß der Schulmeister an der Entwickelung dieses Naturkindes eifrig geholfen hat. Die Dorfgeschichte erfuhr damit das Schicksal ihrer Vorgängerin, der Idylle; man denke nur, wie Defoes „Robinson Crusoe" pädagogisch ausgebeutet worden ist. Zunächst wollte man in der Dorfgeschichte dem Bauern eine Lektüre geben, die erziehend und bildend auf ihn einwirken könnte, und in diesem Sinne sind Pestalozzis „Lienhard und Gertrud" und Zschokkes „Goldmacherdorf" entstanden. Auf ihren Spuren wandelte Jeremias Gotthelf, dessen zahlreiche Schriften (der Bauernspiegel 1836, Uli der Knecht 1841. Uli der Pächter 1849. Käthi, die Großmutter 1848 u. s. w.) sich genau an das Verständnis und die Sinnesart des Bauern wandten. Albert Bitzius, wie sein wahrer Name lautet, eines schweizerischen Pfarrers Sohn, der selbst wieder Pfarrer wurde, (geboren 4. Oktober 1797 zu Wurten, gestorben 22. Oktober 1854) gilt als einer der besten Volksschriftsteller. Die ethischen Tendenzen standen seiner etwas orthodoxen Sinnesart höher als die dichterischen; immerhin verleiht sein drastischer Humor seinen ländlichen Figuren den Ausdruck überraschender Natürlichkeit. Freilich oft ist es mehr das Behagen des Landmannes als des Schriftstellers, was uns aus seinen derbgezeichneten, wirtschaftlichen Bildern anspricht, und mit der Satire des beschränkten Bauern, dem städtisches Wesen unleidlich ist, sieht er in jedem Städter einen aufgeblasenen Windbeutel, wenn nicht gar einen „gottlosen Aufgeklärten". Feindlich treten sich hier Dorf und Stadt gegenüber; wenn der Autor jedoch einen seiner Helden recht loben will, so borgt er für seine sonst so kräftig durch den Dialekt gesättigte und belebte Sprache einen Ausdruck städtischer Leihbibliothekromanfabrikanten und findet in den Gesichtern seiner Schönen genau dasselbe „unbeschreibliche Etwas", durch welches die Moderomanheldinnen sich interessant machten. Während er von seinen Kuhmägden und Mistknechten mit wenigen Strichen ein geradezu plastisches Porträt entwirft, wird er manieriert und unnatürlich, ja unfreiwillig komisch, wenn er sich auf die pathetische Seite legt und eine seiner Heldinnen dann etwa wie folgt schildert: „Wie eine glühende Siegesgöttin stand es (Brenali) da mit dem Scheite in der Hand oder wie ein Engel mit flammendem Schwerte vor dem Paradiese der Unschuld und rief dem fliehenden, blutenden Baumwollenhändler nach: „Weißt du jetzt wie ein Bauerweitschi akkordiert und mit was es den Akkord unterschreibt, du keibelige Unflath". —

Ohne der Bedeutung Gotthelfs nahe zu treten, läßt sich doch behaupten, daß er nie die Dorfgeschichte zu einer allgemeinen Beliebtheit gebracht hätte. Er wollte das Volk unterhalten und vor allem es bessern. Eine andere Richtung trachtete nicht danach, das Volk, sondern die Gebildeten durch die Bauern= geschichte zu bessern. Es war, wie bereits erwähnt, Karl Immer= manns „Oberhof", der diesen Gesichtspunkt mit Nachdruck geltend machte. Inmitten von beiden stand die Romantik; sie die Pathin von so vielem Großen und Schönen war auch die Pathin der poetischen Dorfgeschichte. Brentanos „Geschichte vom schönen Annerl und braven Kasperl" (1818) brachte die Poesie des Bauerngemütes, seine stille, beschränkte Gläubigkeit, sein felsen= festes Zutrauen und die nimmer müde Geduld der Seele zur Offenbarung. Die Gestalt der alten Bäuerin in dieser grausigen, von romantischen Zügen durchsetzten kleinen Erzählung gehört in ihrer rührenden Einfalt und Einfachheit zu dem Schönsten, was die Romantik uns zum Erbe gelassen hat. Auch in ihrer Form wirkte diese Erzählung auf die Auerbachsche Dorfgeschichte ein. Mit dem Namen Auerbach aber ist alles, was Dorf= geschichte heißt, untrennbar verbunden, weil alle ihre Züge, Feinheiten und Tenzenden in diesem Namen sich vereinigen. Die Schulmeister und die Moralisten, die Romantiker und die Poeten, die Satiriker nnd Pessimisten, wer auch nur über Bauern und Bauernart geschrieben, in der Physiognomie des großen Schwarzwälder Dichters findet sich der Anklang ihres Wesens, und der Beisatz Jean Paulscher Ueberschwänglichkeit bei dem Dichter mahnt obenein an die Verwandtschaft der neuen Dorfgeschichte mit der alten Idylle.

Berthold Auerbach wurde in dem Dorfe Nordstetten im Schwarzwalde 1812 geboren. Er war ein Jude von Geburt

und sollte Rabbiner werden; da ihm die Theologie jedoch nicht
zusagte, widmete er sich auf der Universität Tübingen erst dem
Jus und dann der Philosophie. Sein freiheitlicher Sinn
zog dem jungen Studenten eine mehrmonatliche Festungsstrafe
auf dem Hohenasperg infolge des Frankfurter Aufstandes zu,
der bekanntlich an allen geahndet werden sollte, die damals Mütze
und Band mit den deutschen Farben getragen hatten. Die litterarische Bewegung des jungen Deutschlands wirkte auf ihn ein;
er widmete ihr seine Erstlingsschrift: „Das Judentum und die
neueste Litteratur" (1836). Frühzeitig waren ihm der Brauch
der Religion, die Sitte und das Herkommen in der Familie
als etwas Ehrwürdiges und Zwingendes vor das Auge getreten.
Wie das bäuerliche bewegt sich ja auch das jüdische, orthodoxe
Leben in festen Formen, gegen die zu verstoßen von dem Einzelnen
schwer empfunden und von der Gesamtheit schwer geahndet wird.
Der junge Dichter, der in beiden Kreisen, in bäuerischen und
jüdischen, aufwuchs, stand also doppelt unter jener zwingenden
Macht, welche die Väter auf die Nachgeborenen ausüben. Vom
Judentum ging auch Auerbachs litterarisches Schaffen aus; seine
ersten Romane „Spinoza" (1837) und „Dichter und Kaufmann"
(1839) gaben gleichsam die Grundrisse seines späteren Schaffens.
Sie flossen in jene litterarische Bewegung hinein, die im Namen
der Menschheit Duldung und Emanzipation für die Unglücklichen
des Jahrhunderts forderte. Mit seinem Realismus ist in diesen
Büchern das jüdische Leben geschildert, anschauliche Datails
reihen sich aneinander; sonderbare Charaktere stellen sich in
Widerspruch mit den Anforderungen der Familie und der Gemeinde, sie unterliegen oder retten sich in eine höhere Welt des
Geistes, die sie für das entschädigt, was die Erde sie verlieren
läßt. Wenn die Erziehung dafür gesorgt hatte, dem Dichter
Achtung vor dem Kleinen, ja Kleinlichen und Unvernünftigen
der Sitte einzuflößen, weil sie ein festgegründeter Familienbesitz,
so gewann er durch die Philosophie Spinozas des jüdischen

Weisen die nötigen Gesichtspunkte, um das Würdige zu schätzen und das Verächtliche in seinem Grunde zu verstehen. Ihm erweiterte auch das Unbedeutende sich durch den symbolischen Sinn, den er ihm beilegte, zum Ewigen. Auerbach erinnerte in dieser Hinsicht wohl an Goethe, aber seinem dichterischen Naturell standen Jean Paul und die Romantiker nicht ferner. Mit den letzteren war ihm das Streben eigen, durch die Poesie auf das Volk und durch das Volk auf die Poesie zu wirken. Auch Auerbach näherte sich freilich mit den bestimmten Voraussetzungen seiner Bildung dem Schwarzwälder Volksleben, aber seine Jugend, seine Erinnerungen und seine Hoffnungen wurzelten in diesem Volksleben und mit treuem Auge fing er die fröhlichen und ernsten Typen und Bilder desselben auf, um sie in einer schlichten und warmen Sprache, die den Mundatem des Volkes selbst bekundete, wiederzugeben. Mitunter freilich wuchs ihm die Ehrfurcht vor dem Volkstümlichen zur Begeisterung, und der einfache Berichterstatter wurde wohl auch zum Jean Paulschen Idyllen-Maler, der seine Gestalten auf eine feurige Wolke setzte und zum Staunen des Lesers sie anbetend weit in das All hinaustrug.

Auerbachs erste Dorfgeschichten (1843): der Tolpatsch, die Kriegspfeife, des Schloßbauers Wefele, Befehlerles u. s. w. sind nicht viel mehr als Anekdoten und Bilder aus dem Schwarzwälder Bauernleben, treuherzig und mit jenem gesättigten Humor im Ton, welcher dem Bauernverstand eine gewisse Ueberlegenheit giebt. In allen diesen Skizzen klingt und singt es mit volkstümlichen Weisen, in welchen die Stimmung sich lyrisch erweitert. Einen tieferen Konflikt erfaßte der Dichter in „Ivo der Heierle", der Geschichte eines Bauernsohnes, der erst Pfarrer werden will, es jedoch nicht über das Herz bringt und dadurch in Zwiespalt mit sich und seiner Familie gerät. Der Schauplatz der Geschichten ist das Dorf Nordstetten, jenseits desselben liegt — Amerika; zwischen dieser großen und jener kleinen

Welt gehen Briefe hin und her und walten verwandtschaftliche Beziehungen. In die Abgeschlossenheit des Waldes bringt jedoch schon der Rauch der Eisenbahn; hart neben den eisernen Geleisen siedelt sich in den „Sträflingen" das stille Liebesglück der Waisenkinder der Gesellschaft an.

Wie Immermann sah auch Auerbach in dem Bauernblute das große Universalmittel gegen die Schäden der Bildung, und es mußte ihn darum reizen, auch diesen Gegensatz zwischen Zivilisation und Ursprünglichkeit zu schildern. Er that es im „Lauterbacher" und in der „Frau Professorin". Dort kommt ein Schulmeister mit seinen Griechen und Römern zu den Bauern unter innerm Seufzen, seine ideale Welt aufgeben zu müssen, und entdeckt zu seiner Beschämung und Ueberraschung in dem ungebildeten Bauernschlage einen köstlichen Gemütsschatz. Hier ist es der Kollaborator oder „Kohlebrater", dessen spinozistische Weisheit gleichsam eine abstrakte Liebe zu der Natur, die durch jeden Einzelfall neue Nahrung erhält, und die Erfüllung seines Ideals ist das treuherzige Naturkind, das Lorle. In der letzteren Novelle erhob der Dichter den Gegensatz zwischen der Ursprünglichkeit des bäuerlichen Naturells und der gesellschaftlichen Bildung zu einem tragischen Konflikt. Es liegt zwischen dem Lorle und dem Maler Reinhard eine tiefe Kluft: der Einen verleihen Abstammung und schlichte Naturgewohnheit Festigkeit und Stärke des Charakters, der Andere zerfasert seinen Geist und sein Gemüt in den zersetzenden Einflüssen des gesellschaftlichen Lebens. Sie finden beide, reich begabt und veranlagt, nicht den Punkt, in dem sie zusammenstimmen.

„Nicht die Sittlichkeit regiert die Welt, sondern eine verhärtete Form derselben: die Sitte. Wie die Welt nun einmal geworden ist, verzeiht sie eher eine Verletzung der Sittlichkeit als eine Verletzung der Sitte. Aller Kampf, der sich im großen wie im kleinen, im allgemeinen wie im einzelnen abspielt, dreht sich darum, den Widerspruch dieser beiden wieder aufzuheben und die erstarrte Form der Sitte wieder für die innere Sittlichkeit flüssig zu machen, das Geprägte nach seinem inneren Wertgehalte neu zu bestimmen". Dieser schöne Ausspruch Auerbachs ist das Thema einer ganzen Anzahl seiner Novellen. Die Empörung aus Sittlichkeit wider die Sitte, die Empörung wider die Sittlichkeit der Sitte wegen erzeugen die Kämpfe, in denen der Einzelne hier wie dort entweder siegen oder zu Grunde gehen muß. In „Lucifer" (1847) ist es der religiöse Geist, der sich wider die Sitte erhebt, gegen die Sitte der Religion selbst. Die Novelle ist mit einer ungewöhnlichen Wärme geschrieben: Luzian unterliegt im Kampfe gegen den Pfarrer, weil er nicht mehr ist als „ein gemeiner Soldat und dazu noch ein wilder, unbändiger". Aber es klingt durch die Erzählung seiner Seelenkämpfe etwas wie die Ueberzeugung des Dichters, daß der zukünftige Reformator aus diesem festen Eichenholz seines Luzian geschnitzt sein müsse.

„Diethelm von Buchenberg" ist fünf Jahre später entstanden (1852). Die einfache Erzählung erhebt sich schon zu einer kunstgerechteren Form: es ist eine der schönsten Novellen des Schwarzwälder Dichters, in Form und Inhalt diejenige, welche den realistischen Charakter am strengsten durchführt. Die Handlung ist ziemlich einfach, ihr Mittelpunkt der stolze Bauer, der, um nicht Reichtum und Ansehen zu verlieren, sein Haus anzündet, Verbrechen über Verbrechen begeht, bis die Stimme des Gewissens ihn zwingt, sich freiwillig als schuldig zu bekennen, nachdem er die schlauesten Richter zu täuschen gewußt hat. Mit bewunderungswürdiger Kunst wird in der Novelle entwickelt, wie der Gedanke des Verbrechens in der Seele Diethelms keimt, wie er ihm immer wieder durch die Außenwelt entgegen getragen wird, so daß er zuletzt eine dämonische Gewalt über seinen Charakter gewinnt und er ihn ohne bringende Notwendigkeit ausführen muß. Schon in dieser Novelle macht der Dichter von kleinen symbolischen Zügen Gebrauch, die seine späteren Arbeiten immer stärker durchdringen.

Wie Diethelm von Buchenberg ist der „Lehnhold" (1854) ein gewaltthätiger Charakter. Der Starrsinn des Bauern, sein Gut nicht unter den Kindern teilen zu wollen, schafft Zwist und Zwietracht in der Familie: der Bruder tötet zuletzt den Bruder. Die Sitte und der Rechtsgedanke stehen im Widerspruch mit einander: die Sitte, welche die Teilung des Erbgutes verwirft, und das Recht des Erben, welches sie fordert. Man kann die kleine Novelle geradezu einen Beitrag zu der agrarpolitischen Frage nennen. Idyllischer sind Ton und Handlung in „Joseph im Schnee" (1860), wo der landschaftlich stimmungsvoll geschilderten Verirrung im Walde eine Verwirrung der Herzen zur Seite geht. Die Novelle ist hübsch und spannungsvoll entwickelt, mit einem tiefen Grundgedanken, dennoch steht sie hinter „Edelweiß" (1864) zurück. „Edelweiß" ist die Geschichte eines Ehepaares, das nicht für einander geschaffen ist. Lenz ist eine edle, unpraktische, träumerische Natur, ein Stück Künstler, sein Weib Annele dagegen lebhaft, geschäftig, schwatzhaft und selbstsüchtig bis zur Rücksichtslosigkeit. Ein „Edelweiß" hat Lenz von seiner verstorbenen Mutter als Symbol seines Glückes empfangen und seiner Braut am Hochzeitstage geschenkt: Annele wirft diese Gabe bei einem Familienkonflikt einfach zum Fenster hinaus. Wie dann aber die Stimme der Erkenntnis in ihr sich rührt, als sie beide von der Lawine verschüttet werden, wie unter der kalten Schneedecke ein edleres Pflänzchen in ihrem Herzen selbst aufgeht, ist fein und psychologisch wahr geschildert, und das Ergrauen ihres Haares unter den Schrecken der Todesnacht wird von dem Dichter ebenso zart symbolisch gedeutet.

In diesen letzten Novellen treten die weiblichen Charaktere stärker hervor als in den ersten. Goethes Einfluß auf Auerbachs Frauengestalten ist unverkennbar. Im „Barfüßele" (1857) klingt deutlich das Motiv von „Hermann und Dorothea" durch, nur hat der feste, gesunde Zug des Goetheschen Epos sich leider bei Auerbach in eine gewisse Weichheit und Sucht zu spintisieren aufgelöst. Der Ton der Erzählung gleicht dem einer alten Volksballade: wie die beiden Liebenden auf dem Schimmel, Volkslieder singend, durch die mondhelle Nacht reiten, ist eins der schönsten Stimmungsbilder des Dichters. In dem Charakter des Barfüßele selbst rührt weniger die Ursprünglichkeit des Empfindens, als die des Denkens; sie gleicht einer kleinen Sibylle mit ihrer Kunst, Rätsel zu raten und aufzugeben, mit ihren sonderbaren Fragen und Ansichten, die von einer talmudistischen Tiftelei nicht frei sind. Dennoch umgiebt ihre zierliche, nacktfüßige Gestalt ein goldener Schimmer von Anmut, wie er den Hirtenmädchen im Märchen eigen, die nachher von Königssöhnen geheiratet werden. Den Maßstab realistischer Naturwahrheit darf man freilich nicht an sie legen.

Wir brechen hier unsere Charakteristik der Auerbachschen Schöpfungen ab, um sie an anderer Stelle fortzusetzen, und wenden uns dem Einfluß zu, den sie in der litterarischen Welt hervorriefen. Mit begeisterter Teilnahme wurden schon die ersten Bände am Ende der 40er Jahre aufgenommen und Freiligrath konnte den Dichter mit einem schwungvollen Gedicht begrüßen. Hier war jungfräuliche Erde entdeckt worden, auf welcher das poetische Saatkorn noch hundertfache Frucht abgeben sollte. Natur und Gemüt, Kraft und Frische schienen aus diesen einfachen Geschichten in wunderbarer Harmonie hervorzusprudeln. Die freiheitliche, warme Gesinnung, welche der Dichter in seinem Busen trug, lebte zudem auch in den Gestalten seiner Dichtungen, und ganz anders litten und duldeten diese Kraftnaturen unter dem Zwiespalt ihrer Empfindungen und Gedanken als die mimosen= und molluskenartigen Seelen der jungdeutschen Schule. Jetzt waren es die derben und ungeschlachten Bauerngestalten, welche den Parnaß stürmten und die zügellosen Genialitätssüchtlinge vertrieben. Mit dem Wortschwall und den Dunstwolken unverstandener und unausgedachter Ideen war es vorbei, man wollte Leben und Charaktere, und als dann das Jahr 1848 die freiheitlichen Hoffnungen des deutschen Volkes nicht erfüllte und die dumpfe Stimmung der Resignation in die Gemüter sich einschlich, beherrschte diese Neigung geradezu das litterarische Interesse. Es war etwas wie die Einkehr der Nation in ihr eigenes Selbst, ein Besinnen auf die eigenen Kräfte, die noch unverwertet in ihr schlummerten, was die Dorfgeschichte zu einer solchen Bedeutung erhob. Auch die Kultur- und Nationalgeschichte, nicht nur die Aesthetik, hat Anlaß, ihr dankbar zu sein.

Ein Heer von Nachahmern und Nachbetern folgte auf einmal den Spuren des Schwarzwälder Dichters. So verschieden an Talent sie selbst waren, so klein das Gebiet, welches die Dorfgeschichte bot, ein Vorzug war allen diesen Schriftstellern gegeben: sie schilderten nichts anderes, als was sie kannten und was ihnen selbst in gewisser Hinsicht eigentümlich war. Die Heimat wurde für sie der Schauplatz ihrer Erfindungen, und wo sich vielleicht die Poesie verleugnete, blieb immer noch als ein Edles die Liebe zu dem Geschlechte, in dessen Mitte sie selbst aufgewachsen waren. Wie die Erzählung einen gesunden Erdgeruch, den Hauch und Duft des Bodens, auf dem sie spielte, so gewannen die Charaktere ein kerniges, kräftiges Heimatsgefühl. Die Schriftsteller der vergangenen Periode waren meistens in großen Städten geboren; die nun kamen und das litterarische Interesse auf sich lenkten, standen den großen Kulturströmungen nicht fern, waren in den Inhalt derselben nicht weniger eingeweiht als ihr Vorgänger, aber sie fühlten sich durch eine geistige Nabelschnur mit den niederen Ständen verbunden und konnten aus der Stimmung, wenn nicht aus der Seele des Volkes heraus seine Hoffnungen, seine Leiden und Wünsche, die ganze Welt seines Gemütes in ihren Schöpfungen schildern. Hier erwuchs auch die Reaktion gegen die unwahre und übertriebene Sensationslitteratur des französischen Sozialismus.

Die Dorfgeschichte war so eins der fruchtbarsten Elemente in der gesamten litterarischen Entwickelung unseres Jahrhunderts, vielleicht weniger durch ihre Schöpfungen selbst, als durch die Art, wie sie auf die anderen epischen Dichtungsarten eingewirkt hat. Sie hat, wie wir sehen werden, den Roman beeinflußt, vor allem aber knüpft an sie ein neuer Aufschwung der Novelle. Auerbach selbst entwickelte sich aus dem einfachen Skizzenschreiber zu einem feinsinnigen Novellisten; aus der Dorfgeschichte entstand die Landschaftsnovelle und die Landschaftsnovelle wirkte ihrerseits auf den Landschaftsroman.

Für den Litterarhistoriker, nicht zuletzt auch für den Kulturgeschichtsschreiber des kommenden Jahrhunderts wird es eine nicht uninteressante Aufgabe sein, einmal nachzuweisen, wie eine jede unserer schönen deutschen Landschaften in der Dorfgeschichte ihre poetische Beleuchtung gefunden hat. Uns kann hier nur obliegen, aus der großen Fülle dieser Litteratur die bedeutsamsten Erscheinungen dieses Zeitraumes kurz zu berühren. Fast gleichzeitig mit den ersten Dorfgeschichten Auerbachs waren die Bilder und Erzählungen „Aus dem Böhmerwald" (1842) von Joseph Rank (1816—1896) erschienen. Rank, eines Bauern Sohn, hatte eine ähnliche Entwickelung durchgemacht wie Auerbach, aber er stand ihm an poetischem Können ebenso weit nach wie an künstlerischem Geschmack. In seinen ausgedehnteren Erzählungen waltete eine Planlosigkeit der Komposition, die das Interesse ermüdete, so frisch und natürlich einzelnes sich auch ausnahm. Einen bedeutend tieferen Eindruck erzielte Ranks Landsmann, Leopold Kompert (1822—1886) mit seinen Ghetto=Geschichten (Aus dem Ghetto 1878 — Böhmische Juden 1851 — Geschichten einer Gasse 1865), die das eigenartige jüdische Kleinleben Böhmens in realistischer und zugleich gemütvoller Weise zu schildern wußten.

Otto Ludwig (1813—65). — Die Heiterethei 1854.

Auch das große Talent Otto Ludwigs ist zweifellos durch Auerbach angeregt worden, als er jene beiden Erzählungen: "Die Heiterethei" (1854) und "Zwischen Himmel und Erde" (1856) herausgab, die zu unserem schönsten epischen Gute gehören. Der Dichter des "Erbförsters" (geb. 11. Februar 1813 zu Eisfeld, gest. am 25. Februar 1865 zu Dresden) schrieb sie in stiller Zurückgezogenheit, von Krankheit und Sorgen gequält, in Dresden. Die thüringische Erde, dieser Lieblingsplatz deutscher Poesie, an dem einst der Geist der alten Minnesänger ebenso innig hing wie das Herz unserer modernen Poeten, war der Heimatsgrund der beiden Dichtungen. Die "Heiterethei" ist die Geschichte zweier Kraftgestalten, die zugleich zwei Kraftseelen sind: wie der Trotz der Liebe gebrochen wird, erzählt sie im frischen, humorvollen Ton, der vielleicht nur ein wenig zu weitschweifig wird, wenn er das Treiben der kleinstädtischen Klatschweiber ausmalt. Gemütvoll und mit lebendiger Anschaulichkeit geht der Dichter jedem Detail nach, und ein Dickensscher Humor lacht aus der Art, wie er Menschen, Dinge und selbst das, was noch nicht ist, sondern erst werden wird, den "Geist der neugeborenen That" vor uns hinstellt. Das Bild seiner "Morzenschmiedin" z. B. zeichnet er ungemein anschaulich und drollig so: "Wie sie daher kam, glich sie einer rückwärts wandelnden Schwarzwälder Uhr, an der das Haubenfleckchen das Zifferblatt, die lang an der zuckerhutförmigen, schwarzen Haube in den Rücken hinabfallenden Bandschleifen die Gewichte und die lange, schmale Person der Schmiedin selbst das Gehäuse darstellte. Der kurze, spitzausgezackte Kragen des in Luckenbach unentrinnbaren engen, ärmellosen Tuchmantel konnte für ein altmodisch verziertes Gehäuse gelten". So kommt die Phantasie des Dichters und modelt aus jeder Einzelheit der Wirklichkeit wieder ein Neues, und wie seine Stimmung, so greift auch die seiner Helden in das äußere Leben. Da steht der Hollunderbaum am Hause der Heiterethei, der echte und rechte genius loci, er lacht oder weint, wenn er seine Zweige schüttelt, er winkt mit ihnen in die Träume des starken Mädchens hinein, er warnt und ermutigt die trotzig Liebende. Der Dichter scheucht die Natur durch die Stimmung aus ihrem trägen Schlummer, sie führt ihm ein eigenes menschliches Leben, wie andererseits sein Humor jedem persönlichen Dasein ein drolliges Gepräge verleiht.

„Zwischen Himmel und Erde" (1856) steht indessen weit höher als die „Heiterethei"; es ist eine Perle unserer novellistischen Litteratur. Nicht darum, weil die Kleinmalerei des Dichters so weit geht, daß sie uns selbst die Technik eines Gewerbes wie der Dachdeckerkunst bis in das Einzelne darzulegen weiß, und doch ist auch diese Sachkunde ein Vorzug der Novelle, in der sich ein tiefsittlicher mit einem tiefsymbolischen Geist vereinigt. Sie behandelt das alte Problem der drei Seelen: zwei Brüder lieben ein Mädchen, dieses wird das Weib dessen, den sie selbst nicht liebt. Aber warum war der Andere so schüchtern, warum vertraute er so leichtgläubig dem unredlichen Bruder? Als Appollonius aus der Fremde heimkehrt, hat durch allerlei Lügen und Intriguen sein Bruder Fritz die Geliebte bereits gewonnen, kalt und fremd stehen sich Schwager und Schwägerin gegenüber. Nun aber treibt das Bewußtsein seiner Schuld den Bruder zu sonderbaren und bedenklichen Schritten, die immer deutlicher seine Niedertracht bloßlegen und merkwürdigerweise nur dazu dienen, die beiden Anderen näher zusammenzuführen. Die Eifersucht macht Fritz zuletzt zum Verbrecher: hoch zwischen Himmel und Erde, wo beide Brüder auf dem Dache der Kirche ihr Gewerbe ausüben, sucht er Appollonius von dem schwanken Gerüste herabzustürzen. Aber ein Sprung seitwärts rettet diesen und durch die Wucht des Stoßes fällt der Schändliche selbst in die tötliche Tiefe hinab. Appollonius verschweigt, wie der Bruder umkam, es heißt, ein Unfall habe ihn stürzen lassen. Die schöne Schwägerin ist jetzt Witwe, er kann sie heiraten, die Leute raten es und der alte Vater fordert es geradezu. Er selbst liebt sie über alles, aber ein Etwas steht zwischen ihm und ihr; ihn peinigt der Gedanke, er habe seinen Bruder doch noch retten können in jener unseligen Stunde, deren Erinnerung ihn nicht losläßt; unmöglich ist es ihm geworden, ohne Schwindel wieder auf die Höhe des Kirchdaches zu steigen, wo sie beide so feindselig sich gegenüberstanden. Da schlägt der Blitz in das Dach, nun muß der Dachdecker herauf, um zu helfen, und wieder ertönt wie damals der Glockenschlag der zweiten Stunde. Wie der Brave hilft und das unheimliche Element des Feuers bändigt, während unten Hunderte voll Angst und Bangen harren, wie die schrecklichen Schläge der Uhr ihn doch als einen festen und sicheren Mann finden, ist mit einer außerordentlichen Kunst geschildert. Der Abschluß ist der Verzicht des Appollonius auf seine Schwägerin, der Verzicht auf seine Liebe; so hypochondrisch dies Verhalten, so prächtig paßt es zu dem Charakter. Die Novelle ist gerade in der Charakteristik meisterhaft. Der alte Herr, der Vater der beiden Brüder, mit seinem Starrsinn, seinem strengen Rechtssinn und seinem Mißtrauen, womit doch eine ebenso ängstliche Beobachtung des guten Scheines verbunden ist, hat seinen Charakter den Söhnen geteilt vererbt. Fritz hat von ihm die stete Rücksichtnahme auf die äußere Achtung der Welt, das fast komödiantenhafte Aufspielen der eigenen Persönlichkeit, Appollonius die starre Rechtlichkeit, die bis zur Selbstquälerei, bis zur sittlichen Hypochondrie geht. In dem Einen waltet die Macht des Bösen und treibt ihn mit furchtbarer Konsequenz von einer That zur anderen, in dem Anderen der Gedanke der Selbstlosigkeit, der ihn läutert und befreit von allem, was ihn innerlich drückt. „Nicht der Himmel", sagt der Dichter, „bringt das Glück; der Mensch bereitet sich sein Glück und spannt seinen Himmel selber in der eigenen Brust. Der Mensch soll nicht sorgen, daß er in den Himmel, sondern daß der Himmel in ihn komme. Wer ihn nicht in sich selber trägt, der sucht ihn vergebens im ganzen All". Es liegt eine Fülle feiner Züge in dieser einfachen Geschichte, und je mehr man sich in diese vertieft, desto mehr solcher Feinheiten entdeckt man. Der Dichter verwebt die Elemente der Wirklichkeit in das geheime Seelenleben seiner Personen; die Phantastik des Bösen, die von dem geringfügigen wie von dem gewaltigen Eindruck aufgerüttelt und entfesselt wird, malt sich in dem Seelenzustande Fritzens mit naturwahrer und ergreifender Gewalt. Leider erlosch nun die produktive Thätigkeit des genialen Dichters, dem ein trübes Verhängnis beschied, ohne tiefere litterarische Einwirkung auf seine Zeitgenossen zu bleiben.

Viel Anerkennung errangen in jener Zeit auch die „Erzählungen aus dem Ries" (1854 u. 59) von Melchior Meyr (1810—1871). Meyr stammte wie Auerbach aus dem Bauernstande — er war zu Ehringen in Bayern geboren — und hatte sich mit besonderem Eifer dem Studium der Schellingschen Philosophie gewidmet. In den vierziger und fünfziger Jahren nahm er an den geistigen Kämpfen seiner Zeit lebhaften Anteil. Seine „Erzählungen aus dem Ries", deren letzte Folge 1869 erschien, schilderten, indem sie sich wieder dem Charakter der eigentlichen Dorfgeschichte näherten, schwäbisches Leben und schwäbische Sitten mit viel Humor und Naturwahrheit, der Dichter machte dabei von dem Dialekt ausgiebigen Gebrauch, der den realistischen Zug seiner Geschichten erhöhte. Um so störender war es, daß Melchior Meyr seine Individualität nicht verleugnen konnte und sich mit den Reflexionen seiner Bildung überall in seinen Erzählungen hervordrängte. Die Zeitgenossen, die an ein solches vorlautes Wesen dichterischer Autorität noch gewöhnt waren, haben diese Störung freilich weniger empfunden, und es gab Verehrer, die Melchior Meyr weit über Auerbach stellten. An dieser Stelle wären auch die schwäbischen Geschichten von Hermann Kurz zu erwähnen, unter denen „Der Sonnenwirt" (1855) durch seinen kulturhistorischen Hintergrund — es ist das Thema von Schillers „Verbrecher aus verlorener Ehre" — und durch die psychologische Entwickelung des Helden als die beste Arbeit des leider allzu rasch vergessenen Dichters zu nennen ist. Dorfgeschichte und Historie hatte auch Moritz Hartmann in seiner Erzählung „Der Krieg um den Wald" (1850) verquickt und mit dem ganzen Freimut seiner Gesinnung darin eine düstere, auf böhmischem Boden spielende Episode aus der Zeit Maria Theresias behandelt.

Vom deutschen Süden ging die Dorfgeschichte aus, doch auch im Norden und jenseits der deutschen Grenze weckte sie Nacheiferung. An der Meeresküste waren es zwei dichterische Talente, welche, an die Dorfgeschichte anknüpfend, ganz in die Eigentümlichkeit ihres engeren Heimatlandes aufgingen: Edmund Höfer und Fritz Reuter; beide übertraf der Schweizer Gottfried Keller, der 1856 die ersten seiner Geschichten über die „Leute von Seldwyla" veröffentlichte.

Edmund Höfer, der fruchtbarste von den dreien, war zugleich auch am wenigsten originell. 1819 zu Greifswald in Pommern geboren, hatte er Geschichte und Philosophie studiert, um sich danach ganz der litterarischen Laufbahn zu widmen. Sehr beliebt waren seiner Zeit die von ihm und Hackländer in Stuttgart herausgegebenen „Hausblätter". In einer unseligen Schreibwut hat sich dieses Talent erschöpft, sodaß man in dem Romanfabrikanten der siebenziger Jahre kaum noch den Dichter der „Erzählungen eines alten Tambours" (1855), von „Schwanwiek" (1856), „Bewegtes Leben" (1856) u. s. w. zu erkennen vermag. Und doch war Höfer einer der frischesten und anheimelndsten Erzähler, die unsere novellistische Litteratur aufzuweisen hat. Die mecklenburgischen und pommerschen Gebiete am Meere waren seine Domäne und den landschaftlichen Zauber dieser Distrikte wußte er in einfachen, doch starken

Strichen wunderbar zu treffen. Ein elegischer Hauch geht durch diese Küstenbilder; fast bang ergreift uns die träumerische Stimmung des Meeres, die etwas Tiefmelancholisches hat, auch wenn der Sonnenschein auf ihm zittert, als schlummerte ein verhaltenes Weh in seinem feuchten Glanze. Auf dem Flachlande wogt das goldene Korn, in dessen Schatten die Wachtel schlägt; wie klingt und summt es auf seinem Grunde von geheimnisvollen Stimmen. Dann dehnt sich die Heide mit ihren braunen Stämmen ernst und finster aus, der Boden raunt dem Wanderer im Dunkel des Abends seltsame Geschichten zu, die sich einstmals hier abgespielt und nun aus der Vergangenheit flüstern. Ein kräftiges, robustes Geschlecht lebt hier, wortkarg und verschlossenen Gemüts, dann hitzig nnd jähzornig, aber auch voll gesunden Humors und schlichter Treuherzigkeit. Hartköpfige Edelleute, mutige, mannhafte Frauen, waghalsige Fischer und Schiffer, pfiffige Bauernkerle sind Höfers Gestalten, deren arbeitsames, melancholisches Stillleben durch gewaltsame Ereignisse aufgerüttelt oder erschüttert wird. Gern läßt der Dichter seine Geschichten durch eine der beteiligten oder nicht beteiligten Personen erzählen und die Eigenart des Erzählers spiegelt sich auf das Lebendigste in der charakteristischen Färbung der Erzählung wieder.

Wenn bei Höfer immer noch der elegische Grundton überwog, so klang aus Fritz Reuters ersten Schriften „Läuschen un Rimels" (1853—54), „De Reis' nah Belligen" (1855), das Lachen einer urgesunden Natur. Aber „Ut mine Festungstib" (1863) bewies, daß auch dieser Humor die Thräne im Wappen führe. Es ist eigen, daß gerade in dieser innerlich so verstimmten und elegisch gesinnten Epoche von 1848—60 der deutsche Humor wiederum eine Geburtsstunde feierte, und für den deutschen Nationalcharakter bleibt dieser Umstand eine überaus bezeichnende psychologische Thatsache. In allen Schriftstellern dieser Jahre ist der Humor wieder lebendig geworden,

sie schütteln die Pfeile und Schleuder des Geschickes mit einem
Lachen ab und verdecken doch nicht mit der Hand die brennenden
Wunden, aus denen ihr Herzblut hervorströmt. Fritz Reuter
(geb. am 7. November 1810 zu Stavenhagen in Mecklenburg,
gestorben zu Eisenach am 12. Juli 1874) war als Student der
Jenenser Burschenschaft beigetreten. Wie anderen wurde auch
ihm zum Hochverrat angerechnet, für Deutschlands Einheit ge=
schwärmt zu haben; als die Demagogenhetze begann, wurde er
1833 in Berlin verhaftet und zum Tode verurtheilt (1833),
aber von König Friedrich Wilhelm IV. zu dreißigjähriger Haft=
strafe begnadigt. Sieben Jahre saß Reuter so auf preußischen
Festungen und schließlich auf Verwendung seiner Regierung auf
der mecklenburgischen Festung Dömitz, bis der Tod des preußischen
Königs ihm die Amnestie brachte. Eine Zeit lang war er dann
„Strom" (Pächter oder Oekonom); erst 1853 veröffentlichte er
seine drolligen gereimten Schnurren und Erzählungen. Selten
ist einem Autor ein so rascher und glücklicher Erfolg beschieden
worden wie ihm. Von seinen poetischen Erzählungen hat
„Hanne Nütte un de lütte Pudel" (Ne Vagel= un Mieschen=
geschichte 1859) den populärsten Erfolg gehabt, aber in „Kein
Hüsung" (1858), einem düsteren sozialagrarischen Bilde seiner
mecklenburgischen Heimat wird mancher das Herz des Dichters
weit stärker pochen hören. Die Höhe von Reuters Schaffen
kennzeichnen „Ut de Franzosentid" (1860) und vor allem „Ut
mine Stromtid" (1862—64). Reuter ist gefeiert und gelesen
worden im neuen deutschen Reiche wie kaum ein deutscher
Schriftsteller und eine ganze Gattung von Rhapsoden hat sich
beeilt, bis in die kleinste Stadt Kunde und Kenntnis des
mecklenburgischen Dialekts zu tragen. In seinen Schnurren
und Humoresken, den ernsten und heiteren Kapiteln seiner
Dichtungen pulst ein gesundes Leben, dessen derbe Fülle das
Gemüt erfreut. Er ist selbst im kleinsten ein unwiderstehlicher
Erzähler, der mit wenigen Zügen uns alles lebendig vor Augen

stellt. 'So robust und kräftig wie seine Muse waren auch seine Gestalten, und ihr drastischer Humor, der doppelt drastisch in dem Dialekte wirkte, hat sie fast alle zu Lieblingsfiguren in Norddeutschland gemacht. Vor allem den unsterblichen Inspektor Bräsig mit seinem Mischmasch von Hoch- und Plattdeutsch. Man hat freilich Reuter zu einem Nationaldichter stempeln wollen und er war es sicherlich als deutscher Mann mit einem echt deutschen Herzen, aber er ist es nicht in dem Sinne, wie es unsere großen Dichter sind. Und zwar nicht allein, weil die Sprache, in der er dichtete und schrieb, nur eine Mundart ist und weil die plattdeutsche Dichtung, wie sie immer gestaltet sein mag, nur eine Episode in unserer litterarischen Entwickelung darstellen kann. Auch darum, weil das Weltbild, das sein Blick umfaßte, so klein, so ganz mit dem Bannkreis philisterhafter Sphäre sich deckte, die den gemütvollen Dichter selbst zu philisterhafter Beschränkung zwang. Reuter ist der größte plattdeutsche Dichter; das ist sein Ruhm und doch ist dieser Ruhm nur relativ. Während die Welt Reuter mit Ehren und Anerkennung überhäufte, reifte der Ruhm des Größeren, an dessen dichterische Potenz er bei weitem nicht heranreichte, nur langsam, und wir müssen uns erst zur Bewegung der Gegenwart wenden, um Gottfried Kellers Novellen zu würdigen. Hier genüge die Bemerkung, daß auch die „Leute von Seldwyla" (1856. 1. Teil) nur aus dem kleinen und doch so vielschichtigen Genre der Dorfgeschichte hervorgegangen sind.

2. Skizze und Genre.

Um dieselbe Zeit, als die Dorfgeschichte den Landmann für die Litteratur entdeckte, wurde auch der Städter Held und Objekt belletristischer Darstellung. Nicht der Städter, der geistreich philosophierte oder erhabene Empfindungen äußerte, sondern der nüchterne Mann des Alltags, der seinem Berufe nachging und sich mit seiner eigenen Person und der seiner lieben Nächsten recht und schlecht abfand. Die verschiedenen Stände, die einzelnen Gesellschaftsschichten und ihr Verhältnis zu einander, die Berufszweige und ihre Einwirkung auf den individuellen Charakter, alles das ersah man plötzlich zum Gegenstand der Beobachtung und der Darstellung. Der erwachende Wirklichkeitssinn des Zeitalters fand, daß das städtische Leben ebenso seine Eigentümlichkeiten habe wie das ländliche, und er war sich sehr bald bewußt, daß dieses Gebiet noch größer sei. Das Dasein des Bauern verläuft im einförmigen Pendelgange, das Dorf hat keine Geschichte, nach fünfzig Jahren ist es noch dasselbe im Aussehen wie einst, und selbst seine Bewohner haben sich kaum verändert, denn wenn die Väter tot sind, treten die Söhne genau in ihre Fußtapfen. Auch darin gleicht das Dorf der Natur, die uns beständig dasselbe Angesicht zeigt, mag auch der Ausdruck desselben mit dem Tage wechseln; nur die Kultur hat eine Geschichte und die Stadt ist die große Werkstätte der Kultur und der Geschichte. In ihr verändert sich alles mit dem Jahre, die Bewohner und die Häuser verschwinden, um anderen Platz zu machen, und mit den Gebilden menschlicher Kunst wird auch die geistige Atmosphäre, die Ideenluft, die alle atmen, eine andere; was heute interessiert, ist morgen vergessen, was heute alle entflammt oder empört hat, niemand fragt vielleicht schon am nächsten Tage danach. Der Städter lebt zehn Leben des Bauern in seinem einen und doch ist er mehr als jener ein Kind des Augenblickes. Der Bauer schwört auf die Bibel, das „ewige Wort", der Städter auf die Zeitung, den vergänglichsten Boten der Vergänglichkeit.

Dieser ständige Wechsel im städtischen Leben bedeutet eine unerschöpfliche Quelle der Beobachtung. Seit dem Beginn des Jahrhunderts hatten manche Städte ihre Einwohnerzahl verdreifach, die neuen wirtschaftlichen Verhältnisse hatten die alten, pedantischen Formen des Verkehrs zerbrochen, neue Kasten und Klassen waren entstanden und doch ging, wenn nicht durch das gesellschaftliche, so durch das geschäftliche Leben ein steter verbindender Strom der Vermittelung von dem einen zum anderen. Es wäre merkwürdig gewesen, wenn die Litteratur als das Selbstbewußtsein und die Selbstbespiegelung eines Volkes nicht auch diesen neuen Zug gespürt hätte. Die Anregung freilich kam wiederum von außen. Im vorigen Abschnitte ist bereits auf die englischen Genrebilder hingewiesen worden und das Paradoxon mag erlaubt sein, daß wir Deutsche auch in diesem Falle wiederum einmal mit fremden Augen sehen gelernt haben. Die großartige Erscheinung eines Dickens lenkte den Blick des schriftstellerischen Talents auf das Alltagsleben und führte für die Produktion einen ganz neuen technischen Begriff ein. Die Skizze wurde eine litterarische Abart; sie näherte das dichterische Schaffen der wirklichen Beobachtung, nicht das Phantasiegebilde als solches, sondern als Ersatz und Schein des realen Daseins war Zweck und Aufgabe. Es kam nicht bloß darauf an, zu sehen, sondern man mußte auch sehen, was andere nicht sahen, und man mußte es in wenigen Strichen vor den Leser hinstellen, sodaß dieser gleichsam im kürzesten und gedrängtesten Auszuge ein ihm neues, überraschendes Bild aus dem Wirklichkeitsleben empfing. Die Individualität entschied hier nicht minder wie einst beim jungdeutschen Feuilleton, und so ist die Skizze für das epische Talent immer die erste und deutlichste Probe seiner Kraft geblieben. Damals trat die Skizze, das Bild aus dem Leben noch mit einer gewissen Selbständigkeit auf; es war ja das Zeitalter der Daguerreotypen, jener ersten Versuche, das bewegliche, unstete Wirklichkeitsbild durch das Licht auf die Fläche zu bannen, und wie früher „Gemälde" ein beliebter belletristischer Titel war, so ersetzte ihn jetzt der Ausdruck „Bild". Wer einmal die litterarische Bewegung unter dem Gesichtspunkte ihrer Beziehungen zu der malerischen Kunst betrachtete, würde auch im einzelnen einen merkwürdigen Zusammenhang entdecken. Den Bildern sind die Photographien, den Photographien jetzt in unseren Tagen die feuilletonistischen Momentaufnahmen gefolgt, vielleicht kehren wir noch einmal zu der alten, breiten und schwungvollen Technik der „Gemälde" zurück.

Dickens' Vorbild fand in Deutschland zahlreiche Nachahmung, die „Pickwickier" mußten sich sogar mehrfache Lokalisierung gefallen lassen. Es erschienen die „Deutschen Pickwickier" von F. Stolle, die „Berliner Pickwickier" von B. Heßlein u. a. m. Aber wenn man auch von der Nachahmung zur Nacheiferung überging, in einem Vorzuge hätte auch das größte deutsche Talent dem Engländer nachstehen müssen. Es gab in Deutschland nichts, was sich mit dem gewaltigen Getriebe der Weltstadt London vergleichen ließ, die wie eine Riesenuhr alle Blicke in einem mächtigen Reiche auf sich zog und deren Schlag und Takt das Leben in dem kleinen irischen Dorfe wie in den Sümpfen des Ganges regelte. Es gab für die geistige, gesellschaftliche und geschäftliche Thätigkeit in Deutschland noch keine Normaluhr; in jedem Staate unseres Vaterlandes saß ein besonderer Uhrmacher mit seiner besonderen Uhr, und wenn die Uhren schlugen, so stimmten sie niemals überein. Was den Dichtern der Dorfgeschichte zu so großem Vorteil gereichte, die landschaftliche Zersplitterung und Verschiedenheit der deutschen Stämme, für die „Stadtnovellisten" war es ein Unsegen, künstlerisch und geschäftlich. Sie hatten nur die Wahl, mit ihren Skizzen und Bildern aus dem sozialen Leben genau an die Eigentümlichkeiten einer bestimmten Stadt sich zu halten und um die mageren Lorberen eines sogenannten Lokaldichters zu werben, oder sie mußten auf jeden Lokalton, auf jede eigentümliche und charakteristische Färbung des Schauplatzes und der Typen verzichten. Eine „Weltstadt" konnte man nicht erfinden, so erfand man denn die deutsche „Residenz", jenes Nest Nirgendheim, das leider auch heute noch in Romanen und Lustspielen den gleichgiltigen Schauplatz gleichgiltiger Begebenheiten abzugeben verurteilt ist.

Berlin stand zwar litterarisch ebensosehr im Vordergrunde wie Preußen politisch; es zeigte auch ein sehr ausgeprägtes soziales Leben, aus den Tagen des E. T. A. Hoffmann liefen noch genug Originale in seinen Straßen herum, und was die Hauptsache war: es hattte sich in ihm ein ganz bestimmter Volkston ausgebildet, eine vortreffliche Grundlage für eine volkstümliche novellistische Litteratur. Allein diese seine Eigenarten stießen anderwärts weit mehr auf Abneigung als auf Sympathie. Die originelle Erscheinung eines Adolf Glaßbrenner (1810—76) konnte schon lange vorher „Berlin wie es ißt und trinkt" (1832—50) in satirisch-humoristischen Skizzen zeichnen, in Frankfurt a. M., in Stuttgart und in München fehlte jedes Verständnis für diese eigentümliche Welt und Atmosphäre der preußischen Hauptstadt. Wollte der Novellist, der Romanschriftsteller in die Weite wirken, so mußte er sich in „Krähenwinkel" oder in der Residenz Nirgendheim ansiedeln.

Das Haupt dieser neuen Richtung, Fr. Hackländer (geboren am 1. Nov. 1816 zu Burtscheid bei Aachen, gestorben am 6. Juli 1877 am Starnberger See), ist gleich Dickens kein „studierter" Mann gewesen. Die Sonne des Glückes hat dem liebenswürdigen Schriftsteller holder gelächelt, als manchem reicher Begabten: sie trug ihn zu einer angesehenen Lebensstellung empor, sie öffnete ihm in einer mannigfaltigen, an Wechselfällen und Abenteuern reichen Laufbahn verschiedenartige Kreise menschlichen Wirkens. Als Kaufmann in einem Modewarengeschäfte des Wupperthales lernte Hackländer die Welt des „Handels und Wandels" kennen; vornehme Freunde nahmen Anteil an seinen ersten litterarischen Versuchen, Reisen in den Orient erweiterten und belebten seine Anschauungen, zuletzt ergoß sich über den beliebten Schriftsteller die ganze Wandelbarkeit höfischer Gunst, als er zum Hofrat und zum Direktor der königlichen Gärten in Stuttgart ernannt und bei dem Thronwechsel (1864) plötzlich entlassen wurde. Auch litterarisch ist er nichts anderes als ein echter Günstling der Fortuna gewesen. Die Prosa des Soldatenlebens weckte zuerst seinen Humor; aus der dumpfigen Luft der Kaserne und der Hitze des Exerzierplatzes quollen ihm seine schriftstellerischen Ideen. „Bilder aus dem Soldatenleben im Frieden" (1841) nannten sich die Erstlinge seines Talents, denen die „Wachtstubenabenteuer" (1845), die „Bilder aus dem Soldatenleben im Kriege" (1850) und die „Illustrierten Soldatengeschichten" (1853) folgten. Diese harmlosen Geschichten, diese grob und deutlich gezeichneten Skizzen aus der Alltäglichkeit, mit ihrer behaglichen Laune und ihrer flotten Schreibart gefielen in einer Zeit, der die Schattenseiten des Militärlebens aufgingen, und sie begründeten den Ruf ihres Verfassers.

Man hat Hackländer mit Dickens verglichen und es ist einzugestehen, daß in diesem Vergleiche ein seltsamer Hochmut von uns Deutschen auftaucht, wenn wir glauben, nicht bloß die Uebersetzungen, sondern auch die Originale von allen Genies der Erde, sei es auch nur in zweiter Auflage, zu besitzen. Die eigentliche dichterische Kraft bei Hackländer war gering, er hatte gute Einfälle und eine frohe Laune, machte gute Beobachtungen und schilderte mit einer flotten Liebenswürdigkeit. Seine Fruchtbarkeit war nur ein Beweis seiner Schreibseligkeit, seines Dranges nach Verdienst, vielleicht auch nach Anerkennung; er hat Bände auf Bände gehäuft, von der Skizze ging er zur Novelle, von der Novelle zum vielbändigen Roman über, aber nie hat er einen Helden geschaffen, den eine tiefere Menschlichkeit erfüllt. Der Reiz seiner Erzählungen und Romane liegt vielmehr in der Art, wie er die kleinen Schwächen der Großen und Kleinen dieser Erde in humoristischen Kontrasten darstellt; in diesem Punkte wurde auch Hackländer tendenziös, nur daß seine Tendenz an keine politischen und religiösen Ideale anknüpfte und jeder ernsten Satire feind war. Er tadelte jene Laster und Gebrechen, die auf dieser Welt jedermann mit einem guten Gewissen tadelt; seine eigenen Anschauungen waren indessen ebenso spießbürgerlich wie die unseres Benedix, der auf dem Gebiete des Lustspieles so ziemlich dieselbe Stellung einnimmt wie Hackländer auf dem der Novellistik.

Der geistig bedeutsamste, und für die Epoche, in welcher er erschien, bezeichnendste Roman Hackländers ist vielleicht „Europäisches Sklavenleben" (1854). Damals hatte die Beech-Stowe mit „Onkel Toms Hütte" (1852) eine tiefe Bewegung in ganz Europa zu gunsten der unglücklichen Negersklaven in Amerika hervorgerufen. Hackländer ironisierte das allgemeine Mitleid für das Sklavenelend in seiner leichten gefälligen Art, indem er in den verschiedensten Gesellschaftsschichten des deutschen Lebens Typen aufwies, die nicht minder unter drückenden Fesseln stehen wie die armen Opfer der virginischen Pflanzer. Nebenbei machte er Anleihen bei der deutschen Romantik und Eugen Sue und beschwor sogar den Geist Rinaldo Rinaldinis, der in neuer Gestalt die Kosten des romantischen Interesses der Erzählung zu tragen hatte. Der Haupteinfall des Romans war nur ein Witz, allein er bestach doch durch seinen Gegensatz; überhaupt hat Hackländer meistens einen bloßen Einfall zum Kerne seiner Handlung gestaltet. Um ihn krystallisierte er die bunten Bilder, reihte er in launigen Skizzen aneinander, was ihm seine Kenntnis des wirklichen Lebens an harmlosen Gegensätzen zeigte. Sein Blick umfaßte, wie erwähnt, dabei keinen geringen Kreis gesellschaftlichen Lebens: das Intriguenspiel am kleinen Hofe, die Eigenarten des Künstlerdaseins, die Kniffe der Advokatenstube, die Wechselfälle des Kaufmannstandes, der Humor in den Drangsalen des Militärlebens, die spießbürgerlichen Unarten unserer sogenannten guten Gesellschaft hat er nicht übel geschildert.

Von seinen Romanen sind die ersten noch die besten, am

meisten bekannt und beliebt sind von ihnen geworden: „Namenlose Geschichten" (1851), „Handel und Wandel" (1850), „Eugen Stillfried" (1852), „Der Augenblick des Glücks" (1857), „Der neue Don Quixote" (1858), „Der Tannhäuser" (1860), „Die dunkle Stunde" (1863), „Zwölf Zettel" (1868), „Künstlerroman" (1866), „Der letzte Bombardier" (1870), „Der Sturmvogel" (1871) u. s. w.

Hackländer verknüpft das Zeitalter der vierziger Jahre noch mit der Gegenwart, über ein Menschenalter lang hat er geschrieben und die flotte Manier seiner Schilderung hat, wie hervorgehoben, Schule gemacht. Vor allem geht ein ganzer Zweig novellistischer Litteratur, die Militärhumoreske, auf ihn zurück. In dieser Bahn bewegte sich unter anderen mit Erfolg der als Kriegsberichterstatter vor allem bekannt gewordene v. Wickede (Bilder aus dem Kriegsleben 1852. Preußische Husarengeschichten 1853. Die Soldaten Friedrichs des Großen 1854) und der an Humoresken und humoristischen Romanen so fruchtbare A. von Winterfeld (1824—89), dessen Werke aufzuzählen nur Sache der Leihbibliothek-Kataloge sein würde. Seit den Kriegen von 1859, 1864, 1866 und besonders von 1870-71 haben sich die schriftstellerischen Federn mit besonderer Neigung dem militärischen Leben zugewandt.

Noch mehr als Hackländers war Karl von Holteis, des schlesischen „Dichtervagabunden" (geb. am 24. Januar 1797 zu Breslau, gest. ebendaselbst 12. Febr. 1880), schriftstellerisches Wirken durch ein buntes abenteuerliches Leben hervorgerufen. Wo er nur darauf bedacht war, seine Figuren hinzustellen, wie er sie in der Wirklichkeit fand, befriedigte er, wenn auch nicht ein höheres poetisches Interesse, so doch die Neugier, welche die Eigenart gewisser gesellschaftlicher Schichten im Spiegel sehen wollte. Holteis ganzes Dasein hing am Theater, er war der Poet des Thespiskarrens und der Artistenbude; in seinen „Vagabunden" (1852) zeichnete er geradezu naturalistische Skizzen aus jener sonderbaren Gesellschaft, welche die Jahrmärkte durch ihre „Produktionen" zu erfreuen pflegt. Es lacht ein gemütlicher, schlesischer Humor bisweilen aus diesen Schilderungen, deren Eindruck der Dichter in seinen späteren Romanen („Der Schneider" 1854, „Die Eselsfresser" 1860 u. s. w.) nicht mehr erreicht hat. Um so seltsamer nahmen sich neben diesen photographischen Aufnahmen des wirklichen Lebens die thränenfeuchten Sentimentalitäten der Handlung aus, die Ueberbleibsel einer vergangenen Romanperiode, zu denen man auch die Holteischen Helden selbst rechnen kann. Diese spazieren durch tausenderlei Liebesabenteuer stets zu jenem Ausgange, an welchem nicht bloß eine Hochzeit gerichtet ist, sondern auch Fortuna ihr goldenes Füllhorn in den Schoß des langgeprüften Sterblichen ausschüttet, womöglich nicht vergißt, einen Adelsbrief beizulegen.

Denn so flott und humoristisch die Skizze und das Genrebild auch entworfen sein mochten, es galt auch das sentimentale Herzensbedürfnis, noch mehr die Sucht nach Sensation zu befriedigen. Die Phantasie des Lesers machte immer noch ihr Recht auf „untoward events", auf außerordentliche Begebenheiten geltend, woran sie durch die französische und englische Romanlitteratur gewöhnt war. Es ist schon erwähnt, daß Hackländer u. a. kriminalistische Momente in seine Romane einflocht. Die Kriminalgeschichte wurde nun — nur das Fremdwort bietet den bezeichnenden Ausdruck — die „Spezialität" H. Temmes (1798—1881), der seine Verbrechergeschichten in einem geradezu verbrecherischen Stile schrieb (Kriminalgeschichten 1858, Kriminalnovellen 1860—64 u. s. w.). Aber er unterschied sich von den früher gekennzeichneten sozialistischen Schriftstellern, die das Verbrechertum „verarbeiteten", vorteilhaft durch eine genaue Kenntnis dieser Welt, und so roh seine künstlerische Gestaltung des Stoffes war, sie beruhte doch nicht bloß wie bei jenen auf ungeheuerlichen Phantastereien. Weniger einseitig und darum vielleicht weniger originell war Ewald August König

(1833—1888), der seine litterarische Laufbahn mit Skizzen aus dem Kaufmanns- und Soldatenleben begann und dann eine fruchtbare Thätigkeit in Sensationsromanen entfaltete. Allein auch er hielt den Blick unverrückt auf das wirkliche Leben, dessen Typen er in Holzschnittsmanier nicht ohne eine gewisse Porträt-ähnlichkeit zeichnete. Mit freiheitlich-politischen Tendenzen ver-quickte M. Ring (geb. 22. Juli 1817 in Schlesien) seine „Stadtgeschichten" (1852—58) denen er zugleich einen bestimmten lokalen Hintergrund, Berlin oder Breslau verlieh. So un-möglich es ist, ohne in den Charakter eines Katalogs zu ge-raten, diese Genrebilderlitteratur im einzelnen zu besprechen, ein köstliches Buch darf doch nicht vergessen werden, das eigen-artig und gemütvoll geschrieben, alle diese Erscheinungen, deren Lebensfrist mit dem Jahre ihres Erscheinens zusammenfällt, siegreich überdauert hat, nicht von vielen gewürdigt und doch von seinen Freunden geschätzt: des Ostpreußen Reichenau „Aus unsern vier Wänden" (1859—64).

Das Genre und die Skizze sind im wesentlichen auf die Beobachtung gegründet. Ihnen verwandt ist die Schilderung, welche den ethnographischen und landschaftlichen Charakter eines Erdstriches als ein bestimmendes Moment des Romans be-trachtet. Wir stehen hier, wenn wir an Alexis und Sealsfield zurückdenken, vor keiner unbekannten Erscheinung; sie war die erste und deutlichste Kundgebung des stärker gewordenen Wirklich-keitssinnes. Aber die Autoren, die hier kurz zu erwähnen sind, unterscheiden sich doch von jenen beiden Dichtern, denen die Welt, die sie schilderten, gleichsam zur Heimat geworden war. Diese neue Richtung stellte die Reisenden und Pfadfinder, die sich von dem heimatlichen Boden losrissen und in die Welt zogen mit der Absicht, sie kennen zu lernen und sie zu schildern. Es war die Schule der schriftstellernden Abenteurer oder aben-teuernden Schriftsteller, die nun nach der Methode der Skizze Bilder eines fremden Lebens oder neuer farbenreicher Landschaften in den Roman einführten. Das schriftstellerische Muster blieb meistens Cooper, wenn man nicht eigene feuilletonistische Wege ging. Theodor Mügge, ein Sohn der preußischen Hauptstadt (1806—61), richtete sein Reiseziel, nachdem er in „Toussaint" (1840) die Tropenwelt, freilich nicht aus eigener Anschauung, geschildert hatte, auf den europäischen Norden. Norwegen, Schweden und Dänemark sind der Schauplatz seiner meistens auf historischem Hintergrunde spielenden Romane: hier finden sich geradezu glänzende Landschaftsbilder und außerordentlich fesselnde Bilder aus dem Sittenleben nordischer Küstenbevölkerung. „Erich Randal" (1850), „Der Vogt von Sylt" (1851) und vor allem „Afraja" (1854) sind dieser Schilderungen wegen wert, noch heutigen Tages mit Interesse gelesen zu werden. Landschaftliche Bilder von der deutschen Küste, dem englischen Boden und der Alpenwelt, die nicht ohne Reiz sind, entwarf auch Philipp Galen („Der Inselkönig" 1852, „Der Strandvogt von Jasmund" 1859, „Das Irrlicht von Argentières" 1868 u. s. w.); im Gegensatze zu Mügge, der noch zu der alten Schule gehörte, mischte Galen in seine Romane wie im „Irren von St. James" (1845) die sensationellen Motive ausländischer Muster.

Am meisten lockte jedoch den Wagemut des Schriftstellers die neue Welt jenseits des Oceans. Dort konnten sich das sensationelle und das ethnographische Interesse vereinigen. Geradezu volkstümlich durch seine transoceanischen Skizzen, Bilder und Erzählungen wurde in diesem Zeitalter Friedrich Gerstäcker (geb. 10. Mai 1816 in Hamburg, gest. 31. Mai 1872 in Braunschweig). Sein Leben selbst war so abenteuerlich wie ein Reiseroman. 20 Jahre alt unternahm er bereits auf eigene Faust seine erste Reise nach Nordamerika; unbemittelt und darauf angewiesen, von der Hand in den Mund zu leben, lernte er in den Wechselfällen von mancherlei Berufsarten, — als Jäger, Matrose, Schmied, Hotelbesitzer, Fabrikant

— jenes nordamerikanische Leben gründlich kennen, dessen Zauber die Cooperschen Indianerromane einst dem Knaben vor Augen gestellt hatten. Die behagliche und doch zähe Gemütsart und der Humor niederdeutschen Stammes trugen im Vereine mit seiner Abenteuerlust dazu bei, dieses ungewisse Dasein und die Laune des Schicksales ihm reizvoll und erträglich zu gestalten. Nach Deutschland zurückgekehrt, ging er unter die Schriftsteller. 1844 erschienen seine „Streif- und Jagdzüge durch die Vereinigten Staaten", 1845 „Die Regulatoren in Arkansas", sein erster Roman, der 1848 in den „Flußpiraten des Mississippi" seine Fortsetzung erhielt. 1849 trieb es ihn von neuem in die Ferne, diesmal waren Südamerika, Kalifornien, Australien, die Südsee der Schauplatz seiner Streifzüge. 1860-61 bereiste er die südamerikanischen Kolonien, 1862 lud ihn der Herzog Ernst von Sachsen-Koburg zur Begleitung auf seiner Reise nach Egypten ein. Seine letzte Reise machte er 1867-68; sie erstreckte sich auf Nordamerika, Mexiko und Venezuela. Jede dieser Unternehmungen befruchtete seine Phantasie zu einer ausgiebigen litterarischen Thätigkeit; die erste Sammlung seiner Schriften, die 1871—78 herauskam, umfaßt 43 dicke Bände, darunter sind Romane und Erzählungen am stärksten vertreten. Schon die Titel lassen erkennen, welchen weiten Umkreis der Erde dieser Schriftsteller zu dem Weltbilde seiner Romane sich erwählt hat. Nach den obengenannten beiden Werken, von den eigentlichen Darstellungen seiner Reisen ganz abgesehen, sind folgende Romane anzuführen: „Aus 2 Weltteilen" (1854), „Tahito" (1855), „Nach Amerika!" (1855), „Die beiden Sträflinge" (1856), „Gold" (1858), „Hell und dunkel" (1859), „Unter dem Aequator" (1860), „Inselwelt" (1860), „Im Busch" (1864), „Die Kolonie" (1854), „Zwei Republiken" (1865), „Unter Palmen und Buchen" (1865—67), „Unter den Penchuenchen" (1868), „In Mexiko" (1871), — und zahlreiche kleinere Erzählungen und Novellen, deren Aufführung uns erlassen bleiben muß. Diese schier unheimliche Fruchtbarkeit bedingte natürlich eine Produktion, die nicht von künstlerischen Gesichtspunkten angesehen sein wollte. Immerhin besaß Gerstäcker ein Talent, daß bei uns Deutschen, sogar nicht einmal bei unseren Romanschriftstellern, nicht häufig zu finden ist: die Gabe, behaglich und mit einem phantasievollen und spannenden Reiz zu erzählen. Er hatte ein kluges, aufmerksames Auge auf seinen Reisen und verwob in seine Romane eine ansprechende Schilderung jener fernen Landteile mit mancherlei Abenteuern und Jagdgeschichten. Man kann behaupten, die Durchschnittskenntnis dessen, was der Mittelstand bei uns von Nord- und Südamerika weiß, stamme aus Gerstäckers Schriften. Freilich ist er weder mit Cooper noch mit Sealsfield in der Auffassung und Charakteristik der Typen der neuen Welt zu vergleichen. Aber so holzschnittartig und derb bei ihm die Individualisierung auch ausfällt, es sind doch immer Menschen von nicht alltäglicher Physiognomie, an denen der Schriftsteller mit Vorliebe auch die humoristischen Eigenarten hervorkehrt.

In Gerstäckers Spuren, wenn auch mit minderem volkstümlichen Erfolge, schritt bald eine Zahl anderer reisender und belletristischer Schriftsteller, von denen nur Fr. August Strubberg (bekannt unter dem Pseudonym Armand), Balduin Möllhausen, Otto Ruppius und Ernst Freiherr von Bibra genannt sein mögen. Die ersteren drei machten Nordamerika, der Letztere Südamerika zu ihrer Domäne. Ruppius „Pedlar" (1857) wurde ein beliebtes Buch, an Kraft und Sicherheit des Kolorits wurden freilich sowohl er wie Bibra von Möllhausen (geb. 1825 zu Bonn) übertroffen, dessen Schilderungen in mehr als einem Falle künstlerischen und wissenschaftlichen Wert beanspruchten, obwohl er diese Begabung in seinen letzten Romanen stark verflachte.

Im wesentlichen diente überhaupt die gesamte, in diesem Abschnitte aufgezählte Litteratur dem Unterhaltungsbedürfnisse.

Ihre ästhetische Bedeutung war nicht immer hoch anzuschlagen, aber wie weit erhebt sie sich über die kleinstädtische, künstlerisch und sittlich verworrene Belletristik zu Beginn unseres Jahrhunderts! Welch eine Fülle neuer Anschauungen und Kenntnisse wurde durch sie in der breiten Menge des Lesepublikums verbreitet! Wohl läßt sich sagen: im Romane dieser Zeit öffnete sich das Auge des deutschen Volkes und die Nebel der Phantastik lösten sich langsam von den Höhen und Tiefen der Welt. Erst durch die Kenntnis der Wirklichkeit kann uns einst das Bewußtsein irdischer Heimatlichkeit und das wahre Behagen unseres Daseins zurückgegeben werden.

Noch eines litterarischen Baganten sei in diesem Abschnitte Erwähnung gethan. Die unruhige Natur von Hans Wachenhusen (geb. 31. Dezember 1827 zu Trier, gest. 23. März 1898 zu Wiesbaden) gehört zwar schon einer anderen, moderneren Schule an, der journalistischen, die den großen Zeitereignissen mit ihrem feuilletonistischen Griffel folgt und nicht mehr sein will als die kurze Chronik ihrer Augenblickseindrücke. Ganz Europa und halb Afrika hat Wachenhusen durchschweift, dabei vieler Menschen Städte und Sitten kennen gelernt, und in den Zwischenpausen, die ihm die unaufhörlichen Kriegsereignisse der letzten Jahrzehnte ließen, Novellen und Romane geschrieben, in denen er seine reiche Länder- und Menschenkenntnis verwertete. („Die bleiche Gräfin" 1862, „Nur ein Weib" 1869, „Rouge et noir" 1864 u. s. w.). Zur künstlerischen Gestaltung blieb ihm freilich nicht die Zeit; seine Bücher sind flott und flüchtig hingeworfen und seine Stoffe beruhen auf sensationellen Motiven; was ihn vor allem auszeichnete, war eine besondere Kenntnis von Paris unter dem dritten Kaiserreiche. In einzelnen seiner letzten Arbeiten („Was die Straße verschlingt" 1882) hat Wachenhusen sich sogar der sogenannten naturalistischen Schule zugewandt und pessimistisch gefärbte Momentphotographien unserer modernen sozialen Verhältnisse gegeben.

3. Entwickelung des historischen Romans.

Die beiden Jahrzehnte 1850—70 bedeuten für die deutsche Geschichtsschreibung eine Blütezeit. Eine große Zahl ausgezeichneter Historiker ist in ihr unserer Nation entstanden, unserer Nation und nicht der deutschen Gelehrtenwelt. Denn die Wissenschaft tritt jetzt über ihren Bannkreis hinaus, sie reißt selbst die Palissaden nieder, die den Ungelehrten von ihrer Hochburg abschrecken, nnd weit entfernt, in ihr Museum gebannt zu bleiben, pocht sie an jedes Haus, wo ein Interesse für ihre Fragen wohnt, und wo es nicht wohnt, sucht sie es heimisch zu machen. Form und Auffassung in der Geschichtsschreibung ändern sich, man hält den allzu gelehrten Apparat zurück, der Stil wird eleganter und schwungvoller. Der Historiker sucht auf einmal in der Erzählung dem Dramatiker die Spannung des Aufbaues, in der Schilderung dem Maler den Glanz der Farben abzulauschen. Mit kühnem Griffel entwirft ein Mommsen die Umrisse seiner historischen Porträts, aus denen eine sprühende, geniale Gestaltungskraft hervorleuchtet. Der erwachte Wirklichkeitssinn weist dem historischen Studium zugleich neue Pfade, die Weltgeschichte ist nicht mehr ein großes Sterben der unberühmten und ein ewiges Kriegführen der berühmten Leute, nicht mehr eine Aufzählung diplomatischen Gezänkes und eine Chronik verlustreicher Schlachten. Anders als vordem blickt man in die Urkunden, läßt man die Dokumente der Vergangenheit ihre Sprache reden. Auch das geistige Leben dieser Vergangenheit tritt unter den Maßstab der Geschichte, der Ruhm mancher männermordenden Größe verbleicht vor dem, was in stillen Stunden eine einsame Menschenseele ersann, und ganz andere Namen als früher verleihen vergangenen Zeitaltern ihren Glanz. Aber auch die Unberühmten, die nichts geschaffen und nichts erdacht, die nur schlicht ihr sterbliches Los, zu leben und zu sterben, als die Knechte ihrer Zeitlichkeit erfüllt haben, kommen zu Ehren; die Kulturgeschichte ruft ihr gemeinsames Leben in die Erinnerung zurück und verknüpft die nachgeborenen mit den untergegangenen Geschlechtern. Den bisher stummen Zeugen der Vergangenheit wachsen tausend Zungen und jede von ihnen erzählt ein anderes Leben; ob man aber in die Folianten oder in die Denkmäler von Holz und Stein, in die Händel der Fürsten und Völker oder die Gedanken der Dichter und Denker sich vertieft, überall regt sich der Wunsch, das Neugewonnene der allgemeinen Bildung zuzuführen. So blüht die diplomatische Geschichte wie der geschichtliche Essay und das kulturhistorische Genrebild; in jedem dieser Gebiete finden sich Meister und Gesellen, und gleich eifrig bleibt ihr Bemühen, der Wahrheit und ihrem Volke zu dienen.

Der geschichtliche Roman stand unter dem Einflusse dieser neuen Wissenschaft, wurde von ihr bestimmt und beherrscht, allein mit den Historikern nahmen die Romanschriftsteller den Wettkampf nicht auf, höchstens noch an Zahl der Bände, nicht an Wert des Inhalts. Die thatenlose Reaktionsperiode zeigte eine merkwürdige Vorliebe für die großen Heroen der Weltgeschichte — der Kontrast darf nicht unbeachtet bleiben —, berühmte Namen wurden die Helden des Romans. Nur so weit war der geschichtliche Sinn auch bei den Romanschriftstellern schon gereift, daß sie den Größen kein Denkmal setzten ohne den Versuch, gleichsam am Sockel desselben Geist und Inhalt der Zeit in Gruppenbildern zu charakterisieren. Darüber kam man freilich in die Anekdote und verlor, was die Größe im Grunde genommen ausmacht; dem Lesepublikum war diese Herabziehung jedoch nur recht: es wollte auch hinter dem berühmtesten Namen den Menschen sehen, womöglich den Menschen, der gerade so empfand wie es selbst. Nichts kennzeichnet den geschichtlichen Geist, der in dem Durchschnitte dieses Genres lebendig war, besser als die Werke der Luise Mühlbach (geb. 2. Jan.

1814, gest. 26. Sept. 1873), welche die Mode in dieser Epoche
ebenso feierte wie in unserer die Werke von Ebers oder Dahn.
Mühlbach war das Pseudonym der Klara Mundt, geb. Müller,
Gattin des von uns früher erwähnten Schriftstellers, die einst
für die Jungdeutschen schwärmte und sich dann dem historischen
Romane zuwandte. Mit Vorliebe schlachtete diese Schrift=
stellerin in bänderreichen Romanen — sie setzte im Jahre wohl
10—12 Bände in die Welt — die großen und kleinen Helden
des 18. Jahrhunderts ein. Um nur eine kurze Liste anzuführen,
welche mehr die Zeit als die Schriftstellerin kennzeichnet: 1850
erschien von ihr „Johann Gotzkowsky", 1853-54 „Friedrich
der Große und sein Hof", 1855 „Kaiser Joseph II. und sein
Hof", 1858-59 „Napoleon in Deutschland", 1859—63 „Erz=
herzog Johann und seine Zeit", 1860 „Kaiser Leopold II. und
seine Zeit", 1865-66 „Der große Kurfürst und seine Zeit",
1867-68 „Deutschland in Sturm und Drang" u. s. w.; jedes
von diesen Werken im Umfange eines vielbändigen Romancyklus.
Die fruchtbare Dame arbeitete nach einem bestimmten Schema:
aus einer reichen Memoiren=, Brief= und Anekdotenlitteratur
sammelte sie die interessantesten Züge und Aussprüche, die dann
in dürftigem Zusammenhange zu allerlei Romansituationen aus=
gesponnen wurden. Hoch beglückt waren die Leser, wenn sie
in einer Fußnote zu irgend einer Stelle die Bemerkung fanden,
daß sie es hier mit einem historischen Ausspruche des großen
Mannes zu thun hätten, und unbekümmert war die Autorin
darum, ob ihr aus jedem Zusammenhange gerissenes Citat in
die Romansituation paßte oder nicht paßte. Sie putzte die
Helden der Geschichte mit buntem Flitterkram aus, stolz darauf,
daß jeder dieser Fetzen aus der Rumpelkammer der Geschichte
stammte. Aber historische Gestalten schuf sie damit ebenso
wenig wie eine Damenschneiderin, die Puppengestelle mit dem
Werke ihrer Hände bekleidet, dadurch Gräfinnen und Fürstinnen
schaffen könnte. Die Sentimentalität ihrer Gemütsrichtung ent=

sprach zugleich dem allgemeinen Geschmack. Fast in noch stärkerem Maße als die Mühlbach faßte Eduard Maria Oettinger (1808—72), der satirisch-politische Journalist der vierziger Jahre, die Weltgeschichte unter dem Gesichtspunkte der Anekdote auf, allerdings mehr der witzigen und pikanten Anekdote. In seinen in flotter, französischer Manier geschriebenen Romanen („Jerome Napoleon und sein Capri" 1852. „Auf dem Hradschin" 1856. „Meister Johann Strauß und seine Zeitgenossen" 1862. „Die nordische Semiramis" 1864) begegnet man einer wunderlichen Fülle von allerlei historischem Kramskrams, und wer sich hieran nicht ergötzte, für den waren die Seitensprünge des Verfassers in das Dickicht der Romantik bestimmt. Zu einem männlichen Mühlbach verwässerte sich leider auch das Talent Emil Brachvogels (geb. 29. April 1824 zu Breslau, gest. 28. Nov. 1878 zu Lichterfelde bei Berlin), der seinem ersten und vielleicht besten Roman „Friedemann Bach" (1858) eine ganze Reihe historischer Romane folgen ließ, in denen die Phrase bald nur der Oberflächlichkeit der geschichtlichen Kenntnis gleichkam. In dieser Romanfabrikation verlor die Psyche des Dichters den angeflogenen Goldstaub ihrer Schwingen; Brachvogels Talent ist im geschichtlichen Roman thatsächlich untergegangen. Ebenso dienten M. Rings historische Romane: „Der große Kurfürst und sein Schöppenmeister" (1852), „John Milten und seine Zeit" (1857) und „Das Haus Hillel" (1879) vor allem dem Unterhaltungsbedürfnisse.

Bisweilen nahm diese Abart des geschichtlichen Romans gewisse politische Tendenzen an, indem sie auch in der Vergangenheit eine Fühlung mit den Ideen der Gegenwart suchte oder indem sie sich auf die Verarbeitung der Zeitgeschichte warf. So verleugneten die Romane aus der preußischen Geschichte, die Georg Hesekiel (1819—74) als preußischer Hofrat und Kreuzzeitungsredakteur schrieb, („Von Turgot bis Babeuf" 1856. „Vor Jena" 1859. „Von Jena nach Königsberg" 1860. „Bis

nach Hohenzieritz" 1861 u. f. w.) nicht eine markige Gestaltungs=
kraft, noch weniger freilich den Byzantinismus und den ortho=
doxen Junkerhochmut des Kreuzzeitungsstandpunktes. Wie
Hesekiel ein Zögling des Romantikers Fouqué war, so hatte
auch sein journalistischer Kollege Hermann Gödsche (1815—78),
der in dem Waldeck=Prozeß (1849) die moralische Niedertracht
seines Charakters erwies, den romantischen Musen geopfert, ehe
er den zeitgeschichtlichen oder, wie er es nannte, „sozialpoli=
tischen" Roman in die Litteratur einführte. Dieser Kreuz=
zeitungsritter, der alles Orientalische haßte, verfügte doch über
eine wahrhaft orientalische Phantasie. Mit brennenden Farben
schilderte er Fürsten, Völker, Kriege, Verschwörungen und
Gräuelthaten, letztere mit Vorliebe derart, daß sie die Sinnlich=
keit aufstachelten. Nicht zu leugnen ist, daß Gödsche oder wie
sein Pseudonym lautete „Sir John Retcliffe" sich eine
außerordentliche Kenntnis der Zeitgeschichte erworben hatte und
zudem ein glänzendes Schilderungstalent besaß. Er setzte die
großen Ereignisse der Zeit in Romane um: 1856-57 erschien
„Sebastopol", 1858-59 „Nena Sahib", 1859—61 „Villa
franca", 1865—68 „Puebla oder die Franzosen in Mexiko",
1868—76 „Biarritz". Alle Helden und Größen der Tages=
geschichte traten in diesen bändereichen Darstellungen auf. Es
gab für den Verfasser keine Geheimnisse, weder in den euro=
päischen Kabinetten, noch in der revolutionären Propaganda
ihrer Staaten, und er stellte Personen und Dinge mit der
Miene eines unfehlbaren Eingeweihten dar. Zudem wechselten
seine Romane mit jedem Kapitel den Schauplatz, sie waren
politische und ethnographische Guckkastenbilder aus allen Welt=
teilen. Mit seltener Spannung sah das Publikum eine bunte
Kette von Staatsaktionen und Abenteuern als das große Tableau
einer Weltgeschichte der Gegenwart vor sich, und Sir John
Retcliffe wurde berühmter und mehr gelesen als mancher Dichter.
Dieser neuen Romangattung, welche die Nüchternheit der Zeit=

chronik mit den Tollheiten einer ausschweifenden Phantasie verband, ist, da ja auch Unkraut zur Blüte kommen kann, noch eine reiche Nachblüte beschieden gewesen; die Mels, Herbert und Gregor Samarow sind nur in Sir John Retcliffes Fußtapfen getreten, ohne es an Talent mit ihm aufnehmen zu können. Am meisten hat Gödsche jedoch auf die Hintertreppenlitteratur eingewirkt und man kann nicht behaupten, daß diese Einwirkung unsere „geistige Volksnahrung", den Kolportageroman gerade veredelt hat.

Weit künstlerischer und poetischer trat eine andere Schule des Geschichtsromanes auf. Im Jahre 1856 veröffentlichte W. Riehl (1823—97), der Verfasser der „Naturgeschichte des Volkes" (1851), in der er wiederum den Blick auf die volkstümlichen Elemente des deutschen Wesens gelenkt hatte als die Quelle lebendiger Gesinnung für den Staat, seine ersten „Kulturgeschichtlichen Novellen". Er sprach darin ein neues Programm der Novellistik aus: auf Grund der Gesittungszustände einer gegebenen Zeit sollte man freigeformte Charaktere in ihren Leidenschaften und Konflikten walten lassen. Es war ein Programm wie das, durch welches die Bauern der Dorfgeschichte den jungdeutschen Titanen gegenübergestellt wurden. Die großen und stolzen Namen der Weltgeschichte wurden damit von dem Dichter der Kulturgeschichte zurückgewiesen, die Poesie suchte nach der in Vergessenheit geratenen misera plebs, nach jenen Helden, deren Namen kein Lied, kein Heldenbuch meldet. Um so stärker sollte der kulturgeschichtliche Hintergrund hervortreten, jedoch nicht bloß als Hintergrund willkürlich erfundener Begebenheiten, in ihm selbst vielmehr — und darin liegt der Gegensatz zu dem alten Scottschen Romane, dessen Fabeln jedem beliebigen Jahrhundert angehören könnten — sollten alle Bedingungen liegen, aus denen die Konflikte und Leidenschaften der Charaktere erwachsen. Es ist zweifellos, daß hier für den historischen Roman ein ganz neuer und wichtiger Grundsatz aufgestellt wurde, ein Grundsatz, der nichts anderes bedeutet als die soziale Gebundenheit der Romanhelden: das sogenannte „Milieu" der Vergangenheit. Wir Deutsche sind ein merkwürdiges Volk: erst durch die Geschichte lernen wir unsere eigene Welt verstehen; auch das Genre, das die Engländer aus dem Leben sich holten, mußte Wilibald Alexis in seinen märkischen Chroniken entdecken. Riehls Grundsatz, den seine Novellen in so anmutiger Weise zur Darstellung bringen, ist dieselbe Methode, durch welche später Gustav Freytag seine Erfolge im historischen Romane errang. Ein Kulturbild, ganz nach dieser Regel gearbeitet, hatte freilich schon vor Riehl der pommersche Superintendent M e i n h o l d in seiner „Bernsteinhexe" (1843) entworfen. Hier war nicht bloß ein düsterer geschichtlicher Hintergrund — der Hexenglaube des 30jährigen Krieges — in ergreifender Weise ausgemalt, selbst in der Sprache schien das Buch den Ton und Charakter der Zeit auf das Vollkommenste wiederzugeben. Meinhold konnte zuerst die Kritik geradezu darüber täuschen, ob sie es mit einer poetischen Erfindung oder dem Auszuge einer alten Chronik zu thun habe. Die Novelle wird immer eins der eigenartigsten und merkwürdigsten Bücher unserer Litteratur bleiben.

Mehr den Stil der altdeutschen Volksbücher ahmte ein Münchener Dichter, F r a n z T r a u t m a n n (1813—87), in seinen geschichtlichen Erzählungen nach. Mit naiver Treuherzigkeit zeichnete er in den steifen, starken Strichen eines alten Holzschnittes Bilder des deutschen Mittelalters, am liebsten Bilder aus dem Mittelalter seiner teuren Stadt München. Sein „Eppelein von Geilingen" (1852) schilderte die Fahrten und Schwänke eines Raubritters mit derbem Humor, die „Abenteuer des Herzogs Christian von Bayern" (1855) zeigten das Gegenbild hierzu, den mannhaften, frommen Fürsten und Ritter, der es mit Lindwürmern und bösen Jungfrauen aufnimmt. Die „Chronika des Herrn Petrus Nöckerlein" (1856) behandelte die

Liebesaventuren eines Gauners und Schwindlers. Was diesen abenteuerlichen Geschichten ihren Reiz verleiht, ist das anziehende Lokalkolorit: das alte München mit seinen Gassen und spitzgiebligen Häusern, seinen rauschenden Brunnen, seinen Thoren und Thürmen heimelt uns ebenso an wie die bunten Gestalten, die sich in diese kleine Welt drängen. Ein solches ausgeprägtes Lokalkolorit bekundeten auch August Hagens „Norika, das sind nürnbergische Novellen aus alter Zeit" (1855) die noch jetzt es wert sind gelesen zu werden.

Dieser zweiten, sagen wir mehr genrebildlichen Richtung des geschichtlichen Romanes im Gegensatze zu der ersten, die in der Anekdote ihr Genügen findet, gehört auch Viktor Scheffels „Ekkehard" (1855) an. Joseph Viktor Scheffel (geboren 26. Februar 1826 zu Karlsruhe, gestorben daselbst am 9. April 1886) hat durch seinen „Trompeter v. Säckingen" (1854) und sein „Gaudeamus"-Liederbuch die Herzen der Jugend sich langsam, aber für immer erobert. Auch sein Dichterleben ist nicht zur Vollendung gelangt; vielleicht hätte er noch Großartigeres geschaffen als den „Ekkehard", wenn nicht eigentümliche Umstände seine Dichterkraft auf der Höhe des Lebens gebrochen hätten. Der Roman ging weit in das Mittelalter zurück und der Dichter hatte zu seinem Buche Studien gemacht wie nie zuvor ein Romanschriftsteller: aus dem Mosaik unendlich vieler Chroniknotizen wob seine Phantasie die so schlicht und treuherzig erzählte Geschichte von der unglücklichen Liebe des Mönches Ekkehard zu der schönen Herzogin Hadwig. Das Prögamm, das Riehl ein Jahr später aufstellte, war dem Anschein nach hier noch nicht erfüllt, die meisten der Namen, die das Buch enthielt, standen schon in den alten Chroniken, aber es waren dort nur Namen, keine Charaktere, geschweige denn Gestalten. Trotz des gelehrten Apparates, mit dem das Buch nach dem gern in Fußnoten und geschichtlichen Exkursen schwelgenden Zeitgeschmacke ausgestattet war, legt sich doch kein Hauch stickiger Bücherluft auf diese neu belebte mittelalterliche Welt. Einfach geht die Erzählung dahin im Schmucke eines gewissen schalkhaften Reizes, der auch leicht ironische Seitenbemerkungen über Dinge und Verhältnisse der Gegenwart nicht für tadelhaft hält, vor allem aber durchweht von dem kräftigen Hauche einer Naturfreude, die etwas echt Germanisches in sich trägt. Wer in der Odyssee nicht den Salzgehalt des Meeres, nicht die frischen Stöße der Seeluft spürt und wem in „Ekkehard" nicht der würzige Strom der Bergluft entgegenquillt, der mag ein trefflicher, schulmeisterlicher Richter sein, aber für Poesie und Natur sind ihm die Sinne auf immer verschlossen. Dinge, Personen und Handlung, alles wurzelt fest in der Oertlichkeit der anmutigen, allemannischen Landschaft, an der das Herz des Dichters hing und in die er seine Gestalten weniger fast hinein dichtete, als sie selbst ihm daraus entgegentraten. Diese gesunde Luft, die alles umspült und alles belebt, fehlt den „Kronenwächtern" Arnims, dem besten historischen Romane der alten Romantik: hier schwanken die Gestalten, die uns so menschlich wahr entgegentraten, von einer unbegreiflichen Laune des Dichters getrieben zuletzt wie Gespenster im Halbdunkel. Den mystischen Reiz des Romantikers hat Scheffel dafür nie erreicht; wo jener tiefsinnig, ist er sinnig, wo jener derb und herbe, findet er immer noch die Linie der Anmuth, die nicht bloß das Haupt der Griechin Praxedis auszeichnet, sondern selbst noch den zurückhaltenden Stolz seiner Herzogin Hadwig. Alles rückt er uns gemütlich nahe: die Menschlichkeiten und den Humor des Klosterlebens, das trauliche Leben und Virgilstudium auf dem Hohentwiel, die naive Kinderliebe in Audifax und Hadumoth. Sogar das wilde Hunnenlager verliert an Schrecken und mit humorvollem Behagen verweilt der Blick des Dichters bei dem kleinen, hunnischen Ungetüme Kappan, dessen groteske Unbeholfenheit zu der patriarchalischen Kultur unserer Vorfahren den Gegensatz bilden sollte. Dieser Humor geht zuweilen bis zu der gefährlichen

Grenze des Burschikosen, und der „lustige Musikante am Nil" marschiert in bedenklicher Weise in der Erinnerung auf, wenn Ekkehard der brummenden Bärin das Waltharilied, den dichterischen Ausklang seiner Leidenschaft vorliest und der Dichter nicht genug sein Ergötzen daran findet, das wunderliche Treiben der Vierfüßlerin zu schildern. Da kommt der Ton des „Gaudeamus" in den Mann hinein, der einsam auf dem Bergesgipfel seinem dichterischen Traume lebt. Sicherlich brannte die Liebe in alter Zeit schon heißer und leidenschaftlicher unter einer Mönchskutte als die abgeklärte, zurückhaltende Darstellung von Ekkehards Liebesleben verrät, aber gerade der Charakter des Helden bekundet den gesunderen Zug, der die Dichtung der fünfziger Jahre nach den kraftlosen Exaltationen der vierziger ergriffen hatte. Resignation ist auch für Ekkehard das Heilmittel seiner Lebenswunden, seine kräftige Natur überwindet und nach der Abfassung des Walthariliedes grüßt ihn die Erde wieder mit ihren freundlichen Gestaltungen und die Welt nimmt ihn zurück in den Bann ihrer Pflichten. Hier stehen wir nicht im 10., sondern in der Mitte des 19. Jahrhunderts. Es ist bekannt, daß Scheffels späterer Plan, die Wartburg zum Mittelpunkte eines großen historischen Romanes zu machen, nicht zur Ausführung gelangte; nur in der kleinen historischen Erzählung „Juniperus, Geschichte eines Kreuzfahrers" (1871) entwickelte der Dichter noch einmal den Reiz seiner lebendigen und getreuen Schilderungskunst mittelalterlicher Sitte.

Aus dem neubelebten Studium der Geschichte ging in diesen Jahrzehnten noch eine dritte Richtung des historischen Romanes hervor. Ihr kam es nicht darauf allein an, kulturhistorische Genrebilder zu geben, sie wollte an die Größen der Weltgeschichte auch nicht den Maßstab der Anekdote legen, sondern die Zeitläufte der Vergangenheit messen nach ihrem Ideengehalt. Sie wollte nicht bloß Charaktere schaffen, sondern in ihnen auch die Träger bestimmter politischer und ethischer Gedanken auf=

weisen. Diese Gattung von Romanen verhielt sich zu den anderen wie der Zeitroman zu dem Skizzenromane, und man kann es aussprechen, daß hier die höchste und schwierigste Aufgabe der geschichtlichen Dichtung gestellt ist, daß sie freilich auch die höchste und kräftigste Dichternatur zu ihrer Bewältigung erfordert. Wie die Ideen in einem geschichtlichen Charakter lebten, ob sie ihn unbewußt beherrschten, oder ob sie klar als sein Ziel ihm vor der Seele standen, darüber schwankt oft genug die Auffassung der Historiker selbst, und der Romandichter ist hier zudem in der Gefahr, der Geschichte einen Zwang anzuthun, den die erweiterte Kenntnis derselben unwillig erträgt: er wird die Gedanken seiner eigenen Zeit einer fremden aufbürden. Für diese historische Romandarstellung eignen sich daher Epochen am besten, die ein fest ausgeprägtes Geistesleben in strenggegliederten Gegensätzen und zugleich eine bunte, womöglich dramatisch bewegte Mannigfaltigkeit von Ereignissen der Betrachtung darbieten. Diese Richtung vertrat mit Glück und Entschiedenheit der feinsinnige Schüler Rankes, Karl Frenzel (geboren 6. Dezember 1827 zu Berlin, seit Jahren bekanntlich Redakteur des Feuilletons der Berliner „Nationalzeitung"), den die an Macaulay erinnernde Mischung der poetischen und der Gelehrtennatur zu einem der glänzendsten Geschichtsessayisten macht, den wir besitzen. Seine Romane („Watteau" 1864, „Papst Ganganelli" 1864, „Lucifer", Freier Boden" 1868, „La Pucelle" 1871 u. s. w.) weilten mit Vorliebe in dem Zeitalter des 18. Jahrhunderts, das er mit erstaunlicher Kenntnis beherrscht. Ueberall tritt eine geistreiche Charakteristik hervor, die auch die großen Züge der Charaktere allerdings mehr elegant als kraftvoll herausarbeitet wie z. B. das Bild Washingtons in „Freier Boden", ein Roman, der die alte und neue Welt am Ausgange des vorigen Jahrhunderts in eine prächtige Parallele zu einander stellt. Nicht die gleiche Kunst hat Frenzel, ehe er sich dem Gesellschaftsromane zuwandte, auf die Technik des Romanes verwandt: der Strom der großen Handlung ermattet bisweilen in seinen Werken gerade dort, wo er seine breiteste Woge entrollen sollte, und ein dämmerndes, verwischendes Halbdunkel hüllt Partien ein, die man mit wuchtiger dramatischer Energie herausgearbeitet sehen möchte. Es sind feine und zarte, fast weiche Züge, durch welche Frenzel seine geschichtliche Anschauung in ein poetisches Bild umsetzt; aber nehmen sich die Striche nicht kräftig aus, so sind sie dafür sauber und geistvoll. Alle ideellen Beziehungen des historischen Lebens erscheinen in der Struktur seiner Romane zu einem farbenschimmernden, festen Gespinst verwebt.

Stärker drängte sich in Julius Rodenbergs (geboren 26. Juni 1831) geschichtlichen Romanen, der diesem Dichter eigene lyrische Stimmungsgehalte seines Talentes hervor. Was man vom epischen Standpunkte aus als Mangel seiner Romane bezeichnen möchte, vom dichterischen war der Gemütszauber, mit dem er Dinge und Personen umhüllte, ein Vorzug. Wie wenig passen z. B. in seinen Roman „Von Gottes Gnaden" die subjektiven Ergüsse des Dichters über Lokalitäten, die er nach eigener Anschauung schildert, und wie ungern würde man diese elegisch-träumerischen Betrachtungen missen. Rodenberg wählte mit Vorliebe England, das er als Reiseschriftsteller, bevor er Herausgeber der „Deutschen Rundschau" wurde, vielfach bereist hat, zum Schauplatze und die englische Geschichte zum Rahmen seiner Dichtungen, und man kann daher nur mit Bedauern verzeichnen, daß der gemütvolle Dichter so fremd sich der heimatlichen Erde gegenüber verhielt. Erst in den „Grandidiers" und vor allem in den späteren „Bildern aus dem Berliner Leben" (1892) hat er gezeigt, was er uns Deutschen hätte werden können — ein Washington Irving der Skizze, wenn nicht gar ein Dickens des Romans. Rodenbergs dichterische Entwickelung stand wesentlich unter dem Einflusse der englischen Schriftsteller Dickens und Thackeray, deren scharfe pessimistische Charakteristik aristokratischer Figuren ihm ebenso eigen ist wie das Mitleid mit den Elenden und Verkommenen. Zeugnis hiervon legte sein moderner Roman „Die Straßensängerin von London" (1863) ab. In seinen historischen Schöpfungen („Eine neue Sündflut" 1865, „Von Gottes Gnaden" 1865) war auch Scotts Einfluß unverkennbar, nur bewies Rodenberg einen freieren und weiteren Blick für das seelische Leben seiner Helden und Heldinnen und für die Ideenwelt der Vergangenheit. Der erstere Roman schilderte die Schicksale der Lady Elliot, der Geliebten Georg IV., der zweite gab ein großes Gemälde der Zeit Cromwells mit einer kräftigen, überaus ansprechenden Charakteristik des Diktators und der ihn bekämpfenden Gegensätze. Das Werk ist einer der besten geschichtlichen Romane geblieben.

An poetischem Talente stand Heinrich Laube dem Verfasser „Von Gottes Gnaden" wohl nach, eine solide, tüchtige und verständige Arbeit wird man seinen weitschichtigen Roman „Der deutsche Krieg" (1863—65) trotzdem nennen. Laube war inzwischen Direktor des Wiener Hofburgtheaters geworden (1850—67), ohne seine fruchtbare schriftstellerische Thätigkeit aufzugeben, der er bis zu seinem Tode (1. August 1884) treu blieb. Frenzel und Rodenberg waren, der eine von der Geschichtsforschung, der andere von der Reiseschilderung ausgegangen und gehörten also einer neuen Schule an, die mit kräftigeren, bunteren Farben wirkte. Aber sie begegneten sich mit dem alten jungdeutschen Kämpen in der Wertschätzung der Gedankenwelt, die modernes und vergangenes Leben erfüllt. Der Roman Laubes entwarf ein großes Panorama des dreißigjährigen Krieges von den böhmischen Konflikten bis zum Tode des Herzogs Bernhard; eine Fülle historischer und frei erfundener Charaktere war aufgewandt und spannte das Interesse des Lesers; Schlachtgemälde und diplomatische Händel, die Wechselfälle des allgemeinen und des individuellen Schicksales zogen in einer Kette von Abenteuern an dem Leser vorüber. Aber die Abenteuer wurden nicht erzählt um ihrer selbst willen, in dem Charakter der Figuren, in Gesprächen und Auseinandersetzungen wurden die Ideen des Zeitalters entwickelt und vom modernen protestantischen Standpunkte mit Freimut beurteilt. Gelegentlich fiel auch eine Anspielung auf die Fragen, welche die moderne Zeit bewegten, wie auf den Nationalitätenkampf in Böhmen, und mit Nachdruck machte der Dichter seine humane, freiheitliche Gesinnung geltend. Und wenn der Roman höheren poetischen Anforderungen nicht entsprach, er war immerhin weit gediegener und fesselnder als das Werk, welches Karl Gutzkow, unter dem Titel „Hohenschwangau" (1867-68) veröffentlichte, wohl nur um der Mode des Geschichtsromanes zu folgen. Die jungdeutschen Helden sind in dem modernen Zeitromane weder uninteressant noch unnatürlich, aber sie nahmen in der Zeit von 1536—67 sich wunderlich genug aus. Dazu fehlte dem Dichter das Notwendigste zum historischen Romane: ein spannendes Fabulierungs- und Erzählungstalent. Er verwirrte zu oft das Interesse durch die Darlegung von allerlei Händeln, von denen man nicht gleich errät, inwiefern sie Haupt- oder Nebensache sind. Der königliche Kaufmann von Augsburg, Paumgartner, und seine Familie sind eine Gesellschaft, deren Schicksale uns nur langweilen.

Dies Urteil über den Gutzkowschen historischen Roman zu fällen, wird uns umso eher gestattet sein, als im nächsten Abschnitte des Dichters Ruhm nicht geschmälert werden wird. Vorläufig sei die Entwickelung des geschichtlichen Romanes hier abgebrochen; was ihn in dieser Periode auszeichnete, wird genügend hervorgehoben sein. Die neue historische Wissenschaft befruchtete ihn mit zahlreichen Anregungen, und wie er geschichtliche Kenntnisse in den weitesten Schichten verbreitete, so stärkte er auch das Interesse für die Geschichte. Aber der geschichtliche Geist war doch mächtiger als der poetische und nur in einzelnen Schöpfungen vermochte dieser sich gegen das Uebergewicht jenes aufzulehnen. Wenn etwas die historische Dichtung dieser Jahrzehnte charakterisiert, so ist es der allgemein geübte Brauch der Fußnoten und Anmerkungen, vor allem aber der geschichtlichen Exkurse, die man ohne Umstände in die Fabel der Dichtung einflocht. Nichts kann deutlicher zeigen, wer in ihr Herr und wer Diener war.

Vierter Abschnitt.
Der Zeitroman von 1848—1870.

1. Die problematischen Naturen.

Auf die Revolution von 1848 folgte bald die Reaktion; sie war von einem Umschwunge in dem Empfinden des Zeitgeistes begleitet, der den tiefen Fall von überschwänglicher Hoffnung zur bitteren Enttäuschung bedeutete. Was man angestaunt und bewundert hatte, die Götter und Götzen des philosophischen und politischen Lebens, sie lagen jetzt zerschlagen in Schutt und Scherben; weder der alte Staat noch der alte Gott waren von den „genialen Anflügen" der vorangehenden Epoche überwunden worden. Die Philosophie Hegels, die einst tonangebend den Markt des geistigen Lebens beherrscht, hatte in der Epoche von 1830—48 so viele Stadien und Entwickelungsstufen in den Köpfen ihrer Jünger durchlaufen müssen, daß von ihrem originalen Geiste nur noch eine Karikatur übrig geblieben war. Alle Welträtsel hatte sie lösen sollen und zuletzt doch nur ein Chaos des Denkens offenbart. Es war nichts mit der absoluten Idee, nichts mit der konstruierenden Methode der Dialektik, die mit ihren Taschenspielerkunststücken die Geister geblendet hatte. Die große Firma Hegel ging in fremden Händen von Bankerott zu Bankerott. Dafür war die Philosophie eines Genies wie Feuerbach aufgekommen und hatte mit fast schwärmerischer Begeisterung die Wirklichkeit in ihre philosophischen Rechte eingesetzt. Nicht das Jenseits, sondern allein das Diesseits, die Erde, nicht der Himmel sollte die Sphäre des menschlichen Geistes ausfüllen. Diese Anschauung, selbst ein Symptom des stärker gewordenen Wirklichkeitssinnes, bestand in der Revolution die Probe noch nicht, aber sie beherrschte doch auch das Zeitalter nach der Revolution, sie war die große Gedankensymphonie, welche große Thaten der Weltgeschichte einleitete. Vorläufig aber war es den politischen Idealen der Generation ergangen wie den philosophischen; mit einem Gemisch von Entsetzen und Erstaunen sah man, daß die Welt der Wirklichkeit für freiheitliche Gestaltungen keinen Raum zu bieten schien. Allerdings vergaß man, daß die begeistertsten Forderungen nach Freiheit und Menschlichkeit noch keinen Staat aufbauen konnten, von den realen Kräften eines Staates hatte man keine deutliche Vorstellung, und ein bestimmtes Ziel zu erreichen, fehlte es überdies an aufopferungsvoller Thatkraft. Vor der Revolution waren die Genies in Scharen zum Volke herabgestiegen und hatten ihren Beruf verkündet, die Welt zu ordnen und die Menschheit zu bessern. Als aber die Revolution vorüber war, suchte man verwundert nach den Typen, die mit solcher Gabe der Weissagung, mit solcher Kraft der Ausführung begabt erschienen waren. Wo waren sie plötzlich geblieben? Das Bacchanal des Geistes hatte in der Revolution seine wilde Auflösung gefunden, der langsam dämmernde Morgen fand die Gemüter ernüchtert und bestürzt. Was blieb, war allein das Gefühl schmerzlicher Enttäuschung, dessen Nachwirkung die kommende Zeit nie ganz überwinden konnte.

Der Roman nimmt die Stimmungen und Verstimmungen der Revolutionszeit in sich auf, er bemächtigt sich der Helden und Märtyrer derselben und gewinnt mit ihren Schicksalen den Stoff bändereicher Darstellungen. Kein Ereignis der vorausgegangenen zeitgenössischen Geschichte hat in solchem Maße die Federn der berufenen und unberufenen Schriftsteller beschäftigt und zahlreichen Leihbibliothekfabrikanten wurde der 18. März Mittelpunkt ihrer belletristischen Erzeugnisse. Die Sympathie gehörte in diesen Werken durchaus der Sache des Volkes, der Revolution, und nur ein so quecksilberartiger Charakter wie der des Herrn A. v. Sternberg konnte der Reaktion seine Feder leihen (Neue preußische Zeitbilder 1849). Die bekanntesten Namen dieser Zeit wurden zu Romanfiguren benutzt und dem unglücklichen Robert Blum setzte man in novellistischen Darstellungen, wenn auch kein litterarisches Denkmal, so doch zahlreiche Erinnerungszeichen. Selbst die phantasielose Natur eines Arnold Ruge ging unter die Romanschriftsteller und schrieb „Revolutionsnovellen" (1850). In den meisten Erzeugnissen dieser Art herrschte das stoffliche Interesse vor, allein die weitesten Schichten des Volkes verschlangen diese Lektüre mit Begierde, um bei ihr sich für die festgeschlagenen Hoffnungen zu trösten. Unserer Zeit ist die Erinnerung an das Revolutionsjahr 1848 fast ärgerlich geworden und es ist leicht, die Irrtümer jener Tage zu bekritteln. Aber es ist darum nicht weniger zuzugeben, daß dem deutschen Volke die Sache, welche in der Revolution scheiterte, heilig war wie der Traum der einheitlichen deutschen Nation selbst. Auch damals sah man, wo der Irrtum lag; man begriff, daß man im raschen Ansturme hatte nehmen wollen, was nur die Frucht mühevollen und jahrelangen Ringens sein konnte.

In den Jahren 1830—48 überwog im jungdeutschen Zeitromane die Ueberschwänglichkeit der Darstellung und der Charakteristik. Die Figuren wuchsen in das Karikierte und Verzerrte, sie waren Produkte des Verstandes, der Reflexion, ohne warmes Herzblut. Trotzdem gingen die Dichter in ihren Geschöpfen auf; die Tollheit derselben war ihnen ebenso lieb und heilig wie der Rest von Vernunft und Empfindung, den sie ihnen mitgeben konnten. Die neue Generation, die unter dem Einflusse dieser Litteratur aufgewachsen war, lernte doch durch den

Ausgang der Revolution vernünftiger und ruhiger denken. Kühle Köpfe, bei denen der Verstand ängstlich die Bahnen der Empfindung beobachtet, traten zunächst auf den Plan, nachdem die „Genies" abgewirtschaftet hatten, und da ihnen mit wenigen Ausnahmen kein positives Ideal im Herzen oder Kopf lebte, so schrieben sie die Naturgeschichte der Männer, welche die Revolution gemacht hatten. Sie warfen die Frage auf, warum die Bewegung mißlungen sei und sie fanden die Antwort zum Teil in den falschen Ideen, zum anderen Teil in den Charakteren selbst. Die neuen Helden glichen denen der vergangenen Epoche auf ein Haar, aber sie waren ihren Schöpfern nur ein Gegenstand des Studiums, nicht mehr der Verehrung. Die Feuerbachsche Wirklichkeitsphilosophie, welche die Entstehung der Dorfgeschichte und des Genres begleitete, trat auch im Zeitroman hervor. In der Form sind die Romane der neuen Periode zunächst ebenso kunstlos wie die der alten. Während die Dorfgeschichte den großen Schritt zur Kunstnovelle und die Skizze den anderen zum Sitten- und Gesellschaftsroman überraschend schnell that, erhält sich im Zeitraume einstweilen die ausschweifende, zerrissene und reflexionsreiche Darstellung der Jean Paulschen Werke. Man denkt nicht an ein Kunstwerk, man will weder erzählen, noch anschaulich schildern, sondern nur erläutern und beweisen. Mühsam hat der deutsche Zeitroman sich erst seine Kunstform erringen müssen und das schöne Behagen, nach der Schablone zu schreiben, blieb stets auf seinem Felde dem Poeten am meisten versagt.

Um die Typen selbst zu kennzeichnen, welche in diesen Romanen, wirklichen „Denkmälern ihrer Zeit", auftreten, wird die Analyse einiger der bedeutsamsten genügen. Im Jahre 1850 veröffentlichte ein junger Schriftsteller, Robert Giseke (geb. 1827 zu Marienburg, nach einer langen journalistischen und schriftstellerischen Laufbahn, während deren er in Dresden, Koburg und Berlin lebte, gest. 1890 zu Leubus), einen drei-

bändigen Roman „Moderne Titanen, Kleine Leute aus großer
Zeit". Es war der erste Versuch, objektiv die genialen Streber,
die problematischen Naturen, wie sie im damaligen öffentlichen
Leben auftauchten, zu charakterisieren. Der Roman beleuchtet
mit grellen Lichtern den Wirrwar der philosophischen, religiösen
und politischen Tendenzen, der den Märztagen des Jahres 1848
vorausging. Ernst, der Held des Romanes ist der Sohn eines
pietistischen Theologen, — der Verfasser hatte selbst zuerst Theo=
logie studiert — eine ernste Denkernatur, welche die Abstraktion
der Hegelschen Philosophie zum Inhalte ihres Lebens macht
und welcher doch die ausreichende Willenskraft mangelt, um
irgend eine Lebensaufgabe zu erfüllen. Der Lebenslauf dieses
Helden ist daher abenteuerlich genug. Er hat sich mit der
Behörde und seinem Vater, einem Pfarrer, dessen Nachfolger
im Amte er werden soll, durch seine atheistischen Anschauungen
verfeindet. Die Thränen und Drohungen der Eltern, der
Kummer seiner Braut, treiben ihn indessen noch einmal zur
Nachgiebigkeit. Durch Vermittelung eines Verwandten in
Berlin, eines höheren, streng orthodoxen Geistlichen hofft er
mit dem Staate seinen Frieden machen zu können. In der
preußischen Hauptstadt aber lernt er den „Strudel des geistigen
Lebens" kennen, hier verkehrt er mit allen „Titanen" der Zeit,
welche die Welt reformieren wollen, nicht zuletzt auch mit jenen
freigeistigen Damen, die George Sand gelesen haben und deren
Heldinnen im Leben kopieren. Einzelne dieser Charakterköpfe
sind unverkennbar Porträts. In dem Banne einer Circe und
in dem Umgange mit diesen Genies vergißt Ernst Braut und
Amt. Zuerst hatte er es sich Mühe und Fleiß kosten lassen, die
„Gespenster" des Autoritätsglaubens aus seinem Kopfe zu ver=
scheuchen, nun peinigt ihn die Sehnsucht nach der „freien, heißen
Liebe", und er erreicht endlich, daß seine Geliebte mit ihm, dem
Theologen, in wilder Ehe lebt. Er tritt schließlich der deutsch=
katholischen Gemeinde bei (die deutsch=katholische Bewegung hatte

in den vierziger Jahren einen großen Umfang gewonnen); als
reiner Ideologe gefällt er hier jedoch weder den Extremen noch
den Gemäßigten, da er den Einen zu wenig bietet, die Anderen
durch seine Schroffheit verletzt, und so entschließt er sich, eine
neue „freie Gemeinde" zu gründen. Seine „Ehe" ist unglücklich,
die Gatten verstehen sich nicht, der unpraktische Idealist lebt
nur im Schattenreiche der Ideen und läßt sich von seiner Gattin
und deren Freunden hintergehen. Sein kosmopolitischer Enthusiasmus verwickelt ihn zuletzt in eine Verschwörung, bei
deren Entdeckung er verhaftet wird. Nachdem es ihm gelungen,
aus der Festung zu entfliehen, findet er seine „Frau" als Weltdame wieder und stürzt sich nun in ein wildes, liederliches
Genußleben, bis er im Wiener Aufstand als Revolutionär er-
schossen wird. Die psychologischen Sprünge dieser seltsamen
Entwickelung sind von dem Autor nicht überall verständlich gemacht worden, allein der durchgehende Faden ist doch zu erkennen.
Der Held ist der echte und rechte Don Quichote der Hegelschen
Philosophie. Der „Gott in ihm, den er verehrt", wird als
jener bekannte böse Geist aus dem Faust charakterisiert, der
das Tier, genannt Mensch, auf dürrer Heide in die Irre führt.
Der Held schwankt von einem Standpunkte zum anderen; eine
redliche, ehrliche Natur, scheitert er an seinem eigenen Doktri-
narismus, an den „toten, tötenden Gedanken", die ihn nie den
wahren Gehalt des Lebens erkennen lassen, bis er ihn durch
ein wildes Genußleben mit einem Male, doch auch hier vergebens, zu erfassen sucht.

Das humoristisch-satirische Gegenbild zu Ernst ist sein Freund
Dr. Horn, Journalist, ein sittlich verlumpter Charakter, der sich
aus der Hegelschen Philosophie folgendes Kredo zusammen gelesen hat: der Geist ist der Zweck von allem, das Genie ist
der Geist und Dr. Horn das Genie, ergo bin ich, Dr. Horn
der Zweck von allem. „Er sah sich an", heißt es in der Anspielung auf das gerade damals erschienene Buch Max Stirners

„als den Einzigen und die Welt als sein Eigentum". Bei solchen Maximen ist es begreiflich, daß dieser Doktor Horn, der ausgesprochene Atheist, doch eine stattliche Säule des christlich-pietistischen Staates wird und seine Feder der Regierung verkauft. Er hat alle Standpunkte rasch überwunden, und sein letzter Standpunkt ist das Nichts — „der Selbstmord ist die einzige Konsequenz des Lebens", schreibt er an seinen Freund, bevor er sich erschießt. Der Charakter ist augenscheinlich nach dem Leben gezeichnet und der zerrissene libertinerhafte Humor, die unbefangene Frechheit der Gesinnung geben diesem Dr. Horn etwas Originelles und zugleich Typisches. In der That ist diese Abart der „Zerrissenen" darauf in zahlreichen Exemplaren durch die belletristische Litteratur gewandert. Derartige Menschen, will der Verfasser sagen, standen in den Vorderreihen der revolutionären Bewegung. Dennoch legt er offen das Bekenntnis ab, daß „nicht eine verbrecherische Rotte, sondern ein Volk, um die unerträglichen Fesseln abzustreifen, die Revolution gemacht hatte".

In wunderlicherer Weise als Gisekes Roman schilderte „Der Tannhäuser" von A. Widmann, einem preußischen Ministerialbeamten, der sich 1849 ganz der Schriftstellerei widmete (1818—1878), das Titanentum. Es ist ein Buch im Muster und Ton der jungdeutschen Schule, wo Tagebuchblätter, Erzählung, Reflexionen, Träume u. s. w. aufgewandt werden und alle Mannigfaltigkeit der äußeren Form die stete Monotonie des Inhalts nicht zu verdecken vermag. Die Idee des Werkes ist ziemlich gezwungen, der poetische Reiz gering. Aber die Generation der Weltreformer wird wenigstens analytisch mit großer Treue geschildert, und wenn nicht ein „Bild des gärenden, ungeheuerlichen Geistes der letzten 15 Jahre in Deutschland", wie Widmann meinte, so kommt doch wenigstens eine Skizze desselben zu stande. Die Hauptfigur des Dichters ist ein neuer Prophet aus dem Geschlechte derer, die mit philosophischen

Formeln die aus den Fugen gegangene Welt einzurenken suchen. Er trägt den sehr trockenen und prosaischen Namen „Friedrich" und arbeitet an dem großen System einer Psychologie, die er „Findungen zur Reform des politischen und religiösen Lebens" nennt. Um ihn als den „Meister" drängt sich eine ganze Schar von Jünglingen, alle ähnlich geartet, nur nicht so groß in ihren Ideen und nicht wie er mit philosophischen „Findungen" beschäftigt. Sein Einfluß auf die junge Gemeinde wird als außerordentlich geschildert. Der ewige Geldmangel, in dem er und die Seinigen sich befinden, hindert ihn freilich, von heute zu morgen jene große Aufgabe zu erfüllen, zu welcher er berufen ist: die menschliche Seele von ihren Zweifeln zu befreien, das wahre Gesetz der Seele zu finden und die Welt nach diesem lebendigen Prinzip zu ordnen und zu beherrschen. Christus war und ist Meister und Erlöser der Herzen im Himmel, und der Erlöser von den Zweifeln des Verstandes hier schon auf Erden wird Fritz sein. Entgegenkommender als dem Christentum ist seine Philosophie dem Islam, namentlich in Bezug auf das Weib; zwei schöne, aber zweifelhafte irdische Houris, Franziska und Fanny, müssen ihm das geistige und sinnliche Element der Liebe verkörpern. Ein Prinz stellt diesem Messias und seiner männlichen und weiblichen Trabantenschar ein Schloß zur Verfügung und an diesem reizenden Aufenthaltsorte, bei dem kostenfreien Schlaraffenleben gründen sie eine — „konservativ-liberale" Partei. So wenig der Verfasser den Standpunkt dieses Helden teilt, er nimmt ihn überaus ernst, während man heute über die lächerliche Maus dieses Titanismus wohl kaum noch die Heiterkeit verleugnen wird. Der innere Kern dieser Großmannssucht ist dem Dichter Egoismus und nichts als Egoismus. „Im letzten Grunde", sagt er von seiner Heldenschar, „war es die Ehre der Welt, welche sie suchten, eine goldene Zukunft voll Genuß und gesättigten Ehrgeizes und der gesättigten Lust . . ." Diesem Titanismus stellte Widmann ein regeneriertes Christentum als überlegene Macht in ebenso unplastischen Charakteren gegenüber und begnügte sich, an einem zweiten, sehr schwächlichen Helden zu zeigen, wie sinnliche Verlockung ein edles Liebesverhältnis untergräbt.

Auch der die Unterlegenen der Revolution verhöhnende Geist der Orthodoxie hat ein litterarisches Denkmal hinterlassen in dem berüchtigten anonymen Roman „Eritis sicut Deus" (1854). Wie die erwähnten Werke richtet sich dieser Roman gegen den Titanismus der vierziger Jahre. Ein Tendenzroman und sogar ein Roman sehr einseitiger Tendenz, ist das Buch doch die Arbeit eines geistreichen Kopfes, und dazu noch eines weiblichen, dessen Logik auf Abwege geriet. Die Verfasserin war die Gattin eines württembergischen Pfarrers, Elisabeth Cantz. „Eritis sicut Deus" sollte die ästhetische Weltanschauung der Zeit geißeln, den Hegelschen „Gott=in=uns" als eine Karrikatur des persönlichen, ewigen Gottes erweisen und die Macht des christ= lichen Glaubens verherrlichen. So machte die Verfasserin nicht die Charaktere, sondern die Lehre verantwortlich für alle irdischen Frevel. Wo immer nur ein weibliches Wesen sich wegwirft, ein Verbrechen begangen wird, Mord und Intrigue angestiftet werden, überall trägt die Lehre von dem Gottsein des Menschen die Schuld: sie vergiftet das sittliche Bewußtsein und ist Anfang und Ursprung jeder ruchlosen That. Zu diesen ruchlosen Thaten wird vor allem die Revolution selbst gerechnet: durch sie ist die Gesellschaft untergraben, die Tugend gestürzt, die Sittenlosigkeit entfesselt worden. Dem Stoffe nach ist „Eritis sicut Deus" eine Ehe= oder besser Ehebruchsgeschichte; die Helden des Romans sind Mann und Weib und an ihnen wird der allgemeine Ge= danke des Buches im einzelnen ausgeführt. Der Held ist ein Doktor der Philosophie, zugleich leider ein ästhetischer Narr, der in der Welt nur ein Scheinbild erblickt, jede Stimmung, jedes Ereignis nur nach ihren ästhetischen Wirkungen beurteilt. Als er durch seine Schuld sein Weib verdorben und dem Unter=

gange verfallen sieht, empfindet er eine gewisse Befriedigung
wie an dem schulgerechten Ausgange einer Tragödie, bei welcher
ihm die Rolle des trauernden Chores zufiel. Ihm gelten, wie
er sagt, nur die „Zwecke des Geisteslebens" und diese verkörpern
sich am meisten in seinem eigenen Ich. Die humoristische Figur
des Dr. Horn aus den „modernen Titanen" ist, wie man sieht,
bei diesem Helden, den die Verfasserin durchaus nicht ohne
Sympathie behandelt, ins Erbärmliche gezogen, aber es stimmt
dazu, wenn in einem pathetischen Schlußhymnus ihm die Stunde
angekündigt wird, wo er wieder „gläubig" werden würde. Der
Held trägt deutlich das Gepräge der persönlichen Satire; sie
sollte auf Vischer, den großen Aesthetiker, gemünzt sein. An
seinem Geiste suchte der Pietismus das Strafgericht über die
falsche Philosophie zu vollziehen. Die Heldin ist eine fromme
Seele, die durch ihren Gatten erst in ihrer Gläubigkeit irre
gemacht, dann durch seine Philosophie sittlich verdorben wird.
Auch sie gewinnt ihre innere Versöhnung zuletzt durch reuige
Rückkehr in den Schoß der Kirche. In Nebenfiguren wird die
falsche Emanzipation des Weibes gegeißelt. Kein Verbrechen
fehlt in dem Buche, selbst das widernatürliche Vergehen der
Geschlechter wird als eine Folge solcher ästhetischen Welt=
anschauung hingestellt. Das Buch war widerwärtig, dennoch
legte es einige Krankheiten der Zeit bloß.

Denn was dieses absonderliche Buch tadelte und in pie=
tistischer Weise strafte: die ausschweifende Subjektivität, welche
die Dinge unter sonderbaren Gesichtspunkten auffaßte, bis die
Wirklichkeit derselben sich an ihr bitter rächte, war in der That
eine schwere, innerliche Zeitkrankheit. Alle jene Werke, die wir
flüchtig berührt, sind jetzt vergessen, seltsam und sonderbar mutet
uns ihr Inhalt an, wenn wir sie zur Hand nehmen, und doch
hat das Schicksal dafür gesorgt, daß auch ein klassisches Zeugnis
dieser Epoche unserer Litteratur gewonnen wurde. Unter die
Zahl der neuen Talente trat mit Gottfried Keller ein

echter, großer Dichter, der in seinem „grünen Heinrich" (1854, zweite Ausgabe 1879) die ebenso wahre wie poetische Naturgeschichte des „problematischen Charakters" der Nachwelt vermittelt hat. Das Buch ist nicht wie „Werther" von der Gunst der Mode beglückt worden, aber es kann den Vergleich mit dem Goetheschen Jugendwerke, noch mehr vielleicht mit dem „Wilhelm Meister" aufnehmen. Bekenntnisse des eigenen Lebens und Herzens hat der Dichter mit freien Erfindungen verwoben und in schlichter Wahrheit die Stimmungen enthüllt, an denen nicht allein er selbst, sondern die ganze Generation krankte. Aber er schrieb sein Werk wie Goethe als ein Genesener, der das Uebel bereits überwunden und sich zu einer freien, beglückenden Weltanschauung durchgerungen hatte. Der Held des Romans, der „grüne Heinrich", ist eine Künstlernatur, die körperlich und geistig zu Grunde geht, da sie weder in sich noch außerhalb ihres Seins einen festen Halt gewinnt. Auch Gottfried Keller, der Schweizer (geb. 19. Juli 1819 zu Zürich, gest. 15. Juli 1890 ebendaselbst), schwankte in seiner Jugend zwischen Malerei und Poesie; 20 Jahre alt hatte er in München mit Pinsel und Palette zu arbeiten begonnen und war wie sein Held nach zwei Jahren in die Heimat zurückgekehrt, ohne etwas geworden zu sein. Nun hieß es für ihn, sich neuen Studien und einem neuen Berufe zu widmen; nach Jahren des Studierens und Probierens erhielt er 1861 die Stelle des Stadtschreibers seiner Vaterstadt, in der er leider der deutschen Litteratur bis zum Jahre 1876 fremd blieb, ehe er seine dichterische Thätigkeit wieder aufnahm. Im „grünen Heinrich" wird uns die Entwickelung des Helden seit den Tagen seiner Kindheit vorgeführt, sein reich veranlagtes sensibles Gemüt, in welchem die Phantasie eine überquellende Thätigkeit führt und das die liebevolle, zarte Sorgfalt einer Witwe nicht zu leiten vermag. Es ist die außerordentliche Kunst des Dichters, in vielen, fast anekdotenhaften Zügen dieses seelische Leben uns verständlich zu machen, das in seiner Weise mit Gott und der Welt fertig wird. Eine Fülle plastisch gezeichneter Gestalten kreuzt den Lebensweg des Helden und bewegt unaufhörlich seinen Sinn mit tausend Fragen und Anregungen, ohne seine Willenskraft entscheidend zu bestimmen und zu leiten. Als er sich einen Beruf wählen soll, weiß er nicht, ob er Poet oder Maler werden soll, als er sich verliebt, schwankt er zwischen einem unschuldigen, frommen Mädchen und einer gereiften, sinnlichen Frauengestalt hin und her. Nicht eine gewaltige Leidenschaft, sondern die Phantasie und seine leidige ästhetische Anschauungsweise beherrschen ihn, und vielleicht ist nichts dafür bezeichnender, als seine Stimmung beim Anblicke seiner toten Geliebten im Sarge. Dieser jugendliche Liebhaber kann keine Thräne über sie vergießen, er empfindet vielmehr beinahe eine Art glücklichen Stolzes, eine „so poetisch schöne tote" Jugendgeliebte vor sich zu sehen. Sein Fühlen ist nur Phantasiefühlen, der Jüngling nicht anders als der Knabe, der in aller Ehrbarkeit Mutter und Lehrer durch die größten Lügengeschichten hintergeht. Die Welt sorgt dann freilich reichlich für Enttäuschungen und stürzt ihn in München, wo er sich der Malerei widmet, in Händel und Verdrießlichkeiten, aus denen er als gebrochener Mann in die Heimat zurückkehrt, um zu sterben. Ein Glücksstern strahlt selten auf den Weg dieses sonderbaren Peters, der sein eigenes Schicksal wie ein poetisches Erzeugnis betrachtet und nach poetischen Gesetzen beurteilt, und wo ihm wirklich ein solcher Stern leuchtet, schlägt er unrettbar einen schrägen Seitenweg ein. Der Innerlichkeit seines Naturells fehlt nicht der lebhafte Drang, aber jedes Organ, schöpferisch auf die Außenwelt einzuwirken, es fehlt ihr auch das Pflichtgefühl und die Willensstärke, das Nächste und Einfachste zu thun; für sie ist nur Platz in der romantischen Traumwelt oder unter dem grünen Rasen. Darum war es ein gesunder Zug des Dichters, daß er seinen Helden dort unterbrachte und „recht grünes und gesundes Gras" darauf wachsen ließ.

Wenn so die Sinne dieses grünen Heinrichs mehr auf den poetischen Schein als auf die Wahrhaftigkeit der Wirklichkeit eingerichtet sind und der Dichter uns selbst in seinem Buche phantastische Traumexkurse in das Land der blauen Blume nicht schenkt, so ist das innere Leben des Helden am meisten bewegt und erregt von religiösen Fragen. Und hier ist der ästhetische Romantiker durchaus ein Kind der modernen Weltanschauung und der katholische Gnadenhimmel seinem Gemüte etwas Fremdes, Unverständliches, Widersinniges. Dieser religiösen Entwickelung Heinrichs ist ein breiter Raum in dem Buche gegönnt, die Fragen des Glaubens werden in mancherlei Formen behandelt, an mancherlei sonderbaren Figuren charakterisiert. Das Naturell des Helden, von dem Dogmenwesen zurückgestoßen, ohne Förderung von anderer Seite, bildet sich ein eigenes Glaubensbekenntnis; ein echter Sohn des Diesseits, „strahlt ihm Gott von Weltlichkeit" und das Christentum ist ihm verhaßt selbst in den Kultusformen, die sonst die Phantasie in Erregung versetzen. Nur der eine romantische Zug bleibt ihm eigen und er ist vielleicht ein Ausfluß seiner ästhetischen Anschauungsweise, daß er sich nämlich als einen besonderen Schützling des „lieben Gottes" ansieht, bis die Philosophie seines Gönners, des Grafen, ihn auch hiervon befreit. Wir stehen in dem Kellerschen Gedankenkreise auf dem Boden jener Lehre Feuerbachs, die das transcendentale Jenseits verwarf und den Menschen auf seine eigentliche Heimat des Diesseits verwies. Wie die Menschen, so begann auch die Dichtung sich als Keim und Frucht der Wirklichkeit zu empfinden, nur huschten immer noch durch ihr Dasein die romantischen Schatten und Gespenster der Vergangenheit. Kellers „grüner Heinrich" umfaßt diesen Zusammenstoß verschiedener Weltanschauungen; man kann sagen, daß Vergangenheit und Zukunft sich in dieser merkwürdigen Dichtung begegnen und vermischen.

Auch in der Eigenart des Dichters selbst, die in dieser

allgemeinen Darstellung nicht mehr als flüchtig angedeutet
werden kann, sind diese Gegensätze verschmolzen. Man hat ihn
einen Romantiker und einen Realisten zugleich genannt, aber
wir haben gesehen, daß Romantik und Realismus sich keines-
wegs gegenseitig ausschlossen. Mit Kleist wetteiferte Keller in
der plastischen Kraft des Stils, der wie der blaue Spiegel eines
Bergsees ruhig und klar alles Körperliche und Seelische wiedergiebt, an Achim von Arnim erinnerten seine tiefen Gedanken,
seine wunderbaren poetischen Bilder, an E. A. T. Hoffmann die
phantastischen Exkurse und der Humor seiner Charakterzeichnung,
von Jean Paul übernahm er Art und Aufbau der Komposition
und die leise anklingende pädagogische Neigung. Und doch war
der Züricher Dichter schon in diesem seinem ersten Werke ganz
Gottfried Keller, sowohl als Sohn seines Volkes, als der er
Temperament und Sinnesart, Land und öffentliches Leben seiner
Heimat in seinem Romane schilderte, wie als Individuum, als
Mensch. Was ihn von den Romantikern schied, war trotz der
phantastischen Züge die Weltlichkeit seiner Anschauung, das feste
Wurzeln im Diesseits, der lebensfrohe Optimismus, und was
den Dichter über den problematischen Charakter seines Helden
erhob, war die ruhige und wahre Zeichnung dieses seines über-
wundenen Ichs, die plastische Kraft, mit der er neben diesem
Ich eine Fülle von Figuren schuf, die Reife und Klarheit,
mit welcher alle Gedanken hier wie dort entwickelt waren.
Alle litterarischen Erzeugnisse, die sonst in diesem Kapitel genannt sind, wuchsen nur aus der Oberfläche dieser Zeit hervor
und der Pflug der neuen Generation, der das Erdreich um-
kehrte, ließ sie verschwinden. Dieses Buch aber hatte starke
Eichenwurzeln und so ist es stehen geblieben bis auf unsere
Tage wie der „Werther" und der „Wilhelm Meister, mit
grünendem Gezweige und kräftigen Aesten.

Eine originelle Dichter- und Denkernatur offenbarte sich
auch in den Romanen des früh verstorbenen Spiller v. Hauen-

schild, die unter dem Pseudonym Waldau von ihm veröffentlicht wurden. Spiller v. Hauenschild, geb. 24. März 1822 zu Breslau, hatte dort und in Heidelberg die Rechte studiert und noch als Student eine Sammlung lyrisch=revolutionärer Gedichte „Blätter im Winde" veröffentlicht. Nach 1848 lebte er auf seinem väterlichen Gute Tscheidt bei Ratibor, wo ihn am 20. Januar 1855 ein Nervenfieber dem Leben entriß. Untrennbar ist ihm wie überhaupt den Schriftstellern der Revolutionsepoche der reflektierende Gedanke von dem poetischen. In seinen Romanen „Nach der Natur" (1851) und „Aus der Junkerwelt" (1852) will er die Zustände seiner Zeit schildern, da aber diese Schilderung auch die Ideenwelt der Gegenwart in sich begreift und seine Individualität sich gegen die Programm= schablone der Parteien, gegen die Dogmatik der Theologie und Philosophie auflehnt, so ist es ihm unmöglich, ein Kapitel anders als mit einer Betrachtung zu beginnen, die mit den Meinungen des Tages abrechnet. Waldau war ein reicher Geist, dem die Gedanken mühelos zuströmten. Er protestierte gegen die gewöhnliche Demokratie des Tages und er überhäufte das höhere Lakaientum, ja sogar das Königtum selbst mit seinem Spotte. Der preußische Staat war ihm verhaßt, die preußische Königsresidenz der Zielpunkt seiner bitteren Satire, und doch erkannte er bereitwillig an, daß in Preußen das Heil und die Zukunft Deutschlands schlummere. Die Abhandlungen, welche er in seine Romane einflocht, erstreckten sich auf alle Gebiete wissenschaftlicher Erkenntnis, auf die Naturforschung, auf die Gesellschaftswissenschaft und die Sittenlehre. In ihm lebte ein heißes, inniges Gefühl für den großen Gedanken der Mensch= heit, etwas von dem Geiste eines Jacques Rousseau: er wollte den Staat durch eine verbesserte und idealisierte Sittlichkeit aufgehoben wissen. Das Ständewesen war ihm, dem Aristo= kraten, verleidet und die trefflichsten und schönsten Seiten seiner Romane galten der satirischen Schilderung dieser in Vorurteilen befangenen Junkerwelt. Aber was ihn daneben auszeichnet, ist sein schwärmerischer Natursinn, der unverkennbar an Jean Paul erinnert. Sein Roman „Nach der Natur" wechselt den Schauplatz in jedem Bande und schlägt in jedem Bande einen neuen Ton an. Der erste, „Tyrol" betitelt, besteht nur aus Gesprächen über Kunst, Religion, Politik u. s. w., der zweite dagegen, in Schlesien spielend, entwirft ein durchaus realistisches Bild von dem Junkertume und der dort herrschenden polnischen Mißwirtschaft. Klar, plastisch und zugleich mit der ironischen Ueberlegenheit eines aristokratischen Geistes sind gerade diese Bilder getreu „nach der Natur" gezeichnet. Den dritten Band, der Baden zum Schauplatze hat, kann man als jungdeutsch bezeichnen. Unter den Figuren findet sich der bürgerliche Künstler, das Genie, das die Last eines verhaltenen Wehs trägt, und der aristokratische Lebemann, von Plessenberg, der mit dem Leben spielt und rücksichtslos durchsetzt, was er begonnen. Beides sind Typen jungdeutscher Ueberschwänglichkeit und zu ihnen gesellt sich noch das dämonisch-geniale Weib der George Sand. Als Kunstwerk schwach, ist der Roman durch seine Gedankenwelt von großem Interesse.

Weniger bedeutend war Waldaus zweites Werk „Aus der Junkerwelt" (1850-51), die verzwickte Geschichte einer adeligen Familie. Der bürgerlich gewordene Zweig derselben rächt sich für erlittenes Unrecht an der aristokratischen Linie. Das Geld, das Kapital, erhebt sich im Kampfe gegen den Geburtsadel und unterjocht ihn. Allein der Dichter führte seine Gedanken nicht in einer festen Konsequenz durch; eine etwas weichherzige Versöhnung, welche eine Heirat zwischen beiden Linien vermittelt, bildet den Abschluß des Romans, in welchem nur einige weibliche Charaktere wärmeres Interesse erregen, während ein unaufhörlicher Strom von Betrachtungen und Reflexionen alle Dämme der Handlung durchbricht.

Gröber und für das allgemeine Verständnis faßlicher als
diese Richtung doktrinärer Ideen verarbeitete der soziale Roman
Zustände und Stimmungen der Massen. In der Litteratur
erschien auf einmal der vierte Stand, der Arbeiter wurde der
Held der Dichtung, vorerst freilich nur in der Lyrik und im
Roman. Es sei an Freiligraths flammende Verse in den vierziger Jahren erinnert, an Herweghs pathetische und farbenreiche
Rhetorik, nur fand dieser schwungvolle Geist in der Romandichtung noch kein Echo. Der sozialistische Roman dieser Zeit
ist zugleich von dem unserer Tage verschieden. Die Gegensätze
der Bourgeoisie und des Proletariats behandelte auch er, aber
das Leben der Bourgeoisie war ihm doch behaglicher als das
des Arbeiters, und wenn der vierte Stand litteraturfähig wurde,
so mußte sein in Wahrheit eintönig wie der Schlag des Pendels
verlaufendes Dasein sich allerlei romantische Verbrämungen gefallen lassen. Eugen Sue hatte für diese Romantik des Proletariats das Vorbild aufgestellt, dessen krasse Effekte man einfach
in deutsche Verhältnisse übersetzte. Man sah überall nur Laster
und Verbrechen und wühlte in diesem Schmutze herum, um
durch Furcht und Grausen in dem Leser das Mitleid zu erwecken. Die Macht der Maschine war ein Fluch, kein Segen,
sowohl für den Fabrikanten wie für den armen Arbeiter: dort
verknöcherte sie das Herz, daß es in Selbstsucht erstarrte, hier
verbreitete sie Elend, Jammer und Laster.

Es bleibt eine interessante kulturgeschichtliche Thatsache,
daß der Proletarierroman dieser Zeit von deutschen Professoren
geschrieben wurde. Ein Dichter und Litteraturhistoriker wie
Robert Prutz gab in dem „Engelchen" (1851) das charakteristische Beispiel für diese Romangattung. Robert Prutz (geb.
am 30. Mai 1816 zu Stettin, gestorben ebendaselbst 21. Juni
1872) gehörte zu den hervorragenden Wortführern der liberalen
Bewegung; seine wissenschaftlichen wie seine dichterischen Ar-

beiten waren von freiheitlichen Ideen durchdrungen. In den Jahren 1851—59 wirkte er als Professor der Litteraturgeschichte in Halle und in dieser Stellung schrieb er das „Engelchen". In einem blühenden Weberdorfe hat sich ein Fabrikant niedergelassen, die Fabrikarbeit vernichtet das Handwerk und aus den freien, selbständigen Arbeitern werden Fabrikarbeiter, Sklaven des reichen Brotherrn. Die sozialen Zustände dieser Bevölkerungsklasse werden in gräßlicher Weise ausgemalt. Unsittlichkeit, Trunk und Verbrechen sind bei ihnen gang und gäbe; was in denen lebt, die sich noch brav und gut erhalten, ist der grimmigste Haß gegen die Maschine. Sie ist in ihrer Anschauung eins der „gigantischen Untiere der Vorwelt", ein Drachen und Kraken, dem Abgrunde des Meeres entstiegen und berufen, mit ihren eisernen Kiefern, ihrem unersättlichen Schlunde die blühende Welt, zahllose Geschlechter und Recht, Scham, Tugend hinabzuschlingen und zu vernichten. Was in ihren Rädern und Walzen pfeift und ächzt, ist die Seele ihres Erfinders, der zur ewigen Höllenqual verdammt ist. Wie einst in den „Epigonen" Immermanns die Industrie wieder dem Ackerbau Platz machen muß, dem sich ein glücklicheres Geschlecht widmen kann, so verschwindet auch im „Engelchen" der Fabrikbetrieb, die Fabrik wird ein Opfer der Flammen, anstatt der bleichen, lasterhaften Arbeiter leben wieder zufriedene und ihres Lebens sich freuende Handwerker in dem Dorfe. Dieser Umschlag wird durch eine sensationelle Handlung hervorgerufen, deren gräßliche Einzelheiten uns den Bourgeois, den Fabrikherrn als einen entsetzlichen Verbrecher zeigen müssen.

Auf die übrigen Romane von Robert Prutz einzugehen (Felix 1851. Der Musikantenturm 1855. Oberndorf 1857—62) ergiebt sich kein Anlaß. Ihr Hintergrund ist die Zeit von 1848, ihre Helden erfahren gemeinhin den Gegensatz zwischen hochfliegendem Idealismus und harter Wirklichkeit, welcher das verhängnisvolle Jahr kennzeichnet. In dieser Periode der Enttäuschung und Sammlung reift aber der männliche Sinn der Dichter, alte und neue Namen tönen ins Ohr der deutschen Nation und es ist ein guter Klang, der ihnen innewohnt und der nicht so rasch verhallt.

2. Wandlungen.

Im Zusammenhange der litterarischen Entwickelung ist die Zeit von 1830—48 nur eine Uebergangsperiode. Sie bietet nichts Großes, nichts Erhebendes, sie hat nichts Dauerndes geschaffen und sie zeigt weit mehr kranke als gesunde Erscheinungen. Dennoch wird der Historiker sowohl wie der Psychologe immer einen besondern Reiz empfinden, bei ihr zu verweilen. Sie ist der große Knotenpunkt, in dem alle Ideen des Jahrhunderts zusammentreffen; alles, was vor ihr war und was nach ihr geworden ist, hat im Jahre 1848 entweder seinen Endpunkt oder seinen Ausgangspunkt. Es gleicht dem Walde, der in seinem Schatten noch das verwelkte Laub des alten Frühlings birgt, während an den Bäumen schon munter die Knospen des neuen hervorbrechen.

Auch der Roman hat während dieser Epoche nichts mustergiltiges aufzuweisen. Die Poesie hatte meistens als Mittel zum Zweck gegolten, sie bot gemeinhin nur eine Form, in der man seine Gedanken auf dem Markt der Oeffentlichkeit verkünden konnte, sie war eins von den Schallrohren, die den Ton verstärkte, mit welchem man auf das Volk einreden wollte. In dieser Zeit wurde das Wort „Tendenz" geboren, dem seitdem die zunftgemäße Aesthetik die übelste Nachrede bewahrt hat. Eine geschichtliche Darstellung soll nicht reflektieren und deduzieren, sie soll schildern und erzählen, was man gewollt hat und was erreicht wurde, allein eine Bemerkung muß diesem Begriffe „Tendenz" doch gewidmet sein. Wir fordern vom Dichter als selbstverständliche Eigenschaft seines sittlichen Bewußtseins, daß er nicht das Laster preise und die Tugend verachte, aber sollen wir entrüstet sein, wenn er liberale Grundsätze offenbart, wo wir konservative für allein berechtigt halten, und umgekehrt? Das Urteil des sittlichen Gewissens, wird behauptet, sei ein allgemein menschliches, in welchem alle Menschen übereinstimmen müßten, ob sie Weiße oder Neger, Katholiken oder Protestanten sind, die Grundsätze der Politik und der Konfession aber unterliegen dem Zweifel, und sicherlich scheinen die einen ebenso berechtigt wie die andern. Der Dichter also, der die Republik preist und die Monarchie herabsetzt, der für den Freiheitsgedanken sich begeistert und den Absolutismus verurteilt, der die Lösung der Gemüter vom Zwang kirchlicher Bevormundung fordert, ist tendenziös; er überschreitet die Schranken seiner Kunst, er negiert das allgemein Menschliche, er schließt sich einer Partei, einer Fraktion, einer besonderen Idee an. Die Kunst, sagt die schulmeisterliche Doktrin, soll frei sein von allen Sondergedanken, sie soll nichts anderes darstellen als den sittlichen Gehalt der Menschheit.

Darauf erwidert die geschichtliche Auffassung nur folgendes: Etwas allgemein menschliches giebt es überhaupt nicht, es sei denn, daß wir auf zwei Beinen gehen und gewisser Erfahrungen fähig sind. Es giebt aber keine Moral, die zu allen Zeiten gegolten hat ebensowenig wie es eine Kunst giebt, die zu allen Zeiten dieselben Ideale und Gesetze gehabt hat. Auch unsere sittlichen Begriffe sind im Fluß wie alles in der Welt; wäre es nicht so, wie es ist, wir müßten am Fortschritte der Menschheit selbst verzweifeln. Auch der Dichter giebt nicht den allgemein menschlichen Gehalt des Sittlichkeitsbewußtseins wieder, denn das ist ein Ding, das man nie bemerkt hat, so lange die Erde steht, sondern er offenbart die sittlichen Anschauungen seiner Zeit, deren Organ und Stimme er ist. Es sei daran erinnert, daß schon innerhalb einer Epoche sich verschiedenartige Naturen finden, die das sittliche Urteil verschiedener Generationen repräsentieren, sich also in ihren sittlichen Anschauungen widersprechen können. Und wenn das Sittlichkeitsgefühl in ihm schärfer als in seinen Zeitgenossen entwickelt ist, wird der Dichter geradezu in Widerspruch mit ihnen treten; sie werden ihn ebenso tendenziös schelten wie jenen andern, dessen politische Ansichten nicht die Billigung ihrer Mehrheit oder Minderheit haben. Auch der Sittlichkeitsgedanke ist Tendenz. Sehr wohl, sagen die Gegner, sobald er sich hervordrängt auf Kosten der künstlerischen Wirkung, sobald das dichterische Werk darauf ausgeht, ein moralisches anstatt ein poetisches zu sein. Allein dieser Einwurf, dem man zweifellos zustimmt, ist kein Einwurf, sondern ein Entgegenkommen. Wenn die ethische Tendenz innerhalb bestimmter Grenzen nicht bloß ihre Berechtigung, sondern geradezu ihr Recht hat, so muß dies Recht auch der politischen und der sozialen Tendenz zufallen. Wir dürfen sie ebensowenig aus dem Tempel der Dichtung verweisen wie den Sittlichkeitsgedanken, und wir können es überhaupt schon darum nicht, weil sie ebenso wie der Sittlichkeitsgedanke in der Individualität des modernen Dichters wurzelt. **Dieser aber hat keine andere Aufgabe und Pflicht, als die Besonderheit seiner Individualität in seinen Werken zum Ausdrucke zu bringen;** er bedeutet daher geradezu in dem Massenleben der modernen Menschheit das Individuum. Ihm den Strom seiner edelsten und ihn erhebenden Gedanken abschneiden, heißt nichts anderes, als ihn wieder in die Masse herabdrücken, heißt nichts anderes, als das Weltbild, wie er es anschaut, zu der Schablone und Unwahrheit des alltäglichen Getriebs verflacht wissen wollen. Der Vorwurf, soweit ein Vorwurf in dem Worte Tendenz liegt, ist allein nach einer ganz anderen Seite berechtigt: wenn nämlich die Tendenz nicht aufgeht in der künstlerischen Komposition, wenn sie einen Ueberschuß von Gedanken in das allein aus Anschauungen sich bildende Kunstwerk wirft und in steter Reflexionslust die organische Einheit des Ganzen wie das individuelle Leben der Charaktere vernichtet. Wo aber Tendenz und episches Schaffen sich decken, die Tendenz selbst einen organischen Bestandteil des künstlerischen Weltbildes bildet, das in dem Haupte des Dichters aufgegangen ist, kann nur ein philisterhafter Sinn in dem Worte den Kern eines Vorwurfs finden wollen. Wie will der Dichter die Menschen unserer Zeit verstehen, wenn er sie nicht als ganze Menschen d. h. auch in ihren idealen Anschauungen auffaßt, und wie will er diese idealen Anschauungen würdigen, wenn er nicht Partei ergreift in dem Streit der Meinungen? Und warum sollen Ideen von der dichterischen Behandlung ausgeschlossen sein, welche so heftig das nationale Dasein durchfluten, so gewaltig oft die Leidenschaften und Empfindungen des Einzelnen in Erregung setzen? Ist das aber nicht bloß poetische Lizenz, sondern dichterisches Recht, so ist die Forderung widersinnig, der Dichter solle Licht und Schatten gleichmäßig unter den Parteien verteilen; sie kommt der Mahnung gleich, er solle mit seinen Augen den eigenen Rücken betrachten. An seinen Charakteren, sowohl an denen die ihm am Herzen liegen wie an denen, die ihm antipathisch sind, soll er das Gesetz des Lebens beachten; schafft er uns Menschen, so werden wir ihm nicht grollen können, daß die einen im Sonnenschein seiner Gunst stehen und die anderen nicht. Giebt er aber Reflexionen anstatt Charaktere, so besteht sein Vergehen nicht darin, daß er Gedanken hat, sondern darin, daß seine Gedanken nicht aus dem Grunde bestimmter Charaktere organisch erwachsen.

Aus dieser kurzen Ausführung geht hervor, worin der Vorwurf der Tendenz mit Recht und worin er mit Unrecht gegen die Poeten des Zeitromanes der Epoche von 1830—48 geltend gemacht wird. Hauptsache waren ihnen die Gedanken, sie aber

in Fleisch und Blut umzusetzen, mangelte ihnen die schöpferische
Kraft; mit ihren eigenen Einfällen erstickten sie das gesonderte
Leben ihrer Charaktere. Zugleich zerbrach die künstlerische Form
des Romans unter den unaufhörlichen Ergüssen ihrer alles um=
fassenden und alles kritisierenden Laune. So war denn zweierlei
notwendig geworden, um den Zeitroman wieder in das Gebiet
der Poesie überzuleiten und ihm dort die hohe Stellung zu
sichern, die ihm gebührte. Der Sinn der Wirklichkeit mußte in
dem Maße erstarken, daß man nicht mehr sich selbst porträ=
tierte oder seine barocken Einfälle als Menschen ausgab, und ein
lebendigerer Formensinn mußte sich entwickeln, um auch den Ten=
denzroman zu einer künstlerischen Schöpfung zu gestalten. Und
nun vollzog sich das merkwürdige und entscheidende Ereignis,
das, was in andern Romangattungen während dieser Epoche
angestrebt und angebaut worden war, gleichsam seinen frucht=
baren Samen auf das lange vernachlässigte Feld des Zeitromanes
ausstreute und hier eine Blüte zeitigte, die wir bis jetzt wohl
als das Schönste und Vollendetste des deutschen Romans an=
sehen können. Nun treten die dichterischen Individualitäten
hervor, die großen Namen, die dem deutschen Roman des
19. Jahrhunderts seine reichste Ausgestaltung, seinen geistigen
Höhepunkt, sein eigenartigstes Gepräge, seinen Ruf und seinen
Ruhm verliehen haben. Die Bauernnovelle führt in dem Zeit=
roman den großen sozialen Gegensatz des ländlichen und städti=
schen Lebens ein, der Landschaftsroman bietet ihm den anmutigen,
stimmungsvollen Reiz seiner Szenerie, das Genre schärft seinen
Blick für die individuellen Züge des Berufs= und Klassenlebens.
Alle diese Richtungen weisen auf das wirkliche Leben als den
dauernden Inhalt poetischen Schaffens, alle offenbaren einen
unerschöpflichen Reichtum von Ideen und Charakteren, von Ein=
heiten und Gegensätzen, und durch alle diese Ideen flutet der
große Strom des zeitlichen öffentlichen Lebens, in den das mes=
sende Lotblei zu senken der Zeitroman nun einmal berufen und

verpflichtet ist. Wie er aus allen Nebenarten des Romans seine Kraft und Fülle gewinnt, so vereinigt er alle Halbmenschen, die in jenen zwischen Glück und Unglück herumgetrieben werden, zu Totalitäten, zu ganzen Menschen. Er setzt sie auf den Boden der Landschaft, er stellt sie in die Beschränktheit des Klassenlebens und er macht sie zugleich zu Geschöpfen der treibenden Ideen der Zeit. Das große und kleine Leben der Welt, es liegt jetzt vor uns in dem brodelnden Flusse seiner individuellen Herzens= regungen und seiner bestimmenden Lebensmächte. Der Halb= bruder des Dichters, wie Schiller noch den Romandichter nannte, kommt wiederum als legitimer Sproß der Muse auf die Welt, und mit der Gestaltungskraft regt sich in ihm der künstlerisch prüfende und wägende Blick, der alle Teile zu einem Ganzen und das Ganze nach seinen Teilen ordnet; die strenge Grenze des Maßes handhabt er mit der Sicherheit des Architekten und die zarte Linie der Form trifft er so kunstvoll wie der Meißel des Bildhauers. Vollendet freilich ist nichts in der Welt und der Tribut menschlicher und künstlicher Schwäche, den alle Söhne der Muse der Endlichkeit zollen müssen, wie sollte er auf diesem so schwierigen, die Teilnahme des Schaffenden stetig aus seinem Kreise ablenkenden Gebiet des Romans vermißt werden?

Diese Wandlung im Zeitroman vollzog sich unter dem Drucke einer politischen Umkehr, welche die kühnsten und phantastischen Geister Bescheidung in ihren Wünschen und Hoffnungen lehrte. Es wurde im vorigen Kapitel ausgeführt, wie der Roman un= mittelbar nach dem verhängnisvollen Jahre 1848 plötzlich eine kühle Objektivität gegenüber allen jenen Ideen zeigte, in welchen die ver= gangene Epoche geschwelgt hatte. Aber die dumpfe Resignation, welche alle Gemüter erfüllte, die diesen Umschlag erlebt, war nicht die Stimmung des Greisenalters, das mit dem Leben und den Idealen abgeschlossen hat, es war nicht viel mehr als jene Melan= cholie des Jünglings bei Beginn seiner Mannesjahre, was wie ein nebliges Gewölk auf das deutsche Nationalleben sich herab=

senkte. Die Zeit ging vorwärts auch in den Tagen der Reaktion, selbst die Generation der problematischen Charaktere mußte sich entweder zu den Pflichten des gewöhnlichen Lebens bescheiden oder eine neue Stellung zu den Forderungen des Ideals gewinnen. Sie lernte in jenen den Reiz der einst so verhaßten Alltäglichkeit kennen und in dieser faßte sie sicherer und bestimmter den Inhalt des geistigen Lebens, als ihre im wesentlichen bisher doch rein ästhetische Anschauung es vermocht hatte. Dort stieß sie überrascht auf ein Volk, das noch tüchtig in seiner Arbeit und originell in seinem Denken und Fühlen war, hier brauchte der alte Ruf nach freiheitlicher Entwickelung nicht zu verstummen, jeder Tag trug ihn in einer neuen und bestimmteren Fassung immer wieder auf den Markt der Oeffentlichkeit, so sehr auch die Zustände und die Menschen sich änderten.

Im Lichte der Geschichte sehen wir in den Jahren 1860—70 eine der größten Geschichtsperioden der Welt. Wer in die Romanlitteratur des Abschnittes von 1848—70 blickt als gewöhnlicher Leser, dem das stoffliche Interesse das ausschlaggebende ist, wird vielleicht zu der Ansicht geneigt sein, daß nichts in denselben diese große Zeit erkennen lasse. Er wird nach Typen suchen, die denen entsprechen, welchen das Deutsche Reich seinen Aufbau verdankt, und er wird sie nicht zu finden glauben. Allein nur der gewöhnliche Leser kann in diesem Falle irren, ein anderer findet sie sicherlich. Er spürt in diesen Werken die große Erregung einer lebendigen, tüchtigen Volkskraft, die nach Verwirklichung ihrer Ideale ringt und nur nach dem Wegweiser umschaut, der ihm den Weg zu diesem Ziele deutet. Hier in diesen Volkselementen hat er die Kärrner, die freudig und opferwillig Steine und Sand herbeitrugen, als der große Bau begonnen ward. Aber auch nach jenen Typen wird er blicken, die, vorherrschend, ihren gewaltigen Plan dem dunklen Triebe der Volksseele unterlegten, und da das Herz ihm in warmer und froher Dankbarkeit für diese Männer schlägt, so wird er kaum mit den Spuren und Andeutungen zufrieden sein, die in diesen Werken von ihnen auftauchen. Er wird Verzerrungen sehen, wo liebevolle Verehrung ihm ein reines und schönes Bild geliefert hat, und dem Zwist und Kampf jener Tage entfremdet, gegen den Dichter ungerecht und undankbar sein. Er wird meinen, daß der Dichter irrte, vielleicht sogar absichtlich irrte, und sich nicht sagen, was nur die Geschichte sagt, daß auch andere als die Dichter fehlen können und daß dort eine tiefe, innere Gemeinschaft des Geistes- und Gemütslebens vorhanden gewesen sein muß, wo trotz aller Irrwege so Großes gemeinsam erreicht wurde. Am meisten überrascht wird er sein, daß in der Litteratur der Typus, den er vielleicht am höchsten verehrt, sich gerade aus demjenigen entwickelt hat, über welchen er am geringschätzigsten urteilen mag. Der „heroische Charakter" ist den Romandichtern dieser Epoche nur die Weiterentwickelung der „problematischen Natur": das Maß der Subjektivität überschreitet hier wie dort die gebührende Schranke, nur das, was in der „problematischen Natur" Zerrissenheit, in der „heroischen" Willkür ist. Beide setzen sich über die Bedingungen des Lebens hinweg, beide verachten es und spotten seiner, der eine kraft seiner phantastischen Sinnesrichtung, der andere kraft seines trotzigen Willens. Spiel ist beiden das Dasein, dem einen, weil er nichts bewältigt, dem anderen, weil er alles bewältigen zu können glaubt. Beide sind Figuren, welche der ethische Idealismus des Romandichters nicht mehr in Einklang zu bringen weiß mit den Anforderungen des modernen Lebens und welche beide er daher an diesen scheitern läßt. In welcher Weise, wird die Betrachtung der einzelnen Dichter ergeben, denen wir uns jetzt zuwenden in der Reihenfolge, wie sie durch die Werke derselben bestimmt wird.

3. Karl Gutzkow.

Die eigentümliche Mischung von Resignation und zweifelnder Hoffnung, welche die Gemüter zu Beginn dieser Epoche beherrschte, trat am lebhaftesten in den beiden großen Romanwerken Gutzkows hervor. Nach seinen ersten Romanen hatte sich Gutzkow fast auf ein Jahrzehnt der Bühne und dem Drama gewidmet, nun wandte er sich plötzlich, auch von den Erfolgen dieser Thätigkeit unbefriedigt, mit der Geschmeidigkeit seines Naturells zu dem Gebiete zurück, wo die ersten Schößlinge seines litterarischen Ruhmes einst aufgegangen waren. Er hatte 1847 in Dresden die Stellung eines Dramaturgen am Hoftheater angenommen, diese aber 1850 aufgegeben, um sich ausschließlich seiner schriftstellerischen Thätigkeit wieder hinzugeben. Künstlerische Pläne verschlangen sich bei ihm mit politischen und sozialen Ideen und dazu gesellte sich der heiße Drang seines Ehrgeizes, überall die Führerschaft zu gewinnen, dem Jahrhundert immer wieder das Losungswort zu geben. Indem er sich einen „Missionär der Freiheit und des Glaubens" nannte, schrieb er in der Zeit von 1850—60 jene beiden Romane, die zu den merkwürdigsten Schöpfungen unserer Litteratur gehören und die so verschiedenartig beurteilt worden sind.

Dem charakteristischen Zuge der jungdeutschen Schule, die mit jedem Buche gleichsam die Weltschöpfung von neuem begann, blieb Gutzkow auch diesmal getreu. Er wollte den Roman, wie er sich bisher gestaltet hatte, von außen und von innen reformieren, er wollte ihm eine neue Technik geben und zugleich eine höhere Aufgabe. Nachdem man lange den „alten Roman des Nacheinander" gekannt hatte, entdeckte er den neuen des „Nebeneinander" und mit der Begeisterung des Columbus, der in der neuen Welt glücklich gelandet ist, sprach er davon, daß die Menschheit wieder aus der Poesie den Glauben an die göttliche Weltordnung zurückgewinnen könnte. Der Roman sollte Einigungs- und Sammelpunkt werden für alle Bestrebungen, welche das Herz der Menschheit erfüllen, hier sollte sich der Geist der Zukunft ansiedeln und das Geschlecht der Gegenwart warnen und ermutigen. Idealer und erhebender ist wohl kaum der Inhalt des Romanes aufgefaßt worden und wie dieser Inhalt an Tiefe und Größe, so sollte der neue Roman auch an Umfang alles Vorangegangene hinter sich zurücklassen, indem er alle Kreise des Lebens, die ganze Vielseitigkeit der Wirklichkeit in sich schloß. Dieser Hinweis auf die Wirklichkeit — und das ist als bedeutsames Symptom des immer mehr wachsenden Wirklichkeitssinnes zu betonen — ist überhaupt der Anlaß der Theorie vom „Roman des Nebeneinander". Als eine Reihe konzentrischer Ringe soll sich das neue Romanbild vor uns ausbreiten; hoch über seinem Mittelpunkte steht das Auge des Dichters, es überblickt und überwacht alles, es sieht, wie die einzelnen Kreise auf einander einwirken, wie die Ströme des geistigen Lebens sie durchdringen, in ihnen sich kreuzen und entgegenwirken, eine irdische Komödie im großen Sinne Dantes.

Zweifellos hat Gutzkow damit das Wesen des großen Zeitromanes richtig erkannt. Aber der etwas spielende Begriff des „Nebeneinander" hat sich für den Dichter verhängnisvoll erwiesen: so groß die Intention, so mißlungen ist die künstlerische Ausführung seiner beiden großen Romane. Gutzkow hat in der That es nicht vermocht, das „Nebeneinander" von dem „Durcheinander" zu scheiden; er hat dem Nebeneinander eine Auslegung gegeben, welche die epische Form des Romanes zuletzt vollkommen zersprengt. Die Erzählung bewegt sich überaus schwerfällig, überall sind Wiederholungen notwendig, wichtige Ereignisse erscheinen nur in der „wiederstrahlten Beleuchtung der Nacherzählung" durch dritte Personen, dann muß der Autor nachhelfen und ausführliche Exkurse einschalten. Hier erzählt er in Bänden die Ereignisse weniger Tage und dort überspringt er im Fluge den Wechsel von Wochen und Monaten. Dieser Widerspruch zwischen glänzender Theorie und zerfahrener Kom=

position erklärt sich durch die Vorbilder der französischen Sensationsromane; sie an Wirkung zu erreichen, wenn nicht zu übertreffen, war sein Ehrgeiz. Aber der große Apparat war für seine feinfühlige Hand zu schwerfällig: er war auf Spannung und Sensation eingerichtet und sollte nun zu einer idealen Einwirkung auf die Geister dienen. Der Dichter empfand das Mißverhältnis selbst und bemühte sich, den Apparat so viel wie möglich unter der Romantik seiner Charaktere, unter den üppigen Ranken seiner Ideen zu verbergen; dafür war er gezwungen, den ersten und schönsten Reiz epischer Dichtung, den der Erzählung, zu opfern.

Nimmt man die Handlung der „Ritter vom Geist", der in neun Bänden 1850-51 erschien (letzte Umarbeitung 1870), nach ihren äußerlichen Daten, so ergeben sich die krassen Effekte eines französischen rohen Sensationsromanes. Ein ganzes Knäuel von Familiengeschichten wird durcheinander gewirrt. Eine Fürstin hat ihrem Gatten einen Bastard als Sohn untergeschoben; eine andere Aristokratin läßt sich mit einem angeblichen Baron ein, der in Wahrheit ein Falschmünzer ist und als solcher auf höchst romantische Weise aus dem Gefängnisse entflieht. Der illegitime Sprößling dieses Verhältnisses wird, unbekannt mit seinen Eltern, im Hause eines Justizrates erzogen. Der Sohn der Fürstin entwischt aus einem Genfer Pensionat und lebt in Paris als einfacher Arbeiter; nach dem Tode seiner Mutter kehrt er heim, will in Handwerksburschentracht aus dem Schlosse seiner Mutter ein Bild stehlen, welches wichtige Familienpapiere enthält, wird dabei ertappt und in den Turm geworfen. Später wird dieser Romantiker konservativ und der erste Minister des Staates. Der andere Bastard verliebt sich in die schöne Tochter seines Pflegevaters, und man jagt den Findling, der zudem ein Nachtwandler ist, aus dem Hause. Die Väter dieser beiden unehelichen Söhne kehren nach langen Jahren aus Amerika in die Heimat zurück, um ihre Kinder zu suchen. Auch hierbei geht es nicht ohne romantische Verwechselungen ab, ehe die berühmten Erkennungsszenen auf ebenso romantische Weise erfolgen. Ein anderer Stoff, der durch den Roman läuft, ist folgender: Zwei Brüder führen einen Prozeß um eine Erbschaft des alten Templerordens, in einem alten Schrein findet sich die Urkunde, welche ihre Ansprüche bestätigt, allein man stiehlt ihnen durch listigen Betrug diesen Schrein. Die Jagd nach seinem Verbleib, wo und wie er verschwunden sein mag, ist überaus abenteuerlich. Als er schließlich seinem Herrn wieder zugestellt und der Prozeß gewonnen ist, sitzt einer der Erben dieser Million im Kerker. Seine Freunde entführen ihn aus demselben. Auf der Flucht trägt der nachtwandelnde Bastard den Schrein, in einem Wirtshause aber kommt Feuer aus, in welchem Träger und Schrein verbrennen u. s. w. Dieses Chaos von sensationellen Ereignissen, hätte Eugen Sues Feder zu einem Roman veranlaßt, der die Phantasie des Lesers durch unaufhörliche Effekte peitschte, bei Gutzkow gehört Geduld und Aufmerksamkeit dazu, den hin- und herschießenden Fäden zu folgen, und nicht selten ermüdet beides. Die Handlung macht ebensowenig den Reiz wie den Vorzug der „Ritter vom Geist" aus, und untersucht man die psychologische Begründung einzelner Vorgänge, so treten die gezwungenen Uebergänge doppelt unangenehm hervor, denn die Helden thun bisweilen das Gegenteil von dem, was man nach den Regeln der Logik von ihnen erwarten konnte.

Aber nichts wäre unangemessener, als unter diesem Gesichtspunkte ein Werk wie die „Ritter vom Geist" würdigen zu wollen, wie es z. B. Julian Schmidt gethan hat. Die Bedeutung dieses Romans entdeckt man erst durch eine andere Betrachtungsart, welche den äußeren Apparat vollkommen zurücktreten läßt. Erhebt man sich selbst zu einer gewissen Höhe, so liegt es wie heller Tag auf denselben Partien, wo erst die unklaren, phantastischen Schatten überlebter Romantik sich abhoben. Der

Dichter zeigt ein Weltbild von außerordentlichem Umfang, wie
es so eigenartig nur in Goethes „Wilhelm Meister" und Immer=
manns „Epigonen" entrollt worden war. Wir sehen, wie die
Reaktion in Staat und Kirche eingezogen ist. Die Romantik
erlebt eine zweite christlich=soziale Nachblüte. In den Hofkreisen
liebt man, seitdem der junge König die Regierung ergriffen,
das Dämmerige und Romantische und schließt die Augen vor
der heraufgrollenden sozialen Gefahr. Die alte Generation
macht entweder die Mode mit, indem ihre bequeme Philosophie
ihr den ungestörten Lebensgenuß zur Pflicht macht, wie Justiz=
rat Schlurck — oder sie verbringt voll rechtlicher Ehrlichkeit
ihre Tage unter den Wunderlichkeiten einer einsiedlerischen
Beschaulichkeit, wie Dagobert von Hardenberg. Die Frauen
dieser besseren gesellschaftlichen Kreise arbeiten ihrerseits an der
„Restauration" im Neubund (ein Hinweis auf den „Treubund"
in Preußen), der die loyalen Seelen für das erschütterte König=
tum wieder einfangen will, oder sie frondieren wie Pauline
von Hardenberg, da sie vergebens intriguieren, am Hofe in
den „kleinen Zirkeln" eine Rolle zu spielen. Dagobert und
Pauline von Hardenberg sowie Schlurck sind Typen von
überaus geistvoller Charakteristik. Sie vertreten zwei litte=
rarische Epochen: der alte Dagobert das Zeitalter Kants und
Mozarts, Schlurck den cynischen Atheismus und die witzige
Jronie Heines, Pauline die unverstandene, geniale Frau der
Jungdeutschen. In diesen beiden letzteren Figuren erkennt man
den Fortschritt der Gutzkowschen Lebensanschauung; sie hatte
sich bereits ihrer eigenen Jugend gegenüber zu einer gewissen
Objektivität erhoben. Da ist ferner Melanie Schlurck, die echte
Tochter ihres Vaters, des Justizrates, dessen Witz bei ihr Geist
und Koketterie geworden, sie schillert zwischen Wahrhaftigkeit
und Falschheit und ist doch eines wahren Gefühles fähig, wenn
sie auch ihren Ehrgeiz zum Berater nimmt und auf nicht
ganz zweifellose Weise Fürstin wird. Das christlich=religiöse

Element im Sinne der Kirche vertritt der pietistische Probst, das Schöngeistige dieser zeitgemäßen Romantik der Pfarrer Guido Stromer, der mit seiner ästhetischen Weltanschauung allen politischen Fragen beizukommen und in allen Sätteln gerecht zu werden versteht, ein moralischer Lump, doch nicht ohne Sinnlichkeit und Leidenschaft. Jede dieser Figuren ist so von dem Geiste ihrer Zeit gefärbt, so auf diesem Boden erwachsen, daß sie wie ein gelungenes Porträt der Wirklichkeit sich ausnimmt.

Aus der Zahl der „Ritter vom Geist" ragen zwei Charaktere besonders hervor, Fürst Egon und Dankmar Wildungen, zwei Idealfiguren des Dichters, in denen seine eigene Subjektivität am stärksten hervorbricht. Fürst Egon hat in Paris als Arbeiter gelebt und die soziale Frage studiert, er will sie, wie es scheint, auf ziemlich originelle Weise lösen. Er tritt für den „Schutz der Arbeit" ein, nicht der Arbeit überhaupt, sondern der körperlichen Thätigkeit, da es zu viel Geistesarbeiter und zu wenig Handarbeiter gäbe — für ihn der Grundfehler des modernen Staates, denn die übrigen Stände sind gegenüber dem arbeitenden nur dienend. Der Staat muß sich nach seiner Meinung des Arbeiters und seiner Angehörigen annehmen. Der junge Fürst macht indessen keinen Versuch, als er später in das Ministerium berufen wird, seine Ideen zu verwirklichen. Er läßt sich von der ultra=konservativen Partei ins Schlepptau nehmen und regiert in deren Sinne. Die Kammer behandelt er mit Phrasen, seine früheren Freunde mit Kälte und Verfolgungen, und, nachdem er seine Rolle ausgespielt hat, muß er, ein enttäuschter, müder Geist, sich in das Privatleben zurückziehen. Einen anderen Weg, der Zeit zu helfen, schlägt Gutzkows zweiter Hauptheld, Dankmar Wildungen ein. Wie Egon Sozialist, ist er Demokrat, sein Glaubenssatz lautet dahin, daß der Adel seines Vorrechts sich begeben, der Begriff der Gewalt in die Souveränität des Volkes gelegt werden müsse. Da an die

Verwirklichung dieser Idee nicht zu denken ist, so kommt er durch die eigentümliche Erbschaft des Templerordens, um die er prozessieren muß, auf einen merkwürdigen Plan. Dies Zeitalter, sagt er sich, ist unklar und ohne Ziel, die einzigen, die wissen, was sie wollen, sind die Jesuiten und die Freimaurer. Wenn jene die Menschheit in Fesseln schlagen wollen, so suchen diese sie davon zu befreien, aber das Ziel, das ihnen vorschwebt, die Humanität, ist zu allgemein und zu entfernt, um hier zu genügen. Es ist auch nicht so sehr nötig, eine neue Ordnung zu schaffen, als auf eine solche vorzubereiten. Jetzt kämpfe man mit dem Geiste nur gegen den Geist. „Wohlan!" ruft Dankmar aus, „So stifte man einen neuen Bund des allgemeinen Menschengeistes gegen den Mißbrauch der physischen Gewalt. Wo seh' ich nicht die physische Gewalt? Ueberall! Das Recht des Besitzes soll das Recht des Eigentums sein. Der eine bewaffnet sich mit stehenden Heeren, der andere mit der Brandfackel des Aufruhrs". Beides muß zurückgewiesen werden, dafür giebt es „eine kleine Leiter von Begriffen, die so einfach, so tief in der Menschenbrust begründet sind, daß sie die einfachste Intelligenz erklimmen kann. Auf diese Begriffe hin reiche sich die Menschheit die Hand, beschwöre sie und erkläre feierlich, auf diesen Schwur hin nur noch leben und sterben zu wollen. Ein solcher Bund des Geistes nur noch 50 Jahre in Wirksamkeit und die Streitfragen werden vereinfacht, die alten, wie Schlinggewächs wuchernden Unbilden werden von selbst verdorrt und zusammengefallen sein". Dieser Bund soll den Kampf der Zeit nicht aufheben, aber abkürzen, er trägt im Schilde das Losungswort: Vernichtung des Alten, Ueberlebten. So will er den neuen Tempel gründen, dessen Fundament die freie Presse und dessen Kuppel das Recht der Arbeit ist.

Was Gutzkow hier anstrebte, war eine Einigung aller Oppositionselemente zu einer Abkehr von dem reaktionären Staate der Zeit, der nach seiner Ueberzeugung schon zusammenbrechen mußte, wenn die „Ritter vom Geist" die öffentlichen Angelegenheiten denen allein überließen, welche bisher den „Geist" für ihre Tendenzen mißbraucht hatten. Es ist niemand anders als Egon, der Minister und Führer der monarchisch-reaktionären Parteien, welcher am Schlusse des Werkes diese Ansicht ausspricht, als er von seiner Laufbahn und von seinen alten Freunden scheidet. So wenig positiv die Ideen dieses Romans sind, so haben sie doch unleugbar in jener unklaren, resignierten Zeit eine große Wirkung ausgeübt. Auch sie sind ja in Wahrheit nur der Ausfluß einer resignierten Stimmung, die kein Heil mehr darin sieht, an den Aufgaben des öffentlichen Lebens zu wirken, auch sie sind der Versuch, aus den Wirren und der Unklarheit des Tages die Gemüter zu einer inneren Sammlung zurückzuführen und auf wenige Grundbegriffe das zerfahrene Parteileben von neuem zu vereinigen. In den „Rittern vom Geist" wurde mit schmetternder Chamade allen freiheitstrebenden Geistern das Signal zum Rückzuge gegeben, aber das Signal war zugleich für sie auch das Zeichen zum Sammeln in einer neuen geschlossenen Kolonne. Darin wurzelt die geschichtliche Bedeutung dieses Romanes, dessen äußere Schwächen leider so groß sind, daß man leicht seine glänzenden Vorzüge darüber verkannt hat.

Noch bleibt in diesem Romane ein dritter Kreis von Gestalten. Die Basis der staatlichen Pyramide bildet das Volk, d. h. jene Schichten der unteren Stände, die auf Tagesarbeit und Tageslohn angewiesen sind. Die Kapitel, die der Dichter ihm widmete, verraten am meisten den Einfluß der sozialistischen Romane Sues. Aber so demokratisch seine Gesinnung war, den „Ritter vom Geist" trennte doch immer noch eine Scheidewand von der Menge. Alle Eigenschaften, die Gutzkow dem Volke zuschreibt, weist ein Typus auf, welcher zu den gelungensten des ganzen Romans zählt. In dem Nachtwandler Hackert ist „das schwankende, unreife, halbfertige, oft großartige, dann wieder kleinliche, bald poetische, bald prosaische, nachtwandelnde, ahnungsvolle und am Tage geistig verschlafene Volk" gleichsam verkörpert und diese Charakteristik übertrifft bei weitem die etwas rührselige Zeichnung der Arbeiter und Arbeitermädchen in dem Romane.

Neben sozialen und politischen Fragen hatte Gutzkow in den „Rittern vom Geist" auch die kirchlichen gestreift und in der Charakteristik des Jesuiten Raffland auf die Konflikte zwischen Staat und Kirche hingewiesen, welche durch die Anmaßung des Papsttumes von neuem heraufbeschworen worden waren. Gerade in religiösen Fragen stand Gutzkow am meisten auf dem Boden der Erfahrung und zwar der eigenen, inneren Erfahrung. Das kirchliche Leben und die Gefahren für den Einzelnen und die Gesamtheit zu schildern, welche die weltbeherrschende Macht des Katholizismus in sich birgt, wurde nun das zweite große Thema Gutzkows. Als der erste Band des „Zauberers von Rom" (1858—61, 9 Bde., letzte Umarbeitung 1872) erschien, war in Italien die Restauration des Papsttumes erfolgt, die römische katholische Kirche hatte in dem Abschlusse des Konkordats mit Oesterreich einen neuen großen Triumph errungen (1855); Frankreichs Politik, so zweideutig sie war, schien die weltlichen Interessen des heiligen Vaters Pius IX. durch seine Bayonette stützen und sichern zu wollen. Der „große Zauberer" suchte wieder die Welt zu bändigen. Liest man die Vorrede des Romanes, so staunt man über die großen und glänzenden Gesichtspunkte, welche der Dichter aufstellt. Er sieht, wie der alte Ghibellinen- und Welfenstreit fortwährend zu einer neuen Entscheidung drängt, nicht im Kampfe der Theologie, sondern der Völker: früher oder später wird die Stunde da sein, in der es offenbar wird, ob „die Welt den Slaven, Kelto=Romanen oder Germanen gehört". Mit seiner Dichtung tritt er in den Kampf der Zeit: er will ermahnen, warnen, ermuntern, die Gefahren einer trügerischen Lockung, den „lieblichen Ton der

Pfeife des Vogelstellers" auch in dem Busche nachweisen, „wo nicht Orangen, sondern Tannenzapfen reisen". Der Verrat im eigenen deutschen Heerlager soll aufgedeckt, der tausendjährige germanische Siegesstolz entflammt werden, und zuletzt will die Dichtung „einem großen sehnsüchtigen, auch von ihr heilig gehaltenen Hang und Drang der christlichen Völker würdigere Ziele zeigen, als sie sich bisher in der fernen Fata Morgana spiegelten". Auch diesmal ist der Dichter leider großartiger in seinen Tendenzen als in seiner Ausführung geblieben.

Gutzkow ist im „Zauberer von Rom" noch weniger Erzähler als in den „Rittern vom Geist". Auch dieser zweite Roman schöpft seine Verwickelungen aus Familiengeschichten, deren verfängliche Einzelheiten drohend aus der Vergangenheit ihre dunklen Schatten in das Leben der Hauptpersonen werfen. Die Grundsätze der Komposition sind die alten des „Nebeneinander", welche anstatt die Spannung zu erhöhen, sie zerreißen, oft das Nebensächliche ausführlich, das Wichtige oberflächlich behandeln, durch Wiederholungen ermüden und doch trotz aller Rückblicke, Andeutungen und Hinweise das Romanbild mehr verwirren als klären. „Die Ritter vom Geist" zu analysieren ist ein Kunststück, eine genaue Inhaltsangabe des „Zauberer von Rom" schier eine Unmöglichkeit, da der Romanapparat hier durch ein noch stärkeres Personal in Bewegung gesetzt wird.

Aus den dunklen Punkten in der Vergangenheit zweier Familien erwachsen die Hauptkonflikte. Der Kronsyndikus von Wittekind ein wüster, lebenstoller Junker der roten Erde, hat sich mit einer Sängerin vermählt, um sie zu besitzen. Allerdings war die Trauung nur Komödie; als sie ihm einen Sohn geboren, verstößt er sie, worauf sie nach einer abenteuerlichen Laufbahn Herzogin von Amarilles wird. Das Zusammentreffen von Mutter und Sohn, der unter einem ganz anderen Namen als dem des Kronsyndikus aufwächst, bildet eine effektvolle Zuspitzung der eigentlichen Handlung. Der Kronsyndikus sucht später die Frau des Deichgrafen Klingsohr zu verführen und erschlägt ihren Gatten. Wie um diese That zu sühnen, nimmt er sich des jungen Klingsohr an, den er — wiederum infolge einer sehr romantischen Verführungsgeschichte — zuerst als seinen wirklichen Sohn betrachtet. Der junge Klingsohr erschießt ihm dafür den eigenen Sohn im Duell, macht einen Haufen phantastischer Streiche, wird zuletzt Mönch und stirbt in Rom an der Hektik, der Cigarre und dem Orvieto. Nicht minder romantisch ist der zweite Stoff. Friedrich von Asselyn entdeckt zwischen seiner Frau und seinem Freunde ein Liebesverhältnis; großmütig will er ihrem Glücke nicht im Wege stehen. Aber die katholische Kirche kennt keine Lösung einer rechtlich eingesegneten Ehe, Friedrich von Asselyn greift daher zu einem seltsamen Mittel. Plötzlich kommt die Nachricht, daß er bei einer Alpenfahrt verunglückt sei, man findet im Gebirge seine Kleidung und seine Papiere, ein Leichnam wird als der seine begraben. Die Witwe heiratet den Freund, Friedrichs einziger Sohn Bonaventura wird darauf Mönch. Der Vater hat sich in Italien in eine stille, einsame Gegend zurückgezogen, wo er mit den Waldenser Lehren bekannt wird, und ergriffen von denselben, wirkt er als Prediger einer Waldenser Gemeinde im Silaswalde. Das Gericht der römischen Kirche wirft den Ketzer in den Kerker. Bonaventura, sein Sohn, ist inzwischen zu hohen kirchlichen Ehren, zum Range eines Kardinals emporgestiegen; als solcher tritt er dem Vater, von dessen Schicksal auch ihm bereits Kunde geworden, entgegen, und sie beide feiern ein erschütterndes Wiedersehen. So die Hauptmomente der Erfindung, in denen die Hauptmomente der Handlung und des Romanes zu suchen ein Mißgriff wäre. Wer durch eine derartige Analyse dem Romane gerecht werden will, sammelt ein Bündel Unwahrscheinlichkeiten logischer und psychologischer Art.

Man muß durch die Beete wandeln, in denen der Dichter ge-
säet hat, und es ist auch eine dichterische reiche Saat, die
dort aufgegangen ist. Vor allem hat Gutzkow in diesem Roman
von neuem den Beweis einer glänzenden Charakterisierungskunst
gegeben. In den ersten Bänden scheint es, als folgte er
dem Beispiele Thackerays in „Vanity Fair", wo um einen
einzigen weiblichen Charakter eine bewegte Handlung mit
mancherlei Figuren sich schlingt. Die Heldin trägt den Namen
Lucinde, einen echt jungdeutschen Namen, und echt jungdeutsch
ist auch der Charakter dieser weiblichen Natur, welcher der
Emporgang vom Dienstmädchen bis zur römischen Gräfin gelingt. Kühl von Blut wie der Salamander, ist sie gewandt
und flink wie die Eidechse; alle Männerherzen neigen sich ihr,
und sie weiß sich allen, die sich ihr neigen, zu entwinden. Der
Reihe nach werden uns diese Liebhaber vorgestellt: der verrückte
Kammerherr, der Sohn des Kronsyndikus, dann der junge
Klingsohr, dessen phantastische, zerrissene Seele, den Konvertiten-
charakter in eigentümlicher Weise ausprägt, ferner der Pro-
kurator Nück u. s. w. Jungfräulich aus Kälte, nicht aus Tugend
möchte sie sich einem hingeben, der sie jedoch zurückweist: Bonaventura von Asselyn, für den sie am Tage seiner geistlichen
Einkleidung in Leidenschaft entbrannt ist. In die verworrensten
Verhältnisse dringt sie ein, ihre Schönheit und ihr Verstand beherrschen die Menschen; sie ist bisweilen gemein, doch nie geradezu schlecht. Allein sie hat keine moralischen Ueberzeugungen;
sie wird Katholikin, ja eins der gefährlichsten Werkzeuge der
katholischen Propaganda, nicht aus Frömmigkeit oder gar Fana-
tismus, sondern allein um eine Rolle zu spielen. Und diese
Rolle spielt sie im kleinsten wie im größten Kreise mit einer
fabelhaften Sicherheit, mit einer Schlauheit des Geistes und
einer herben Anmut, die alles bezaubert und hinreißt. Ganz
Verstandesnatur, umzittert sie doch ein gewisses dämonisches
Zwielicht, das auch tiefere Empfindungen durchleuchtet. Die

Lucinde ist vielleicht der ausgezeichnetste Frauencharakter, welcher Gutzkow gelungen.

Mit Lucinde verglichen, ist Bonaventura von Asselyn eine ungemein sympathische Figur. In ihm hat der Dichter den schwersten Anschlag gegen die katholische Kirche gerichtet. Der junge Geistliche wird in alle jene Seelenkämpfe hineingeworfen, welche der Widerspruch der katholischen Lehre mit der natürlichen Welt in jeder sensiblen Natur erzeugt. Er liebt und muß hoffnungslos seine Liebe für immer in sich begraben; die Verführung naht sich ihm stürmisch in Lucindens bezaubernder Gestalt und er widersteht gleich dem heiligen Antonius. Aber noch mehr: die Lehre der Kirche selbst beginnt für ihn sich zu verzerren, das Fundament, auf dem der Katholizismus steht, zu wanken. Am eigenen Herzen spürt er den Unsegen der Beichte, wenn er vergeben soll, anstatt zu strafen. Er muß erfahren und zugleich es verbergen, daß er im Sinne der Kirchenlehre nicht getauft ist, daß alle priesterlichen Handlungen, die er vollzogen, nach ihrer Anschauung null und nichtig sind, der Boden seines Wirkens scheint ihm plötzlich für immer entzogen, und mit diesem unseligen Bewußtsein steigt er zu immer höheren Kirchenwürden empor, ohne daß er wankt und weicht: eine innere, drückende Tragik, die mehr ergreift und männlicher ist als das Herausfordern der Kirchenzucht. Ja, der Dichter läßt ihn an dem einer Vision ähnlichen Schlusse des Werkes sogar aus der Papstwahl als das Oberhaupt der Kirche hervorgehen. In diesem Falle kam in der Tendenz auch die Ironie zum Vorscheine: ein Ungetaufter das Oberhaupt der katholischen Christenheit! — und doch enthält diese Ironie die Wahrheit, daß die Reform der Kirche, welche Bonaventura als Papst Liberius II. verkündet, nur von denen ausgehen könne, welche den sittlichen Bruch dieser Lehre im eigenen Innern am tiefsten spüren würden. Von allen Gutzkowschen Helden ist Bonaventura vielleicht am sympathischsten; der Zwiespalt seines Innern wird von einer gefaßten, männlichen

Seele getragen. Nicht so ganz wahr und einfach erscheint ein zweiter Held, Benno von Asselyn, den das Schicksal in die Bewegung der italienischen Carbonari reißt und der in derselben untergeht. Hier sind Sprünge, Halbheiten, Unwahrheiten der Charakterzeichnung nicht vermieden.

Die dichterische Kunst Gutzkows tritt in den Nebenpersonen gewöhnlich weit hervorragender auf als in den Haupthelden. Die Typen der Zeit auf dem kirchlichen und religiösen Gebiete hat er auch hier mit ungewöhnlicher und oft satirischer Feinheit festgehalten. Die Gefahr des Ultramontanismus als des Gegners der modernen Kultur, die Notwendigkeit seiner Reinigung und Läuterung deckt er eindringlich und lebendig in ihnen auf, überall vernimmt man seine die Müdigkeit und Schlaffheit aufscheuchende Mahnung, die Macht des Zauberers von Rom zu brechen. Deutschland, Oesterreich und Italien spüren schwer die Hand des Zauberers: in Deutschland liegen Staat und Kirche wegen der Frage der gemischten Ehen in Zwiespalt, in Oesterreich herrscht unter dem Metternichschen System die kirchliche Reaktion, in Italien ringt der nationale Drang mit dem Drucke einer liederlichen und verrotteten Priesterwirtschaft und durch alle Lande schleicht der Jesuitismus in der schlauen Maske des Anwaltes für die Interessen der Einzelnen und der Völker. Zwar sind diese Bilder nicht gleich farbenreich und vollendet, aber einzelne Momente und zwar die charakteristischen prägen sich mit seltener Endringlichkeit ein. Es sind das, wenn man will, journalistische Leitartikel, aber Leitartikel in der Form künstlerischer Anschaulichkeit. Innerhalb des Katholizismus werden uns alle Gegensätze gezeigt, die Streiter für die Hierarchie und gegen dieselbe, die Mittel, mit denen sie arbeitet, und die stille Hoffnung, in welcher ihre Gegenrichtung auf die Zukunft wartet. Der satirische Zug des Dichters kennzeichnet oft in wenigen witzigen Schlaglichtern eine ganze geistige Bewegung. In Deutschland sind es mehr die Fragen des Gewissens, in Italien Fragen der Politik, die zu einer Auseinandersetzung, einer Lösung mit dem Papsttume drängen. Die großartige Fülle von Figuren, in denen die Strömungen dieses Zeitalters verkörpert sind, ist ebenso staunenswert wie die Sachkenntnis und das Geschick, mit welchen Gutzkow auch menschlich zu charakterisieren weiß.

Für den Zeitroman ist Gutzkows Beispiel geradezu maßgebend gewesen, er wies die Pfade, auf denen die Prosadichtung zu wandeln habe, wenn sie die Tendenz mit der Kunst in Verbindung und Harmonie bringen wollte. Der Nächste, der ihm folgte, war der Dichter der deutschen Dorfgeschichte.

---

4. Berthold Auerbach.

In den großen epischen Werken Berthold Auerbachs gewann der Zeitroman eine bestimmte philosophische Färbung. Der Dichter war nicht dazu veranlagt, aus den trüben Fluten des Tages allein zu schöpfen, er sah auch die Zeitereignisse wie die Menschen selbst in jenem „Lichte des Ewigen", für das der Weise von Amsterdam sein Auge geöffnet hatte. Von seinen Dorfgeschichten zu seinen Romanen war derselbe Weg wie von der Beobachtung zur Betrachtung; das reflektierende Element in dem Dichter umspann alle Geschehnisse mit den silbernen Fäden seiner Weisheit, und diese Art, den Dingen zu Leibe zu gehen, gab zuletzt auch seinem Stil eine gedrungene, sentenzartige Kürze, wie es ihn gegen Regel und Gesetz epischer Komposition gleichgültiger werden ließ. Auerbach war 1845 nach Norddeutschland übergesiedelt, wo er abwechselnd in Weimar, Leipzig, Dresden und seit 1859 in Berlin lebte. Aber das Land, das er in seinen großen Zeitromanen mit liebender Seele umfaßte, war und blieb der deutsche Süden, sein teures Schwabenland, nur daß die enge Mark des Dorfes sich erweiterte, daß sie den großen Gegensätzen der Kultur näher rückte und mit ihnen in wechselseitige Beziehungen trat. Die kleine und die große Welt, Natur und Bildung, wie sie sich gegenseitig stützen und fördern könnten, war das stete Problem Auerbachs; mehr als der Kampf politischer Extreme erwärmte und fesselte ihn der Gedanke, daß der Einzelne den Einklang seines Lebens mit dem allgemeinen Natur- und Sittengesetze finden müsse. Das war einer Aufgabe, doppelt schwer in schwerer Zeit, und sie erzeugte wohl die härtesten Konflikte: dieser sich zu bemächtigen und sie zu einer reinen Lösung zu bringen, war des Dichters Ziel und Tendenz; hier lag ihm auch die Versöhnung des neuen Nationalitäts= gedankens mit der Idee der Menschheit, des geschichtlich Ge= wordenen mit den alten Forderungen der Humanität. Es ist keine leere Behauptung, daß in Auerbachs Romanen der ethische Zug den dichterischen Charakter überwiegt, und mit Jean Paul, den er so hoch verehrte, teilte der Dichter die auf Erziehung des großen und kleinen Menschengeschlechtes gerichtete Neigung.

In trüben Zeitverhältnissen entstand sein erster Roman „Neues Leben" (1852). Die Revolution in Süddeutschland war vereitelt, die Gesinnung, die sie erzeugt hatte, dem Volke jedoch noch nicht entfremdet, die Reaktion und das Denunzianten= unwesen erhöhten die Verbitterung. So warm das Herz des Dichters dem Gedanken der Freiheit schlug, er sah das Heil nicht in nutzlosem Schimpfen auf die Fürstengewalt oder in der Flucht über den Ocean. In seinen Schwarzwäldern hatte er die innere Gesundheit des deutschen Volkes entdeckt, krank waren ihm nur die höheren Stände, die Gebildeten, und darin lag die Hauptursache des Elends der Zeit. Die Krankheit des Byronismus, das Spiel mit geistreichen Ideen ohne die sittliche Thatkraft, etwas Lebendiges zu schaffen, die Weltfaullenzerei im sogenannten Weltschmerze, sie mußten durch eine energische Kur, wie dem Dichter schien, aus der Bildung entfernt werden. Anstatt nur für sich und der Entfaltung seines Naturells zu leben, sollten die Gebildeten sich zerstreuen, um andern sich zu widmen, sie durch ihre Erkenntnis zu beherrschen und zu lenken. Leider kam diese schöne Idee nur in der Manier der jungdeutschen Romantik zur Ausführung. Der Held des Romanes, ein Graf Falkenberg ist als Revolutionär zum Tode verurteilt worden, ihm winkt die Aussicht der Rettung in Amerika. Er verzichtet auf diese Rettung und wählt einen anderen Weg; mit einem Dorfschulmeister tauscht er die Pässe, und während dieser die Reise in die neue Welt antritt, unterzieht der Graf sich unter dem fremden Namen den mühevollen Aufgaben des Dorfschulmeisteramtes. Er heiratet sogar die Tochter eines Bauern und als seine Amnestie erwirkt ist, bleibt er in dem bäuerlichen Kreise, der ihn aufgenommen und in den sich auch seine Mutter, die einstige Geliebte eines Prinzen nach peinvollem Schicksal geflüchtet hat. Allein wenn der Dichter die sittliche Tüchtigkeit seines Helden, sein Aufgehen in einem bestimmten Berufe des Volkes preisen wollte, von der Krankheit der Zeit hat er ihn doch nicht ganz befreit. Dies „neue Leben" erhebt sich leider in seinem Hauptgrunde auf einer Lüge, es streift zudem an die Abenteuerlust des A. v. Sternbergschen Helden „Paul". Das Buch enthält eine Fülle geistreicher Reflexionen und Gespräche, als habe Auerbach den Byronisten zeigen wollen, wie geistreich er selbst sein könne, und entwickelt in der Zeichnung verschiedener Nebenfiguren einen außerordentlichen Humor. „Neues Leben" von Auerbach stand poetisch und künstlerisch seinen gleichzeitigen Dorfgeschichten weit nach, allein es bleibt in seiner Idee wie in seinem Gedankeninhalte ein Zeitdokument. Das deutsche Volk hatte begonnen, in sich Einkehr zu halten und wieder Mut zu gewinnen. Erkenntnis war ja dem Dichterphilosophen der Ursprung der Besserung.

Es kamen die Jahre der Verfassungskämpfe, der Konflikte zwischen Regierungen und Parlamenten. Auch ihnen trachtete der Dichter der Dorfgeschichten bis in ihre individuell-psychologische Wurzel nachzugehen und zugleich den einzelnen Fall als typisch hinzustellen. Sein erster Roman wies den Adel und die Bildung an, sich eine Stätte allgemeiner und der Menschheit dienender Wirksamkeit zu eröffnen, sein zweiter rückte sogar auf die höchsten Höhen des irdischen Daseins. „Auf der Höhe" erschien im Jahre 1865 und man darf es wohl das reichste Werk des Dichters nennen. Es offenbarte mannigfache Gegensätze und suchte sie in einer Lösung zu vereinigen. Zunächst faßte Auerbach eine politische Frage wie die der konstitutionellen Monarchie allein nach ihrer ethischen Seite auf. Sein Held und König steht in Konflikt mit der Abgeordnetenkammer seines Landes; in einer ernsten, schwerwiegenden Frage findet er ihren Widerspruch und da er selbst sich nicht beugen will, läßt er sie auflösen. Die politischen Ideen, um welche es sich handelt, werden allerdings kaum klar genug beleuchtet, man erfährt nur, daß es der Gegensatz des Klerikalismus und des Liberalismus in der Frage des Klosterwesens ist und in diesen Gegensatz wird die Entscheidung des Monarchen hineingezogen. Der König widerstrebt der Mehrheit der Kammer, nicht allein darum, weil er ihre Ansicht nicht teilt, sondern weit mehr, weil er es als Zwang empfindet, sich einem anderen Willen beugen zu sollen. Er ist das Muster einer „heroischen Natur", die bei allem Hoch- und Edelsinn, bei aller Freiheitsliebe sich von niemand in ihren Entschlüssen bestimmen lassen will. Er haßt die Verfassung, weil sie ihm die volle Individualität beschränkt, und weil er sich als große Individualität fühlt, will er über dem Gesetze stehen, nicht bloß über dem politischen, sondern auch über dem Sittengesetze. Die Königin, seine Gemahlin, ist eine zarte, hingebende Frau, eine schöne Seele aus Jean Pauls Romanen; der König liebt sie und doch ist sie ihm im Innern unsympathisch. Seine Gemahlin soll glänzen vor der Welt, soll wie er selbst energisch und groß auftreten, nicht wie sie sich in hausmütterliche Gefühle einspinnen. Ihr sinniges, zärt=

liches Empfinden, dies tägliche Morgen- und Abendrot ihrer Gefühle langweilt ihn. Und während sie aus Liebe zu ihm ihre Religion wechseln, zum Katholizismus übertreten will, sieht er darin nur ein Zeichen ihrer seelischen Schwäche, das sie in seinen Augen demütigt. Der König verlangt, daß man wie er königlich empfinde, und dies Empfinden, diese Größe und diese Bewunderung teilt mit ihm die Gräfin Irma, die Hofdame der Königin und deren vertraute Freundin. Ein Schritt vom Wege, und die beiden gleichgearteten Charaktere haben sich gefunden; hier hat die Ehe, dort die Freundschaft den schmählichsten Riß erhalten. Das Opfer ist Irma selbst, die stolze eigenartige Frauenseele, die frei und stark aus dem Empfinden ihres Naturells handelt, wenn sie die Liebe des Königs erwidert, und die es doch büßen muß, daß sie um der natürlichen Leidenschaft willen das Sittengesetz gebrochen hat.

Die Umkehr der beiden, die Sühne ihres Verhältnisses erfolgt ganz aus dem Auerbachschen Gedankenkreise heraus: ihm ist die Erkenntnis der Sünde auch ihre Sühne. Die Stimme des Volkes, der Fluch des sterbenden Vaters, den dieser ihr mit zitternder Hand auf die Stirn schreibt, öffnen Irma die Augen: sie erkennt, wie hart und bitter das Sittengesetz, das sie zugleich mit der Freundschaft gegen die Königin gebrochen hat, sich an ihr rächt. Sie will sterben, aber der Tod wäre nicht die echte Sühnung. So gilt sie nur in den Augen der Welt als gestorben, sie selbst lebt unbekannt und in Niedrigkeit in der Einsamkeit der Berge. Dort im sinnenden Nachdenken geht ihr das Wesen der Welt und ihres Fehls auf. „Wer als Natur allein leben will", bekennt sie, „muß aus dem Schutze der Sitte ausscheiden. Ich wollte das eine und das andere nicht ganz. So bin ich zerbrochen und zerstückt". Von ihrem heiligen Büßerleben erlöst sie zuletzt der Tod, nachdem sie die Königin versöhnt hat. Ihr plötzliches Verschwinden aus dem Hofkreise, die Kunde ihres angeblichen Todes hat inzwischen auch in dem König die Umkehr bewirkt. Irmas Tod führt den König zur Erkenntnis: nicht bloß das Naturgesetz, auch das Gesetz der Sitte hat im menschlichen Leben seinen festgegründeten Bau. Frei wird der Mensch nur dann, wenn er dem Gesetze freiwillig sich fügt. Was wir sind, wir sind es nur teilweise aus uns, wir sind es bewußt oder unbewußt wesentlich aus der Genossenschaft derer, die mit uns zugleich atmen. So in bitterer Erkenntnis überwindet er, fortan will er eins sein mit dem Gesetze: frei und treu. Er entläßt das alte Ministerium und beugt sich dem Willen seines Volkes.

Der Dichter kontrastierte zugleich seine Haupthandlung durch eine Nebenhandlung; er rückte das ihm so vertraute bäuerliche Leben in die Sphäre des höfischen Treibens. Bereits in der „Frau Professor" hatte er es gethan, hier übte er es in einer neuen Form. Die Königin kommt nieder und als Amme des Prinzen wird eine Bäuerin, Wallpurga, aus einem Dorfe des Landes geholt. Die Bauersfrau blickt mit ihren klugen Augen und mit ihrem festen Sittlichkeitsgefühle in manches tiefer als die Hauptpersonen, allein auch ihr selbst naht sich die Versuchung, die sie, keinen Augenblick beirrt, zurückweist. Der Mann, der zu Hause ein Jahr ohne Frau lebt, besteht die gleiche Gefahr, zu welcher die schöne Esther verlockt, ebenso sicher: beides sind Naturen, die wohl ins Schwanken geraten können, welche aber die feste Hand der Sitte in ihrer geordneten Bahn aufrecht erhält. Mit der Bildung ist am ehesten die Willkür verknüpft, darum soll sie freiwillig dem Gesetze und der Sitte sich fügen. In den Gegensätzen zwischen dem höfischen und dem bäuerlichen Leben liegt das stoffliche Interesse von „Auf der Höhe". Nur malt der Dichter seine Bauerngestalten bereits mit noch mehr idealisierenden Farben als in den Novellen. So überschwänglich er von ihnen spricht, so überschwänglich reden seine Dörfler. Die Auerbachsche Neigung, dem Gleichgültigsten einen besonderen Sinn zu geben, bei jedem Dinge gleichsam einen geheimnisvollen Doppelboden zu entdecken, ist ihnen selbst eigen. Eine gewisse graue Gedankenluft legt sich zudem auf alle Figuren des Romanes, sie scheinen bereits nicht mehr auf dem Grunde der Erde zu stehen, sondern aus dem Grunde eines ethischen Systems erwachsen zu sein. Figuren wie Irmas Vater, wie der Hofarzt und der Oberst Bronnen, welche die spinozistische Heilslehre verkünden, sind einander auf das Innigste verwandt, kaum heben sie sich der eine von dem anderen ab. Der Dichter trachtet danach, auch den Leser auf die Höhe seiner Weltanschauung zu erheben, ihn ins All hinaus zu tragen; nur wem das Herz groß und weit genug ist, sich mit dem Gefühle des Ewigen zu durchdringen, spürt eine erhabene Weihe in dieser Gedankenwelt.

Engere Fühlung mit dem wirklichen Leben offenbarte der dritte große Zeitroman Auerbachs: „Das Landhaus am Rhein" (1869). Wir erinnern uns, daß schon die kleine Welt des Schwarzwaldes den Erdteil Amerika gleichsam zum Hintergrunde hatte. Die neue Kultur, die sich jenseits des Oceans entwickelte, hat Auerbach immer mit höchstem Interesse verfolgt; wie andere sah auch er hier die Menschheit von neuem ihr Werk beginnen, ohne daß sie von dem Schutte und Drucke mittelalterlicher Uebertommenheiten gestört und gehindert wurde. Allein auch das neue staatliche Leben drüben hatte seine ernstlichen Mißstände und als den bittersten, weil er die Idee der Menschheit am tiefsten beleidigte, die Sklaverei. Der Kampf der Süd- und Nordstaaten Amerikas um die Aufhebung dieser Knechtung des Menschentums weckte den lebendigsten Widerhall in des Dichters Seele und regte seine Phantasie zu einem Romane an, der die Frage der freien, tüchtigen Arbeit behandelte. Humanität und Industrialismus treten sich im „Landhaus am Rhein" gegenüber, ihre Tugenden und Nachteile werden gegenseitig gewogen; der Sieg gehört dem Menschlichkeitsgedanken. Der Vertreter des Reichtumes, Sonnenkamp, ein ehemaliger amerikanischer Sklavenhändler, hat sich mit seinen Millionen am Rheine angekauft; dunkel ist seine Vergangenheit, von Lastern befleckt, welche die Nachbarn ahnen, ohne sie zu kennen. Sonnenkamp ist eine Natur, für welche nur der Vorteil gilt, er verachtet die Menschen und spöttelt über den deutschen Idealismus. In seiner Seele wohnt der Trieb der Eitelkeit, und da seine Millionen ihm nicht genügen, will er auch den Adel für sich und seine Kinder erringen. Schon steht er nach mancherlei Machinationen am Ziele seines Ehrgeizes; der Fürst des Landes hat ihn zu sich gerufen, um ihm das Diplom auszuhändigen, als er von dem eintretenden Hofmohren als ehemaliger Sklavenhändler erkannt wird. Voll Abscheu weist ihn nun der Fürst zurück, Sonnenkamp aber findet in seiner Frechheit den Mut der Wahrheit und voll Ingrimm hält er dem Fürsten vor, wie seine Vorfahren die eigenen Unterthanen verkauft hätten, „und die Zurückgebliebenen mußten noch am Sonntage in der Kirche Amen sagen, wenn der Herr der Herren von der Kanzel herab für Euer Wohl angerufen wurde. . . . Ich habe meine Sklaven von einem Fürsten gekauft und ehrlich bezahlt". In dieser packendsten Szene des Romans zeigt das Laster eine gewisse Größe, wie Auerbach überhaupt, wenn er einmal einen Schuft hinstellt, nie den Mann in demselben vergißt. Das Böse kann nicht Frieden und Ruhe bewahren, so herrscht denn in dieser Familie die äußerste Uneinigkeit. Sonnenkamps Frau, ein verweichlichtes, halb närrisches Geschöpf, haßt ihren Gatten mehr, als sie ihn liebt, die Tochter Hermanna, eine edle, klare Natur, will sich dem Kloster widmen, um die Schuld ihres Vaters zu büßen; Roland, der Sohn, ist ein eigensinniger, trotziger Knabe. Dies Kind des Reichtums, das keine bestimmte Heimat kennt, zu erziehen ist die Pflicht und Aufgabe des deutschen Idealisten Erich, der das Gegenbild von Sonnenkamp darstellt. Die pädagogischen Neigungen des Dichters schieben sich hier in die Erörterung sozialer Fragen. Es ist ein bezeichnender Zug, daß Benjamin Franklins Selbstbiographie zum Führer in dieser Erziehung wird: „er stellt den einfachen, gesunden Menschenverstand dar, den festen und sicheren, nicht den genial überraschenden, aber den bürgerlich, politisch, wissenschaftlich und sittlich, ruhig und stetig wohlführenden". Roland wird freilich nicht für einen bestimmten Beruf erzogen und doch war es augenscheinlich dies Ideal der Erziehung, welches Auerbach auch dem deutschen Volke wünschte. „Wir haben gediegene, thatkräftige Bürger zu bilden", war seine Ansicht. Die alten Typen der jungdeutschen Schule werden noch einmal in diesem Roman ethisch verurteilt. In Sonnenkamp selbst ist eine Spur jenes Byronismus, dem das Leben als schaal und langweilig, als Heuchelei und Maske erscheint; stärker prägt er sich in Bella aus, der geistreichen Weltdame und Gräfin, der intriganten Koketten, die nur ihrem „Beauté-Bewußtsein" lebt und schließlich mit dem ihr innerlich verwandten Sonnenkamp ihrem Gatten, dem Grafen Clodwig, durchgeht; am sympathischsten tritt die Krankheit unseres Jahrhunderts noch in dem Grafen Clodwig selbst hervor. Er ist ein stiller, in sich gekehrter Weiser, aber auch ihn verurteilt der Dichter: „jedes Ereignis, jede Erfahrung sollte ihm nur dazu dienen, sein schönes Naturell aufzubauen. Das ist ein kinderloses, thatenloses Dasein, dessen Mutter eine Philosophie war, die alles begriff, alles geschehen ließ, nur um es nachher in ein System zu bringen". Wenn „Auf der Höhe" die Erkenntnis pries, so feierte das „Landhaus am Rhein" noch mehr die That. Erich und Roland leben nicht müßig in Deutschland ihren Humanitätsgedanken, sondern sie ziehen in die neue Welt, dort für ihn zu kämpfen und seinen Triumph zu erleben; selbst Sonnenkamp und Bella büßen, auf Seite der Südstaaten kämpfend, ihre Schuld durch ein thatenvolles Leben.

In dem Romane treten eine große Anzahl von Charakteren auf, die nur in loser Verbindung mit der Handlung stehen. Jedes Werk Auerbachs hat beobachtende, zuschauende Figuren,

in denen der Dichter sein Angesicht zeigt, seine Meinung über
dies und jenes äußert, was ihm am Herzen liegt. Die Anti=
pathie gegen den Adel verleugnete der von bürgerlicher Ge=
sinnung durchdrungene Dichter nicht, ebensowenig wie das
Widerstreben gegen die gütergierigen und den Weltkindern Ent=
sagung predigenden katholischen Klerus. Und doch fühlte sein
so warm allem Menschlichen schlagendes Herz sich frei von ver=
hetzendem Hasse; auch was ihm unleidlich war, suchte er nach
menschlichen Motiven zu erkennen und zu verstehen. Nur auf
ethischem Boden sah der Dichter die Lösung der sozialen Fragen.
Freie, tüchtige Bürger und freie Arbeit! war sein Losungswort.
„Wo die Liebe", ruft eine seiner Personen aus, „nicht mitwirkt,
die Selbstlosigkeit, wird kein Dauerndes geschaffen. Erwerbs=
sucht und Genußsucht drängen sich vor, als wären sie allein der
Charakter unserer Zeit. Wir aber rufen: groß ist unser Jahr=
hundert! Europa mit seiner alten Kultur, seinem untergehenden
Adel strebt danach, alle Menschen zur Arbeit zu verpflichten,
das russische Reich und Amerika die Menschen zur freien Arbeit
zu erlösen!" Und was uns aufrecht erhält im Leben, war dem
Dichter der Glaube an das Gute, „das Andere thun und das
man selbst zu thun hat. Das giebt eine innere Marschmelodie,
nach der sich's leicht und frei durch den Kampf des Lebens
marschiert!"

5. Gustav Freytag und Wilhelm Raabe.

Den Fragen der Politik und des Sozialismus hielten sich
zwei Dichter fern, deren epische Schöpfungen man trotzdem zu
der Kategorie des Zeitromanes wird rechnen müssen. Im Jahre
1855 erschien Gustav Freytags „Soll und Haben", ein
Roman, der seitdem Auflage über Auflage erlebt hat und der

fast in jedem bürgerlichen Hause jetzt ein traulicher Freund geworden ist. Es ist ein hohes Lob, das man mit dem Eingeständnis spendet, „Soll und Haben" habe seinen großen Leserkreis verdient, und in der That, es bleibt eins von den Büchern, auf denen der Stolz der deutschen Romanlitteratur beruht.

Gustav Freytag (geb. 14. Juli 1816 zu Kreuzburg in Schlesien, gest. 30. April 1895 zu Wiesbaden) hatte nach mehrjähriger Thätigkeit als Privatdozent für altdeutsche Philologie an der Breslauer Universität sich 1847 ganz der litterarischen und poetischen Thätigkeit gewidmet. Mit Julian Schmidt redigierte er von 1848—61 und dann wiederum von 1867—70 die in Leipzig erscheinenden „Grenzboten", die zum geistigen Sammelplatze aller nationalen und liberalen Elemente ihrer Zeit wurden. Im Sommer lebte Freytag auf seiner Besitzung Siebleben bei Gotha, wo auch „Soll und Haben" gedichtet wurde. Herzog Ernst von Koburg hatte ihn zu seinem Vorleser und zum Hofrat ernannt, um ihn, den politisch Verdächtigen, der Hand der preußischen Behörden zu entziehen. Das Buch wollte das deutsche Volk schildern, „wo es noch in seiner Tüchtigkeit zu finden ist, nämlich bei seiner Arbeit". Es wollte in einer kleinmütig gewordenen Zeit die Seelen wieder aufrichten und mit Hoffnung für die Zukunft erfüllen; insofern kann man es einen Tendenzroman nennen und es zeigte sogar eine Tendenz nicht unähnlich derjenigen der „Ritter vom Geist". Aber es trat zugleich in einen starken, bewußten Gegensatz zu diesen geistigen Rittern: es predigte keine Ideen und setzte seine Hoffnungen nicht auf Ideen, es wollte keinen neuen Staat und keine neue Gesellschaft befürworten, sondern Staat und Gesellschaft mochten vorerst bleiben, wie sie waren, den Dichter kümmerten sie nicht. Aus dem großen Weltgebilde des Gutzkowschen Romanes nahm er einen Ausschnitt, der bei diesem vollkommen in Dunkel geblieben war, und vertiefte sich mit liebevollem Blicke in das Kleinleben, das sich ihm darbot, ein beschränktes Dasein mit engem geistigen Gesichtskreise, aber erfüllt von dem ganzen Zauber des deutschen Gemüts und zuletzt auch bewegt von starken sozialen Gegensätzen. Dreierlei Kreise schilderte der Dichter: den redlichen Gewinn und Segen bürgerlicher Thätigkeit, die Leidenschaft unredlichen Erwerbes und niederer Habsucht und den wirtschaftlichen Niedergang adligen Hochmutes und adliger Schwäche. Auf der einen Seite die bürgerliche Firma T. O. Schröter, Kolonialwarenhandlung, deren Chef und Mannen sich auch in drangvoller Zeit tüchtig und mutig bewähren, auf der anderen das Haus des Freiherrn von Rothsattel, vornehme, an den Lebensgenuß gewöhnte Naturen, die aber nicht die Kraft besitzen, der Not ins Auge blicken zu können, zwischen beiden das listige Raffinement des jüdischen Wuchertums, Veitel Itzig und Genossen. Jeder dieser Kreise hat seine besonderen Helden und Heldinnen: Anton und Sabine, der Freiherr und Leonore, Veitel Itzig und Rosalie Ehrenthal; bei aller Charakterverschiedenheit der Helden jedoch ist es derselbe Grundzug, der über ihr Schicksal entscheidet: Gedanken und Wünsche üben auf ihre Seele einen allzu großen Einfluß und treiben sie aus der natürlichen Bahn ihrer Entwickelung. So reißt sich Anton aus seinem geschäftlichen Wirkungskreise, um einer thörichten Guten-Jungen-Illusion wegen den Rothsatteln seine Dienste zu erweisen, der Freiherr gerät, um den Schein der Ehre aufrecht zu erhalten, tief in die seine Ehre gefährdenden Machinationen des Wuchertums, Veitel Itzig opfert dem Dämon der Erwerbssucht sein Gewissen und wird sogar an seinem Mitschuldigen Hippus zum Mörder. Jeder der drei Kreise hat seine besondere soziale Färbung: das kaufmännische Leben, die aristokratische Gesellschaft, die jüdische Geschäftswelt, und eine Fülle ernster und humoristischer Typen bewegt sich frei und natürlich auf dem nur ihnen eigenen Grunde. Man spürt den Geist des großen Dickens in den reizenden Genrebildern, in der Art, wie die Besonderheiten der Nebenfiguren in eine humoristische Beleuchtung gezogen werden, in der eindringlichen Kraft, mit der düstere Stimmungssituationen entworfen sind. Hier zeigte der Deutsche eine verwandte Ader, aber sie war leider nicht so reich und unerschöpflich wie die des Engländers. Worin er ihn übertraf, das war das künstlerische Gewissen, mit dem alle Typen zu einander abgestimmt sind, war die mustergiltige Komposition, die einen festen, geschlossenen Bau errichtet hat. „Soll und Haben" ging über das Genre hinaus, denn es zeigte die starken Gegensätze unseres wirtschaftlichen Lebens, und der Wirrwarr der polnischen Insurrektion bringt sogar etwas von dem Lärme der Zeitgeschichte in diese vor der Zugluft der Oeffentlichkeit sonst ängstlich geschützte Welt. Was aber am meisten auf die Zeit wirkte, war der heitere, männliche Geist bürgerlicher Gesittung, der, seiner Kraft vertrauend, getrost in die Zukunft blickte.

Diesem Geiste widersprach nicht die Vorliebe für gewisse aristokratische Figuren, die in dem Romane glänzender hervortraten als die bürgerlichen. Wie sehr wird Sabine, die nur für ihre Servietten zu leben scheint und bei der selbst die zarte Neigung der Liebe zu einer gewissen philiströsen Nüchternheit verkümmert wird, durch die anmutige, lebenslustige Leonore gedrückt, wie matt nimmt sich Anton, der gute Junge, neben dem aristokratischen Fink aus. Der stärkere poetische Gehalt, soweit er nicht im Genrebild hervortritt, ist den Aristokraten geworden. Nicht bloß die eigentümliche Mischung von Freytags Individualität, die nüchternen Sinn mit poetischer Kraft, Pedanterie des Gelehrten mit der Laune des Dichters, den Stolz bürgerlicher Abkunft mit der Vorliebe für das regellose, spielende Leben der aristokratischen Welt vereinigt, trägt die Schuld — wir sehen hier auch die Nachwirkung der vormärzlichen Zeit, den Nachhall der jungdeutschen Lebens- und Weltauffassung. Der beste Typus derselben ist Fink, dieser mit dem Schicksal

wie mit den Menschen spielende Aristokrat, dessen Leben eine
Reihe bunter, verwickelter Abenteuer, der die Sentimentalität
verhöhnt und seinen ewig sprudelnden Humor durch scharfe
Tropfen der Jronie würzt, der so geistreich ist, daß er das
Gegenteil behauptet von dem, was er innerlich denkt und fühlt,
nur um der in Gemütsfülle sich einspinnenden Philisteranschauung
einen Nasenstüber zu versetzen. Durch zweierlei unterscheidet
er sich jedoch von den jungdeutschen Helden, die wir hinreichend
genug kennen gelernt haben: durch seinen Humor und durch
seine Thatkraft. Sein lachender, halb spottender Humor ver=
söhnt mit den Triks und Kniffen seiner abenteuernden Laune,
wir spüren unter dem Spotte den festen Grund einer ernsten
Männlichkeit, und seine Thatkraft imponiert uns. Er spielt
wohl mit dem Leben, aber er zeigt auch, daß er allen Situationen
desselben gewachsen ist. Es ist ein schöner Zug des Dichters,
daß er seinem Helden am Ende das Schicksal zuweist, auf jenem
polnisch=deutschen Grenzbezirk, den der Leichtsinn fremder Natio=
nalität in Mißwirtschaft und Unordnung vernachlässigt hat, als
Kolonisator deutsche Arbeit und Tüchtigkeit zu Ehren zu bringen.
In Fink haben wir einen Typus der neuen Zeit, und gerade
er bietet vielleicht das lehrreichste Beispiel, wie in der littera=
rischen Gestaltung nun die „problematische Natur" in den „heroi=
schen Charakter" übergeht.

Fast ein Jahrzehnt verging, ehe Freytag auf seinen ersten
Roman einen zweiten: „Die verlorene Handschrift" (1864) folgen
ließ. Der Roman hat nicht die freudige Anerkennung gefunden,
die „Soll und Haben" zu teil wurde, es aber trotzdem auf zahl=
reiche Auflagen gebracht. Er sollte das Thema von dem „Volk
bei seiner Arbeit" in anderer Weise fortsetzen; wiederum waren
es drei Kreise des sozialen Lebens, in die der Dichter den
Leser führte. Die bürgerliche kaufmännische Welt wird jetzt
durch die Gelehrtenzunft ersetzt, Stadt und Dorf werden nach
Auerbachs Vorgang in Gegensatz gebracht, aus dem aristokrati=

schen Leben ist die höchste Sphäre, die des Hofes auserwählt. Wenn in „Soll und Haben" der unbefangene Wirklichkeitssinn erfreute, der mit kecker Hand dem Leben seine Bilder und Typen entnahm, so wurzelt die neue Dichtung bereits in der gelehrten Auffassung, die Freytag durch das Studium der deutschen Geschichte sich angeeignet hatte. Zwischen den beiden Romanen liegen die „Bilder aus der deutschen Vergangenheit" (1859—62), und den Einfluß dieser der Wissenschaft und dem Leben deutscher Vergangenheit gewidmeten Jahre verrät „die verlorene Handschrift" in entscheidenden Zügen. Die Sprache ist an ebenso vielen Stellen schöner, gesättigter geworden, wie sie an andern manieriert und unmodern klingt; über das Verhältnis des Einzelnen zu seinem Volke, über die Bedeutung des Bürgertums für das deutsche Nationalleben entwickelt der Dichter vortreffliche Ideen. Sie kennzeichnen zugleich sein Verhältnis zu der Gegenwart selbst, und es ist bezeichnend, daß Freytag nicht mehr unmittelbaren Anteil an den Dingen nimmt, sondern gleichsam aus dem Medium der Geschichte heraus spricht. Er sieht in der vorangegangenen Periode nur eine verdorbene und verworrene Vergangenheit und in der Gegenwart eine neue, bessere Zeit, in welcher sich ein jüngeres, gesundes Geschlecht „unbehülflich müht heraufzukommen". Aber noch mehr offenbart sich dieses geschichtliche „Durchblicken" in den Charakteren. Das merkwürdigste Beispiel dafür gewährt die Art, wie Freytag seine Heldin Ilse charakterisiert. Schon im Anfang erscheint sie wie eine „Seherin der Vorzeit" und so altdeutsch nimmt sie sich für einen der gelehrten Herren aus, daß dieser sie geradezu in die Epochen deutscher Vergangenheit zurückversetzt. Er denkt sie sich in der Sachsenzeit als Priesterin am Opferstein, dann als christliche Metspenderin, im dreißigjährigen Kriege als Reiterstochter, im vorigen Jahrhundert als Pietistin, immer ist sie dieselbe und gleiche altdeutsche Art und altdeutsche Schönheit. Diese Auffassung, die dem Dichter selbst inne wohnt, hat der Ilse ihr

natürliches Bauernblut genommen, trotz ihrer Anmut ist sie keine lebenswahre Gestalt, sondern das Erzeugnis eines Gelehrten=
gehirns. Den tiefen Konflikt ihres Lebensschicksals: wie sie, das Kind ländlicher Sitte und Anschauung sich nicht bloß in das städtische Leben, sondern auch in die geistige Welt ihres Gatten hineinfindet, hat der Dichter daher nur äußerlich behandelt. Daß er überhaupt ihn sich zum Vorwurf nahm, verleugnet jedoch nicht den Einfluß des Dorfgeschichtendichters Auerbach. Auch andere Figuren strahlen von historischen Lichtern, selbst in der gelehrten Korporation der Universität ist vielleicht mehr Geist von den Humanisten der alten Gelehrtenstube als von dem Professorentum der Neuzeit.

Diese Neigung, Charaktere des modernen Lebens sich im Lichte vergangener Epochen verständlich zu machen, ergab sich aus der stärker gewordenen Scheu des Dichters, den Inhalt der modernen, aber noch hart umstrittenen Ideen in seinen Schöpfungen wiederzuspiegeln. Er fürchtete die „Tendenz", weil sie ihm das Kunstwerk zu zerstören schien, und wollte den Strom des modernen Lebens durch Anschauungen meistern, über die es keinen Streit und keine Fehde mehr gab. So konnte auch in ihm der wunderliche Gedanke auftauchen, in der „verlorenen Handschrift" den „Cäsarenwahnsinn" der römischen Weltherrschaft mit dem liederlichen Uebermut eines in zuchtloser Zeit aufge=
wachsenen deutschen Duodezfürsten in Parallele zu stellen. Sieht man dies Fürstenbild genauer an, so entdeckt man nur die Züge der jungdeutschen Charakterbrüchigkeit. Was der Gestalt ein tieferes Interesse hätte verleihen können, wäre vielleicht die stolze, spielende Energie Finks gewesen; sie hätte auch den kleinstaat=
lichen Herrscher zum absoluten Herrscher gemacht. Immer noch fehlte freilich die dämonische Sinnlichkeit und sie fehlte gerade dem Dichter selbst.

Auch der Humor ist in der „verlorenen Handschrift" matter und gezwungener als in „Soll und Haben", und das biedere

Bürgerpaar Hahn und Hummel hat etwas Steifes, Barockes, wie es den köstlichen Typen der Kaufmannsstube fern liegt. Besser ist immer noch die Professorenwelt gezeichnet trotz ihres humanistischen Anfluges. Man hat Freytag getadelt, daß er in solchen Gelehrtenstreitigkeiten über verlorene Handschriften das deutsche Volk bei seiner Arbeit zu finden meinte, unberechtigter war indessen nie ein Tadel. Nicht bloß die Faustuli mit himmelstürmenden Gedanken, sondern der bescheidene und doch auf sein Forschen stolze Gelehrte ist der Typus der deutschen Wissenschaft, und die Hingebung an die Macht der Wahrheit hat Freytag in seinem Philologen Werner mit klaren und schönen Worten gefeiert. Es ist darum auch deutsch, wenn der Held dem Traumbilde einer verlorenen Handschrift nachjagt und darüber seine nächsten Pflichten vernachlässigt; bitter berührt nur, daß er das plumpe Spiel nicht merkt, das mit ihm und seinem Weibe getrieben wird, allein vielleicht erhält auch dieser Zug gerade in der deutschen Gelehrtennatur seine Begründung.

Seltsam wird es vielleicht anmuten, wenn wir neben Freytag einen Dichter nennen, dessen Individualität mit der seinigen wenig geistige Verwandtschaft zu besitzen scheint und dessen Schöpfungen leider nicht in demselben Maße Lieblingslektüre des Bürgerstandes geworden sind wie die Romane des Dichters von „Soll und Haben". Allein Wilhelm Raabe (Jakob Corvinus) steht Freytag näher als man meinen mag; beide fühlen sich innig verknüpft mit dem Herzen des deutschen Volkes, beide ehren es in seiner Tüchtigkeit, beide gehen vom Genre aus und beide haben wenigstens das eine Vorbild Dickens gemeinsam. Bei Freytag heißt das andere Walter Scott, bei Raabe Jean Paul. Diese beiden verschiedenen Vorbilder geben zugleich über eine wichtige Verschiedenheit ihrer dichterischen Gestaltungskraft Auskunft, Freytag zeichnet Typen, Raabe Originale. Bei Freytag sagt man sich: dieser und jener Gestalt bist du im Leben wohl oft begegnet, bei Raabe: du könntest ihr wohl einmal begegnen. Freytag ist der größere Künstler, Raabe der umfassendere Geist, jener spricht aus der Fülle einer reichen und tiefen Erfahrung, dieser aus einem warmen Menschenherzen voll umfassender Liebe für die Armen und Bedrückten. Beide gehören zu unsern ersten Humoristen, aber bei Freytag ist der Humor ein vorübergehendes Moment, bei Raabe ist er das Wesen, bei jenem ist er romantisch und bei diesem realistisch.

Wilhelm Raabe (pseudonym Jakob Corvinus) geb. am 8. September 1831 zu Eschershausen im Herzogtum Braunschweig, widmete sich ursprünglich dem Buchhandel, ehe er in Berlin (1855) die Universität bezog und bald darauf in Stuttgart und später in Braunschweig eine fruchtbare schriftstellerische Thätigkeit entfaltete. Mit einem kleinen Werke: „Die Chronik der Sperlingsgasse" (1857) begann seine dichterische Produktion. Das Buch war eine Reihe von humoristischen und elegischen Stimmungsbildern, mehr reflektierend als erzählend, die Tagebuchblätter eines alten Mannes. Kaum hat wohl wieder ein junges Talent seine Laufbahn damit eröffnet, daß es aus der Seele eines Greises heraus Welt und Leben ins Auge faßte. Allein dies Buch, so ganz ein Vermächtnis jener elegisch fühlenden Zeit, ist doch ein echtes Dichterwerk, und wenn in den stetig schwankenden Stimmungen die Charaktere auch ihre schärferen Umrisse verlieren, so verleiht ihnen die subjektive Färbung wiederum einen eigenen Reiz. Raabes beste Romane in dieser Periode sind: „Die Kinder von Finkenrode" (1859), „Unseres Herrgotts Kanzlei" (1862), „Die Leute aus dem Walde" (1863), „Der Hungerpastor" (1864), „Abu Telfan oder die Heimkehr vom Mondgebirge" (1867), „Der Schüdderump" (1870), und manche von seinen Novellen und Erzählungen sind mindestens ebenso hoch anzusetzen als diese größeren Erzeugnisse.

Jean Paul und Dickens heißen, wie bemerkt, die beiden Sterne, die über seinem dichterischen Genius stehen und denen er sich einmal zugesellen wird, wenn das Jahrhundert abgelaufen ist und Rechnung abgehalten wird, wie viel von ihm in das nächste hinübergenommen wird. Von Jean Paul hat der Dichter alle Unarten, den starken Zug der Manier, das wunderliche Wesen, die „Fahrigkeit" der Komposition; ihm steht er auch nahe im Reichtum der Gedanken, der Weite des Blicks, in dem tiefen Gefühl für die kleinen Sterblichen und ihr irdisches Loos. Aber wenn Jean Paul Phantast, ist Raabe gleich Dickens Realist, er stellt sich in die wirkliche Welt hinein, er sucht sich seine Originale zusammen, wo er sie findet: in der Schusterwerkstätte, der einsamen Dachstube, hinter den Aktenstößen und wenn es nötig ist, sogar hinter dem Zaun. Er wäscht sie nicht und kämmt sie nicht, sondern rückt sie nur in das rechte Licht und entwickelt mit humoristischem Behagen, das freilich oft zu weit und zu breit sich ausspinnt, ihre Sonderbarkeiten, ihre Schnurr=pfeifereien, ihr innerstes Gemütsleben. Kein anderer deutscher Dichter hat eine solche Fülle merkwürdiger Käuze in seinen Werken, kein anderer in unserer Gesamtlitteratur vermag wie er das wiederzugeben, was man die „Philosophie des gemeinen Mannes" nennen kann. In ihrem Ausdruck ist sie oft schrullen=haft, manieriert überladen, aber jeder seiner Proletarier=Philo=sophen philosophiert in der Sprache seines Standes, derb und ungeschlacht, und in jedem steckt ein weiches, warmes Herz. Irgendwo sagt der Dichter, der deutsche Genius habe immer einen Teil seiner Kraft aus dem deutschen Philistertum ge=sogen, und auf ihn selbst trifft das Wort am meisten zu. Er ist der Dichter der deutschen Philister d. h. aller jener Köpfe, welche die Schablone der Gesellschaft als Philister verschreit: Raabe weist an ihnen den innerlichen Zug auf, welcher sie mit dem Höchsten und Tiefsten des deutschen Volksgemüts, mit seinem ethischen Idealismus verbindet. Und er sieht als Hu=morist die Welt an, wie sie der Weltgeist selber ansehen müßte: um den Mund ein ironisch=humoristisches Lächeln, in der Brust das unendliche Erbarmen. Er hat keine Dichtung geschaffen, die überrascht, geblendet und fortgerissen hätte, er ist nie Mode geworden und wird es nie sein, er ist in seinen Werken kein Künstler und manches von ihnen wird bald vergessen werden, aber er ist trotzdem ein Dichter, der die Eigenart der deutschen Volksseele reicher und umfassender wiederspiegelt als selbst Auerbach, dessen litterarischer Einfluß unendlich größer gewesen ist.

In seinen Erfindungen ist Raabe überaus einfach; er arbeitet mit wenigen Motiven und zu dem echten Epiker fehlt ihm die Fabulierungsgabe, spannend und fesselnd zu erzählen. Nur in kleineren Novellen („Der Regenbogen" 1869, „Deutscher Mondschein" 1873) hat er sie überaus glücklich bekundet, in einem weiten Raume des Romans aber treiben seine Gestalten gern ihr eigenes Leben, machen sie sich von den Fäden unabhängig, mit denen doch alle Geschehnisse verknüpft sein müssen. Selbst wo er wie in den „Leuten vom Walde" oder in seinen historischen Romanen bewegte, abenteuerliche Schicksale schildert, wird es ihm sauer, mit seinen Figuren durch die Welt mitzulaufen. Sein Roman ist noch der Roman im Goetheschen Sinne, der sich nicht aus Handlungen, sondern aus Begebenheiten, nicht aus Charakteren, sondern aus Gesinnungen zusammensetzt. Er macht seine Helden nicht glücklich in dem Sinne, wie es der Troß der Romanschriftsteller thut, daß er sie in den Armen einer reichen und schönen Braut entläßt: Glück oder Unglück liegt jedem im Gemüt, das Echte bewährt, das Falsche entehrt sich, selbst dann, wenn es mit Reichtum und Ehren überhäuft wird. Die Welt denkt für ihn an andere Dinge, als Gemüt und Redlichkeit zu belohnen, und in solchem Ausgange kommt der ironische Zug seines Naturells oft mit einer gewissen Schärfe zum Ausdruck. Aber wenn das äußerliche Leben bei ihm nicht allzu reichhaltig ist, so entwickelt er um so stärker das innere, hier ist er geradezu so verschwenderisch, daß er barock wird: viel, viel weniger wäre eben genug. Der bedeutsamste Held in jedem seiner Bücher ist ferner der Dichter selbst; er stellt sich dreist und ungescheut seinen Männlein und Weiblein zur Seite, spricht Gutes und Böses von ihnen, schilt sie in seiner humoristisch-mitleidigen Art und ergeht sich in den ironischsten Bemerkungen über die Komödie des menschlichen Lebens. Dann erinnert er sich wieder einmal, daß er Dichter ist und nun malt er uns Stimmungsbilder von ganz eigenartigem Reiz. Wie grauer Nebel liegt es auf solchen Partien und doch sehen wir alles, alles darin, die stille Wohnstube des Sonderlings, das elende Dorf mit seinen alten Weibern, die verfallene Winkelgasse mit ihren Kindern und Trunkenbolden, die hochgiebeligen Häuser des Städtchens, die raunende, flüsternde Erde und den unendlichen Himmel mit seiner glitzernden Sternenschaar. Es waltet in dem Allen ein Halbdunkel Reimbrandtscher Art, wie denn Raabe in seinem niedersächsischen Naturell auch einen unverkennbar idyllischen Zug bekundet.

Sein schönstes Werk dieser Epoche, vielleicht das gemütvollste unserer Romanlitteratur, ausgezeichnet durch vortreffliche Charakteristik und einen ergreifenden Gedankeninhalt ist der „Hungerpastor" (1864). An dem Lebenslauf zweier Knaben, eines armen Schustersohnes und eines wohlhabenden, jüdischen Trödlersprößlings wird das wahre und das falsche Ideal entwickelt. Hans Unwirrsch, der arme Schusterssohn wird, in Not und Sorge von Jugend auf, der arme Pfarrer auf dem einsamen Dorfe der Meeresküste, Moritz Freudenstein dagegen, der geistreiche, sophistische Verstandesmensch, kommt zu Ehren und Ansehen und schwingt sich sogar zum Geheimen Hofrat empor. Aber in den Augen des Dichters ist er damit bürgerlich tot, nicht der äußere Glanz entscheidet, sondern das Licht, das von innen strahlt, jenes Licht, das gleichsam von der Glaskugel des armen Schusters Unwirrsch ausgeht und die Stube wie den Roman mit so eigenartigem Schein erleuchtet. Beide Nachbarskinder trieb der Hunger in die Welt, bei Moritz Freudenstein war es nur der Hunger des Egoismus, bei Hans Unwirrsch aber der Hunger, der schon in seinem armen Vater gelebt hatte, nach uneigennütziger Erkenntnis, deren innerster Gehalt die echte Liebe Gottes und zu den Menschen ist. Die Jugendjahre der Beiden, die merkwürdigen, humoristisch gezeichneten Menschen, die sorgend und liebend ihnen zur Seite stehen, wie wahr und rührend sind diese Schilderungen, nicht photographisch dem Leben abgestohlen, sondern vielmehr von innen heraus entwickelt. Wenn der Dichter uns dann in die große Welt führt, überschüttet er sie mit ironischen Streiflichtern, nicht zuletzt aber seinen Helden Hans selbst, bis ihm das Herz wieder aufgeht, da er ihn in der Hungerpfarre geborgen hat, während das falsche Glück Moritz Freudensteins rasch zerbricht.

Auch Raabes Individualität wurzelt ganz in den Stimmungen des Zeitalters 1850—70. Der Dichter der Philisterwelt, der Kleinen, empfindet dieselbe demokratische Abneigung gegen den Bureaukratismus, die offizielle Gesinnungsheuchelei, die materielle Gewinnsucht, das gesellschaftliche und politische Strebertum. Die Gegensätze des Hans Unwirrsch und des Moritz Freudenstein, des entsagungsfrohen Idealismus und des rücksichtslosen Egoismus, gehören ihm nicht allein an, Freytag hat sie vorher in seinem Anton und Veitel Itzig gezeichnet, Auerbach widmet ihnen den Roman „Das Landhaus am Rhein", Spielhagen nimmt sie auf in seinem „In Reih' und Glied". Und mit diesen allen teilt Raabe den großen Sinn, dem nichts Menschliches fremd ist, die lebendige Zuversicht auf die Macht des Guten, die sich immerdar auf der Welt offenbaren muß, so sehr die Dinge in ihr auch äußerlich einen anderen Verlauf nehmen. Schließt Eure Reihen fest aneinander, ihr, die ihr dem Geist der Freiheit und der Liebe gehört, dann wird der Tag kommen wo ihr eine große, einige Gemeinde bilden werdet! So lautet das Losungswort, das in diesen Jahren die Dichtung des Romans mahnend und tröstend an die Zeitgenossen ausgiebt.

6. Friedrich Spielhagen.

Kein Dichter hat dieses Losungswort feuriger und schwungvoller verkündet als Friedrich Spielhagen, der jüngste unter den Romandichtern dieser Epoche, der doch an ihren ältesten, Gutzkow, am meisten anknüpfte. Fr. Spielhagen, am 20. Februar 1829 zu Magdeburg als Sohn eines Baurats geboren, verlebte seine Jugend in Stralsund an der pommerschen Küste, von der er so meisterhafte Schilderungen entworfen hat. Das Meer war, wie man in seinen Romanen spüren kann, seine Jugendgeliebte. In seinen Lebenserinnerungen „Finder und Erfinder" (1890) hat er die Wirren seines Lebens geschildert, die ihn nach mancherlei verschiedenartigen Ansätzen aus dem Lehrerberufe — er hatte in Berlin, Bonn und Greifswald studiert — in die litterarische Laufbahn führten. Eine Zeit lang war er Feuilleton-Redakteur der in Hannover erscheinenden „Zeitung für Norddeutschland", bis er nach dem Erfolge seines ersten großen Romans „Problematische Naturen" (1861) nach Berlin übersiedelte und dort seinen dauernden Aufenthalt nahm.

Das Erste, Ursprüngliche in Spielhagen ist der Dichter und schon darum bildete er einen Gegensatz zu Gutzkow, der auch seine dichterische Thätigkeit immer nur unter dem Gesichtspunkte journalistischer Leistung ansah und angesehen wissen wollte. Eine gewisse idyllische Beschaulichkeit der Jugendjahre entwickelte in ihm eine starke Innerlichkeit, einen Hang zur Träumerei, welcher ein geheimnißvoller Trieb, der Welt ins Auge und ins Herz zu sehen, sich zugesellte. In diesem Triebe offenbarte sich der epische Charakter seiner Phantasie, aus ihm entsproß die lebendige, oft überquellende Fabulierungsgabe des Dichters, die in seinen Romanen Fäden auf Fäden ineinander schlang und in drängender Fülle die Gestalten herbeirief. Etwas von der Kraft, der Biegsamkeit und dem Feuer des Stahls lebte in der Seele des Dichters, der nach mancherlei Versuchen plötzlich einen großen Zeitroman nach dem andern schuf. Seine Phantasie umgrenzte bei ihm ihr Feld stets in einem weiten, schwungvollen Bogen, in seinen Gestalten wogte der leidenschaftliche Sinn ihres Schöpfers und umhauchte sie mit einer idealen Größe. „Wenn ihr Romanheld jemand nennt", bemerkt der Dichter einmal, „der für das Leben zu gut und zu edel ist und desgleichen man deshalb im Leben schwerlich findet, so ist Romanheld der höchste Ehrentitel". Viele, aber nicht alle Helden verdienen bei Spielhagen diesen Ehrentitel; sie verkörpern den idealen Sinn des Dichters. Spielhagens lebendiges Schönheitsgefühl malt freilich auch die äußere Erscheinung seiner Helden und Heldinnen ins Himmelblaue und Sonnenhafte, er stattet sie mit allen möglichen Vorzügen aus, und diese Neigung wird schwerlich selbst von seinen wärmsten Verehrern als Vorzug empfunden werden. So wie die Welt nun einmal ist, hat jeder Mensch, er sei beschaffen wie er wolle, ein Anrecht darauf, der Held eines Romans zu werden; was selbst das Leben gewährt, soll die Dichtung nicht versagen. Um so energischer und kräftiger waltet das Charakterisierungstalent des Dichters in den Gegen- und Nebenpersonen seiner Romane: keine Schatten und Schemen, sondern Typen aller Berufsklassen und Volksschichten, erfüllt von den Empfindungen und Gedanken ihres eigenen Lebens ziehen an uns vorüber. Wie sie auf norddeutschem Grund und Boden ihr Dasein führen, so haben sie alle ein norddeutsches Heimatsgefühl. Spielhagens Romane sind eben auch Landschaftsromane; er kennt Volk, Sitte und Land, die er schildert. Den Reiz der pommerschen Ebene mit ihren wogenden Kornfeldern, ihren prächtigen Buchwaldungen, ihren Dörfern und Pfarrhäusern, vor allem mit ihrem Ausblick auf das ewige, leuchtende Meer hat er ebenso farbig und anmutig wiedergegeben wie den Waldzauber und das Quellenrauschen thüringischer Berge. Und seine eigenste Kunst ist, diese Welt nicht als Staffage zu zeichnen. Seine Gestalten leben in der Natur wie diese in ihnen, ein gleicher oft geradezu hinreißender Strom der Empfindung erwärmt beide, in ihnen beiden ist dieselbe Bewegung, dieselbe Handlung.

Spielhagen ist ein außerordentlicher Erzähler — eine bei uns Deutschen nicht häufige Begabung —, aber so meisterhaft dies Erzählertalent auch in ihm ausgebildet ist, ihn drängt es zugleich, durch die Dichtung auf die politischen und ethischen Gedanken seiner Zeit einzuwirken. Weil er selbst mit voller Seele an den Kämpfen seiner Zeit teilnimmt, führt er uns Gestalten vor, die von den gleichen Empfindungen beseelt sind. Der freiheitliche Sinn seiner ersten Schöpfungen ist ihm treu geblieben bis zu seinen jüngsten, und wie man sich auch zu seinen Anschauungen stellen mag, niemand kann den männlichen Geist und die sittliche Wärme in ihnen leugnen. Spielhagen aber ist nicht nur Dichter, sondern auch epischer Künstler, der in seinen Romanen eine neue, hochentwickelte Technik bekundet, und er hat u. a. in seinen „Beiträgen zur Theorie und Technik des Romans" (1882) eine Reihe der feinsinnigsten Untersuchungen über das Wesen der epischen Kunst geliefert.

Nach dieser allgemeinen Charakteristik des Dichters ist es angebracht, seine zeitliche Stellung hier in der litterarischen Entwickelung kurz zu fixieren. Das Leben unseres Jahrhunderts ist die Entfaltung des Wirklichkeitssinnes. Er war mit den vierziger Jahren in der Dorfgeschichte, im Genre, in dem sozialen Roman bereits kräftig hervorgebrochen, Gutzkow hatte den großen Organismus des Staates unter einem neuen, der Wirklichkeit sich nähernden Gesichtspunkte poetisch behandelt, alle Talente suchten im Roman ein neues Verhältnis zwischen Poesie und Leben zu begründen, in welchem die Poesie ebenso zu ihrem Rechte kam, wie das Dasein der Wirklichkeit. Anstatt das letztere zu beherrschen, erkannte das dichterische Gemüt seine Aufgabe darin, es wiederzuspiegeln. Aber es wollte trotzdem nicht seine idealen Regungen von ihm unterdrücken lassen, es trachtete danach, den Einklang zwischen innerer persönlicher und äußerer allgemeiner Welt zu finden, und es sah ihn darin, daß es sein individuelles Empfinden objektivierte, in poetische Gestalten umsetzte. Die Individualität des Dichters trat ebenso subjektiv hervor wie das reale Leben objektiv: die höchste Potenz in beidem entfaltete Spielhagens Schaffen.

Sein erster großer Roman „Problematische Naturen", 1860-61 erschienen, kennzeichnete die Generation und die Zeitstimmung vor den Märztagen 1848. Das Thema war, wie wir wissen, nicht neu, auch die Romanschriftsteller der Reaktion hatten die problematischen Naturen, die Titanen und Faustischen Geister zu charakterisieren gesucht, das merkwürdige Geschlecht jener Menschen, die wir geneigt sind, nur einer Zeitepoche unseres Jahrhunderts zuzuschreiben, während das Problematische doch wohl der modernen Natur überhaupt angehört. Wo leidenschaftliche Köpfe müßig feiern oder in widerstrebenden Verhältnissen sich rühren müssen, entwickelt sich in ihnen stets der problematische Charakter; noch heutigentages begegnen wir ihm im Leben auf Schritt und Tritt. Aber es war der Fluch jener Zeit, wie wir gesehen haben, daß der Abstand zwischen dem Ueberschwang der Anempfindung und der Dürftigkeit der Willenskraft größer war als zu einer anderen. Wenn Spielhagens Vorgänger vergebens versucht, die problematische Natur lebenswahr zu zeichnen, so gelang es seiner dichterischen Kraft: er kam, wenn wir manchen Angaben trauen, ja selbst aus dem Lande der „problematischen Naturen". Ein Wechsel der Stimmungen zwischen leidenschaftlichem Verlangen und düsterer Schwermut geht durch den Roman: das Leben zu genießen und das Leben zu verachten, zwischen diesen Extremen schwanken die Oswald Stein, Professor Berger, Albert Timm, und selbst noch der sich zu edler Männlichkeit aufraffende Baron Oldenburg. Sehr fein hat der Dichter alle Schattierungen des problematischen Charakters in diesen Figuren zur Anschauung gebracht: den lyrischen Weltschmerz und die Extase für das Ideal in seinem Haupthelden Stein, der mit dem Byronismus der Gesinnung auch die aristokratische Lebensführung und das für junge Mädchenherzen unwiderstehliche Aeußere verbindet, den philosophischen Nihilismus, die Weltverachtung in Professor Berger, den raffinierten Egoismus in dem liederlichen Geometer Timm, den romantisch-humoristischen Skeptizismus in Baron Oldenburg. Alle diese Naturen gehen mit Ausnahme Oldenburgs in den Barrikadenkämpfen der Revolution von 1848 zu Grunde, und wahrlich, die Dichtung konnte keinen würdigeren Abschluß finden, als die Epoche der Wirklichkeit ihn gehabt hatte. Ein so glänzendes Kolorit zeichnet diese Figuren aus, daß sie sich der Nachwelt unvergeßlich als die Typen jener seltsamen Zeit eingeprägt haben. Die merkwürdige Dichtung erfüllt zugleich der große, politische Atemzug der „Ritter vom Geist" — auch in der Technik hat der Gutzkowsche Roman auf sie eingewirkt, — dazu weben Licht und Luft der pommerschen Buchwaldungen, das träumerische Leuchten des Meeresspiegels in unsere Phantasie hinein und umstricken sie mit ihrem melancholischen Zauber. In der etwas komplizierten, doch vortrefflich entwickelten Handlung erfolgt der Umschwung durch die auch später mit Vorliebe von Spielhagen angewandte Wendung, daß Thatsachen der Vergangenheit an den Tag kommen und entscheidend in das Geschick der Helden eingreifen. Es ist ein Zug spottender Ironie, wenn der Dichter seinen Haupthelden Stein, der den Adel tödlich haßt, zuletzt zum Sohn eines Barons macht und wenn er andererseits den Fürsten Waldernberg zu einem Proletariersprößling stempelt — die Lehre vom „blauen Blut" wird dadurch in eine bitter satirische Beleuchtung gestellt. Denn wie in manchen Szenen ein köstlicher Humor waltet, so gewinnt in andern der Humor die Schärfe der Satire, und die Art, wie die pommerschen Landjunker gezeichnet sind, mahnt an Thackerays Griffel. Man hat den Dichter der Uebertreibung

gescholten, und ihm damit unrecht gethan: seine Schilderung
z. B. des Ballfestes der Junkergesellschaft hinterläßt eher den
Eindruck, daß er häßliche Details der Wirklichkeit unterdrückt
als ans Licht gezogen hat.

Mit allen großen Romandichtern seiner Zeit teilt Spiel=
hagen den Stolz bürgerlicher Tüchtigkeit und die Abneigung
gegen den Adel. Dennoch sind bei ihm wie bei Freytag — ein
Nachhall der jungdeutschen Zeitstimmung — die Bilder aus der
adligen Gesellschaft vielleicht lebenswahrer und farbiger heraus=
gekommen als die aus der bürgerlichen Sphäre. Dafür entdeckt
er tüchtige, brave Menschen, treuherzige Naturen in diesen bürger=
lichen Schichten wie seinen Bemperlein und vor allem den
Dr. Braun. Hier ist die Gedankenwelt zu finden, welche die pro=
blematischen Naturen überwunden hat und von deren Höhen aus
der Dichter die Welt beurteilt. In den Worten seines Dr. Braun,
die wir anführen möchten, ist der große Fortschritt ausgedrückt,
den die neue Generation der alten problematischen gegenüber
darstellt: „Wer die Solidarität aller menschlichen Interessen —
das oberste Prinzip aller politischen und moralischen Weisheit —
begriffen hat, weiß auch, daß seine individuelle Existenz nur ein
Tropfen in dem ungeheuren Strome ist und daß diese Tropfen=
Existenz weder das Recht noch die Möglichkeit der absoluten
Selbständigkeit hat. Wir dürfen uns nicht länger sträuben „zu
sein, was wir wirklich sind: Menschensöhne, Kinder dieser
Erde, mit dem Recht und der Pflicht, uns hier auf diesem
unsern Erbe auszuleben nach allen Kräften mit den andern
Menschensöhnen, unsern Brüdern, die mit uns gleiche Rechte
und freilich auch gleiche Pflichten haben".

„Die von Hohenstein" (1863) und „In Reih und
Glied" (1866) gehören im Grunde genommen zusammen; viel=
leicht hat darum der eine Roman die Bedeutung des andern
etwas gedrückt. Während das letztere Werk als eins der schönsten
Erzeugnisse Spielhagens angesehen wird, haben „Die von Hohen=

stein", die Geschichte einer degenerierenden Adelsfamilie, aus sehr sensationellen Motiven herausgearbeitet, keine tiefere Wirkung ausüben können; aller poetischer Glanz ruht auf „In Reih und Glied". Aber gemeinsam ist beiden dieselbe Idee, gemeinsam ist ihnen auch der Held; nur treten jedesmal einzelne Züge verschieden deutlich in beiden hervor. In den „Hohenstein" ist es ein Journalist, der im Mittelpunkte des Ganzen steht: ein leidenschaftlicher Charakter, der durch die Liebe zu einer Adligen aus seiner natürlichen Sphäre gezogen wird, so daß er Weib und Kind einem unerlaubten Liebesglück opfert. Der Roman schließt mit einer glänzenden Schilderung der Revolutionsbilder und das Ende ist der Untergang des Helden. Er erscheint als problematische Natur, aber mit einer bedeutsamen Variante. Eine Nebenperson in dem Roman nennt ihn „trotz seines ungestümen Freiheitsdranges und Adelshasses im Grunde eine despotische Natur, eine Junkernatur; denn worin besteht das Charakteristische dieser Natur anders als in der scharfen Accentuierung eingebildeter Vorzüge und in jener Willkür, die sich dem Gesetz nicht fügen kann und will?" Lösen wir den Helden aus seinem epischen Zusammenhange, so ist sein Kern, sein Urtypus kein anderer als der der „heroischen Natur", wie sie Auerbach definiert hat. Seiner Weltanschauung tritt darum auch die des Dichters entgegen: Münzer ist Kosmopolit und Sozialist, sein Prinzip ist der staatliche Zwang, die Bevormundung des Individuums — des Dichters Evangelium lautet: Erziehe dich selbst, du deutsches Volk, zur Freiheit und zur Liebe! Am schönsten wird dieser Gedanke lebendig in der Gestalt des sanften, stillen Balthasar mit ihrem unerschütterlichen ethischen Idealismus, einer echt Spielhagenschen Figur, wie denn in jeder Dichterseele die Gegensätze eng nebeneinander liegen.

Unverkennbar ist das Vorbild Münzers niemand anders als Lassale, der auch das Vorbild für „In Reih und Glied" gegeben hat. Aber in diesem Roman ist alles schärfer und bedeutsamer entwickelt, die Gegensätze erscheinen klarer sowohl in ihren Ideen wie in ihrer Charaktergestaltung. Das Thema von der „heroischen Natur", durch die Zeitereignisse nahe gelegt, wird weit konsequenter durchgeführt als in Auerbachs „Auf der Höhe". Die Figur, in welcher der Dichter einen Teil seines Selbst enthüllt hat, der Dichter Walter Gutmann, spricht auch den leitenden Gedanken des Werkes aus. Er nennt Leo, den Haupthelden eine „heroische" Natur. „Aber wenn nicht alle Zeichen trügen, so ist die Zeit des Heroentums vorüber. Wohl mag es der groß angelegten Natur schwer werden, sich zu beugen unter das allgemeine Gesetz, schwer von dem Irrtum zurückzukommen, daß sie allein schon ein Ganzes sei. Und doch ist es ein Irrtum. Das Feldgeschrei heißt jetzt nicht mehr Einer für Alle, sondern Alle für Alle ... Wir wissen jetzt, daß alle Länder gute Menschen tragen und alle gute Menschen bilden eine einzige, große Armee, der Einzelne ist nichts weiter als ein Soldat in Reih und Glied ... Als Einzelner ist er nichts, als Glied des Ganzen unwiderstehlich; den Einzelnen streckt eine Kugel in den Staub, aber die Reihe schließt sich über ihm und die Kolonne ist, wie sie war!" Wiederum erklingt so das Hohelied von der Solidarität aller menschlichen Interessen.

Die heroische Natur durchbricht nun diesen Kreis; sie will allein erringen, was nur in gemeinsamer Arbeit errungen werden kann. Der Held wird uns geschildert in seinen Knabenjahren, ein psychologisch sehr fein ausgeführtes Bild; wir sehen ihn schon hier unter dem Einflusse der sozialistischen Ideen; eine herbe, trotzige Proletariernatur, der Schulmeister Tusky, der unter den Bauern die aufrührerische Bewegung des einstigen „Bundschuh" wieder anzufachen sucht, gewinnt bestimmenden Einfluß auf seine Denkweise. Wir werden mitten in die große sozialistische Strömung hinein versetzt, die wie ein Riesenfragezeichen sich vor unserm Jahrhundert aufgerichtet hat. Der vierte Stand, das

Proletariat, fordert seine Rechte, der Held, Leo Gutmann, will sie ihm durch eigene Kraft sichern. Allein um etwas zu erreichen, um etwas zu sein, bedarf es der Macht: das Königtum soll sie ihm gewähren. Was aber in dem Helden lebt, ist weniger der Drang, der Menschheit zu nützen, als der dämonische Trieb nach Machtfülle, der ihn schon in seinen Knabenträumen erfaßte. Es ist ein kühner und großer Gedanke und er gelingt. In einer Unterredung, die Leo mit dem König hat, einer eigenartigen romantisch-phantastischen Natur, weiß er diesen zu fesseln und für seine sozialistischen Pläne zu gewinnen; er wird der Vertraute der königlichen Macht, und da er nicht blöde in seinen Mitteln ist und selbst mit den Orthodoxen paktiert, so winkt bereits das Ministerportefeuille. Da aber tritt der Umschlag ein, seine Verlobung mit der Tochter eines Generals führt zu einem großen Skandal, seine Staatsfabrik wird von Aufständischen zerstört, der König läßt ihn fallen und der Tod des Monarchen besiegelt vollends seinen Sturz, mit welchem die konservative Partei ans Ruder gelangt. In einem Duell tödlich verwundet, endet der Held seine abenteuerliche Laufbahn.

Der Roman hat große, spannende Szenen, eine geradezu außerordentliche Kraft der Charakteristik spricht aus einzelnen Figuren. Es ist nicht bloß ein weit angelegtes Zeitbild, sondern eine der besten Schöpfungen epischer Kunst. Allein er hat auch Schwächen und es sei erlaubt, einiges dafür anzuführen. Zunächst wird eine der wichtigsten Seiten in dem Helden dem Leser unterschlagen. Wir hören immer von der Macht seiner zündenden Rede und wir vernehmen kein Beispiel dafür. Spielhagen zeigt auf dem Höhepunkte der Dichtung in Leo nur den kühl berechnenden Diplomaten, der mehr auf die Persönlichkeit des Gegners, als auf seine Ideen hin den Haupttrumpf ausspielt. Er steigt zu sehr durch fremde Hilfe und er fällt allein durch fremde Intriguen. Seine Jugendgespielin Silvia ist es, die durch ihren Einfluß auf das Herz des Königs ihm den Weg zur

Macht bahnt und die andererseits durch ihre Flucht auch den ersten Anlaß giebt, daß er wieder sinken muß. Diese Silvia ist eine der großen, edel denkenden, weiblichen Figuren Spielhagens, deren Seele der größten Opferfreudigkeit fähig und würdig ist, wie der Dichter den Typus später mehrfach variiert hat — neben ihr erscheint Leo doch fast als kleinlicher Intrigant. Und das soll er nicht sein, wenigstens soll er es nicht ganz sein. So nimmt das Intriguenspiel hinüber und herüber ihm einen Teil seiner tragischen Größe und die heroische Natur wird beinahe zum Rechenmeister, der zum Schlusse sich selbst bitter verrechnet. Das Gegenbild Leos ist Walter, der hochherzige, bescheidene Idealist, dessen Leben mühevolles Kämpfen und Ringen ist. Ihm aber wird, wenn Leo und Silvia untergehen, zuletzt ein bescheidenes Glück, das ihn mit seiner Jugendgeliebten verbindet. Auf seiner Seite steht sein Vater, der biedere Förster, und ein spinozistisch angehauchter Dr. Paulus. Dem ganzen Plane nach entwickelt sich die Weltanschauung des Dichters mehr negativ, als positiv, auch wenn Dr. Paulus zuletzt den im Arbeiteraufruhr umgekommenen Förster als einen Helden und Heiligen feiert, der „für die heilige Ordnung" gefallen. Das Regiment, das mit dem ziemlich sarkastisch gezeichneten Prinzen der Romantik auf dem Throne folgt, bietet am Schluß auch keinen freundlichen Ausblick in die Zukunft, wenn wir sehen, daß rohe, egoistische Junkerseelen wie Henri v. Tuchheim nun die Machthaber des Staates sein werden. Das Bild des öffentlichen Lebens erscheint so grau in grau, wie die Zeit selbst in den Gemütern noch keine Ahnung ihrer nahen politischen Zukunft weckte; tiefer und lebendiger spürte sie das Wirken der sozialen Mächte, die grollenden Stimmen unter der Erde, die in unserer Gegenwart nur noch dumpfer und lauter ertönen. Ernsthaft tauchte die bange Frage auf, wie diese Ausbrüche unterirdischer Gewalten zu verhindern seien, und dieser Frage und ihrer Lösung in dem Sinne, wie sie ihm der ethische Idealismus seiner Gesinnung eingab, widmete Spielhagen seinen nächsten großen Roman: „**Hammer und Amboß**". (1869).

Kann der Dichter überhaupt soziale Fragen auch nur theoretisch lösen? Eine überflüssige Frage, aber wenn er auch keine sozialen Fragen zu lösen im stande ist, so hat er vielleicht eine soziale Aufgabe: diese oder jene Wurzel des Uebels bloßzulegen und an den sittlichen Geist der Menschheit zu appellieren, sie auszugraben und zu vernichten. „Hammer und Amboß", der neue Roman des Dichters, stützt sich auf einen solchen Appell an die Menschheit: „Unser Herrschertum, unsere Adelsinstitutionen, unsere Heereseinrichtungen, unsere Arbeiterzustände", so wird die Idee des Romans erläutert, „überall das kaum versteckte, grundbarbarische Verhältnis zwischen Herren und Sklaven, zwischen der dominierenden und der unterdrückten Kaste; überall die bange Wahl, ob wir Hammer sein wollen oder Amboß. Nicht Hammer oder Amboß, Hammer und Amboß muß es heißen, denn jedwedes Ding und jeder Mensch in jedem Augenblicke ist beides zu gleicher Zeit". Unter diesen Umständen fügt es sich, daß „wie der Herr den Sklaven, so der Sklave den Herrn korrumpiert und daß in politischen Dingen der Vormund zugleich mit dem Bevormundeten verdummt. Die Wut zu befehlen, die sklavische Gier sich befehlen zu lassen, verschlechtern die Welt, füllen Zucht- und Arbeitshäuser".

Der Dichter will an dem Falle eines besonderen Menschenschicksals die ethische Macht nachweisen, die in der Erkenntnis liegt, daß der Mensch „Hammer und Amboß" sein müsse, sich ebenso selbst bestimme, wie er sich durch andere bestimmen lasse. Aus dieser Theorie ergiebt sich, daß er zu seinen Mitmenschen in das Verhältnis freier, gemeinsamer Arbeit zu treten hat: die Spielhagensche Solidarität der menschlichen Interessen. Der Held des Romans gerät durch seine müßige Willfährigkeit, durch sein stetes Amboßsein zuletzt in das Zuchthaus, hier vollzieht sich in ihm unter der verständnisvollen Leitung des humanen

Gefängnisdirektors, der jene obige Theorie ausspricht, ein Umschwung: er lernt den Segen der Arbeit kennen, ein anderer tritt er in das Leben zurück, um in demselben fortan sich als „Hammer und Amboß" zu erweisen und zu Ansehen und Glück zu gelangen. Als Herr und Leiter einer Fabrik ändert er das Verhältnis zwischen Arbeitgeber und Arbeitnehmer ganz in dem Sinne seines Grundsatzes, indem er fortan die Arbeiter selbst an dem Gewinne teilnehmen läßt. So schön und poetisch und zugleich echt human die Idee des Romans ist, ihre Durchführung scheint uns nicht einwandfrei und zwar darum nicht, weil die Umstände, aus denen das Gewebe der Handlung sich zusammensetzt, mit einem Wort, das Schicksal des Helden, nicht das eines normalen, typischen, sondern eines anormalen Falles ist. Georg Hartwig, der Held, ist ein Charakter, den wir von der ersten Seite des Buches an lieb gewinnen, aber er ist doch, ehrlich gesagt, ein rechter Glücksvogel. Er gehört zu denen, welchen das Geschick es überaus leicht macht, nachdem sich die Pforten des Zuchthauses hinter ihnen geschlossen haben; er dient zwar als Arbeiter von der Pike an, allein wie rasch klimmt er die Stufen des Glückes empor, wobei die Liebe ihm überdies noch hilfreich die Hand bietet. Sein Leben kann nicht als Muster und Norm der Hammer- und Amboßtheorie gelten; es ist eine Ausnahme in der Zahl der Hunderttausende, die Hammer und Amboß sind, ohne wie er die Launen der Fortuna auf sich zu lenken. Dies Bedenken freilich wird kaum von der Mehrzahl der Leser geltend gemacht werden — und wer hätte den Roman nicht gelesen, dieses Buch, welches mit die schönsten Naturschilderungen enthält, die Spielhagens Kunst entworfen, das eine Fülle der Charakteristik atmet, wie sie nur bei Dickens zu finden ist? Der humane Gefängnisdirektor ist gewiß zu idealistisch gezeichnet und doch gerade darum wächst diese Gestalt uns so warm ans Herz. Der stimmungsvolle Reiz der pommerschen Landschaft, die Szenen aus dem Schmugglerleben, vor allem der Seesturm in der Hafenstadt — das alles ist in einzelnen Bildern, mit poetischer und zugleich realistischer Kunst, mit warmer, leidenschaftlicher Empfindung ausgeführt. Es giebt wenig in unserer epischen Litteratur, was gerade mit den letzteren Einzelheiten sich messen kann.

„Hammer und Amboß" ist ein sogenannter „Ich=Roman": der Held erzählt selbst seine Lebensgeschichte, und durch die erste Person des Vortrages gewinnt die Darstellung eine eigenartige, interessante Färbung. Unleugbar würde das Werk in der dritten Person des Vortrages verloren haben. Ob aber, wie Spielhagens Theorie es will, der Ich=Roman den Höhepunkt des modernen Romans darstellt? Diese Frage ließe sich genau nur an einer Auseinandersetzung der Spielhagenschen Theorie beantworten, eine Betrachtung, die weit über Raum und Bahnen dieser Darstellung hinausgreifen würde. Nur so viel läßt sich in Kürze sagen: die geschichtliche Auffassung des Romans dürfte sich kaum im Einverständnis mit dem Dichter erklären können. Vielmehr erscheint in jedem Romanstoff zugleich die Form gegeben, welche für die künstlerische Gestaltung die angemessenste ist und der Dichter wird selbst es im Gefühl haben, welche er zu wählen hat. Je mehr sein eigener Charakter sich mit dem Helden deckt, desto eher wird er die Ich=Form vorziehen, je objektiver, kühler und widersprechender er seinem Helden gegenübertritt, desto lieber wird er die andere Form wählen. Spielhagen sind die Romanhelden eines Dichters gleichsam nur verschiedene Entwicklungsstufen des schaffenden Dichters selbst, der sich in ihnen objektiviert. Was er aber von sich mit einem gewissen, freilich durchaus nicht vollkommenen Recht sagen kann, das gilt, wie uns scheint, nicht für jeden und für alle Dichter. Spielhagens Theorie wurzelt in seinem individuellen Temperament, er hat sie aus seiner Eigenart geschöpft, wie Richard Wagner die Forderungen seiner musikalischen Dramas nur aus den Bedingungen seines eigenen Genius entwickelte. Beide sind Beweise dafür, daß Künstlernaturen gern das Maß ihres subjektiven Schaffens zu einem allgemein giltigen machen wollen. Der Reiz des Ich-Romans beruht vielmehr auf einer Eigenschaft, die Spielhagen fast absichtlich in seiner Theorie zurückdrängt, auf der Eigenschaft nämlich, daß von der epischen Dichtung Individualität und Tonart des Vortragenden d. h. des Erzählers nicht zu trennen sind, daß also dem Roman weit weniger ein objektiver Charakter zukommt, als Spielhagen ihm zuerteilt wissen möchte.

---

7. Alfred Meißner und Franz Hedrich. — Franz Dingelstedt.

Die reaktionäre Bewegung, welche die Kulturstaaten Europas durchzog, fand ihren schärfsten und verbittertsten Ausdruck in den vielsprachigen österreichischen Landen; wie überall weckte sie auch hier die leidenschaftliche Gegenbewegung junger litterarischer Talente, die sich mit Feuer der politischen Fortschrittsideen ihrer Zeit bemächtigten. Zu diesen Talenten gehört nicht zuletzt Alfred Meißner, der Dichter des „Ziska". Ein Enkel A. G. Meißners, des Zeitgenossen Schillers und Wielands, geboren am 15. Oktober 1822 zu Bregenz als Sohn des dortigen Badearztes, war er als Knabe mit seinen Eltern nach Prag gekommen, wo er 1840 die Universität bezog, um Medizin zu studieren. Hier nahm der junge Student eifrigen Anteil an den Bestrebungen des „jungen Böhmens", wie sich damals ein Kreis jugendlicher Talente nannte, dem u. a. Moritz Hartmann, Max Schlesinger, Leopold Kanpert u. s. w. sich angeschlossen. Als junger Arzt veröffentlichte Meißner in Leipzig, wohin er sich 1846 begeben um der österreichischen Zensur auszuweichen, seine ersten Gedichte und die Gesänge des „Ziska", die bei ihrem revolutionären Stimmungscharakter von der österreichischen Regierung verboten wurden. In den nächsten Jahren machte er, indem er sich jetzt ganz der Litteratur widmete, mehrfache Reisen nach Paris und London und nahm darauf in Prag und später in Bregenz dauernden Aufenthalt. In dieser Zeit erschienen unter seinen Namen die Romane, welche seinen litterarischen Ruhm zwar nicht vermehrt haben, dennoch aber durch ihre fesselnde Charakteristik, ihre glänzenden Schilderungen und vor allem durch die scharfe Art, wie sie das reaktionäre Regiment in Oesterreich und den mit ihm verbundenen kirchlichen Geist geißelten, das Interesse der Zeitgenossen fesselten. Es waren dies vor allem „Zwischen Fürst und Volk", „Die Geschichte des Pfarrers von Grafenried" (1855), die „Sansara" (1858), „Zur Ehre Gottes" (1860), „Neuer Adel" (1861), „Schwarzgelb" (1862—64) mit der Fortsetzung „Babel" (1867).

Es steht jetzt fest, daß diese Arbeiten nicht allein von Meißner verfaßt, sondern aus der Mitarbeiterschaft mit seinem Freund Franz Hedrich entstanden sind. Fr. Hedrich, 1825 zu Podstal bei Prag geboren, war dort als Student mit Meißner bekannt und befreundet geworden. Hedrich nahm trotz seiner Jugend als Abgeordneter teil an den Verhandlungen des Frankfurter Parlaments, ohne in demselben eine irgendwie bedeutende Rolle darzustellen. Das litterarische Verhältnis zwischen den beiden entspann sich im Jahre 1854, als sie sich in Tabarz zu der Abfassung des Romans „Zwischen Fürst und Volk" zum erstenmal zusammenfanden, und es dauerte jahrelang bis zu dem am 29. Mai 1885 zu Bregenz erfolgenden Tode Meißners. Selten hat ein litterarisches Verhältnis, obwohl nach außen verschwiegen, in seinen Arbeiten einen so ungewöhnlichen Charakter der Harmonie getragen, daß es heute schwer sein dürfte, jedem der Autoren das Seine zuzuweisen; niemals aber auch hat es einen solchen inneren Unsegen geschaffen. Es hat Meißners letzte Lebensjahre verbittert und seinen Tod beschleunigt, und was nicht minder bedauerlich ist, es hat auch seinen litterarischen Namen mit einem Fleck behaftet, den alle Anerkennung seiner dichterischen Eigenschaften nicht abwischen kann. Erst nach dem Tode Meißners ist Hedrich (1889) mit der Enthüllung über die Entstehung dieser gemeinsamen Arbeiten hervorgetreten; es spricht nicht zu Gunsten seiner eigenen moralischen Qualitäten, daß er ein solches Verhältnis während eines so ausgedehnten Zeitraumes mit duldendem Stillschweigen ertrug, und noch weniger, daß er nach dem Tode seines Mitarbeiters den unzweifelhaft unberechtigten Anspruch erhob, der alleinige Verfasser aller der unter Meißners Namen gehenden Werke mit Ausnahme der Gedichte gewesen zu sein. Seit dem Jahre 1871 führte Hedrich ein Wanderleben; er hatte sich in diesem Jahre mit einer reichen Dame in Edinburg verheiratet. Am 31. Oktober 1895 ist er dort gestorben, vergessen und trotz seiner Enthüllung unanerkannt von der litterarischen Welt, da alles, was er sonst unter eigenen Namen geschrieben — Tragödien und Novellen — wohl von Talent zeugt, aber in keiner Weise sich mit den gemeinsam mit Meißner geschaffenen Arbeiten messen kann.

Was die Natur dieser eigentümlichen Kompagniearbeit im besonderen angeht, so wird man nach den wenigen dokumentarischen Belegen, die darüber vorhanden sind (in Hedrichs Schrift „Alfred Meißner—Franz Hedrich" und in der Gegenschrift Robert Byrs, Meißners Schwager, „Die Antwort Alfred Meißners" 1889) den größten Fleiß vielleicht Franz Hedrich zuerkennen. Hedrich besaß einen scharfen, klaren Verstand und in seiner Phantasie einen herben, auf das Grausige gerichteten Zug. Vielleicht ist die Vorliebe für kriminalistische Momente, die sich in fast allen Arbeiten der Beiden ausprägt, gerade auf ihn zurückzuführen. Meißner war im Gegensatz dazu eine weiche, lebhafte Poetennatur, er hatte glänzende Einfälle und verließ sich ganz auf seine Inspiration. Den Aufbau der Romane, die Anordnung des Stoffes spricht er selbst als Verdienst dem „organisatorischen Geschick" seines Mitarbeiters zu, aber die reizvolle Charakteristik mancher besonders weiblicher Gestalten, die noch heute in seinen Romanen anspricht, die Fülle anekdotenhafter Züge in der Handlung und der Zug schwermütiger Poesie, der sich hie und da leise darin abspiegelt, sie entsprechen seinem Temperament und seiner ganz das Leben auf sich einwirken lassenden Beobachtungsgabe. Es ist für Meißners Naturell- und litterarische Eigenart bezeichnend, daß eine der hübschesten und charakteristischsten Figuren in G. Freytags „Journalisten", der Reporter Schmock mit seinem Bonmot von den „Brillanten" und dem Rechts- und Linksschreiben ursprünglich sein geistiges Eigentum gewesen ist, das er, wie Freytag selbst erzählt, gegen eine Flasche Wein dem Dichter von „Soll und Haben" abtrat. Wie Meißner ein brillanter Feuilletonist war, so lag seine dichterische Stärke auch im Genre, und alle die humorvollen oder satirisch angelegten Zeitfiguren, die in seinen Romanen auftauchen, tragen den unverkennbaren Stempel seiner Gestaltungskraft.

Die gleiche freiheitliche Gesinnung hatte neben der gemeinsamen Neigung für die Dichtkunst die beiden Dichter zusammengeführt. Von solchen Ideen war schon ihr erster Roman „Zwischen Fürst und Volk" (1854) durchdrungen. Eine romantische Fabel verknüpft darin die Gegensätze von Fürst und Volk. Der Schützling eines kleinstaatlichen Herzogs wird der Geliebte einer Prinzessin; diese Liebe wird durch eine Intrigue getrennt. Der Held gewinnt später als Pfarrer von Grafenried die führende Stellung in der oppositionellen Richtung des Landtages; der Herzog muß seinen Minister entlassen und seinen Gegner in das Kabinet berufen, der ihm den Entwurf einer neuen Verfassung vorlegt. Es stellt sich dann unter Aufwickelung einer romantischen Vorgeschichte heraus, daß der Pfarrer der Sohn des Herzogs ist. Eine breite, etwas zerflossene Stimmungsmalerei giebt den im übrigen unnatürlichen Figuren ein gewisses Relief; Meißner wollte zeigen, „welche Konflikte die Dankbarkeit für empfangene Wohlthaten in einem sanften, schwärmerischen Gemüte bei total verschiedenen politischen Prinzipien erzeugt".

Eine elegische Färbung trägt auch das Hauptwerk Meißners „Sansara" oder „Der Freiherr von Hostiwin" (1858). Man wird ihm das Hauptverdienst an dieser Arbeit zuerkennen können, namentlich in den ersten beiden Bänden, die auch die besten sind. Eine poetische Idee ist hier in der That in einer gewissen psychologischen Entwickelung durchgeführt. Im Mittelpunkte des Romans steht der Typus des genialen Genußmenschen, der von Liebe zu Liebe eilt und zugleich Unheil auf Unheil für andere heraufbeschwört, bis er endlich, zur Erkenntnis gekommen, kalt und tot für die Liebe zu sein glaubt und sich in die Einsamkeit der Alpenwelt zurückzieht, wo er sich düsteren Betrachtungen hingiebt. Dieser Typus war nicht neu, der byronsche Manfred spukt in dem Freiherrn von Hostiwin. Der Pessimismus des englischen Dichters wurde aber gleichzeitig von dem des deutschen Philosophen Schopenhauer abgelöst. Zum erstenmal — noch ehe Schopenhauer zu allgemeiner Kenntnis und Anerkennung gelangt war — hinterließ seine Weltanschauung hier jene Spuren, die wir in der Romanlitteratur der 70er Jahre so breitgetreten finden. Meißner hatte durch die Schwester des Philosophen, Johanna Schopenhauer, das Hauptwerk desselben „Die Welt als Wille und Vorstellung" kennen gelernt und es hatte einen tiefen Eindruck auf ihn gemacht. Dennoch ließ er seinen Helden nicht in der Weltentsagung verharren; durch eine reine Liebe, die er erst in sich bekämpfen zu müssen glaubt, wird er zur Versöhnung mit der Welt, dem Leben und sich selbst zurückgeführt, ähnlich wie in Freytags „Graf Waldemar" der Aristokrat den Glauben an die Güte der Menschennatur durch die Liebe des einfachen Gärtnerkindes zurückgewinnt. Dieser bürgerliche Stimmungston fehlte freilich der „Sansara", die noch ganz romanhaft ihre Helden und Heldinnen in aristokratischen Salons suchte, in denen höchstens Künstler als gleichberechtigt gelten. Und doch ist eine kleine bürgerliche Episodenfigur, die schalkhafte, verliebte Marietta, vielleicht die reizendste Gestalt, die Meißner je gezeichnet hat, wie denn auch seine Charakterisierungsgabe in den anderen Nebenfiguren, besonders in dem Marchese Valmadonna und dem Streber Wallmerode sich glücklich bewährt. Von allen seinen Romanen steht „Sansara" künstlerisch am höchsten.

Ganz auf den Boden des politischen Zeitromans stellten sich Meißner und Hedrich in dem Romancyklus „Schwarzgelb" (1862—64) mit seiner Fortsetzung „Babel" (1867). Sie schilderten hier die Zustände der österreichischen Reaktion von 1850—1860 in einer ausgedehnten Romanhandlung und an einer Fülle von Zeittypen, ohne daß es ihnen indessen gelang, der Handlung die abgerundete Einheit und den Typen jenen Grad künstlerischer Durchbildung zu verleihen, der sie vollkommen von den in ihnen verkörperten politischen Prinzipien unabhängig macht. An interessanten Einzelheiten sind auch diese Arbeiten nicht arm; die ganz unkünstlerische Einfügung langer politischer Betrachtungen erinnert an das Verhältnis von Geschichte und Roman, das wir in dieser litterarischen Epoche schon gekennzeichnet haben. Das Aufsehen, das „Schwarzgelb" und „Sansara" ihrer Zeit veranlaßten, erklärte sich mehr aus dem liberalen Geiste der Autoren, mit dem sie das reaktionäre und kirchliche Regime des österreichischen Staates während dieses Zeitraumes geißelten, als aus dem litterarischen Werte der Arbeit selbst. „Schwarzgelb" und „Babel" haben einen düsteren Schluß: in der Liebesgeschichte der Haupthandlung wurden die Gegensätze zwischen Bürgertum und Adel als unversöhnlich hingestellt.

Die lebendige Anteilnahme an dem politischen und nicht zuletzt kirchenpolitischen Leben — 1855 hatte Oesterreich das Konkordat mit dem päpstlichen Stuhle abgeschlossen — bekundeten auch einige andere Arbeiten Meißner-Hedrichs, vor allem die historischen Romane „Zur Ehre Gottes" (1860) und „Die Kinder Roms" (1870), von denen der erstere, eine Jesuitengeschichte, die Erbschleicherei des Ordens in einer abenteuerlichen Verwickelung behandelte, der letztere das aufklärerische Zeitalter Josephs II. und die Versumpfung der Reformen dieses Monarchen durch den Widerstand der klerikalen Elemente mit einer Fülle von kulturhistorisch interessantem Material schilderte. Diese Vorliebe für genrehafte und gleichzeitig originelle Züge tritt auch in den historischen Novellen und Zeitbildern Meißner-Hedrichs hervor, wie in den „Charaktermasken" (1862), „Novellen" (1864), „Norbert Norson" (1883) und in den wohl ganz von Meißner herrührenden „Rokokobildern (1871). Was leider die ganze litterarische Produktion Meißners kennzeichnet, ist der Mangel an künstlerischem Ernst, und dieser Mangel verschuldete schließlich auch den sittlichen Fehler, in den er durch sein Verhältnis mit Hedrich geriet. Wiederum erkennt man an der Geschichte seines Lebens, daß auch ein glänzendes Talent ohne Charakterstärke niemals zur vollen Ausbildung in seiner Begabung gelangen kann, und unwillkürlich blickt man von Alfred Meißner zu Gustav Freytag hinüber, der, lange nicht im gleichen Maße poetische Natur, doch durch seinen sittlichen und künstlerischen Ernst zu einem Lieblingsdichter der deutschen Nation sich auswachsen konnte.

Noch ein Name, an den die freiheitliche litterarische Strömung der vierziger Jahre sich knüpfte, sei als letzter in diesem Abschnitte genannt, obwohl Franz Dingelstedts Begabung auf einem ganz anderen Gebiete liegt als dem epischen. Der hessische Gymnasiallehrer (geb. am 30. Juni 1814 zu Halsdorf bei Marburg, gest. am 15. Mai 1881 zu Wien) hatte durch seine „Lieder eines kosmopolitischen Nachtwächters" (1840) die Aufmerksamkeit sowohl der Regierungen wie ihrer liberalen Gegner erweckt; seiner Stellung enthoben und auf den Beruf des Journalisten angewiesen (1841), entwickelte sich Dingelstedt in überraschender Weise. Schon 1843 war er Hofrat und Vorleser des Königs von Württemberg, und während seine ehemaligen politischen Freunde und Gesinnungsgenossen das karge Brot ihrer Feder für die Anerkennung der deutschen Nation eintauschten, stieg Dingelstedt von Stufe zu Stufe empor, wurde bekanntlich Intendant des Münchener Hoftheaters, darauf 1857 Generalintendant der Weimarer Hofbühne und 1870 Direktor und später Generaldirektor der kaiserlichen Hoftheater in Wien; 1876 fiel ihm auch der Freiherrenstand zu. Eine so außerordentliche Laufbahn mußte wohl mit dem Verzicht auf mancherlei verbunden sein, im besonderen mit dem Verzicht auf die Ausgestaltung des eigenen Talents. So viel Dingelstedt als praktischer Theatermann geleistet hat, als Theaterdichter selbst hat er sich nicht hervorgethan, und seine epischen Arbeiten beschränken sich, von einigen Novellen abgesehen, auf zwei Romane, die immerhin der Erwähnung in der Litteraturgeschichte würdig sind, obwohl sie im übrigen auch dem Dichter Dingelstedt kein neues Lorbeerblatt eingebracht haben.

Der erste und bedeutendste „Unter der Erde" erschien bereits 1841 und wurzelt noch ganz in den Empfindungen der jungdeutschen Epoche. Es ist die Stimmung der Opposition gegen die moderne Gesellschaft, die in ihm vorwaltet, und es ist der bekannte geniale Held, den das tragische Schicksal ereilt, ähnlich wie Meißners Freiherr von Hostiwin in der „Sansara", allen seinen Lebensweg kreuzenden Personen Unheil zu bringen. Mit bemerkenswerter Objektivität kennzeichnet Dingelstedt bereits damals diese jungdeutschen, problematischen Naturen, die eine modernere Zeitströmung „Uebermenschen" zu nennen liebt: „Sie setzen durchaus selbständig ihr Ich in den Mittelpunkt dieser Welt und wollen, um Sitte und Gesetz unbekümmert, durch ihre subjektiven Stimmungen, ihre Leidenschaften, ihre Anschauungen ihr und anderer Leben bestimmen. Gelingt es ihnen, über Thatsachen und Ueberlieferungen den Reiz davon zu tragen, so heißen sie Genies, Eroberer, Helden. Im entgegengesetzten, häufigeren Fall schwankt die öffentliche Meinung zwischen den Kategorien Verbrecher, Wahnsinnige. Ihr Untergang vollzieht sich sicher und mit ihnen fallen diejenigen, welche sie in ihren Zauberkreis gezogen haben". Die innere Haltlosigkeit der problematischen Natur verleugnet natürlich auch sein Held Felix nicht. Was im besonderen für das Werk charakteristisch, ist der Wertherton und die Wertherstimmung des ersten Teiles, die Sehnsucht nach einem Heilquell der Genesung von der Unnatur und den damit verbundenen bitteren Erfahrungen des gesellschaftlichen Lebens. Der Aristokrat sucht diese Heilung in dem arbeitsharten Dasein des Bergmannes unter der Erde und findet sie merkwürdigerweise dort sowie in der Liebe eines schlichten Dorfkindes. Aber seine Vergangenheit, mit der er nicht rein abgeschlossen — er ist der Gatte einer Ministertochter, die ihn mit dem Erbprinzen betrogen — zerreißt das aus einfacher natürlicher Empfindung geschlossene Band wieder und bereitet allen den Untergang. In dem ersten Teile des Werkes, dem Tagebuche des aristokratischen Bergmannes, findet Dingelstedt einen warmen, lebendigen Gefühlsausdruck, wie er dem kühlen, überlegenen Hofmann der späteren Zeit nicht mehr eigen ist. Auch der Blick für das realistische Detail überrascht an diesem Jugendwerke, das sich entschieden über gleichartige Schöpfungen seiner Epoche erhebt.

Diesen realistischen Tik bekundet noch mehr die „Amazone", der zweite und letzte Roman Dingelstedts, in einer Zeit geschrieben (1868), wo er sich bereits die empfindsame Art des jungdeutschen Naturells abgewöhnt hatte. Der Roman, in einer süddeutschen Großstadt spielend, greift in die an Hackländer anknüpfende Genrerichtung über; es sind Bilder des künstlerischen und kaufmännischen Lebens, die in flotter, wenn auch zu feuilletonistischer Manier uns vorgeführt werden. Die Charakteristik einzelner Figuren ist geistvoll und witzig und verrät den erfahrenen Weltmann, aber da sie sich mehr in Aeußerlichkeiten bewegt, so kommt ein tieferes psychologisches Interesse nicht auf; andererseits aber ist die Zeichnung der gesellschaftlichen Kreise in dem Roman, wenn auch nicht ohne Satire, doch nicht eindringlich und poetisch vertieft genug, um der „Amazone" eine höhere litterarische oder auch nur zeitgeschichtliche Bedeutung zu verleihen. Dingelstedt gehörte zu den Vermittlern zweier Epochen; die Poesie des jungen Dichters war der Tendenz entsprungen und von der Tendenz ging er über zu den Thatsachen, die dann das geistige und politische Leben der Natur beherrschten. Es berührt wohlthuend, daß er seiner Vergangenheit wenigstens insofern nicht untreu wurde, als er auch am Ausgange seiner Laufbahn und seiner Tage, da überall in der Politik wie in der Aesthetik die Philosophie der Thatsachen verkündet wurde, mannhaft das Recht der Tendenzpoesie verteidigte und aus ihr den jungen Poeten des neuen deutschen Reiches die größten Aufgaben einer Nationaldichtung zuwies.

Fünfter Abschnitt.

Im neuen Reich (1870—1890).

1. Das neue Zeitalter. — Zeitschrift und Zeitung. — Der Frauenroman.

Der große Nationalkrieg von 1870-71 mit allen seinen Ruhmesthaten bezeichnet für die litterarische Entwickelung nicht den Beginn einer neuen Epoche. Als die mächtige Woge patriotischer Begeisterung unser Volksleben durchflutet hatte und das Geschlecht, das tüchtig bei der Arbeit gewesen, sich auch tüchtig im Kampfe um die Ehre des Vaterlandes erwiesen, da gab es Stimmen, die, seherisch beanlagt, von heute auf morgen den neuen Aufschwung der Poesie prophezeiten. Aber die Propheten sahen sich getäuscht: weder klangen die Saiten der deutschen Lyra von unerhörten Melodien, noch setzten in Drama und Roman die Genies die neuerstandene Nation in Erstaunen. Darum erstarb die dunkle Ahnung nicht, daß das neue Zeitalter sich nicht mit kriegerischen Lorbeeren begnügen könne; so viel hatten ja die Dichter für das Deutsche Reich gethan, ehe es vorhanden gewesen, daß sie auch selbst erscheinen mußten als die Kündiger des neuen Volksgeistes. Das Schwert stak wieder in der Scheide, man konnte sich nicht bloß des Sieges, sondern neuer, nationaler Güter freuen, immer jedoch zögerte die Muse und nur die Mode kam, ihren Glückskindern rasch verwelkende Kränze auf das Haupt zu drücken. Die Besten und Tüchtigsten, zu denen man aufsah, blieben für das nächste Jahrzehnt die Alten, die man schon vorher bewundert hatte; sie vollendeten noch manches treffliche Werk, das sie bisweilen erst auf den Höhepunkt ihres Schaffens führte, aber sie begründeten keine neue Richtung, sie gaben dem neuen Zeitalter nicht einen besonderen litterarischen Charakter. So hält sich denn bis in den Anfang der achtziger Jahre die Entwicklung des Romans in denselben Bahnen wie im vorigen Abschnitt; die alten Formen werden erweitert, die alten Helden bekommen zeitgemäße Nüancen, der Roman geht mächtig in die Breite, allein bereits werden, von Ausnahmen abgesehen, die Spuren sinkender Kraft in ihm deutlicher und nur darin zeigt er sich vorerst dem noch tiefer sinkenden Drama überlegen, daß er die innigste Fühlung mit dem geistigen Leben und den langsam erwachsenden Gestaltungen des neuen Nationalgeistes bewahrt. Erst am Ende der achtziger Jahre setzt dann eine neue Bewegung ein, die das Bild des litterarischen Lebens und Strebens vollkommen zu verändern scheint; es ergeben sich heftige Reibungen zwischen entgegengesetzten Prinzipien: eine neue Generation sucht sich der litterarischen Führung zu bemächtigen. In diesem Widerstreit wird, wie wir später darzulegen haben, auch der Roman zu einem Kampfmittel und in seiner Entwicklung spiegelt sich besonders deutlich die Ausbildung der neuen Strömungen wieder.

Wie das deutsche Volk sich in sein deutsches Reich eingelebt hat, wie seine Stammesverschiedenheiten in gemeinsamer Thätigkeit erwachsen sind, wird einst eins den interessantesten Blätter der Kulturgeschichte füllen. Was sich von dem Roman schlechtweg sagen läßt, ist die Thatsache, daß er in stofflicher Hinsicht mit lebendigem Anteil alle diese Stadien verfolgt und wiederspiegelt. Die Gegensätze, die auf dem gemeinsamen Boden des Reiches uns bewegen, haben in ihm deutliche Spuren hinter=

laſſen. Die ſogenannten „Zeitfragen" werden nach wie vor die Themata und Probleme des Romans; er beſchäftigt ſich mit den ſozialen und den religiöſen Wirren, er erörtert den Gegenſatz von Arbeit und Kapital, von Mancheſtertum und Sozialismus, von Religion und Naturwiſſenſchaften. Wie die Wunder der Technik, ſo preiſt er die Ergebniſſe der Forſchung. Er wird belehrend und polemiſch und ſtellt ſich mit einer gewiſſen Energie auf die Seite derer, die vorwärts drängen. Das große Schlagwort der neu angebrochenen Zeit iſt: Thatſachen, und die Fachwiſſenſchaften ſchleudern immer neue Thatſachen auf den Markt der Oeffentlichkeit, Thatſachen, welche alte Anſchauungen umſtürzen, während man noch im Unſichern bleibt, was an deren Stelle zu ſetzen iſt. Aber, wie es auch ſei, der tiefe Drang des Zeitalters geht darauf hinaus, mit eiſernen Armen ſich an die Wirklichkeit zu klammern und mit ihr zu ringen, mögen darüber die alten Ideale zu Grunde gehen. Eine mächtige Gährung erzeugt ſich langſam im Volksgemüte, altes Leben und alte Formen zerbröckeln, große politiſche und ſoziale Fragen, früher nur das Disputierfeld der gebildeten Kreiſe, bewegen die Maſſen, das Nationale ringt mit dem Modernen. Chaotiſch geht Abgeſtorbenes und Neugewordenes durcheinander: hier ertönen die alten Kampfrufe gegen Rom, dort locken die Töne einer ſchellenklingenden Neuromantik, der Sozialismus predigt ſein Evangelium im Parlament und auf den Gaſſen, während zu anderer Zeit ein wüſter Taumel die Nation zum „Tanz ums goldene Kalb" treibt. Hier werden große, heilige Hoffnungen begraben, dort andere geweckt und entfeſſelt, von denen niemand zu ſagen vermag, ob ſie nicht dasſelbe Schickſal einſt haben, begraben zu werden. So zeigen ſich bald auf der einen Seite die Symptome einer abſterbenden Geiſtesrichtung, auf der anderen die einer neuen. Am merkwürdigſten iſt, daß das Geſchlecht, welches das neue Reich begründet hat, der „heilige Lenz" Deutſchlands nicht die

Züge jugendfroher Kraft und Zuversicht trägt. Ein Gefühl blasierter Sattheit stumpft bei den einen die Lebenskraft ab, ein Gefühl des Hungers entfacht bei den andern einen fanatischen, wahnwitzigen Eifer. Die Resignation der sechziger Jahre hatte an der Philosophie des Pessimismus Geschmack gefunden, jetzt in den siebziger und achtziger Jahren werden Schopenhauer und Eduard von Hartmann die den Geist der Gebildeten beherrschenden Lehrer des Lebens und jene philosophische Stimmung, welche die Welt und die Menschen erbärmlich findet, durchfließt im breiten Schwall die Litteratur.

In seiner Quantität übertrifft der Roman fortan alle anderen Dichtungsarten, er nährt sich gleichsam auf ihre Kosten. Auf dem Gebiet der Belletristik war das Ergebnis der vorangegangenen Epochen nicht zuletzt die Verbreitung einer gewissen handwerksmäßigen Technik gewesen, die jetzt nicht so sehr aus der Einsicht in das Wesen des Romans, als durch die Anlehnung an bestimmte Muster geübt wird. Wie das Bedürfnis nach dieser Lektüre, so hatte sich auch die Produktion gesteigert, und zahlreicher als die Schöpfungen der Kunst werden, wie überall auch hier, diejenigen des Kunstgewerbes, oder um einen bösen Ausdruck der Kritik zu gebrauchen — der Industrie. Dennoch kann man behaupten, daß der Durchschnittsroman jetzt künstlerisch und ethisch weit höher steht als der Durchschnittsroman vor 50, geschweige denn vor 100 Jahren, nicht bloß darum, weil jene Zeit noch arm an guten Mustern, sondern auch, weil der Roman ein festeres Verhältnis zur Wirklichkeit gewonnen hat. Die beiden Faktoren aber, die ihn gerade in unserer Zeit so populär gemacht haben, populärer selbst als das Drama, sind die Zeitschrift oder Zeitung und die schreibende Frau: die eine als verbreitende, die andere als produzierende Macht.

Seit dem Jahre 1848 hat das Zeitschriften- und Zeitungswesen einen ungemeinen Aufschwung genommen. Die „Gartenlaube" war das erste Blatt, das einen stärkeren Einfluß auch auf die Litteratur errang und sich mälig einen bestimmten Stab von Mitarbeitern heranbildete. Es folgten bald zahllose Zeitschriften, die meisten mit glücklichem Erfolg; sie boten außer einer Reihe von Romanen eine Fülle populär gehaltener, belehrender Artikel und zuletzt Illustrationen, erst einfache Holzschnitte, die sich jedoch immer mehr zu künstlerischen Leistungen vervollkommten und zuletzt in den Buntdruck übergingen. Damit wurde der Charakter der Zeitschriftenlitteratur zum Teil vollständig verändert. Die Illustration ist die Signatur eines Zeitalters, dessen Wirklichkeitssinn nicht mehr mit der Auseinandersetzung sich begnügt, sondern die Anschauung, das Bild für das Auge verlangt. Die sogenannten „Familienblätter", die erst ein litterarisches Gepräge zeigten, sind nicht mehr allein Sendboten der Litteratur und Wissenschaft, sondern ebenso sehr Sendboten der bildenden Kunst, und weit entfernt, ihnen hieraus einen Vorwurf zu machen, wird man darin nur einen Fortschritt ihrer Gattung erkennen, der zugleich der Förderung des Verständnisses für eine andere Kunst dient. Aber die Illustration ist nur da berechtigt, wo sie Selbstzweck ist oder die Erläuterung eines unpoetischen Ereignisses oder Gegenstandes bildet. Die Poesie als die Welt innerer Anschauung kann sich niemals mit der Welt äußerer Anschauung decken, sie rechnet auf die Phantasie des Lesers, nicht auf den Stift des Zeichners. Es ist immer der Beweis eines guten Geschmacks, der in einer Zeitschrift lebt, wenn sie es vermeidet, Romane oder Gedichte durch Bilder zu erläutern; wo indessen die richtigen Grenzen gewahrt bleiben, kann Freude und Verständnis zugleich für Poesie und Kunst verbreitet werden.

Nicht hierin liegt also ein Bedenken, welches das Interesse für die Romandichtung gegenüber unserer modernen Zeitschriftenlitteratur geltend machen muß. Schlimm vielmehr ist allein, daß der Geschmack des Publikums an bestimmte Formen und

Schemen gebunden wird. Jede Zeitschrift hat ihre bestimmte Schreibart und ihre bestimmte Darstellungsweise, wie sie ihrem Leserkreise angemessen ist; das ist ihr Recht, aber sie sollte es nicht zu ausschließend ausüben, vor allem — wie es mehrfach der Fall ist — die Beschränkung nicht auf den innern Gehalt einer Dichtung ausdehnen. In Deutschland ist es nicht selten, daß der Erfolg, den ein Autor in einer Zeitschrift erringt, ihm zur Fessel wird; Redaktion und Publikum verlangen fortan von ihm das Einhalten derselben Bahn. Ein witziger Kopf könnte daher für manche unserer Zeitschriften leicht das Normalschema ihrer Romane entwerfen. Auf diese Weise ist durch die Zeitschriftenlitteratur die Schablone im Roman mehr als notwendig großgezogen worden und in demselben Maße ihr bestimmender Einfluß auf die Litteratur gesunken. Für junge Talente hat sich überdies in ihnen ein hoher Wall aufgerichtet, der nicht in jedem Falle leicht zu überschreiten ist, und dieser Wall ist für die Litteratur um so verhängnisvoller, als hinter ihm die Gunst und Anerkennung des großen Puplikums verschanzt liegt. So weht uns denn aus manchen dieser Blätter eine dumpfe Stubenluft entgegen, die auch durch die Illustrationen über die „neuesten Zeitereignisse" nicht aufgefrischt wird. Um jedoch gerecht zu sein, nicht alle Organe dieser Art sind an bestimmte Normen und Formen gebannt; wo ein freierer Geist waltet, und er waltet glücklicherweise hier und da, findet sich auch ein verständnisvoller Sinn für die dichterische Individualität sowohl wie für das Leben der Zeit. Nur leuchtet es ein, daß die Schablone stets leichter von der Mittelmäßigkeit gehandhabt wird als von dem wirklichen, seiner Eigenart hingegebenen Talent.

Freier, weitherziger und feinspüriger gegenüber dem Romane erweist sich die Zeitung, nachdem sie, dem Zuge der Zeit folgend, ihm einen Platz im Feuilleton eingeräumt hat. Hier ist eine innigere Fühlung mit dem wirklichen Leben und sogar mit der Litteratur; während es über dem Strich keine Individualitäten giebt, ist es der Ehrgeiz der Zeitung, unter dem Strich gerade dieser verpönten Individualität das große Wort zu gewähren, und nicht zufällig erscheint darum die Vorliebe, mit der unsere Dichter ihre Schöpfungen dem Zeitungsfeuilletton überlassen. Allein den Lichtseiten gesellen sich auch ihre Schattenseiten zu, als die böseste der Abdruck in kleinen Partien der das Interesse zerreißt, den Genuß stört und, um die Spannung aufrecht zu erhalten, die Neigung zu sensationellen Motiven gesteigert hat. Der große Bedarf unserer Zeitungslitteratur an Romanfeuilletons hat zugleich eine litterarische Massenproduktion und eine nicht minder bedenkliche Uebersetzungslitteratur hervorgerufen. So außerordentlich die Leistungen unserer großen Zeitungen hinsichtlich der belletristischen Unterhaltungslektüre sind, was in kleinen Blättern sich breit macht, deutet auf ein schriftstellerisches Proletariat, das die Romanproduktion nicht einmal mehr als Kunstgewerbe betreibt. Es ist eine Thonwaren-Industrie, die ihre Erklärung nur in der unendlichen Schreibwut unserer litterarisch angehauchten Stände findet.

Diese Schreiblust ist am meisten ausgebildet bei dem weiblichen Geschlechte; die Frau ist in der That eine litterarische Macht unserer Gegenwart geworden. Sie schlägt in unseren Zeitschriften selbst den begabteren Schriftsteller aus dem Felde, weil sie dank ihres regeren Formtalentes leichter Ton und Geschmack der Zeitschrift trifft, und wo ihr Talent hierzu nicht ausreicht, ist sie immer noch in der Lage, bei der Zeitung den männlichen Konkurrenten, der von dem Ertrage seiner Feder leben will, zu unterbieten. Dazu kommt, daß Familie und Gesellschaft zum wesentlichen auf dem Vorrechte beruhen, daß die Frau in diesen Grenzen ausübt. Familie und Gesellschaft — letztere freilich im engsten Kreise — sind aber der Boden, den der Zeitschriften- und der Zeitungsroman als ihr Terrain betrachten. Je lebhafter das Bestreben der Frau war — und wir sind nicht so philiströs, um es nicht durchaus berechtigt zu finden, — neben dem Manne ihre Individualität zur Anerkennung zu bringen, desto mehr wurde sie auf das litterarische Gebiet hingewiesen, das der Mann nicht so unbescheiden war ihr zu verweigern und das doch über Kochtopf und Strickstrumpf als eine höhere Sphäre hinausreichte. Die Frau hat sich der Litteratur gewidmet, sobald sie nicht bloß Frau und Mutter sein konnte und den Drang nach einem Berufe in sich fühlte, der ihr eine Existenz zu sichern im stande wäre. Um es mit anderen Worten auszudrücken: die litterarische Produktion ist das erste und lange das einzige geistige Feld gewesen, das ihren Talenten geöffnet war. Es ist danach kein Zufall, daß das litterarische Schaffen der Frau mit den Emanzipationsbestrebungen des weiblichen Geschlechtes in Verbindung steht. Die Frau erörtert selbst, wie weit diese Emanzipation berechtigt und inwieweit sie unberechtigt ist, der Roman erscheint ihr als der beste Träger und Herold ihrer Meinungen, und wie die Gräfin Hahn und Fanny Lewald das Beispiel gegeben, so boten sie auch die Anregung; stärker wirkte aber die erstere als die letztere nach und das Vorbild des englischen Gouvernantenromanes mischte in diese Nachwirkungen noch einige besondere Züge. So hat sich denn ein Typus des Frauenromans herausgebildet, der in seinen hauptsächlichsten Umrissen nicht schwer zu skizzieren ist. Im Mittelpunkte des Interesses steht bei ihm nicht so sehr der Held als die Heldin: keine gewöhnliche Natur, sondern ein außerordentliches Wesen, von wenigen verstanden, von vielen verkannt. Die Heldin liebt den Helden, der gemeinhin ein Baron, ein Professor und mit besonderer Vorliebe ein Künstler, in jedem Falle ein starker Geist ist, und der Held liebt sie, aber die Umstände fügen es und die ganze Spannung des Romanes beruht darauf, daß sie scheinbar einander mißverstehen und hassen, bis am Schluß die entscheidende Szene kommt, welche sie unrettbar zusammenbringt. Dieses unnatürliche und unwahrscheinliche Quälen hin und her zwischen widersprechenden Empfindungen bezeichnet den eigentlichen Charakter des „Ueberspannten": während die Herzen sich vor Liebe verzehren, muß der Mund kalte, höhnende Worte sprechen. Ein üblicher Nebenkniff besteht darin, daß die Heldin zu Beginn des Romanes grundhäßlich und am Schlusse als eine „Göttin" geschildert wird. Die verschrobene Charakteristik wird noch verschrobener durch die Gedanken, mit denen diese Romanwelt ausstaffiert ist. Man braucht z. B. das Talent der **Wilhelmine v. Hillern**, der Tochter der rührseligen Birchpfeiffer (geb. 11. März 1836, von 1854 bis 1857 Schauspielerin, im letzteren Jahre vermählt mit dem badischen Kammerherrn v. Hillern) durchaus nicht gering anzuschlagen und wird doch in ihrem „Arzt der Seele" (1869) ein treffendes Beispiel für diese Inhaltsskizze finden. Hier ringt die weibliche Heldin nach den Lorbeeren der Wissenschaft, studiert den Darwin und die atheistische Philosophie, um am Ende dem stärkeren Manne, dem gelehrten Professor sich zu beugen, den sie seit ihrer Kindheit geliebt hat und dessen Liebe sie nicht dulden will. Dennoch ist diese zuletzt die Macht, die alle Gelehrsamkeit übertrumpft. Das Weib soll sich der Wissenschaft nicht fern halten, aber — so lehrt die Verfasserin — es soll sich nicht einbilden, selbständig darin schaffen zu können, nur das Reservatrecht der Kunst wird ihm zugestanden. Und wenn die Emanzipation des Geistes ihre Schranken hat, so ist die „Emanzipation des Fleisches", wie an drastischem Beispiel gezeigt wird, vollends vom Uebel. Man mag sich mit diesen Gedanken befreunden, kaum aber mit den Figuren, die nur die verzerrten Spiegelbilder einer verzerrten Welt sind. Aehnliche Mängel weisen auch die übrigen Romane dieser Schriftstellerin auf: „Aus eigener Kraft" (1872), die „Geierwally" und „Am Kreuz" (1890), der eine seltsam romanhafte Behandlung der bekannten Ober-

ammergauer Passionsschule in sich schließt. In der „Geierwally"
(1875) begiebt sich die Dichterin in die Tiroler Berge und über-
trägt das Brunhilden=Motiv in die schlichte, bäuerliche Welt,
die sie trotz aller Anlehnung an Auerbach so maniëriert und
sentimental ausmalt wie der selige Clauren die Schweizer
Alpen. Auch hier unterliegt schließlich nach allerlei Seelen=
kämpfen die Starke dem Starken, stark allerdings nur in
körperlicher Hinsicht; die „Geierwally" und der „Bärenjoseph"
sind trotz ihrer Hünenleiber nichts als exaltierte Typen weib=
licher Phantasie, während in der Handlung die krassen Effekte
des Rührstückes uns packen müssen.

Es ist ein bezeichnender Zug der modernen Frauenlitteratur,
daß sie der Reflexion zuneigt und von philosophischen An=
wandlungen erfüllt ist. Man kann ihre Romane einteilen in
Familien= und Tendenzromane, aber die Scheidung läßt sich
kaum streng durchführen. Auch der weibliche Familien= und
Gesellschaftsroman, der keine Experimente mit Sitte und Sittlich=
keit treibt, sondern nur die behagliche Unterhaltung für müßige
Stunden bieten will, erhebt sich über die Trivialität haus=
backener Moral, er will nicht mehr allein das Gute und Böse
in den Menschen, sondern auch in den Verhältnissen zeigen.
So verbirgt sich selbst in den Romanen der E. Marlitt,
diesem früheren schriftstellerischen Liebling unserer Frauenwelt,
der freilich bereits durch andere Lieblinge abgelöst ist, nicht die
Tendenz gegen die Standesvorurteile, gegen den Geist religiöser
Unduldsamkeit und orthodoxer Beschränktheit. E. Marlitt, mit
ihrem wirklichen Namen Eugenie John (geb. 5. Dezember 1825
zu Arnstadt in Thüringen, gest. daselbst am 22. Juni 1887),
hatte als Gesellschafterin der Fürstin von Schwarzburg=Sonder-
hausen, bevor sie ihre schriftstellerische Thätigkeit begann, in der
That Gelegenheit gehabt, Menschen und Dinge kennen zu lernen.
An Erfolg ist ihr keine Vorgängerin und keine Nachfolgerin
gleich gekommen. Dennoch lebte in dieser Schriftstellerin kein

männlicher Sinn; nach einem Rezepte schuf sie ihre Romane, die selbst durch die gefällige Anmut der Darstellung die Schablone der Erfindung und Charakterzeichnung nicht verhüllen. Immer findet man in dem „Geheimnis der alten Mamsell", „Reichsgräfin Gisela", „Im Hause des Kommerzienrats," „Goldelse", „Im Schillingshofe" u. s. w. das gleiche Muster wieder, das jedesmal nur in anderen Farbennüanzen ausgestickt worden ist. Trotzdem überragt sie die Schar ihrer Nacheiferinnen, mochten diese Tendenzen predigen oder nicht; in den Romanen ihrer litterarischen Nebenbuhlerin, der E. Werner, (mit ihrem wirklichen Namen Elisabeth Bürstenbinder, geboren 25. November 1838 zu Berlin) wuchs die Verschrobenheit der Konflikte und Charaktere in demselben Maße, wie die Schärfe ihrer Tendenz sich steigerte. („Ein Held der Feder", „Am Altar", „Gesprengte Fesseln, „St. Michael" u. s. w.).

Anmut und Liebenswürdigkeit sind die ästhetischen Kardinaltugenden der Frau, aber wenn man in der Gesellschaft mehr höflich als wahr ist, so soll man es nicht auch im Romane sein. Die Anmut wird dann gar zu leicht Süßlichkeit, die Liebenswürdigkeit Exaltiertheit. Die Welt der Frau ist noch eng und klein, um so sicherer kann sie dieselbe beherrschen. Was uns im Leben so sehr imponiert am Frauengeschlecht: der heitere Humor verbunden mit dem Ernste eines gemütvollen Wesens, die Kunst, das festgefügte innere Wesen des Mannes zu einem freien, lebendigen Spiel seiner geistigen Kräfte zu erheben, selten ist es in den Romanen der Frauen vorhanden. Sie wenden sich immer an die Genossin, an die freundliche Leserin, in der sie am liebsten den Backfisch wiederfinden mögen, oder sie kommen mit einem gelehrten Brimborium, um ihr Geschlecht in die hohen Kreise philosophischen Nachdenkens zu ziehen, ihm als Allerneustes zu verkünden, was sie soeben im Schopenhauer oder Nietzsche gelesen haben. An den Mann denken sie nicht; die Künste, die sie im Leben ihm gegenüber zu entfalten vermögen, hier versagen sie; was ist begreiflicher, als daß so wenige von unseren litterarischen Damen dem männlichen Geschmack angenehm sind? Es ist ein hartes Urteil, aber es bleibt eine Wahrheit, daß der große Umfang der weiblichen Schriftstellerei das Interesse der Männerwelt für die Litteratur vermindert und geschwächt hat.

Nichts wäre indessen unbilliger, — und wir haben es bereits betont — als dieses Gebiet der Frau verschließen zu wollen. Die gesamte litterarische Thätigkeit derselben bildet einen psychologischen Prozeß, den einst der Kulturhistoriker von richtigen Gesichtspunkten aus wird würdigen können: die Frau erzieht sich durch die Litteratur zum Denken. Ebensowenig soll die Kunst nun und nimmermehr wie das Reich des Geistes überhaupt zum Monopol werden, und daß sie kein Monopol des Mannes ist, dafür vermag auch unsere Gegenwart eigenartige Frauennaturen aufzuweisen, die zugleich eigenartige Dichternaturen sind. Louise v. François (geb. am 27. Juni 1817 zu Herzberg in Sachsen, gest. 26. September 1893 zu Weißenfels) hatte als Tochter eines Offiziers sich eine vollkommen autodidaktische Bildung erworben. Vier Jahre lang (von 1851 bis 55) lebte sie nach der neuen Verheiratung ihrer Mutter bei dem Vater ihrer Cousine, dem durch seine wechselvollen Schicksale während der Fremdherrschaft bekannten Generallentnant Karl v. François, nach dessen Tode sie sich nach Weißenfels zurückzog. Außer einer Reihe von Erzählungen veröffentlichte sie die Romane „Die letzte Reckenburgerin" (1871), „Stufenjahre eines Glücklichen" (1877) und „Der Katzenjunker" (1879). In allen diesen Arbeiten findet man einen energischen Geist und einen eindringlichen Blick, freilich ist es noch der Geist der alten Schule, dem das „Moralische" Hauptsache ist, während es in unserem Sinne das Selbstverständliche bedeutet, allein dieser moralische Gehalt ist doch nur das Ergebnis eines wahren und klaren Sinnes, bescheiden und versöhnlich, ohne Aufdringlichkeit und

Lehrhaftigkeit. In ihrem Hauptwerke, der „letzten Reckenburgerin", wird uns ein altväterliches Sitten- und Charakterbild aus dem Ende des vorigen und dem Beginn dieses Jahrhunderts schlicht und mit warmem Gemüte erzählt. Die künstlerische Komposition ist nicht bedeutend, die Welt des Romanes kennt keine großen Gestalten und doch fällt auf die Lebensschicksale der Heldin auch der tiefe Schatten schwerer Zeit. Sie erzählt von den vergangenen Tagen ein wenig altjüngferlich, allein kein Ton könnte ihr besser anstehen, und das matte Halbdunkel, das Gestalten und Erzählung umfließt, nimmt ihnen wohl ihre scharfen Ecken und Kanten, aber das innere Leben in Allem tritt doch mit anheimelnder Wärme und realistischer Kraft hervor. Treu und wahr sind diese Bilder vergangenen, patriarchalischen Daseins, treu und wahr die herbe, anmutlose Gestalt der letzten Reckenburgerin selbst, diese Verkörperung des kategorischen Imperativs, der die Liebe zu einem fremden Waisenkinde spät, und doch nicht zu spät, der verjüngende Quell ihres bisherigen rechtlichen, aber freudelosen Lebens wird. Wie wenige Frauenromane, die von der Höhe ihrer philosophischen Bildung herab mit der alten Moral hadern, leider auch mit dem wirklichen Dasein und seinen Gesetzen, können an psychologischer Wahrheit, und nicht zuletzt an ruhiger Klarheit und poetischer Kraft der Sprache, sich mit diesem anspruchslosen Werke messen!

Unter den modernen Schriftstellerinnen sind die verständige Sophie Junghans (geb. 3. Dezember 1845 als Tochter eines Hofrats) mit ihren self-made-men und self-made-women, ihrer ruhigen und nüchternen Darstellung („Käthe", „Der Bergrat", „Die Amerikanerin" u. s. w.) und Emilie Junker, die genial angehauchte Verfasserin von „Der Schleier der Maja" (1882) und dem wunderlichen, philosophisch-poetischen Werk „Im Schatten des Todes" (1890) merkwürdige Gegensätze und beachtenswerte Erscheinungen. Ihnen läßt sich Claire von

Glümer zugesellen, die gegenüber dem gesunden Menschen=
verstande der einen und den philosophischen Aspirationen der
anderen in ihren mit eigentümlicher Vorliebe auf französischem
Provinzialboden spielenden Novellen („Aus der Bretagne", „Die
Augen der Valois", „Novellen aus dem Bearn" u. s. w.) das
poetische, stimmungsvolle Element repräsentiert. Der litterarische
Streit in diesen beiden Dezennien, wie wir ihn in den folgenden
Kapiteln zu charakterisieren haben, hat die moderne Frauen=
litteratur weniger direkt als indirekt beeinflußt; das lebhafte
Unabhängigkeitsgefühl, das in der jüngstdeutschen Bewegung
hervorbrach und das Recht der Individualität in den Border=
grund stellte, wirkte auch im Verein mit den sozialen Strömungen
auf die litterarischen Neigungen der Frau ein. Wenn etwas
dazu beitrug, ihr die Feder in die Hand zu drücken, so waren
es nicht nur das Beispiel der Gartenlaubenschriftstellerinnen,
sondern vor allem das Vorbild zweier weiblicher Individuali=
täten, von denen die eine langsam, die andere im Fluge die
öffentliche Anerkennung errang. Man kann nicht ohne Absicht
Ossip Schubin (Lola Kirschner) und Marie v. Ebner=
Eschenbach zusammen nennen und zusammenstellen. Sie
sind die beiden Schriftstellerinnen, welche in einer realistischen
Auffassung der Dinge am stärksten die Eigenart einer besonderen
Persönlichkeit geltend machten. Beide repräsentierten nicht bloß
die neuere Richtung der Frauenlitteratur, sondern die neue
poetische Schule überhaupt. Beide sind Realisten in dem Sinne,
daß ihr schöpferischer Drang durch eine scharfe Beobachtungs=
gabe Inhalt und Ziel empfängt, beide bewegen sich in höheren
wie in niederen Kreisen der Gesellschaft mit großer Sicherheit.
Aber die Unterschiede sind bei ihnen doch nachhaltiger als die
Aehnlichkeiten, am nachhaltigsten der Hauptunterschied: Ossip
Schubin ist Manier, Marie von Ebner=Eschenbach Natur.

Lola Kirschner oder mit ihrem Pseudonym Ossip
Schubin (geb. 17. Juni 1854 zu Prag) giebt in ihren Romanen

und Novellen die Eindrücke aus dem internationalen Gesellschafts=
leben wieder, dessen Typen sie durch vielfache Reisen in Rom,
Paris, Brüssel, Wien u. s. w. kennen gelernt hat. Einen
Namen machte sie sich zuerst mit dem Romane „Ehre" (1883),
der das Ehrenproblem in eigenartiger Weise, wenn auch nicht
im Sinne Sudermanns behandelte. Dann schrieb sie in rascher
Folge eine Anzahl von Büchern, die glänzendes Talent, aber
keine große Künstlerin verrieten. Ein flotter, kapriziöser feuille=
tonistischer Stil, der nie eine Verbalform der Vergangenheit
zu kennen scheint, stempelt sie zu einer Dichterin des Präsens;
in der That vermag sie in wenigen Sätzen ein ganz außer=
ordentliches Stimmungsbild vor uns hinzuzaubern, in dem eine
Momentphotographie der Wirklichkeit mit einem gefälligen
lyrischen Zauber umhüllt wird. Ihr Gebiet ist vor allem
der Salon, in welchem Aristokraten, Künstler und jene merk=
würdigen Gestalten verkehren, die im Zwielichte eines un=
bestimmten Berufes und einer unbestimmten Vergangenheit
stehen. Die österreichische Aristokratie und die internationale
Künstlergesellschaft, seltener wie in ihrer „Bludika" (1890) das
böhmische Dörflerleben — inmitten dieser farbenreichen, von ihr
in eine pikante poetische Sphäre gerückten Welt fühlt sie sich
heimisch. Wenn sie nicht trotz ihres Realismus innerlich
unwahr und ungesund wäre, würde sie zu den bedeutendsten
Vertreterinnen der Frauenlitteratur zählen. Aber sie ist eine
der Gräfin Hahn verwandte Natur, von der sie auch die Vorliebe
für den internationalen Gallimathias aristokratischer Ausdrucks=
weise geerbt zu haben scheint. Ein romantisch=schwärmerischer
Zug und eine gewisse Koketterie mit dem Pessimismus schillern
oft, in effektvoller Weise ausgenützt, durch die graziös ent=
worfenen Virtuosenzeichnungen ihrer scharfen Beobachtungsgabe.
Tugend und Laster haben bei ihr den gleichen pikant=sinnlichen
Duft, und wenn sie wie in „Asbeïn" (1889) und „Boris Lensky"
(1890) die Schattenseiten eines dämonischen Genius ausmalt,

bricht doch ein hysterisch verzückter Kultus der Kunst nicht weniger bei ihr hervor als einst bei der Dichterin der Sbylle. Die temperamentvolle Eigenart ihrer Charaktere wird jedoch auch die schärffte Kritik nicht leugnen, wenngleich in ihren späteren Arbeiten („O du mein Oesterreich" — „Woher tönt dieser Mißklang durch die Welt") ihre Manier immer aufdringlicher sich ausprägt.

Der Salon und das Dorf sind auch das Reich ihrer größeren Rivalin, Marie v. Ebner=Eschenbach (geb. am 13. September 1830 zu Zdißlawitz in Mähren als Tochter des Grafen Dubsky — 1848 verheiratete sie sich mit dem österreichischen Genieoffizier Baron Ebner von Eschenbach). Sie blendet nicht wie jene durch feuilletonistische und poetische Glanz= lichter, sie ist im Stile schlicht, oft kunstlos und sogar scheinbar trocken, aber sie ist gesund und wahr. Auch sie zeichnet uns Typen der österreichischen Gesellschaft, in welcher der Mensch erst bei dem Baron anfängt. („Erzählungen" 1875, „Neue Erzählungen" 1881, „Dorf= und Schloßgeschichten" 1883; „Neue Dorf= und Schloßgeschichten" 1886). Ein schelmisches, oft auch leicht ironisches Lächeln zuckt um die Lippen der Er= zählerin, wenn sie die Schwächen und Vorurteile dieser aristo= kratischen Kreise geißelt. Ihre novellistische Kunst ist das Er= zeugnis einer poetischen und einer Gedankenwelt, sie nimmt das Leben ernst, als eine sittliche Aufgabe, als eine Pflicht, und sie denkt hoch und edel von denen, welche diese Pflicht als etwas Heiliges empfinden. Sie hält sich nicht an Aeußerlichkeiten, sondern blickt in die Tiefen menschlicher Seele mit dem Gemüte einer Mutter, mit dem Gewissen einer Priesterin. Man feiert sie als Realistin, weil sie die Menschen so lebendig und an= schaulich zeichnet, und doch ist sie Idealistin in der Wahl der Typen, die sie zeichnet. Das „Gemeindekind" (1887), einer ihrer bekanntesten Novellen, beginnt mit der nüchternen Er= zählung eines Raubmordprozesses und endet gleichsam mit der

Verklärung einer Heiligen, eines armen Weibes, das unschuldig des Mannes Schuld mit auf sich genommen hat und für sie büßt. Solche aus einem tiefen idealen Gefühle handelnde Personen sind ihre Lieblinge, sie bringen Opfer für andere, wie sie nicht oft im Leben gebracht werden, so in der Novelle „Nach dem Tode", in „Lotti der Uhrmacherin" u. s. w., und wenn sie fehlen und sündigen, müssen sie in ihrer Gewissens=
angst ärger büßen als andere. Ein derartiges düsteres Seelen=
gemälde bietet z. B. ihr Roman: „Unsühnbar" (1890), wo das Schuldbewußtsein der Ehebrecherin durch nichts zum Schweigen gebracht werden kann, selbst nicht durch die Tröstungen der Religion. „Gutsein ist Glück!" Der Seufzer der Unglücklichen ist der Wahlspruch der Dichterin, und es macht ihr Freude, sobald sie zeigen kann, wie das Gutsein zum Glücke führt. Ein warmer ethischer Geist spricht aus allen ihren Schöpfungen, allein er drängt sich nicht vor, er geht wie ein leiser Hauch durch sie hin, um an rechter Stelle kräftig hervorzutreten. Sie enthüllt mehr den innern als den äußeren Menschen, und sie enthüllt diesen innern Menschen mehr in dem, wie er handelt, als in dem, was er empfindet: breite, lyrische Stimmungsakkorde entsprechen nicht ihrer Eigenart. Aber aus hundert Einzelheiten und Alltäglichkeiten webt sie ein heiteres oder erschütterndes Bild des menschlichen Daseins; kein Strich deutet auf Karrikatur, ihr ist die Wahrheit ebenso ein ästhetisches wie ein sittliches Prinzip. Auch ihre letzten Schöpfungen, das wunderbare „Glaubenslos?" (1893), das tief eingreift in das katholisch=
kirchliche Leben, die ergreifende „Totenwacht", die gedankenvolle Novelle „Das Schädliche" (1894) und „Rittmeister Brand" (1896) zeigen sie nach wie vor auf der Höhe ihrer Kunst und an der Spitze ihrer mitstrebenden Schwestern.

Die Uebersicht unserer Frauenlitteratur mag hier einst=
weilen abgebrochen werden. Will man den belletristischen Er=
zeugnissen weiblicher Feder im neuen Reiche eine besondere

Eigentümlichkeit zuschreiben, so ist es die, daß auch sie dem
Wirklichkeitssinn in stärkerem Maße huldigen als in einer vergangenen Epoche. Immer von neuem tauchen indessen alte
romantische Zuckungen auch hier auf, und in unserer Gegenwart
sehen wir die weiblichen Fehler der Ueberspanntheit und des
alle Logik Ueberfliegenden besonders dort sich geltend machen,
wo die Frau dem Ernste der sozialen Frage mit mehr Eifer
als Einsicht zu begegnen sucht. Trotzdem, die Individualität
der Frau hat auch litterarisch ein unterschiedsvolleres Gepräge
gewonnen, wovon eine Reihe talentierter Schriftstellerinnen
Zeugnis ablegt.

2. Der geschichtliche Roman.

Drei verschiedene Richtungen hatte der Geschichtsroman
der vorangegangenen Epoche von 1848—1870 eingeschlagen und
jede derselben hatte ihr Publikum und ihre Anerkennung
gefunden. Das nationale Kulturleben im neuen Reiche veränderte auch diese Formen gemäß seinen neuen Anschauungen
und innern Stimmungen. In dem Anekdotenromane der Mühlbachschen Schule war ein Heroenkultus in einer dem Geschmacke
der breiten Masse entsprechenden Art zu Tage getreten, ein
unbestimmter Drang der Volksschichten nach großen Thaten und
Erscheinungen, wie er die Zeit von 1848—70 auszeichnet. Die
kulturhistorische Richtung des Romans war nur die parallele
Entwickelung des Genres: sie war nichts als Genre, übertragen
auf die Zustände der Vergangenheit, und damit ein neues
Symptom des Wirklichkeitssinnes, der auch in der Aesthetik und
Litteratur nach genau umschriebener, sinnfälliger Erscheinung
verlangte. Der historische Ideenroman jener Tage endlich war
erfüllt von dem ethischen Idealismus, der, wie wir gesehen

haben, im Zeitroman als die vorherrschende Weltanschauung sich offenbarte.

Mit der Gründung des deutschen Reiches blühte nun ein Nationalbewußtsein unseres Volkes kräftig und lebendig auf. Zu der litterarischen Einheit, die bisher allein das geistige Band der deutschen Stämme gewesen, gesellte sich die staatliche Einheit, die Gemeinsamkeit bestimmter politischer und rechtlicher Güter, die auch nachdrücklich auf das gesellschaftliche und soziale Leben zurückwirkte. Aber derartige ideale Güter wie ein Nationalbewußtsein sind kein Geschenk des Himmels in der Nacht, sie haben ihr Wachstum, ihre Entwickelung, ihre Ausschreitungen und Ausartungen, ehe sie ein fester Besitz werden. Das deutsche Nationalbewußtsein kennzeichnete sich zunächst als eine Art chauvinistischen Rausches, von dem das deutsche Volk ergriffen war, als ein großes, geistiges Fest, das man feierte, unbekümmert darum, daß gerade Feste immer ein Ende und manchmal sogar kein erfreuliches Ende nehmen. Bei der jungen Generation machte es sich geräuschvoller laut als bei der alten, welche die Mühen und Kämpfe um das neue nationale Heiligtum noch in der Erinnerung trug. Weit förderlicher griff die geschichtliche Forschung ein, welche nun von dem Gipfel des nationalen Erfolges zurückblickte in die Vergangenheit und die Kettenglieder zählte, deren es bedurfte, ehe der Ring deutscher Einheit geschlossen werden konnte. Aus dem nur zu begreiflichen Freudenrausche ging indessen eine nationale Empfindung gekräftigt und gestärkt hervor, nämlich die Liebe zur Vergangenheit des deutschen Volkes und das Bewußtsein erneuter geistiger Einheit mit jenen untergegangenen Geschlechtern, die den Stolz und Ruhm der germanischen Rasse in der Geschichte darstellen. Diesem Einflusse konnte sich am allerwenigsten der geschichtliche Roman entziehen, die deutsche Vorwelt wurde fortan ein bevorzugtes Stoffgebiet dichterischer Produktion.

Das erstarkte Nationalbewußtsein war jedoch nur eins von

den neuen Momenten der Gegenwart. Der wirtschaftliche Aufschwung und Hochdruck der Zeit erzeugte eine Fülle neuer sozialer Erscheinungen, für welche der Historiker und der Dichter in der Vergangenheit nach Analogien suchten. Das deutsche Kaisertum des Mittelalters ist reich an gewaltigen Persönlichkeiten, zu denen die genialen Männer des deutschen Reiches sich in willkommenen Vergleich stellen können, aber seine sozialen Zustände sind einfach, sein wirtschaftliches Leben unentwickelt, seine Anschauungen von den unsrigen durch eine Kluft getrennt. Man suchte nach anderen Vergleichen und fand sie merkwürdigerweise in dem ägyptischen Pharaonentum, dem römischen Cäsarismus, in der französischen Revolution und in der Renaissance. Die brutale Welt des überreizten römischen Absolutismus mit ihrer hochentwickelten geistigen Kultur, ihren materiellen, sozialen und religiösen Gegensätzen, ihrer sittlichen Fäulnis und dem pessimistischen Idealismus ihres neugeborenen Christentums stand dabei im Vordergrunde; sie scheint thatsächlich Stimmungen wiederzuspiegeln, wie sie unserer eigenen Epoche eigen sind oder, vielleicht richtiger, eigen gewesen sind. Die Ideen Schopenhauers durchsäuerten auch den Geschichtsroman und wurden fremden Zeitaltern und Völkern ohne weiteres untergeschoben.

Das dritte Moment, welches den modernen geschichtlichen Roman kennzeichnet, ist sein polyhistorisch-archäologischer Charakter. Untergegangene Kulturen werden mit einem großen Aufwand von Gelehrsamkeit geschildert und das fremde, sorgfältig ausgeführte Zeitkolorit in die grellste Beleuchtung gesetzt. Man hat gerade über diesen Zug am meisten gespöttelt und dort, wo das Beiwerk die Hauptsache, der gelehrte Apparat die Dichtung unterdrückt, mit Recht, allein im übrigen ist der Spott übel angebracht, am übelsten von denen, welche den modernen realistischen Roman predigen. Denn der treibende Gedanke in dieser Art Romandichtung ist doch kein anderer als der des Realismus selbst; man will keine frei hingeworfenen Phantasien mehr, sondern ein deutliches Bild der Wirklichkeit, und um diese Deutlichkeit für die Vergangenheit zu erreichen, bleibt auch dem genialsten Dichter nur übrig, sich zu den Büchern und archäologischen Funden zu setzen. Es ist die entscheidende Frage, inwieweit seine Phantasie ausreicht, aus dem allgemeinen Grundbilde, welches das Studium sichert, die besonderen Einzelbilder der Dichtung zu gewinnen. Dieser Prozeß ist schließlich derselbe wie in dem Verhalten des realistischen Dichters zu der Wirklichkeit: auch er soll aus der Beobachtung der Wirklichkeit nicht ein Haufen zerstreuter Eindrücke, sondern ein in sich gefestigtes Gesamtbild erwerben, von dem seine Dichtung die subjektiv gefärbten Wechselbilder liefert. Leider ist zuzugestehen, daß man in vielen unserer modernen Geschichtsromane nur ein geschicktes Mosaik gelehrter Notizen wahrnimmt, während man sich vergebens nach einem Dichter hinter denselben umsieht.

Wenn der historische Roman in den Jahrzehnten von 1870—90 in die „Mode" gekommen ist, so begreift sich dieser Umstand nach den großen Kriegsjahren. Allein es steckt doch zugleich darin ein völkerpsychologisches Moment. Nur wir Deutsche kennen den Begriff „Bildung" und nur wir Deutsche haben eine so außerordentliche Neigung, der Poesie den Professorentalar umzuhängen. Wissenschaft und Kunst sind uns meistens ein Begriff, ja es ist sogar nichts seltenes, die Wissenschaft allein als das ideale Interesse unserer Nation rühmen zu hören. Diese Einseitigkeit der Wertschätzung hat nicht zuletzt dahin geführt, daß die gelehrte Bildung den Geschichtsroman als ihre eigentliche Domäne betrachtete und daß infolgedessen ein Wirrwarr des Urteils ausgebrochen ist, in welchem das Verdienst populärer wissenschaftlicher Schilderung mit dem poetischen Verdienst in der rührendsten Weise verwechselt wird. Freilich, auch von den gelehrtesten Autoren wird immerhin die

Poesie als die Gebieterin gerühmt und es ist in der That ein
großer ästhetischer Fortschritt gegenüber der vergangenen Epoche,
daß der neuere historische Roman die geschichtlichen Exkurse aus
seinem Rahmen vollständig verwiesen hat. Wir begegnen nicht
mehr oder doch selten seitenlangen Auseinandersetzungen über
die geschichtlichen Verhältnisse zu der und der Zeit, als gerade
der Held auf der Landstraße ritt oder ein heller Sommer=
morgen angebrochen war. Die Dichtung muß sich, ihre Cha=
raktere und ihre Ereignisse aus sich selbst heraus erklären, sie
muß das lebendige Spiegelbild von einem Ausschnitt der Ver=
gangenheit sein. Wer dies nicht vermag, leimt nur Dichtung
und Geschichte zusammen, aber er gestaltet die Geschichte nicht
zur Dichtung.

Unter den historischen Romandichtern unserer Gegenwart,
welche wirklich Geschichte in Dichtung umzuwandeln vermochten,
nahm Gustav Freytag mit seinem „Ahnen"=Cyklus vielleicht
die bedeutsamste Stelle ein. Sein Beispiel sicherte dem Geschichts=
roman den Aufschwung, die Beliebtheit und den Erfolg. Freytag
hatte im Hauptquartiere des Kronprinzen Friedrich Wilhelm
die kriegerischen Ereignisse von 1870 in der Nähe ansehen
können. In dem Toben des Kriegswetters gingen ihm die
ersten Gestalten seiner Dichtung auf und das beglückende Be=
wußtsein, wieder in dem Kreise einer großen einigen Nation zu
stehen, hat unverkennbar dem Dichter bei seinem Werke geholfen.
Keiner war für die Aufgabe berufener als er, in welchem der
dichterische Geist und der mit warmem Herzen forschende Ge=
lehrte sich einten. Der Grundgedanke des in acht Abteilungen
erscheinenden Werkes war schon in den Betrachtungen der „Ver=
lorenen Handschrift" über das Verhältnis des Einzelnen zur
Gesamtheit, des Individuums zu seinem Volke angedeutet
worden. Jeder Einzelne empfängt als Kind einer langen Ge=
schlechtsreihe ein ererbtes geistiges Besitztum, dessen er sich
ebenso bemächtigt, wie er von ihm in seinen Gedanken und

Handlungen beherrscht und geleitet wird. Die Thaten der Ahnen üben auf die Nachgeborenen einen bestimmenden Zwang hinsichtlich ihres Handelns und Schicksals aus, einen Zwang, der sich in demselben Maße vermindert, als die Einwirkung eines großen nationalen Volkslebens auf den Einzelnen wächst. Der Zusammenhang des Individuums mit seinen Ahnen und mit seinem Volke, das Maß ethischer Freiheit, daß ihm dieser Zusammenhang läßt und durch das allein er sich den wahren Gehalt, das Glück seines Daseins erobert, war das Problem der Ahnendichtung, wenn man will, eine wissenschaftliche Aufgabe, die poetisch gelöst werden sollte. In der Darstellung von sieben Lebensschicksalen suchte der Dichter sie zu erfüllen nach einem streng durchgeführten Prinzip. Wie die Charakterzüge der Helden in den verschiedenen Abteilungen sich ähneln, so ähnelt sich auch die Handlung derselben, immer umfaßt sie den Kampf des Helden um sein Weib, immer gipfelt sie in einer verhängnisvollen Katastrophe; was sich leider nicht ähnelt in den einzelnen Romanen, ist die künstlerische Ausführung. Mit glänzenden Bildern deutscher Vergangenheit wie „Ingo" und „Ingraban" begann der Cyklus und mit den matten, farblosen Strichen „Aus einer kleinen Stadt" war ihm beschieden zu enden.

„Ingo" und „Ingraban", die beiden ersten Abteilungen, (1872) gehören zu dem Schönsten, was Freytags dichterische Kraft geschaffen hat; sie sind außerordentliche Kunstwerke, von einer sinnlichen Fülle der Sprache und des Kolorits, die in dem Genre des historischen Romans unerreicht ist. Man hat Freytag getadelt, weil die Sprache unserer alten Germanen bei ihm gezwungen, manieriert sei, ein unverständlicher Vorwurf, der nicht begreift, wie gerade Phantasie und Kunst im harmonischen Sinne im Dichter gewirkt haben, um eine Einfachheit und eine Anschaulichkeit des Ausdrucks zu erreichen, die etwas Homerisches hat. Und homerisch sind auch die Bilder germanischen Lebens in beiden Werken, von einer plastischen Kraft, die sich der Dichter geradezu abgezwungen hat und auch nur abzwingen konnte. Umsoweniger darf man ihm vorhalten, daß dieser Zwang nicht an allen Stellen verdeckt ist. Die Kulturgeschichte ist hier Poesie geworden. In „Ingo", um 350 spielend, ist der Held ein vertriebener Königssohn der Vandalen, der im Thüringerland Gastfreundschaft genießt, sich die Braut erwirbt und durch gewaltsame Entführung sie zum Weibe gewinnt, worauf die Rache einer verletzten Fraueneitelkeit und der Ingrimm der Geschlechtsgenossen seines Weibes ihm den Untergang bereiten. Glänzende Szenen malen uns altgermanische Sitten und Charaktere; ein leuchtender Schwung liegt in den markigen Schilderungen der germanischen Gastfreundschaft, ihrer Trinkgelage, Kampfspiele und Kämpfe, und eine feierliche Weihe in dem knappen Ausdruck ihrer Liebesleidenschaft. Naturbilder von hoher, poetischer und symbolischer Schönheit sind in den sicheren Gang der Handlung verwoben und die einfache Charakteristik der Personen stellt uns ihre Züge doch lebendig und glaubhaft vor die Seele. Der Geist germanischer Treue in ihnen ist das sympathische Band, das ihre fremden Gestalten uns verwandt macht. Eine prächtige Figur ist selbst der König Bisino, den die leicht humoristische Färbung über das Intrigantenhafte glücklich hinwegbringt, herzhafte, biedere Gesellen sind der Häuptling Answald und seine Mannen, nur der dämonische Charakter der Königin Gisela, Ingos Freundin und Feindin, ist mißraten. Der Fehler ergab sich aus der Beschränkung, welche das Talent des Dichters kennzeichnet. Psychologisch feiner und interessanter ist jedoch „Ingraban", welches Werk die Einkehr des Sendboten Bonifaz bei den Thüringern schildert und mit dem Jahre 724 anhebt. Das Eindringen des Christentums in die germanische Kultur und die dadurch erzeugten Gegensätze bilden den kulturhistorischen Hintergrund der Handlung, die Bekehrung des Thüringers Ingraban zum

Christentum die Handlung selbst. Germanische und slavische Sitte werden in poetisch fesselnden Bildern geschildert: Ingrabans Wettkampf mit dem König Ratiz und seine Flucht aus dem Lager der Slaven sind dichterische Kabinetstücke, sie werden übertroffen von der Kunst der Darstellung jener Szenen: wie in dem Herzen des friedlosen, ausgestoßenen Germanen, dem in treuer Hingebung seine Geliebte Walburg in die stille Waldnacht folgt, der Christengott sich regt, wie Ingraban vor der Größe des frommen, für ihn sein Leben opfernden Knaben Gottfried zusammenbricht und sich als überwunden von dem Gott am Kreuze bekennt. Der sittliche Geist offenbart sich gegenüber der trotzigen Kraft als der Größere. Wie Ingo enthält auch Ingraban einige der stimmungsvollsten und ergreifensten Bilder germanischer Waldpoesie.

„Das Nest der Zaunkönige" (1873) führt in die Zeit der Sachsenkönige. König Heinrichs III. Kämpfe mit aufständischen Vasallen ziehen den Helden Immo aus dem Klosterleben in die Gefahren und Abenteuer des kriegerischen Tumultes, seine Liebe zu Hildegard, des Grafen Gerhard Tochter, die gewaltsame Entführung derselben durch ihn und seine Brüder reizen des Königs Zorn, der mit Heeresmacht die Burg der Zaunkönige bedroht, durch den Edelmut Immos und seiner Brüder aber versöhnt wird. Die Szenen im Kloster, Immos Gefangenschaft auf der Burg Gerhards sind reizende Genrebilder voll Anschaulichkeit und Leben, das Gericht des Königs ein Kapitel von epischer Größe. Meisterhaft sind auch die Charaktere des diplomatischen, klugen und gefährlichen Königs und der Edith, der Mutter der Brüder, welche die selbstlose Treue deutschen Frauengemüts wahrt, gezeichnet. Doch ermattet die Handlung zu sehr in der Mitte und die großen geschichtlichen Gegensätze fehlen: das Werk erhebt sich nur in seinem erwähnten Schluß über das Genre. Einen Versuch, auch die großen Ideen und Empfindungen der Zeit wenigstens zu berühren, machte der folgende Band: „Die Brüder vom deutschen Hause" (1874). Wie in den vorangegangenen Romanen spielt in diesem die Handlung zunächst auf thüringischem Boden. Das Zeitalter des Minnesanges, der Kreuzzüge und der Ketzerverfolgungen breitet sich vor uns aus. Der Held huldigt als Minneritter der schönen Agnes von Meran, zieht dann nach Italien zu Kaiser Friedrich II., erlebt in Palästina die merkwürdigsten Abenteuer und kann sich und die Geliebte, ein starkes, kühnes Bauernkind, nur dadurch aus den Händen des Ketzerrichters Konrad v. Marburg retten, daß er dem deutschen Orden sich anschließt und diesem nach dem Preußenlande folgt. Das Buch ist eine Kette kulturhistorischer Bilder und epischer Abenteuer, aber kein historischer Roman. Die geschichtlichen Personen wie Landgraf Ludwig, die heilige Elisabeth und Konrad von Marburg sind verzeichnet, da Freytags Kunst den religiösen Empfindungen des Zeitalters nicht gerecht zu werden wußte, besser erscheint Kaiser Friedrich II., aber er ist ohne jeden genialen Zug hingeworfen, ein nüchterner Diplomat, nicht das große Charakterbild, welches das Andenken der Geschichte von ihm bewahrt hat. Diese geschichtliche Epoche darzustellen, in welcher das Gemüt des deutschen Volkes von den stärksten Wallungen durchbebt war, konnte nur einer Kraft gelingen, die selbst einer starken leidenschaftlichen Gemütserregung fähig war. Farbiger und erfreuender fiel dagegen „Markus König" (1876) aus. Wieder ist es der geschichtliche Gegensatz deutschen und slavischen d. h. polnischen Blutes, den der Dichter uns in den Motiven seiner Hauptpersonen schildert. Die Reformation ist angebrochen, Luther hat sein kühnes Wort gesprochen, in der Stadt Thorn sinnt der Kaufmann Markus König, selbst der alten Lehre zugethan, darauf, die polnische Herrschaft zu brechen und schließt mit dem Hochmeister des deutschen Ordens, Albrecht v. Brandenburg einen heimlichen Bund. Aber das Schicksal bereitet ihm nur Enttäuschung. Mehr als er ist sein Sohn Georg Held des Buches; seine Liebe zu der schönen Magistertochter, ihr gemeinsames Leben unter den Landsknechten ist nicht ohne Freytagschen Humor und einen allerdings etwas kühlen Hauch von Poesie genrebildlich geschildert. Die Rolle, welche Doktor Luther zum Schlusse spielt, hat mit Recht Anstoß erregt; es ist der tiftelnde Scholast, nicht der große Reformator, der das hochnotpeinliche Examen über Georgs wilde Ehe eröffnet. In den „Geschwistern" (Der Rittmeister von Altrosen. Der Freikorporal. 1878) sinkt das Genrebild bereits zur Anekdote herab: alles ist farblos und blaß oder wo es poetisch sein soll, maniriert. Die erste Novelle greift in das Zeitalter des 30jährigen Krieges, die zweite in das des preußischen Soldatenkönigs zurück. Die historischen Figuren sind nur skizziert, ohne Größe. Der Cyklus schloß dann oder vielmehr erstarb in dem Buche: „Aus einer kleinen Stadt" (1880). Die Ahnenreihe läuft hier in einen Arzt und einen Journalisten aus, jener ein Kämpfer von 1813-14, dieser ein Zeitgenosse des wilden Jahres 1848. Aber weder von den Menschen und Ereignissen der einen noch der anderen Zeit wird uns ein poetisches Bild geliefert; allerlei nebensächliche, kleinliche Beziehungen werden breit ausgesponnen. Nichts von der Größe der Empfindungen, von der Wucht der Gedanken, welche jene Epochen erfüllten, tritt zu Tage. Wie ein schäumender Waldbach im sandigen Thale verrinnt, ist der große Ahnen=Cyklus in Trivialitäten mühsam zum Abschluß gelangt. Die alternde Kraft des Dichters trug einen Teil der Schuld, den anderen Teil seine falsche Theorie. Nach seinem eigenen Bekenntnisse erschien ihm die Schilderung politischer, religiöser und sozialer Ideen „kaum als eine würdige Aufgabe der Dichtung", mit hartem Worte nannte er derartige Romane „Demimonde im Reiche der Poesie". Die Theorie hat sich an ihm gerächt; er ist uns in seinen letzten Ahnen=Romanen das Beste an der Zeit und den Menschen, von denen sie handeln, schuldig geblieben. Er hat es ferner nicht vermocht, den „Ahnen" den einzig würdigen Abschluß mit dem Jahre 1870 zu geben. Um das zu thun, mußte er auf den Ideenkampf jener Tage eingehen, den Gegensatz der politischen Bestrebungen schildern, der den großen Krieg begleitete und der in diesem letzteren selbst seine Entscheidung fand. Um alles zusammenzufassen: die große Aufgabe, die Freytag in seinen „Ahnen" unternahm, ist allein nach ihrer kulturgeschichtlichen Seite gelungen, aber sie ist nicht in dem Sinne gelungen, wie er sie unternahm, als er das Verhältnis des Einzelnen zu seinem Volke in den Vordergrund stellte. Weder die geschichtlichen Ideen der alten und neuen Zeit, noch der Anteil des Einzelnen an ihnen sind seiner Gestaltungskraft erreichbar gewesen.

Es ist bekannt, daß Freytag mit den „Ahnen" seine poetische Thätigkeit einstellte; bis zu seinem am 30. April 1895 in Wiesbaden erfolgten Tode schrieb er nur noch die so verschieden beurteilten Erinnerungsblätter „Der Kronprinz und die deutsche Kaiserkrone" (1889), deren nüchtern-herben Auffassung des Charakterbildes des edlen kaiserlichen Dulders selbst viele seiner wärmsten Verehrer seltsam berührt hat.

Die kulturhistorische Richtung der Freytagschen Romane machte bald Schule. Wieviel an den letzten derselben man auch auszusetzen haben mag, sie befolgten doch den wichtigen und bedeutsamen Grundsatz, das Schicksal des Helden aus der Eigentümlichkeit der Zeitumstände zu erklären und in seinem Charakter, soweit es gelang, die Zeit selbst zu schildern. Das Zweite, das sich aus dem Ersten scheinbar wie von selbst ergiebt, ist doch das Schwierigere, und den Nachahmern glückte es selten. Am meisten bestachen die nationale Tendenz und das gegenwartentrückte Kolorit der Romane; das deutsche Mittelalter wurde das Stoffgebiet einer unendlichen Anzahl von Werken, die auf jeder Seite ein eingehendes Quellenstudium verraten. Gerade dadurch unterscheidet sich vor allem diese moderne romantische Litteratur von den alten Fabulisten Spindler, Storch u. s. w. Selbst Wilhelmine v. Hillern trat zu dieser Richtung über und lieferte in ihrem Werke „Und sie kommt doch" (1879) ein Erzeugnis ihrer extravaganten Phantasie, die das Kühne auch diesmal in das Unnatürliche setzte. Einfacher nahmen sich dagegen die kulturhistorischen Erzählungen von Adolf Glaser aus „Schlitzwang" (1878), „Wulfhilde" (1880), mehr reflektierenden Verstand als schöpferische poetische Kraft offenbarten die Romane von Gerhard v. Amyntor (D. v. Gerhardt) aus dem mittelalterlichen Städteleben („Frauenlob", „Gerke Suteminne"), immerhin solide Arbeiten, denen auch die litterargeschichtliche Kritik ihre Achtung nicht versagen kann.

Die Entwickelung des historischen Romans hat in unserer Zeit die merkwürdige Tendenz, sich in den Stoffen rückwärts zu bewegen. Von den alten Germanen Freytags kam man zu den alten Gothen Felix Dahns, die dessen Roman „Ein Kampf um Rom" (1876—78) verherrlichte. Felix Dahn (geb. am 9. Februar 1834 zu Hamburg als Sohn des berühmten Künstlerpaares Friedrich und Constanze Dahn) hat sich als Universitätslehrer und Forscher auf dem Gebiete des altgermanischen Rechtes und der altgermanischen Geschichte wie als Dichter einen Namen gemacht, dessen Bedeutung jedoch stark im Sinken ist. Unter seinen poetischen Arbeiten ist der „Kampf um Rom" das Hauptwerk. Er entwarf darin eine romanhafte Geschichte des Gothenvolkes von dem Tode des Königs Theodorich bis zum Untergange dieses Stammes unter König Teja am Vesuv. Zeitlich und örtlich umfaßt es einen weiten Umkreis, viele Figuren treten darin auf, geschichtliche und erfundene, Kampfszenen wechseln mit idyllischen Bildern, römische Intriganten enthüllen ihre erstaunlichen Pläne und gothische Hirtenknaben und -mädchen ihre zarten Empfindungen. Mit unleugbarem Geschick ist der Gegensatz byzantinischer, römischer und germanischer Weltanschauung herausgearbeitet und ein hoher Schwung durchatmet manche dieser Schilderungen. Damit ihm nicht sein mühsam am chronologischen Faden gehaltenes Werk auseinanderfalle, hat Dahn in der frei geschaffenen Gestalt des Präfekten Cethegus der Handlung einen Mittelpunkt gegeben. Cethegus ist Alles, kann Alles und will Alles, er ist eine komplizierte Figur, wie sie komplizierter nie ein Dichter gewagt hat. Cethegus will die Herrschaft von Rom so gut den Byzantinern wie den Gothen entreißen, Rom ist sein steter Gedanke, Rom sein Leben und das will umsomehr besagen, als sein Leben überaus zäh ist. Aus den furchtbarsten Situationen rettet er sich und in die furchtbarsten Situationen stürzen seine Pläne die beiden Völker, Gothen und Byzantiner; er hält die Welt gleichsam am Schnürchen. Er ist grausam, herrschsüchtig, intrigant, edel, tapfer, der letzte Römer. Er ist Alles, was man will, nur kein Mensch, sondern eine ebenso ausgeklügelte Maschine wie die Handlung des Romans selbst. Diese gleicht einem großen Theater mit trefflichen Bühneneffekten und großartigem Personal, der Dichter dem Regisseur, der die Gruppierungen und die Verwandlungen besorgt. Aber keine Gestalt steht auf zwei menschlichen Beinen, Totila ist eine Engelsgestalt, Teja ein Trauerschatten, jede weibliche Figur auf Draht gezogene Eigenschaften wie Treue, Unschuld u. s. w. Die manierierte Sprache, die trotz ihrer poetischen Kraft auf Stelzen schreitet, verstärkte den Eindruck, daß in Dahn ein moderner Fouqué erstanden war. Das Publikum verschlang diese Gothengeschichten wie einst die Ritterromane des alten Romantikers, und um hinter seinem Vorbilde in nichts zurückzubleiben, ließ Dahn in seinen folgenden Werken: „Odhins Trost" (1880), „Sind Götter?" (1881) u. s. w. auch die Fouquésche Gespensterwelt in neuer Gestalt lebendig werden. Er verarbeitete die halbe Edda zu Romanen und nannte die Gespenster in ihnen die „nordischen Götter". Den seltsamsten Eindruck erzeugt es, daß der Dichter in diese Götterwelt seine eigene moderne Philosophie mischt;

Götter, die sich ihre Weltanschauung teils aus Spinoza, teils aus Schopenhauer entlehnt haben, muten uns nicht minder spaßhaft an, als wenn ihnen der Dichter Frack und Zylinder zum Kostüm gegeben hätte. Nach den nordischen Produkten schlachtete Dahn die Völkerwanderung ein, aus der er „kleine Romane" erscheinen ließ, süßliche Machwerke, in denen selbst von dem wirklichen Talent des Dichters zuletzt nur wenige Spuren noch zu merken waren.

Wenn Dahn sein Kolleg über die älteste Geschichte der Germanen las, so Georg Ebers das seinige über die Welt des alten Aegyptens. G. Ebers (geb. am 1. März 1837 zu Berlin als Sohn eines Bankiers) hat bekanntlich lange Jahre an der Universität Leipzig als Professor der Aegyptologie gewirkt. Eine lange, schwere Krankheit, die ihn befiel, war der äußere Anlaß seiner poetischen Produktion. Es gelang ihm unbestreitbar, den ägyptischen Roman in Mode zu bringen. Hier fiel freilich der nationale Zug der Dahnschen Romane fort, und nur der Gegensatz einer untergegangenen merkwürdigen Kultur zu der gegenwärtigen mußte das Interesse oder vielmehr die Wißbegier erwecken. Ebers war in seinen poetischen Werken Fabulist und Schilderer, aber kein Psychologe. Seine ersten Romane: „Eine ägyptische Königstochter" (1864), „Uarda" (1877), „Die Schwestern" (1880) waren ägyptische Märchen, breit und behaglich, doch nicht ohne Anmut ausgesponnen und von vielen und zum Teil überaus anziehenden Schilderungen des alten ägyptischen Kulturlebens durchflochten. Die Gestalten zeigten indessen nicht mehr Leben, als für ein Märchen notwendig, ihr Empfinden und Denken war modern, aber sie waren hübsch zu einander kontrastiert. „Homo sum" (1878) nahm sogar einen Anlauf zu einer gewissen seelischen Vertiefung, die in der Figur des Paulus am besten gelang. Es ist Ebers bester Roman geblieben. Nach und nach aber erlahmte das Fabulierungstalent des Verfassers und an Stelle der fortschreitenden

Handlung traten immer mehr und mehr langweilige Diskurse. Die Muse des Dichters wurde von Roman zu Roman („Serapis" 1885, „Die Nilbraut" 1887) schläfriger, trotzdem er durch einen Wirrwarr von Abenteuern das Interesse zu spannen suchte, immer flüchtiger seine psychologischen Motivierungen; was wuchs, war nur der Erfolg, der Ebers auch treu blieb, als er zeitweilig Abschied von dem Pharaonenlande nahm und sich in anderen Ländern und Zeiten umsah. Das Publikum las die breitspurige, behäbige „Frau Burgemeisterin" (1882) ebenso wie das ideenarme „Ein Wort" (1882) und die „Gred" (1887) mit ihrem glanzlosen Firnis deutschen Mittelalters. Die Litteraturgeschichte kann vielleicht nicht jedes abfällige Urteil unterschreiben, das die schärfere Kritik über Ebers gefällt hat, ohne freilich dem Günstling der Mode damit Abbruch thun zu können, aber sie wird einst feststellen, daß diese Erzeugnisse nur möglich waren in einer Zeit der litterarischen Abspannung und der verflachenden Konvention, sie wird hier den Stand einer Depression des Geistes erkennen, die mit Sicherheit — um in dem Gleichnis des Barometers zu bleiben — den nahenden geistigen Sturm und Drang ankündigte.

Der ägyptischen Welt lag die römische und griechische nahe, auch in der Litteratur. In dem Roman „Der Kaiser" (1881) hatte sie Ebers schärfer zu erfassen gesucht, ohne über Aeußerlichkeiten hinwegzukommen; wie er scheiterte auch gleichzeitig an dem Charakterbilde Hadrians der Anonymus Taylor (mit richtigem Namen Adolf Hausrath, Professor der Theologie in Heidelberg) in seinem Werke „Antinous" (1881) dem 1882 eine „Klytia" folgte — beides indessen Werke nicht ohne archäologischen und psychologischen Reiz. Ihre Nachbeter sahen bald ein, daß die römische Geschichte sich größere Effekte geleistet habe als die Liebe eines Greises zu einem schönen Jüngling, man fand im Sallust und Tacitus, im Plutarch und Sueton die schönste Fülle von Romanstoffen. Wenn alljährlich die Gracchen in Buchtragödien hingeschlachtet wurden, so waren die Szenen, welche der Roman an der Hand jener Quellen bieten konnte, doch weit ergötzlicher. Der merkwürdig „saturierte" Zug in dem neuen deutschen Kaiserreiche glaubte, wie wir bereits bemerkt haben, in der entartenden Kultur des Römervolkes ein verwandtes Element zu spüren, die Schopenhauersche Philosophie von dem Elend des Daseins ließ sich nirgends erbaulicher predigen als dort, wo raffinierter Lebensgenuß und raffinierter Lebensekel zusammenstießen. Die größten Erfolge auf diesem Gebiete errang das formgewandte, vielseitige Talent von Ernst Eckstein (geb. am 6. Februar 1845 zu Gießen). Seine Römerromane („Prusias" 1883, „Die Claudier" 1881, „Nero" 1889) zeichneten die alte Kulturwelt in geschickter Weise, indem sie aus dem Mosaik der Handbücher der Altertumskunde brillante Bilder zusammenstellten. Die Sklavenaufstände des alten Roms, die Christenverfolgungen unter Domitian und Nero boten hier der Phantasie eine Menge der seltsamsten Ereignisse und Charaktere, welche schon durch ihre Farbenkontraste wirkten; wenig kam darauf an, wie sich die Handlungen im einzelnen psychologisch motivieren ließen. Das Gewagteste nahm man geduldig hin und dem Autor selbst erschien es gar nicht komisch und lächerlich, daß er z. B. Nero als einen gebildeten Jüngling hinstellte, der über seiner sentimentalen Liebe zu einer christlichen Sklavin zum welthistorischen Scheusal wurde. Eckstein verlegte den Gartenlaubenroman in das antike Kostüm und pfefferte ihn mit den Greuelthaten des Cäsarenwahnsinns; die eindringliche Schilderungskunst eines Bulwer in den „letzten Tagen von Pompeji" mit ihren romantischen Farben blieb darüber doch noch unerreichtes Vorbild.

Mit mehr Temperament und einer stärker individualisierenden Kraft hat ein junger Autor, Günther Walloth, das antike Leben in seinen drei Romanen: „Oktavia" (1885), „Paris der Mime" (1886) und „Der Gladiator" (1888) darzustellen vermocht. In Walloth, (geb. am 6. Oktober 1856 zu Darmstadt), der vom Malerberuf zur Litteratur überging, tritt bereits die neue realistische Richtung hervor, die später zu charakterisieren sein wird. Für dieses Talent ist das antike Rom nicht mehr die versunkene Stadt, die von dem mühsamen Schweiß der Moderomandichter aus dem Staube gelehrter Bibliotheken ausgegraben wird, ihm ist Rom so modern wie Paris und Berlin und er führt den Leser in ihre Straßen ein, als umgebe ihn selbst noch das Treiben und Wogen auf der Via Appia. Diese Anschaulichkeit ist ein Beweis seiner dichterischen Unbefangenheit und Gestaltungskraft. So anschaulich malt auch der Franzose Flaubert das Leben des alten Carthago. Mehr fällt in die Wagschale, daß er vor allem das seelische Innere seiner Person durch eine außerordentliche psychologische Zergliederung zu erschließen sucht. Freilich verfährt er dabei meistens analytisch, reflektierend und nicht künstlerisch. Jede Aeußerung eines Charakters wird bei ihm durch eine Analyse der Gedanken und Empfindungen motiviert: was geredet wird, ist Nebensache, was die Figuren denken, Hauptsache, und ihre Gedanken suchen eher verschlungene Bahnen als den einfachen, geraden Weg. Die elementaren Empfindungen wie Liebe und Haß sind bekanntlich bei jedem Menschen nichts Einfaches, in ihre starken Grundtöne mischen sich allerlei Nebentöne, Reizungen und Stimmungen des Augenblicks oder physiologische Reaktionen. Diese Welt der Nebentöne in den Grundtönen anklingen zu lassen, sie dem Leser zur Wahrnehmung zu bringen, ist Walloths Bemühen — eine Erschwerung der künstlerischen Aufgabe, von der sich der alte historische Fabulierungsroman nichts träumen läßt. Aus diesem Grunde wählte Walloth sich mit Vorliebe komplizierte Naturen und analysierte in den Seelen eines Nero, Domitian und Caligula wie nur ein Jungdeutscher der alten Richtung. Die Motive in den drei Romanen ähneln sich freilich so, daß sie nur Variationen voneinander zu nennen sind. Eine Künstlernatur zwischen zwei Frauenschönheiten schwankend, einer jugendlichen, keuschen und einer gereisten, sinnlichen, ist in allen drei Romanen das gleiche Problem, das am reifsten, klarsten und ergreifendsten in dem „Gladiator" durchgeführt ist.

Die Mode, welche das Archäologische, das Jahrhunderte und Jahrtausende Zurückliegende in unserer Zeit begünstigt, hat Talente, die Ebers, Dahn und Eckstein im historischen Roman weit überragen, nicht zur verdienten Anerkennung kommen lassen, sobald sie es vorzogen, sich ihre Geschichtsstoffe auf eigene Hand zu suchen. Hierzu zählen Wilh. Jensen, Wilh. Raabe und selbst C. F. Meyer, wenn auch diese und jene Novelle des letzteren eine zweite und folgende Auflage erlebte. Wilhelm Jensen (geb. am 15. Febr. 1837 zu Heiligenhafen in Holstein), eins der eigenartigsten und vielseitigsten poetischen Talente unserer Zeit, ebenso bedeutend als Lyriker wie als Novellist, ist leider auf dem Gebiete des Romans aus seiner individuellen Begabung heraus nicht immer zu abgeklärten, harmonischen Schöpfungen gelangt. Ihm eigen ist ein in unserer gegenwärtigen Dichtergeneration geradezu seltener Natursinn, der auch seine historischen Romane und Novellen mit den herrlichsten landschaftlichen Bildern bereichert, aber seine weiche Phantasie neigt, vielleicht gerade weil sie weich ist, zu Extremen: sie verbindet gern das Träumerische mit dem Schrecklichen. In diesem Zuge erweist Jensen eine innere Verwandtschaft mit den Genies der alten Romantik und aus diesem Zuge erklärt es sich, wenn in seinen historischen Romanen: „Nirwana" (1877), „Um den Kaiserstuhl" (1878) die Gegensätze sich so häufen, daß sie das Gemüt des Lesers belasten. Dazu kommt, daß der Dichter — nicht weniger romantisch — seine subjektive Gedankenwelt mit ihren düsteren Stimmungen unverhüllt in seinen Schöpfungen preisgiebt. Wie ein grauer schwerer Herbstnebel ruht es auf dem seltsamen Gemälde der französischen Revolution in „Nirwana", selbst die humoristischen und idyllischen

Szenen durchzittert ein leises, träumerisches Weh, daß alles Glück hienieden sterben müsse. Trotzdem tritt in diesem Romane wie in „Um den Kaiserstuhl" eine Fülle von realistisch und bis auf das Kostüm getreu gezeichneten Gestalten aus den Ereignissen hervor. Jensen ist im eminenten Sinne ein Stimmungsdichter und wer ein Organ besitzt für die phantastisch-träumerischen Regungen der Dichterseele, wird den fleißigen, arbeitsamen Poeten auch dort noch hochschätzen, wo die Muse nur zögernd seiner Hand folgt. Nicht weniger ist Wilhelm Raabe, wie hervorgehoben, ein Stimmungsdichter zu nennen, wenn auch aus anderen Elementen gestaltet und in seiner Geistesart auf andere Stoffe hingewiesen, als die belletristische Schablone zu bearbeiten liebt. Die Eigenart seines humoristischen Naturells verleugnete er nicht in seinen geschichtlichen Romanen und Novellen, deren Stoffe er aus dem 16. oder 18. Jahrhundert mit Vorliebe wählte. Auf „Unseres Herrgotts Kanzlei" (1862) folgte außer mannigfachen kleineren historischen Erzählungen in seiner gemütvollen Art „Das Odfeld" (1890), ein ergreifendes Stimmungsbild aus der Zeit des vorigen Jahrhunderts.

Der Gegenpol zu Jensen und Raabe ist der Schweizer Conrad Ferdinand Meyer. Er scheint keine subjektiven Stimmungen zu kennen oder vielmehr er verwebt sie so in die Charaktere seiner geschichtlichen Novellen, daß sie unlösbar von jenen sind. Geb. am 12. Oktober 1825 zu Zürich, von Haus aus und durch den Verkehr mit bedeutenden Männern der romanischen Schweiz in seiner Bildung ganz französisch, wandte sich C. F. Meyer erst 1867 mit seinen „Balladen" der deutschen Litteratur zu, die er mit seinen historischen Poesiewerken wahrhaft bereichert hat. Er übertrifft Alle, die hier genannt sind, an Größe und Umfang der Charakteristik, wie er ihnen an Größe und Umfang der Bücher nachsteht. Freytag ist in seinem Kolorit wärmer, allerdings nur in seinen ersten Romanen, Meyer dafür schwungvoller in dem Linienwurf. Den Schweizerdichter bekundet eine gewisse Kühle des Tons und auf sentimentale Gemüter üben seine klaren, künstlerischen Schöpfungen nur geringe Anziehung aus. Aber es ist Kraft und Leben in seinem Talent, das die größte Aufgabe vielleicht nicht zu scheuen hätte und die kleinste darum oft wie eine größte behandelt. Meyer sucht die Schwierigkeiten, wo ein anderer sie vermeiden würde, er wird aus künstlerischem Uebermut bisweilen sogar barock: nur ein Dichter wie er kann es wagen, Dante zum Novellenerzähler zu machen. („Hochzeit des Mönchs".) Nur ein Talent wie das seinige kann den rätselhaften Thomas Backet, den englischen Kanzler, zum Helden einer Novelle machen und diese obendrein von einem unscheinbaren, treuherzigen Gesellen in der guten Stadt Zürich einem frommen Stiftsherrn erzählen lassen. („Der Heilige".) Nur eine so sichere Gestaltungskraft wie die seinige braucht sich in seinen Novellen die Streiflichter auf einen Karl den Großen, Gustav Adolf u. a. nicht zu ersparen, während ein anderer furchtsam derartige weltgeschichtliche Größen im Hintergrund gehalten hätte („Gustav Adolfs Page"). Manche dieser geschichtlichen Charaktere erfüllen nur die Episode einer Novelle und doch heben sie sich scharf und grell ab wie Marmorbilder, die in der Nacht ein Blitz erleuchtet. Der Dichter liebt große Gestalten und weiß sie zu meistern; er trifft das geschichtliche Pathos in ihnen und vergißt darüber nicht die kleinen Züge, die uns jene fernen Erscheinungen nah und näher rücken; seine Kühnheit ist zugleich vollkommene Unbefangenheit. Einen verschollenen Helden der Schweizer Lokalgeschichte „Georg Jenatsch" (1876) wählte er zum Helden seines ersten und einzigen Romans. Das Buch entwarf trotz seiner durchaus nicht einwandfreien Technik ein lebendiges Bild verwickelter Händel und stellte doch breit und kräftig eine heroische Natur in den Mittelpunkt, einen Charakter, der aller sittlichen Gesetze spottet und nur rein und sittlich in seiner Vaterlandsliebe ist. „Die Versuchung des

Pescara" (1887) bietet das Widerspiel zu diesem ersten Helden; hier finden wir den Feldherrn, dessen reines Herz zurückschaudert vor dem Verrat und nicht minder vor dem sittlich verkommenen Italien, das in ihm den Retter anruft. Die letztere Novelle ist neben der „Richterin" das Schönste, was Meyer geschrieben. Sie ist die Erfüllung jener ästhetischen Forderung, welche nicht bloß die Widerspiegelung der historischen Zufälligkeiten wie Kostüm und Lokalfarbe, sondern auch der geschichtlichen Ideen verlangt. In den Charakteren malt der Dichter die Zeit und ihre Gegensätze und überall vereinigt er die psychologischen Motive mit den geschichtlichen. Keiner seiner zahlreichen Nebenbuhler auf diesem Gebiete ist innerlich so reich und äußerlich so zurückhaltend mit seinem Reichtum: kurz und knapp im Ausdruck ist der Dichter, kurz und knapp auch in der Komposition, ja sogar in der Wiedergabe des inneren Lebens seiner Figuren, allein was ihm am Reichtum leerer Worte abgeht, ersetzt er durch die Anschaulichkeit seiner Sprache, durch die energische Bestimmtheit, mit welcher die innere Welt der Gedanken und Empfindungen uns entgegentritt. Ein Muster hierfür ist die kleine Novelle „Die Richterin", die in der Hand eines jeden anderen zum breitgesponnenen Roman geworden wäre: Stemmas düstere Erinnerungen und Wulfrins leidenschaftliche Liebesglut sind hier keine lyrischen Träumereien, sondern leibhaftige dramatisch gestaltete Visionen, wie die Novelle überhaupt in ihren Motiven und ihrem Aufbau etwas pointiert Dramatisches hat. Trotzdem ist Meyer nicht Dramatiker, sondern Epiker, und wenn es sonst keine Kennzeichen hierfür gäbe, so bezeugte es seine Vorliebe, durch den Mund zweiter Personen zu erzählen. Auch der nur auf plastische Wirkung ausgehende Künstler legt damit das Zugeständnis ab, daß die Subjektivität des Erzählers einen bestimmenden Reiz der epischen Dichtung ausmacht und daß der Roman und die Novelle darum nur Reliefbilder, keine statuarischen Gestalten wie das Drama zu schaffen vermögen.

Mit C. F. Meyer müßten wir diesen Abschnitt schließen, wenn nicht noch einige Leistungen des historischen Romans kurz zu erwähnen wären. Die „historischen Novellen" des Litterarhistorikers A. Stern und W. Riehl sind wegen ihrer künstlerischen Fassung und ihres getreuen Kolorits nicht zu übergehen. Die poetische Natur Rudolf v. Gottschalls zeigte in großen Romanen aus der neueren Geschichte („Im Bann des schwarzen Adlers" 1877, „Das Fräulein v. St. Amaranth" 1881, „Rübezahl" 1889) Geschmack und bemerkenswerte Gestaltungskraft; wenn auch diese Arbeiten nicht den Ruhm des bekannten Dichters und Litterarhistorikers zu heben vermochten; dafür waren sie allzusehr dem Unterhaltungsbedürfnis des Lesepublikums angepaßt. Fr. Spielhagen endlich gab in dem Roman „Noblesse oblige" (1888) ein bewegtes Gemälde aus der drangvollen Franzosenzeit in Deutschland, in welchem eine edle Frauengestalt im Mittelpunkte der spannungsreichen Handlung steht. Den zeitgeschichtlichen Roman im Stile Gödsches ohne dessen Phantasie, freilich auch ohne dessen Pikanterien, erkor sich Gregor Samarow — mit seinem wahren Namen bekanntlich Oskar Meding, (geb. am 11. April 1828 zu Königsberg, 1863—66 Rat am Hofe des Königs von Hannover) zur fruchtbaren Bearbeitung. In bänderreichen Romanen („Um Szepter und Kronen" 1872, „Europäische Minen und Gegenminen" 1875 u. s. w.) behandelte er die Ereignisse von 1866—70 wobei er die Erfahrungen seiner politischen Laufbahn so romantisch wie möglich verwertete und den patriotischen Sensationsgelüsten des Publikums schmeichelte.

Die litterarische Krisis in der Mitte der achtziger Jahre ist der weiteren Entwickelung des historischen Romans nicht günstig gewesen. Die neuen Talente, welche sich aus der litterarischen Phalanx vordrängten, wollten von der Vergangenheit nichts wissen, von der man angeblich ja überhaupt nichts wisse; ihr Feldgeschrei war die „Moderne" mit ihren modernen

Stoffen. Eine geradezu radikale Opposition stellte sich in ihm in der Theorie des Naturalismus gegenüber, nach welcher der Dichter nur schildern dürfe, was er selbst gesehen, beobachtet und studiert habe. Das neue Geschlecht wollte vor allem seiner Zeit und ihren Fragen und Interessen leben. Darum ist der historische Roman nicht tot und uns um seine Zukunft nicht bange. In der litterarischen Entwickelung unseres Jahrhunderts hat er so tiefe und kräftige Wurzeln geschlagen, daß der größte Sturm ihm nur sein welkes Laub abstreifen kann. Der historische Roman ist der moderne Ersatz für das nationale Epos, für die alte Heldensage geworden; freilich schauen wir in anderem Sinne und nach anderen Gestalten in die Vergangenheit, als es etwa die Poeten des Nibelungenliedes thaten. Auch auf seinem Gebiete giebt es noch immer wieder einen neuen Frühling. Wie die Geschichtswissenschaft ihre Methoden und Auffassungen ändert, so ändert auch im geschichtlichen Roman sich das, was wir das Wesen der Vergangenheit nennen. So furchtbar uns aber die Gegenwart auch mit eisernen Armen umklammert, wir bleiben doch die Kinder voraufgegangener Geschlechter, deren glorreiches oder schmerzliches Los im Spiegel der Dichtung wir wiedergegeben wissen wollen.

3. Die moderne Novelle.

Mehr als man meint, ist die moderne Novelle ein selbstständiger Zweig unserer Litteratur geworden. Sie umfaßt nicht allein ein ästhetisches Gebiet, sondern sie bedeutet auch das Merkmal eines Talentes, einer Begabung. Unsere Zeit kennt große Romanschriftsteller, die hervorragende Novellen geschrieben haben, aber sie kennt auch Novellisten, die auf ihrem Felde ihr

Pfund mit hundertfältiger Frucht wuchern lassen, während es ihnen im Roman keinen Ertrag einbringt: selbst aus dem mehrbändigen Werke blickt bei ihnen nur Form und Gestalt des anmutigen Genres, das sie überwinden möchten und doch nicht können. Es steckt ihnen im Blute, im Temperament, und über den eigenen Schatten zu springen ist hier unmöglich geworden.

Die geschichtliche Betrachtung liefert einen auffälligen Beweis dafür, daß Roman und Novelle durchaus nicht in denselben Geleisen sich zu bewegen brauchen. Das romantische Zeitalter war, wie wir gesehen haben, ebenso arm an Romanen wie reich an Novellen. Zählt man selbst die großen epischen Talente der jüngeren Zeit, so werden die Novellisten gegenüber den Romanschriftstellern die Mehrheit bilden, und es scheint in der That, als ob der deutsche Charakter weit mehr Begabung für die Novelle als für den Roman besäße. In unseren Novellen ist uns Deutschen ein überaus köstlicher litterarischer Schatz gegeben, wie wir ihn vergleichungsweise nur in unserer Lyrik besitzen, und selbst was den inneren Gehalt ihrer dichterischen Erzeugnisse angeht, vermögen unsere großen Novellisten ruhig den Vergleich mit allen anderen der Welt und Weltgeschichte aufzunehmen, ein Kompliment, daß sich dem deutschen Roman nur bedingt machen läßt. In derselben Zeit, von 1850—70, wo unsere großen Romandichter hervortreten, gelangt auch die Novelle zur Bedeutung, und ihr wird das freundliche Schicksal beschieden, länger in unsere Tage hinein ihre Blüte zu bewahren, noch heute scheint es, als sprieße hier ein immergrüner Stamm, der keinen Herbst und keinen Winter kennt.

Der Umstand, daß jene Epoche von 1850 bis in die siebenziger Jahre hinein Roman und Novelle ganz im Gegensatz zu der Romantik nebeneinander gediehen sieht, erscheint merkwürdig genug. Das geschichtliche Verhältnis der beiden Genres, wie wir es dargelegt haben, erweist nun, daß die

Novelle dem Roman gleichsam voraufging. Die moderne Novelle entwickelte sich aus der Dorfgeschichte, so wenig sie auch im übrigen ihre romantische Abkunft verschwieg; für den Roman war die Dorfgeschichte nur eins seiner neuen, ihn befruchtenden Elemente. Auerbach, der Vater der Dorfgeschichte, war auch der Vater der modernen Novellistik, nach seinem Vorgange verblieb fortan der Novelle ein geheimes, trauliches Verhältnis zu dem heimatlichen Grunde des Dichters selbst, und um die Ereignisse ihrer Fabel wob sie mit Vorliebe Farbe und Duft eines bestimmten Himmelstriches. Diese Heimatlichkeit der Stimmung ergab sich zugleich aus ihrem Charakter, dem eine kleine, beschränkte Welt, nicht die Weite und Breite des Romanbildes angemessen war, weder ein bunter Wechsel der Szene noch der Ereignisse konnte sich in ihrem engen Rahmen ausgestalten. Sie suchte vielmehr ihre bescheidenen Wurzeln so tief wie möglich in ein kräftiges Erdreich zu strecken.

Ganz analog der Dorfgeschichte läßt sich daher auch die Novelle nach landschaftlichen Gesichtspunkten ordnen und charakterisieren. Dieses landschaftliche Moment spinnt sich nicht wie beim Roman zu breiten Naturschilderungen aus, es lebt in der Eigenart der Charaktere, die — um uns dieses Ausdruckes zu bedienen — ihre provinziale Herkunft an der Stirne zeigen, es lebt nicht zuletzt in dem eigentümlichen Andeuten ausgeprägt lokaler Verhältnisse. In diesem Sinne ist die Novelle, die Tochter des Märchens, viel früher zum Realismus vorgedrungen als der Roman. Da jene Verhältnisse aber für den Raum der Novelle eine ausführliche Schilderung unmöglich machen, so muß der Dichter durch starke Betonung des Einzelnen ersetzen, was er an Fülle desselben nicht bieten kann, und aus dieser starken Betonung entsteht jener schwingende Zauber des Details, den wir Stimmung nennen. Die Gegenstände klingen in der Novelle und ihr Klang durchzittert die Ereignisse, er dämpft oder erhöht ihre Wirkung, er vermählt sich mit dem seelischen Leben der Charaktere. Ist es ein Zufall, daß in den meisten unserer Novellisten auch eine lebendige lyrische Ader schlägt?

Das ist jedoch nur die eine Eigentümlichkeit der modernen Novelle, allerdings unterscheidet sie sich gerade hierin von dem alten Novellenstil. Von diesem hat sie übernommen, eine einzelne „wunderliche" Begebenheit auch jetzt noch als ihren Rohstoff zu betrachten. Aber sie erzählt sie nicht bloß und sie hüllt sie nicht allein in Stimmungsfarben. Das Seltsame der That setzt auch in den Charakteren ein Seltsames der Empfindung oder des Willens voraus. Die Romantiker sahen diesen psychologischen Untergrund gern als etwas Mystisches an und erzielten dadurch oft bedeutende Wirkungen. Die moderne Psychologie geht dem Mystischen nicht aus dem Wege, aber sie sucht es dafür natürlich zu deuten, den dunklen Kern der Seele gleichsam in seine einzelnen Elemente aufzulösen, und die moderne Novelle schloß sich ihr hierin an. Dadurch gewann sie den Hang zum Problematischen, sie baute absonderliche Begebenheiten aus absonderlichen Willensäußerungen auf und verwandte alle ihre Kunst darauf, für eine gespannte Situation eine möglichst überraschende Auflösung zu finden. Was in dieser ästhetischen Rechenkunst hervortritt, ist oft ein Raffinement des Verstandes, welches die einfache Empfindung des Lesers ebenso fesselt, wie sie dieselbe andererseits auch enttäuscht. Aber gerade der beschränkte Rahmen der Novelle setzte die dichterische Empfindungsgabe in die äußerste Bewegung, die Form wurde immer virtuoser behandelt und daneben ein Reichtum von Motiven und Charakteren offenbart, wie er im Romane nur selten in die Erscheinung trat.

Schon bei dem Kapitel der Dorfgeschichte wurde Gottfried Kellers Erwähnung gethan, des „Shakespeares der Novelle", wie ihn das neidlose Freundeswort Paul Heyses genannt hat. Indessen ist es mehr ein Kompliment, als eine Wahrheit, Kellers

Begabung, geschweige denn seine Leistungen mit dem großen Genie des englischen Volkes in Vergleich bringen zu wollen. Keller ist eine ebenso leidenschaftslose wie Shakespeare eine leidenschaftliche Natur. Er vereinigt in seinen Novellen den romantischen Dichter mit dem Weltweisen und dem nüchternen Mann der Erfahrung. Seine „Leute von Seldwyla" (1856) leben merkwürdigerweise nicht weniger im Lande der Dichtung als in der Wirklichkeit, wofür schon die Einleitung einen überaus charakteristischen Beleg bietet: „Seldwyla bedeutet", heißt es, „nach der älteren Sprache einen wonnigen und sonnigen Ort und so ist auch in der That die kleine Stadt dieses Namens gelegen irgendwo in der Schweiz". Auch die Begebenheiten dieser Novellen können sich irgendwo ereignen, im Sinne unseres modernen Realismus sind es Märchen, es ist nur die Kunst des Dichters, sie mit dem Reiz höchster Lebenswahrheit ausgestattet zu haben. Keller beherrscht alle Stimmungen, das Phantastische so gut wie das Humoristische, er ist ein Schalk und ein Satiriker, ein Dichter für alle Welt und doch am meisten für die Schweizer, deren große und kleine Schwächen in ihrem privaten und öffentlichen Leben er kennt und mit der schalkhaften Miene des Eingeweihten beurteilt. Die „Leute von Seldwyla" führen uns eine große Gallerie von anschaulich charakterisierten Originalen und deren Lebensschicksalen vor, und die cyklische Form dieser Novellendichtungen hat Keller auch später beibehalten. Wovon er in dieser ersten Sammlung ausgeht, sind oft rein ethische Motive, bisweilen wie in der berühmten Novelle: „Romeo und Julie auf dem Dorfe" auch rein romantische, in denen sich Eichendorff und Hoffmann begegnen. Die letztere Novelle ist, wenn auch nicht Kellers bestes Werk, so doch sein schönstes Stimmungsbild. Eine Mischung ethischer, romantischer und phantastischer Motive kennzeichnet auch die „sieben Legenden" (1872), Heiligengeschichten, deren alte Vorlagen der Dichter ethisch und psychologisch in moderner Weise vertieft hat und die

er mit dem ganzen Reichtum seiner behaglichen, phantastischen
Laune erzählt. So ungefähr wird unser altdeutsches Volks=
märchen mit dem Heiligen und Himmlischen fertig, wenn ihm
auch die künstlerische Begabung des Dichters mangelt. Nicht
eine Spur von mystischem Weihrauchduft weht durch diese phan=
tastische Legendenwelt. Alles tritt uns klar, rein und frei ent=
gegen, nur ein leicht ironischer Zug mahnt zuweilen, daß dem
Dichter seine Gestalten und Geschichten mehr aus der Phantasie,
als aus dem Herzen stammen. Wenn die Seldwyler an irgend
einem sonnigen Ort ihr Wesen trieben, die Legenden im Himmel
und auf Erden zu Hause waren, so wurde Keller in den „Züricher
Novellen" (1878) bestimmter und realistischer, sowohl hinsichtlich
des Ortes wie der Zeit. Eine Perle der Poesie ist die erste
Novelle: „Hadlaub", eine Perle des Humors die letzte: „Der
Landvogt von Greifensee", die Geschichte des ergötzlichen Jung=
gesellen und seiner fünf Geliebten. Die letzte Novellensammlung
Kellers betitelte sich das „Sinngedicht" (1881) und umfaßte
unter der Schilderung der Brautschau eines Naturforschers einen
Cyklus von Novellen, die alle in fein abgestufter Entwickelung
dasselbe Thema behandelten: die Wahl des Gatten oder der
Frau. Verschieden wie der Schauplatz ist auch der Ton dieser
einzelnen Geschichten und des sie einkleidenden Rahmens, im
Ganzen hat hier Keller die stärkste Neigung bewiesen, gerade
moderne Verhältnisse nach ihrer ethischen und poetischen Seite
zu schildern, und was nicht minder bedeutsam ist, er hat gerade
hier die schönsten und anmutigsten Frauengestalten seiner Muse
entworfen. In ihnen ist abweichend von Kellers männlichen
Helden nichts Problematisches, sie sind alle in ihrer Art und
Unart fest und sicher im Empfinden und Denken, wie Keller
überhaupt darin an Goethe erinnert, daß er für die weibliche
Natur ein weit schärferes Auge besitzt als für die männliche.

Keller ist ein echter Epiker, bei ihm drängt ein fester, ener=
gischer Gang der Erzählung jede lyrische Aufwallung zurück.

Was er dargestellt, sind nicht die Gemütsstimmungen von Personen, sondern die Begebenheiten, die sich an diese Personen knüpfen. Wenn er erzählt, denkt er stets an das Ganze und darum finden sich bei ihm auch im einzelnen immer die Spuren des Gedankens, welcher das Ganze erfüllt. Er giebt sich nicht den Empfindungen hin, die in irgend einem Moment seine Helden bewegen, er ist nicht der Sklave, sondern der Herr seiner Charaktere, vielleicht bei seinen pädagogischen Neigungen ein klein wenig auch ihr Schulmeister, der ihnen ethische Aufgaben stellt und sich freut, wenn sie kunstgerecht gelöst werden. Die beste Kraft seines Naturells zog er aus seiner schweizerischen Abstammung, die dem romantischen Zuge seiner Phantasie entgegenwirkte oder vielmehr ihr die realistische Richtung auf das Diesseits gab. Seine Heimat stempelte ihn zu einem vollgiltigen Original und nichts ist berechtigter als der Stolz der Schweizer auf diesen ihren ersten und größten Nationaldichter.

Ein Psychologe mag dem Rätsel nachsinnen, warum die Umgebung gewaltiger, festgefügter Bergformationen der künstlerischen Seele ein festes Gefüge, eine innere Härte verleiht, während die weite Ebene den Geist weich, träumerisch und melancholisch macht. In dieser letzteren Hinsicht ist Theodor Storm, der fast gleichzeitig mit Keller seine ersten Novellen veröffentlichte, vielleicht Kellers bemerkenswertestes Gegenbild. Th. Storm, geb. am 14. September 1817 zu Husum in Schleswig, hatte sich gleich seinem Vater der juristischen Laufbahn gewidmet und sich 1842 in seiner Vaterstadt als Advokat niedergelassen. Kurz vorher hatte er mit seinen beiden Freunden Theodor und Tycho Mommsen seine erste Gedichtsammlung herausgegeben. Seine echt deutsche Gesinnung brachte ihn mit der damaligen dänischen Regierung in Konflikt; er verließ 1853 die Heimat, um als Justizbeamter in preußische Dienste zu treten. Zehn Jahre lebte er als Assessor und Richter teils in Potsdam, teils in Heiligenstadt, bis die Einverleibung Schleswig-

Holsteins 1864 es ihm ermöglichte, in die Heimat zurückzukehren. 1879 wurde er zum Oberamtsgerichtsrat befördert, und nachdem er 1880 in den Ruhestand getreten, starb er in Hademarschen am 4. Juli 1888. Storms Bedeutung wurzelt vor allem in der Lyrik und diese Lyrik ist auf die Farben seiner schleswigschen Heimat gestimmt, deren landschaftliche Reize sie mit außerordentlicher Innigkeit zu treffen weiß. Aus seiner lyrischen Begabung allein ist auch seine novellistische Kunst zu erklären, manche seiner Novellen scheinen nur aus einzelnen poetischen Akkorden zusammengesetzt zu sein wie schon die erste und mit Unrecht am meisten gelobte: „Immensee" (1852), in welcher die ganze Stimmung der Novelle sich in dem melancholischen Liede der Zigeunerin: „Heute, nur heute bin ich so schön" zusammengedrängt, ohne daß Lied und Zigeunerin für den Inhalt der Novelle irgend welche Bedeutung haben. Jede Situation ist ein solcher lyrischer Akkord, keine ist klar entwickelt, fast abgerissen, gleich den Strophen unserer alten klagenden Volksweisen reihen sie sich aneinander, dennoch empfindet sie das Gemüt als ein Ganzes und die Unbestimmtheit der Motive, die hier und dort herrscht, wird gleichsam von den Schwingungen des angeschlagenen Grundtons ausgefüllt. Die zarte Melancholie von Storms Gedichten verwandelt sich in seinen Novellen mit Vorliebe in die Farbe der Resignation, welche das menschliche Glück umkleidet; ein cypressendunkler Schluß ist vielen von ihnen eigen, so wenig stürmisch und leidenschaftlich es auch in ihnen zugeht. Indessen hat Storms Novellistik mit den Jahren mehrere Entwickelungsstadien durchlaufen, von der Stimmungsnovelle ist er zum psychologischen Problem übergegangen, so in „Auf der Universität", „Veronica", „Waldwinkel", „Aquis submersus" u. a., in denen die Töne seiner weichen Lyrik durch einen immer kräftiger werdenden Realismus gehärtet werden. Innige und sinnige Naturen voll Stolz und verhaltener, selbstbewußter Kraft empfangen auch hier die Enttäuschungen des irdischen Daseins, aber die Leidenschaft zuckt greller, epischer in ihnen auf, und vor allem sind die Motive deutlicher ausgestaltet. In seiner letzten Schöpfung „Der Schimmelreiter" (1889), einer seiner wundervollsten Novellen, hat Storm dann das realistische Moment mit dem phantastischen verbunden, nicht wie Keller, für den auch das Phantastische immer die volle Farbe des Natürlichen hat, sondern leider mehr in der Weise der alten, gespensterfrohen Romantik. Diesen Nachteil gleicht dafür der kräftige Endhauch aus, der alle Gestalten im „Schimmelreiter" umgiebt; den Zauber der schleswigschen Landschaft spüren wir wohl auch in anderen seiner Werke, wo ihn der Dichter hineinmalt, hier lebt die Landschaft in den Charakteren selbst, vor allem in dem trotzigen, energischen Deichgrafen Hauke Haien und seinem treuen Weibe Elke, während die Meerbilder eine düstere Größe zeigen, wie sie nur die besten Stimmungsgedichte Storms auszeichnet.

Eine ganz andere Welt und Weltanschauung vertritt Paul Heyse, der fruchtbarste und zugleich der geistreichste aller modernen Novellisten. Paul Heyse wurde in Berlin am 15. März 1830 als Sohn des bekannten Sprachforschers geboren und studierte in Berlin, wo er im Hause des Kunsthistorikers Franz Kugler vielfache künstlerische Anregungen empfing, sowie in Bonn neuere Philologie, machte darauf wissenschaftliche Reisen in Italien und ließ sich später in Berlin nieder. 1854 berief ihn König Max von Bayern nach München, wo er zur bekannten Dichtertafelrunde des Königs gehörte. Seit dieser Zeit lebte er dauernd in München. Heyse ist Lyriker, Novellist und Dramatiker, aber der Lyriker und der Novellist übertreffen bei ihm den Dramatiker. Man hat Heine den ungezogenen Liebling der Grazien genannt; Heyse ist der gezogene, für welchen die Schönheitslinie das oberste Gesetz ist. Er hat die Form der deutschen Novelle zu einer künstlerischen Ausbildung gebracht, die den feinsinnigen Geschmack geradezu entzücken kann. Stoff und Charaktere sind immer von fesselndem Interesse, nur der künstlerische Hauch legt sich bisweilen doch erkältend auf sie. Heyse hat stets nur liebenswürdige und vornehme Gestalten für seine Novellen gewählt, sie sind alle Aristokraten und leiden als solche oftmals an jener vornehmen Blässe, die ein Beweis ihres Gedankenlebens, allein auch einer gewissen Blutarmut ist. Seine Eigenart liegt bereits in seinem Stil, in diesem glatten, anmutigen Linienzuge, der alle Kanten und Härten meidet und die lebendigste Leidenschaft in den Ausdruck einer reifen, geklärten Gesinnung bringt. Außerordentlich ist seine Erfindungsgabe; seit der „L'Arrabiata" (1853) sind mehr als zwanzig seiner Novellensammlungen erschienen. Gern weilt er mit seinen Stoffen auf italienischem Boden, der klare, südliche Himmel leuchtet aus seinen Erzählungen deutlich hervor, und nach dem Muster italienischer und provençalischer Novellen hat er manches Thema in seiner reinen, anmutigen Darstellungsart behandelt. In seiner Natur ist ein antiker Trieb, das lebendige Schönheitsgefühl, und den Kontrast der antiken und modernen Welt hat er in einer köstlichen, humor- und phantasievollen Novelle: „Der letzte Kentaur" so glücklich zur Anschauung gebracht, wie es nur einer vermag, dessen Geist zwischen jener alten und dieser neuen Lebensanschauung geteilt ist. Antik wie sein Schönheitsbewußtsein ist seine Lebensfreudigkeit, die durch keinen pessimistischen Zug getrübt wird, so ungemein auch seine Phantasie sich zu herben, vom Schicksal geprüften Gestalten hingezogen fühlt, und vielleicht ist es kein Zufall, daß die Epikureer in seinen Novellen stets geistvoll und lebenswahr vor uns hintreten.

Dennoch überwiegt in seinen Novellen das Moderne oder, um einen anderen Ausdruck zu gebrauchen, das Individuelle. Ihm liegen die schwierigsten Aufgaben in der „Grenzberichtigung zwischen der Pflicht gegen das Ganze und dem Recht des Individuums" und seine Charaktere machen gegenüber dem Brauch und Gesetz der Gesellschaft ihr eigenes Gewissen als „höchste Instanz" geltend. Sie folgen dem Zuge in ihnen selbst, unbekümmert darum, ob dieser nicht eine berechtigte, allgemein gültige Schranke durchbricht. Sie wären Revolutionäre, wenn in Heyse ein Tropfen demokratisches Blut flösse, wenn er selbst den Kampf mit der Gesellschaft eines höheren Sittlichkeitsgesetzes wegen unternehme. Aber wie er sind auch seine Helden und Heldinnen Aristokraten, die nicht um die misera plebs sorgen, sie wollen nicht für die Menschheit, sondern nur für sich selbst, für ihre schöne Seele leben und sterben, und ihre Rechtfertigung ist allein das Wort: Wir sind eben besser als ihr. Dieser Tendenz wegen sind manche seiner Novellen, darunter die „Novellen und Terzinen" (1869) heftig angegriffen worden. Heyses Gestaltungskraft bevorzugt das weibliche Geschlecht, viele seiner Frauengestalten hat er dadurch, daß er den allgemein giltigen Maßstab beiseite legte und eigene Wege einschlug, zu psychologischen Rätselaufgaben gemacht. „Der Salamander", „Lottka", „Die Pfadfinderin", „Die Auferstandene", „Zwei Gefangene", „Das Ding an sich" u. a. m. enthalten solche problematischen Charaktere, die ihr problematisches Innere oft durch ebenso problematische d. h. gekünstelte Situation zum Ausdruck bringen müssen. Und doch möchten wir diese Schöpfungen des Dichters nicht missen. Es ist das Recht und die Aufgabe der Novelle, Ausnahmenaturen zu schildern, und ihr soll man am allerwenigsten mit moralischen Bedenken kommen. Der Einwurf würde übrigens vollkommen verstummen, wenn wir bei Heyse glühende Leidenschaft im Kampfe mit den Anforderungen der Gesellschaft sähen, das Gewagte würde natürlich, das Seltsame außerordentlich erscheinen.

Keller, Storm und Paul Heyse haben auf die moderne Novellistik den größten Einfluß gehabt; ihnen schließt sich Friedrich Spielhagen würdig an, dessen Novellen kaum minder hoch stehen als seine großen Romane. Sie sind wie

Storms Dichtungen von echtem Zauber der Stimmung durchtränkt, anmutige Mädchen- und Frauengestalten stehen meist in ihrem Mittelpunkt, und die liebenswürdige Natur des Dichters, sein behaglicher Humor, der Duft seiner landschaftlichen Schilderungen umziehen auch weniger bedeutsame Ereignisse mit eigenartigem Reiz. „Auf der Düne", „Röschen vom Hofe", „Die Dorfkokette", „Was die Schwalbe sang", „Quisisana", „Das Skelett im Hause" und die größte von ihnen „Angela" (1881), welche letztere das psychologische Rätsel einer großen Frauenseele, wenn auch weder in recht erquicklicher noch in unanfechtbarer Weise behandelt, sind Werke, deren sich die deutsche Novellistik mit Recht rühmen darf und die man in dem Schaffen des Dichters ungern missen würde.

Neben den genannten drängt eine Fülle jüngerer Talente wetteifernd sich hervor. An Storm erinnerten Wilhelm Jensens Novellen („Die braune Erica", „Im Pfarrdorf", „Drei Sonnen" u. s. w.), in denen die Phantasie dort am glücklichsten quillt, wo sie durch den Hauch der heimatlichen Flur angeregt ist. Ein außerordentliches Talent in der Ausmalung reizender Stimmungsbilder bewies Hans Hoffmann, der bald in Italien, bald in dem meerumflossenen Pommernlande seine Farben fand. Wir werden an anderer Stelle noch auf ihn zurückkommen. Ebenso sein Landsmann Conrad Telmann (1854—97), dessen fruchtbare Thätigkeit freilich nicht immer das künstlerische Maß zu bewahren wußte. Immerhin stehen seine Novellen künstlerisch weit über seinen sich sonst durch freiheitliche Gesinnung auszeichnenden großen Zeitromanen („Götter und Götzen" u. s. w.) Adolf Wilbrandt fühlte sich als Dramatiker mehr zu dem Psychologischen hingezogen und seine Novellen zeigen die künstlerische Ausgestaltung Heyses, aber ein dramatischeres Gepräge. Mancherlei Schicksale unter buntem Wechsel der Oertlichkeit erzählen Rudolf Lindaus Novellen in feinsinniger geistvoller Darstellung. R. Lindau (geb. 10. Okt.

1830 zu Gardelegen) ist der ältere Bruder Paul Lindaus, seine diplomatische Thätigkeit führte ihn nach China, Japan, Amerika und die Türkei und die welt- und gentlemännische Art des Diplomaten prägt sich auch in seinem schriftstellerischen Naturell aus („Die kleine Welt", „Flirt" u. s. w.) Robert Waldmüller (mit seinem wahren Namen Eduard Duboc, geb. 17. September 1822 zu Hamburg), an Talent Heyse nachstehend, hat doch einzelne überaus liebenswürdige und anmutige Novellen mehr in dem Tone italienischer Vorbilder („Don Abone" 1883) geschrieben. Unter den Novellen des Lustspieldichters Ernst Wichert stehen die „Littauischen Geschichten" (1881) obenan und Robert Schweichels Erzählungen und Romane („Im Hochland" 1868, „Aus den Alpen" 1870, „Der Bildschnitzer vom Achensee" 1873 u. s. w.) kennzeichnen Schweizer Landschaft und Schweizer Typen anschaulich und getreu.

Die letzteren Namen bilden den Uebergang zu der Dorfgeschichte, deren Entwickelung noch immer nicht abgeschlossen zu sein scheint. Wenn auch Auerbach das Vorbild blieb, so nahm man bald einerseits Anstoß an seiner Idealisierung bäuerischer Gestalten, andererseits suchte man neue, ungewöhnliche Stoffgebiete, um Schilderungen des Sittenlebens zu entwerfen. H. Schmid hat eine Fülle von bayrischen Dorfgeschichten („Almenrausch und Edelweiß", „Der Kanzler von Tirol") geschrieben, deren volkstümliche Darstellung einst viele Leserkreise anzog, worauf ihm in L. Ganghofer ein Nachfolger erstanden ist. In Oesterreich waren es neben A. Silberstein besonders P. Rosegger (geb. am 31. Juli 1843 als Sohn eines Bauern in Obersteiermark) und der Dramatiker L. Anzengruber (geb. 29. November 1839 zu Wien, gest. 10. Dezember 1889), welche einen realistischen Stil der Dorfgeschichte entwickelten und ganz neue Motive und Figuren voll Naturwahrheit und Humor zu schaffen verstanden. Vor allem machte Anzengruber Ernst, den immerhin künstlichen Firnis der Auerbachschen Novelle ganz von seinen Bauern fernzuhalten ("Dorfgänge" 1879) und nur aus dem eigenen Lebens- und Anschauungskreise derselben ihr Handeln und Empfinden abzuleiten, während Rosegger in seinen steirischen Geschichten und Romanen ("Der Gottsucher" 1883, "Martin der Mann" 1890 u. s. w.) sowohl pädagogische wie romantische Neigungen bei aller volkstümlichen Frische seiner Schreibart nicht verleugnete. Als ausgezeichneter Schilderer des oberbayrischen und tiroler Lebens, im wesentlichen nach der anmutenden Seite desselben ist dann der Humorist Ludwig Steub (geb. 20. Februar 1812 zu Aichach in Oberbayern, gest. zu München am 16. März 1888) zu nennen, dessen "Gesammelte Novellen" 1881 erschienen. Den frischen Ton rheinischen Humors und optimistischer Lebensauffassung findet man in Hermann Presbers (geb. 9. Dezember 1830 zu Rüdesheim, gest. 3. März 1884 zu Frankfurt) "Rheinischen Novellen", während derselbe Autor in seinen größeren Arbeiten ("Wolkenkuckucksheim", "Ein Anempfinder") auch eine glückliche Begabung zur harmlosen Satire bekundete.

Den alten Zusammenhang von Dorf- und Judengeschichte mit philosophischer Spekulation nahm ein Dichter wieder auf, der, aus dem fernen Galizien kommend, der deutschen Litteratur den slavischen Natursinn in Verbindung mit der Schopenhauerschen Philosophie als rettendes Heilmittel empfahl. Die Geschichten Sacher Masochs brachten eine fremde Welt den Deutschen nahe: den Boden der galizischen Ebene und der Karpathenberge mit ihrem Durcheinander von halb- und ganzorientalischen Volksstämmen. Sacher Masoch, geb. 27. Januar 1836 zu Lemberg als Sohn des galizischen Polizeichefs, hatte sich als Privatdocent der Geschichte in Graz habilitiert, als sein erster Roman erschien. Eine wechselvolle litterarische Laufbahn ließ seine Talente schließlich in Vielschreiberei und allerlei bösen Pikanterien entarten; er starb fast vergessen am 9. März 1895 zu Lindheim. In seinen besten Arbeiten voll Rasse und

Temperament, hat er seine heimatliche, eigenartige Welt mit
großer Kunst geschildert; er hat sogar in dem „Vermächtnis
Kains" (1874. 1. Abteil. Die Liebe. 2. Abteil. Das Eigen=
tum) einer großen, aber nicht zu Ende geführten Novellen=
sammlung, so etwas wie ein philosophisches System zu ent=
wickeln gesucht. Ein wunderbarer Schilderer ist dieser Dichter
jedoch dreierlei: Natur, Manier und Pose, und bisweilen
zweifelt man, welche Eigenschaft an ihm eigentlich die größere
sei. Pose ist seine sich hervordrängende Selbstgefälligkeit, die
in ihren dichterischen Werken mit den individuellen Neigungen
des Autors kokettiert, Manier seine Methode, Mann und Weib
stets als feindliche Gegensätze aufeinander loszuhetzen, die
elementaren Empfindungen wie Liebe und Sinnlichkeit analytisch
zu zergliedern. Nur wo sein Natursinn waltet, ist er originell,
hinreißend, oft geradezu bezaubernd: im „Vermächtnis Kains"
finden sich nicht bloß Naturszenen, sondern auch Gestalten, in
denen wirklich das Leben seiner träumerischen galizischen Ebene
zu walten scheint. Sacher Masoch ist zugleich ein ausgezeichneter
Kenner des Judentums jener Gegenden und die rührenden oder
humoristischen Novellen, welche die Eigenart desselben schildern,
gehören zu seinen besten Leistungen. Die slavische Neigung zum
Pikanten, wohl kaum die Schopenhauersche Auffassung der Ge=
schlechtsliebe, hat ihn dann freilich auch zu Machwerken verleitet,
die mehr zur obscönen als zur schönen Litteratur gerechnet
werden müssen.

In diese osteuropäische Welt der Sacher=Masochschen Er=
zählungen führen auch die fesselnden Kulturschilderungen, welche
Karl Emil Franzos (geb. am 25. Oktober 1845 in Podolien
an der österreichisch=russischen Grenze) über die Zustände in
Galizien, der Bukowina und Rumänien veröffentlicht hat („Aus
Halbasien" 1876, „Vom Don zur Donau" 1878) und die in
das novellistische Gebiet um so mehr hinüberspielen, als ihr
Verfasser sich in ihnen auch als ein hervorragendes poetisches

Talent erwiesen hat. Franzos fehlen die Pose und die Manier Sacher Masochs, die bei diesem so sehr zurückstoßen, dafür nimmt er vielleicht mit dem Dichter von „Kains Vermächtnis" weder an Temperament noch an Natursinn den Vergleich auf, aber er ist gemütvoller als jener. Was uns Franzos so echt deutsch erscheinen läßt, ist neben den Eigenarten seines dichterischen Talents der ethische Zug seiner Schöpfungen; nirgends tritt derselbe ergreifender und psychologisch fesselnder hervor als in seinem Roman: „Ein Kampf ums Recht" (1882). Der Charakter und das tragische Geschick seines Helden, des Bauern Taras, der in dem Kampfe um das Recht zu Grunde geht, erinnert an Michael Kohlhas von Heinrich Kleist und hat selbst einem Juristen wie Jhering zu einem interessanten Vergleiche der beiden Helden Anlaß gegeben. In anderen Novellen und zum Teil auch Romanen („Mein Franz", „Junge Liebe", „Der Präsident", „Schatten" u. s. w.) hat der Dichter auch auf anderem als halbasiatischem Gebiete eine feinsinnige, fesselnde Darstellungsgabe, Humor und erschütternde Wirkung bekundet.

In Sacher Masochs und Franzos' Novellen faßte die Poesie mehr oder minder ihre Aufgabe dahin, eine „Naturgeschichte des Menschen" zu sein. Und wie jene auf ihrem Gebiete, hat Hans Hopfen auf dem der bayrischen und tiroler Dorfgeschichte Beiträge zu einer derartigen Naturgeschichte geliefert („Bayrische Dorfgeschichten" 1878, „Der alte Praktikant" 1878, „Brennende Liebe" 1884, „Zum Guten" 1885). Hopfen (geb. am 3. Jan. 1835 zu München) ist von der juristischen Laufbahn zur Litteratur übergegangen. E. Geibel führte ihn im „Münchener Dichterbuch" zuerst als Dichter ein. Anfang der sechziger Jahr bereiste er Italien und Frankreich, übernahm 1864 in Wien die Stellung eines Generalsekretärs der Schillerstiftung und siedelte darauf 1866 nach Berlin über. Die neuere Schulung der französischen Litteratur, welche das Auge für das Detail der Wirklichkeit schärft, sowohl im Gesprächston wie in der Schilderung den

Eindruck des natürlichen Lebens anstrebt, ist für die Entwickelung Hopfens nicht ohne Bedeutung geblieben, wie seine zum Teil auf französischem Boden spielenden Romane „Verdorben zu Paris" (1867) „Arge Sitten" (1869), „Mein Onkel Don Juan" (1881) bekunden. Dennoch ist er als Lyriker und Novellist origineller denn als Romandichter. Ohne Voreingenommenheit, wenn auch nicht ohne ernste Tendenz, hat er in seinen Dorf=novellen Figuren verarbeitet, die er im Leben sorgsam studiert hat; er nimmt die Bauern, wie sie sind, und geht auch dem Häßlichen nicht aus dem Wege, sobald es charakteristisch wirkt. Dabei ist er weit davon entfernt, in der Welt nur Schmutz und Unrat zu sehen, und in seinen Dichtungen treten uns Ge=stalten entgegen, die wie der „alte Praktikant" als echte Idea=listen unter der Sonne umhergehen und denen in der Wirklich=keit jeder mit Wärme die Hand drücken würde. Hopfen ist ein ausgezeichneter Erzähler, seine Darstellung durchatmet ein be=haglicher frischer Humor, der nur in einzelnen Fällen bitter, scharf und sarkastisch wird, seine Gestalten stehen leibhaft in der Erzählung vor uns, obwohl der Erzähler oder vielleicht gerade weil er seine Individualität nicht zurückhält. In den „Geschichten des Majors" (1879) ist die Kunst des Erzählens sogar bis zur Virtuosität ausgebildet, man sieht den alten Soldaten, der seine Erinnerungen an alte Liebesgeschichten und merkwürdige Kame=raden auskramt, in jedem Satze vor sich, wie er bei dieser Nüance hustet, bei jener spuckt. Der gleiche eigenartige Humor äußert sich auch in den neueren Novellen des Dichters („Das Allheilmittel", „Der Genius und sein Erbe", „Die fünfzig Semmeln des Studiosus Taillefer") die in dem städtischen und nicht städtischen Leben ihre Originale finden. Hans Hopfen ist auf novellistischem Gebiete ein humoristischer Künstler und Wilh. Raabe an Virtuosität der Technik ebenso überlegen, wie dieser ihn an Tiefe des Gemüts und Reichtum der Gedanken übertrifft. Wir können den letzteren nicht nennen, ohne einige seiner hervor=

ragendsten neueren Novellen wie „Horacker" (1876), „Krähenfelder Geschichten" (1878), „Wunnigel" und die jüngeren „Im alten Eisen" (1888) und „Der Lar" (1889) wenigstens zu erwähnen. Sie spiegeln alle Vorzüge und Schattenseiten des Dichters und doch der Vorzüge weit mehr als der Schattenseiten wieder: seinen originellen Humor und die stimmungsfreudige Beschaulichkeit seines Naturells.

Sucht Hopfen die bayrische Kraftnatur nicht ohne ein gewisses Haschen nach Originalität wiederzuspiegeln, so verkörpert Theodor Fontane die norddeutsche und im besonderen die märkisch-brandenburgische. Geb. am 30. Dezember 1819 zu Neu-Ruppin wollte der junge Fontane sich dem Apothekerstand widmen, aber nach seinen Konditionsjahren in Dresden und Leipzig führte ihn der Zug des Herzens in die Litteratur. Er bereiste mehrmals zu Studienzwecken England und seine prächtigen „Balladen" (1861) sind nicht ohne Einwirkung des englischen Balladenstils entstanden. Die „Wanderungen durch die Mark Brandenburg" (1862—81) zeigten ihn als Schilderer der märkischen Heimat, während er in den Kriegen von 1864, 66 und 70·71 das preußische Heer auf die Schlachtfelder begleitete und die Waffenthaten desselben in besonderen Werken feierte. Seine erste größere epische Arbeit war ein historischer Roman „Vor dem Sturm" (1878), der die Zeit von 1812·13, in einer Reihe durchaus realistischer Kleinbilder kennzeichnete, aber doch etwas breit angelegt erscheint und des großen Zuges entbehrt. Erst im reifsten Alter entfaltete Fontane seine volle künstlerische Kraft auf dem Gebiete der Novelle. „Grete Minde" (1880), „L'Adultera" (1882), „Der Schach von Wuthenow" (1883), „Irrungen und Wirrungen" (1888) und „Stine" (1890) sind überaus hervorragende Leistungen. Fontane ist eine kräftige, geistreiche und zum Teil barocke Natur, wie den Zopfstil, so liebt er auch das Zopfige. Ecken und Kanten und vor allem Kraft, Charakter, keine weiche Rührseligkeit und

Empfindelei, der sonst die Berliner Talente gern nachhängen, sind seines Wesens Ursprünglichkeit. Seit Alexis hat kein anderer das Junkertum so plastisch und leibhaft gezeichnet wie er in diesen Arbeiten, deren Stoffe er dem märkischen oder modernen Berliner Boden abgewonnen hat. Er kennt keine falsche Rücksichtnahme, sondern blickt dreist den wahren Bedingungen des Lebens ins Gesicht; als seine künstlerische Aufgabe erkennt er, diese Bedingungen selbst getreu wiederzugeben, ihre Einwirkung auf den Charakter nachzuweisen und die Lösung hinzunehmen, die sich aus ihnen ergiebt, mag sie auch diesem und jenem nicht gefallen. Das Konventionelle litterarischer Erfindung ist ihm verhaßt; glatte, sentimentale Figuren widerstreben seiner spröden Natur, er ist trotzdem anmutig, geist- und phantasievoll wie nur die bildnerischen Talente des Rokoko, und mit ihnen teilt er auch den Fehler, daß er zuweilen aus lauter Uebermut in das Geschraubte und Manierierte verfällt. Zum Unterschiede von ihnen ist er dafür modern bis in die Fingerspitzen, vielleicht der modernste aller unserer Novellisten. Die jüngere realistische Bewegung hat daher auch in ihm ihren wärmsten Fürsprecher gefunden; daß er wie W. Alexis ganz vom Genrebild ausging, hat ihn dem Naturalismus innerlich verwandt gemacht. Nachdem er in „L'Adultera" eine Berliner Ehebruchsgeschichte ohne Leidenschaft und nicht ohne klügelnde Spintisiererei, aber mit geistvoller Charakteristik erzählt, behandelte er in „Irrungen und Wirrungen" und ihrer Parallele „Stine" die Frage der problematischen Liebe, welche das Berliner Wort: „Verhältnis" kennzeichnet. In beiden Novellen finden sich ehrenhafte Naturen in Neigung zusammen, allein zwischen ihnen erhebt sich die alte Kluft nicht der Standesvorurteile — über diese ist ein Dichter wie Fontane hinaus — sondern der Standesunterschiede, welche den innern Menschen ebenso berühren wie den äußeren und die eine dauernde Verbindung verschieden gearteter Klassen unmöglich machen. Daß diese letztere Erkenntnis bei den Liebenden sich einstellt, verleiht ihrer Empfindung eine stille Resignation, einen melancholischen Schimmer, der mit ihnen und dem Leben selbst aussöhnt. Nicht der geringste Reiz dieser Novellen ist die anschauliche Darstellung des weltstädtischen Lebens oder der märkischen Flußlandschaft. Fontane charakterisiert Welt und Menschen nicht in rührenden Momenten, sondern im Treiben der Bewegung, und er hebt aus der trockenen Nüchternheit des Alltags eine geradezu erstaunliche Fülle interessanter Details hervor. Er kennt alle Stände und alle Typen Berlins, er läßt sie alle in dem Jargon sprechen, der ihnen anerzogen, und zu der Zeit, wo es für die Situation bedeutsam ist.

So gewährt die moderne Novelle im Zeitabschnitt von 1870—90 das Bild einer reichen, anmutigen Blüte. Immer neue Szenerien und Typen hat sie in den Kreis ihrer Darstellung gezogen und neben den älteren Talenten ist eine Schar jüngerer mitstrebend aufgewachsen. In ihrer Entwickelung hat sie, analog dem Romane und zum Teil ihm vorauseilend, ein immer innigeres Verhältnis mit der Wirklichkeit geschlossen und dadurch ist freilich die ihr innewohnende mütterliche Kraft der Phantasie immer stärker zurückgedrängt worden. Denn dieser Bund mit der Wirklichkeit ist zugleich ein Kampf, unter dem sie selbst eines Tages leiden mußte. Das „Milieu", d. h. die Wirklichkeits= verhältnisse, welche den Rahmen der „seltsamen und wunderlichen Begebenheit" bilden, dehnt sich in der Novelle immer energischer aus und schränkt den eigentlichen Kern der Handlung ein, oder mit anderen Worten: die Skizze drohte sich wieder an die Stelle der Novelle zu setzen. Diese Gefahr brachte ihr die jüngstdeutsche Bewegung. Man hüllte ein Nichts von Handlung in eine Fülle von Beobachtungen ein und gab diese Zusammen= stellung von Wirklichkeitsmomenten für künstlerische Arbeit aus. Daran würde freilich die moderne Novelle zu Grunde gehen, wenn nicht die tröstliche Gewißheit wäre, daß ihre Auflösung durch die Skizze nur ein Uebergangsstadium ist und sogar ein notwendiges, welches einen neuen Lebensgehalt für die poetische Darstellung flüssig zu machen ringt.

---

4. Der Zeitroman: Die Alten.

Im Zeitroman, dessen Eigenart in der vergangenen Epoche besonders glänzend zur Entfaltung gekommen war, tauchten neue Namen und Talente bis in die achtziger Jahre spärlich auf. Aber die Stellung, welche die alte Generation zu ihrer Zeit nahm, wurde mälig eine andere, als sie es bisher gewesen. Der Welt, die sich jetzt regte und bewegte, wurden die trüben Erinnerungen der Reaktionszeit fremd und fremder; dafür entfesselte der Geist des großen Staatsmannes, welcher der neuen Periode gewaltsam seinen Charakter aufdrückte, neue Parteigegensätze und geistige Strömungen, die Philosophie stellte andere Probleme auf als das alte, wie der Mensch gut und tüchtig zu machen sei, und in der Kunst drängte sich die Musik, die verschwommenste und unklarste aller Künste, so recht der Ausdruck einer unklaren, nervös sich abhastenden Zeit, mit elementarer Kraft in den Vordergrund.

In dem Zeitroman der vergangenen Epoche war das geistige Erbe unserer Klassiker in treue und erfreuliche Hut genommen worden. Es war bewahrt worden als ein Schatz, der noch ausreiche für Kind und Kindeskind und zu dem die Nation wie zu einem Heiligtum sich immer wieder zurückwenden müßte. In ästhetischer Beziehung war dies Erbe der Sinn für die Form des Kunstwerkes, die mit ihrem Inhalt eine organische Einheit zu bilden habe, in sozialer die Verpflichtung des Individuums, sich und andere zur Freiheit des Geistes und zur Bildung zu erziehen, weil nur dadurch die Aufgabe der Mensch-

heit gelöst werden könne. Aus dem Gedanken der Humanität
war dann das ethische Associationsprinzip entflossen; Alle für
Alle. Auf diesem Grunde der Freiheit, Bildung und Humanität
sollte das nationale Leben und mit ihm das neue Kaiserreich
ausgebaut werden — so schwebte es ihnen Allen vor, als der
große Traum der nationalen Einheit endlich zur Erfüllung kam.
Auf allen diesen Gebieten, dem ästhetischen, sozialen und ethischen,
regten sich indessen bald widerstrebende Tendenzen, und so ent=
wickelten sich auf dem Grunde des Zeitromans scharfe Gegen=
sätze, die mit grimmiger Fehdelust über die Kritik der Zeit=
verhältnisse sich schließlich zu einer Kritik der litterarischen
Grundsätze ausdehnten.

Noch spiegelte sich das große Kriegsjahr 1870-71 in der
Zeitdichtung mit seinem versöhnenden und erhebenden Glanze
wieder. In Berthold Auerbachs „Waldfried" (1874) schloß
der süddeutsche Demokratismus Frieden mit der neuen Wendung
der Dinge, der Jubel über das neu errungene Kaisertum drängte
die Stimmung von 1848 und die Erinnerungen an das Frank=
furter Parlament zurück. Der Roman charakterisierte sich als
Familiengeschichte wohl besser, als die Lebensaufzeichnungen
eines treuen, warmgesinnten Mannes, der als Jüngling die
Schmach der Metternichschen Reaktion an eigenem Leibe und in
eigener Seele erfahren muß, sich dann einen Hausstand gründet
und als wackerer Bürger für das Wohl der Seinigen und des
Vaterlandes wirkt. Eine Reihe vortrefflicher Stimmungsbilder
beleuchtet das öffentliche Leben im deutschen Süden von 1866
bis 1870. Der Jammer des Bruderkrieges 1866, den das eine
Wort „Gottlob, wir sind besiegt!" für die süddeutsche Bevölkerung
so bitter charakterisiert, und die nationale Erhebung des großen
Krieges bilden den Hintergrund der menschlichen Schicksale,
die der Dichter erzählt. Der Held ist ein würdiger Typus der
alten Demokratie, eine Charakterfigur, deren milde Wärme und
kernige Schlichtheit uns die so arg verschriene alte Zeit in ganz

anderem Lichte zeigt als die offiziöse Geschichtsschreibung unserer Tage; es sind Stimmungsreflexe aus dem Leben des Dichters selbst, die sich hier vereinigt finden. Auerbach war mit dem Jahre 1859 nach Berlin übergesiedelt und ein überaus teilnahmevoller Zuschauer der großen Ereignisse bis 1870 gewesen. „Waldfried" war sein letztes großes Werk, ehe er am 8. Februar 1882 in Cannes, wohin er sich zur Wiederherstellung seiner Gesundheit begeben, starb. Der Dichter, der auf die litterarische Entwickelung dieses Jahrhunderts einen noch lange nicht genügend anerkannten Einfluß ausgeübt, liegt auf dem Kirchhofe seines Heimatdorfes Nordstetten begraben. Seine letzten größeren Erzählungen „Landolin von Reutershofen" (1878) „Der Forstmeister" (1879) und „Brigitta" (1881) vermochten eben so wenig wie seine „Neuen Dorfgeschichten" (1876) die Wirkung seiner früheren Romane und Erzählungen zu erreichen.

Siegeshymnen anzustimmen war Karl Gutzkow am allerwenigsten die geeignete Natur. Aber auch er empfand den Zusammenhang seines litterarischen Wirkens mit dem neuen Zustande der Dinge, und wohl aus diesem Anlaß bot er den Zeitgenossen die Uebersicht über seine gesamte litterarische Thätigkeit, indem er seine „Gesammelten Werke" herausgab (1873—79), die „Rückblicke auf mein Leben" (1875) und die Beiträge „Zur Geschichte unserer Zeit" (1875) veröffentlichte. Dann kamen die sogenannten Gründerjahre und nun reckte sich seine jungdeutsche Weltanschauung in dem Romanbilde der „neuen Serapionsbrüder" (1877) noch einmal spöttisch und ironisch gegenüber dem „chaotischen Wirrwarr" der neuen Tage auf und machte sich in leidenschaftlichen Sarkasmen Luft. Der Dichter schien zu der alten Formlosigkeit seiner Jugend zurückgekehrt zu sein, die Handlung des Romanes war bedeutungslos gegenüber den satirischen Reflexionen, mit denen er die Zustände der Litteratur, Kunst, Politik, des sozialen Lebens u. s. w.

bedachte, ein Sprühregen des Geistes, in welchem manches
treffende Wort fiel, der Künstler aber verloren ging. Der Roman
führt seinen Titel von einer geselligen Vereinigung, die alle
Montag in einem Lokale der Residenz — Gutzkow wagt nicht
einmal Berlin zu sagen — über Tagesfragen debattiert; mit der
Handlung selbst stehen die neuen Serapionsbrüder in keiner
Verbindung, sie sind gleichsam nur ein Chorus des öffentlichen
Lebens. Die Figuren der geschraubten Erfindung sind die alten
jungdeutschen Typen, die zwischen gut und böse, wahr und un=
wahr eigentümlich schillernden Naturen, die in ihrem Empfinden
und Handeln wie die Aachener Springprozession immer drei
Schritte vorwärts und zwei rückwärts thun. Doch sind einige
eigentümliche Frauencharaktere und ein paar humoristische
Gründertypen zweifellos von Interesse. Ein tragisches Geschick
riß den ruhelos seinen Aufenthalt wechselnden Dichter aus dem
Leben; er starb am 16. Dez. 1878, von Kohlendunst in seinem
Zimmer erstickt, in Sachsenhausen bei Frankfurt a. M. Er, der so
lebendig den Geist früherer Tage in seinen Werken zum Aus=
drucke gebracht, fand zu der neuen Wendung der Dinge nicht
die seinem Talente entsprechende Stellung, und diese Empfindung
war es zweifellos, welche sein Lebensende stark verbitterte.

Am schärfsten und zugleich am eigenartigsten vertrat jetzt
die oppositionelle Stimmung in der Zeitdichtung Friedrich
Spielhagen, der auf dem Gebiete des Romans auch in diesem
Abschnitt sich den Ruhm des ersten deutschen Erzählers wahrte.
Sein lebhafter Geist reagierte auf alle Kulturerscheinungen der
neuen Zeit, wie die starken Schwingungen der Luft eine fein=
gestimmte Glocke zum Tönen bringen; seine nimmermüde Phanta=
sie spann Fäden auf Fäden zu künstlerischem Werke zusammen.
Was bei Gutzkow Pessimismus, Verstimmung wurde, stimmte
sich bei Spielhagen zu einem Tone der Resignation, der Ent=
sagung, der ja auch seinen ersten Werken nicht ganz fremd ge=
blieben war, in den Figuren seiner Romane und Novellen sich

jetzt aber stärker ausprägte. Er fand wie im Kontrast zu dem ungestümen Drängen der Zeit und zu der Riesengestalt, von welcher diese bestimmt wurde, die ideale menschliche Größe fortan fast mehr im Leiden und Dulden als im Handeln.

Dem Kriegsjahr 1871 entsprang der kleine Roman „Allzeit voran" Spielhagens, der jedoch weder in seiner Stimmung noch in seinen Figuren von besonderer Bedeutung war. Eine etwas problematische Figur, die Tochter eines Unteroffiziers, welche die Maitresse eines kleinstaatlichen Fürsten wird, war die Heldin dieses Werkes, das kleinstaatliche Hofleben jedoch sicherlich nicht ein günstiger Boden, um die Resonanz der großen politischen Ereignisse wiederzugeben. Die bald folgende Gründerzeit gewährte dem Dichter den Stoff zu seinem großartigen Zeitgemälde: „Sturmflut" (1876), einer der bedeutendsten Romanschöpfungen unserer Litteratur. Es war ein genialer Gedanke, den dahinflutenden Goldstrom der Milliardenjahre in Parallele zu stellen mit der hereinbrechenden Wasser-Sturmflut der Ostseeküste und die doppelte Katastrophe als ein doppeltes Gericht über menschlichen Leichtsinn und menschliche Verworfenheit zu kennzeichnen. Die Gegensätze der reichbewegten, rasch vorwärtsschreitenden Handlung sind prächtig entworfen; ihren Mittelpunkt bildet das Schicksal einer adligen und einer bürgerlichen Familie; jene repräsentiert in dem General v. Werben die tüchtige, aber in einseitigen Standesvorurteilen befangene, konservative Aristokratie, diese in dem Fabrikanten Ernst Schmidt die alte, gesinnungsstarke Demokratie, welche das laisser aller sogar selbst auf die Familien-Erziehung ausdehnt. Um diese beiden Familien gruppieren sich die übrigen Personen oder vielmehr Zeittypen; eine etwas verwickelte Familiengeschichte muß die Beziehungen liefern, die sie aneinander ketten, obwohl das kaum notwendig gewesen wäre. Denn nicht von diesen romanhaften Beziehungen, sondern von den sozialen Verhältnissen, welche sie verkörpern, wird das Interesse des Lesers gefesselt: die Welt des „Schwindels",

ihre treibenden Kräfte mit den hohen aristokratischen und plebejisch-
bürgerlichen Namen, die wüsten Orgien und die sittliche Gemeinheit, welche der Goldstrom erzeugt, werden mit anschaulicher
Kraft gezeichnet, bis auf dem Gipfel der Ausgelassenheit die
Katastrophe jäh hereinbricht. Die Störung des Gründerfestes,
die Flucht der beiden Liebenden und die in prachtvollen landschaftlichen Bildern entrollte Sturmflut an der Ostseeküste,
welche wiederum in das Schicksal der Hauptpersonen eingreift,
sind die drei epischen Glieder in dieser gewaltigen Katastrophe,
die in dem Leichenbegängnis des unglücklichen Liebespaares, in
der selbstlose Liebe predigenden Rede Schmidts wie mit be-
sänftigenden Akkorden ausklingt. Die Vereinigung des wackeren
Lootsenkommandeurs Reinhold Schmidt und der edelgesinnten
Else v. Werben bildet die Versöhnung für die feindlichen Anschauungen einer vergangenen Zeit: der schlichte bürgerliche
Mann erwirbt durch thätige Kraft die Hand der aristokratischen
Braut. Neben dem Gründungsschwindel und der Jagd nach
dem Golde treten auch andere soziale und politische Bewegungen,
wenn auch blässer und nur angedeutet hervor, vor allem die
Sozialdemokratie und der sich kühner regende Ultramontanismus,
für welchen letzteren Spielhagen leider die etwas verbrauchte
Figur des Jesuiten im Frack wieder benutzt hat. So fein diplo-
matisch und geistreich dieser Italiener Giraldi gehalten ist, der
davon träumt, der Stammvater eines Geschlechts von Fürsten
zu werden, für die selbst der Stuhl des heiligen Petrus nicht
zu hoch sein soll, sein Intriguenspiel vermag uns nicht zu fesseln.
In derartigen Gestalten war Eugen Sue glücklicher, weil er sie
gleich in ungeheuerliche Kombinationen hineinstellte. Von den
Nebenfiguren sind überhaupt drei lustige Bildhauer Justus
Anders und die kleine drollige Hummel Miething am besten
geraten; sie zeigen die Liebenswürdigkeit des Spielhagenschen
Humors in seinen hellsten, buntesten Lichtern.

Nach der „Sturmflut" schuf der Dichter ein Jahrzehnt

hindurch keinen großen Roman, der in seinem Stoff und seinen
Tendenzen dem Leben der eigenen Zeit entnommen gewesen
wäre. „Platt Land" (1879) war ein Gemälde der neu-
vorpommerschen Landschaft vor der Zeit von 1848, außerordentlich
in seinen wunderbaren landschaftlichen Schilderungen, in seiner
Charakterisierung der Typen pommerschen Lebens, in seinem kunst-
vollen Aufbau und seinem ethischen Grundgedanken. Er war
aber ebenso wie der etwas später erscheinende, in ähnlichen
Kreisen spielende „Ulenhans" (1884) kein Roman, in dem
der Dichter zu den Fragen Stellung nahm, welche die deutsche
Nation bewegten. Die Welt mußte fortschreiten, die sozialen
und politischen Zustände eine neue Färbung gewinnen, das
Bild, welches der Dichter von ihnen gewonnen, sich merklich
verändern, ehe er sich wieder veranlaßt fühlte, die Spannkraft
seines Temperaments, den Reichtum seiner Phantasie in einem
neuen Zeitromane zu entladen, der unter dem fragenden Titel
„Was will das werden?" (1887) ein neues, großes Zeitbild entwarf. Wie „Hammer und Amboß" war dieser Roman
ein Ich-Roman. Der Held erzählt seine Lebensschicksale von
den ersten Tagen seiner Kindheitserinnerungen bis zur gereisten
Männlichkeit, er schildert die Kreise menschlicher Gesellschaft,
durch die er sich wie David Copperfield und Wilhelm Meister
bewegt, die Personen, die er geliebt und gehaßt, die Freunde,
die er gefunden, die Gedanken, die ihm aus eigenem Innern
erwuchsen und die aus fremdem Geist ihm zugetragen wurden.
Dieser Ich-Erzähler hier, Lothar Franc, ist ein Dichter,
und sein Roman oder sein Schicksal, wie man will, besteht in
nichts anderem als in der Erziehung und Ausbildung seines
Ichs für die dichterische Aufgabe. Lothar ist nicht Spielhagen,
sicherlich nicht, aber in keiner früheren Dichtung sind sich Dichter
und Held so nahe getreten, decken sie sich so in der leidenschaftlich-
träumerischen Weichheit des Gemüts, in der Begeisterung für
das, was ihnen als groß vor Augen steht, und in der ruhigen,

sonnenklaren Beobachtung des Lebens um sie herum. Der Dichter entläßt seinen Helden zum Schluß mit der Aufgabe, einen großen Zeitroman zu verfassen; er hat ihm die Aufgabe abgenommen.

Was in „Sturmflut" nur angedeutet war, erhebt sich in diesem neuen Weltbilde mit bestimmter Gewalt: der Riesenschatten des großen Kanzlers, der Schatten, der nach des Dichters Meinung sich bereits finster und drückend auf seine Zeitgenossen legt und doch die ewig alten und ewig jungen Ideale des deutschen Volkes nicht ersticken kann. Der Geist der Freiheit regt sich immerdar, mit ihm die Wahrheit und das Gute. Der Liberalismus ist noch in voller Thätigkeit, der demokratische Gedanke nicht tot, die Sozialdemokratie wird stärker mit jedem Tage und der Nihilismus protestiert in Rußland gegen den Despotismus. Schon steckt in jedem Menschen, welcher gesellschaftlichen Schicht er auch angehört, „ein Stück von einem Sozialdemokraten". Was will das werden? raunen die Aengstlichen, aber fest und zuversichtlich und in froher Hoffnung erwidert der Dichter: „ein Hohes und Herrliches und eine neue glorreiche Phase der ewig strebenden Menschheit". Jede politische und soziale Strömung wird in bestimmten Typen gezeichnet, zu der obigen Reversseite fehlt auch nicht die Aversseite: das konservative, beschränkte, bismarckschwärmerische Junkertum, der Scheinliberalismus kleinstaatlicher Fürstlichkeit, der christliche Sozialismus, die Rücksichtslosigkeit des modernen Kapitalismus, wie er von gewissen Auswüchsen des Judentums repräsentiert wird. Kein moderner Roman umfaßt ein Weltbild von solchem Umfange wie dieser. Er ist ein hochbedeutsames Werk, für den Dichter charakteristischer als alle seine übrigen Werke, wenn auch die Schwäche Spielhagens stärker darin hervortreten und er in der Komposition der stark romantischen Handlung sowohl wie in der Charakteristik von anderen Werken unseres Autors übertroffen wird.

Wenn Spielhagen hier, so wenig er die Abneigung verleugnete, welche der neue Zeitgeist Bismarck ihm einflößte, noch in fester Zuversicht in das kommende Leben sah, so überwog in seinem nächsten Romane „Der neue Pharao" (1889) seine Antipathie gegen die moderne Gesellschaft und das moderne Staatsleben. Der Roman brachte die Generation von 1848 in Gegensatz zu der gegenwärtigen, er stellte dem Idealismus, der Selbstlosigkeit der alten das Strebertum und den Materialismus der modernen gegenüber. Wieder bietet eine etwas verwickelte Familiengeschichte die Fäden, die sich zu der Handlung verschlingen. Berlin ist der Schauplatz der Erzählung, die Attentate Hödels und Nobilings auf Kaiser Wilhelm I. sind der zeitliche Hintergrund. Ein Idealist und alter Achtundvierziger kehrt der ehemalige Baron und Offizier v. Alden nach langen Jahren in die Heimat zurück, die Seinigen zu suchen und das Vaterland wieder zu sehen, und macht nun die bittere Entdeckung, daß nach dem Bibelworte ein neuer Pharao aufgekommen ist, der nichts von Joseph weiß, d. h. ein neuer Zeitgeist, dem die Ideale und der Idealismus der Revolutionsjahre fremd geworden sind. Es ist ein trostloses Bild, das Alden in dem Geschlecht des neuen Reiches sieht, und der Dichter hat nichts gethan, die Farben zu mildern. Die edelgesinnten Naturen wie die hochfahrende, stolze Amerikanerin Anna und ihr Bruder Ralph gehen zu Grunde, die eine wird betrogen und getäuscht in ihrer heiligsten Empfindung, der andere stirbt an einer unheilbaren Krankheit nach kurzem Liebesglück. Das Regime Bismarcks hat in der Meinung des Dichters nur Sklaven und Streber gezüchtigt und der Idealist Alden verläßt mit dem schmerzlichen Gefühle der Enttäuschung, von seiner wiedergefundenen Tochter Marie begleitet, die alte Heimat für immer. Der Roman ist bei seinem Erscheinen heftig angefochten worden, aber seine Fehler und Inkongruenzen lagen vor allem in der Psychologie der Figuren. Auf die weiteren Arbeiten des Dichters gehen wir im letzten Abschnitt ein: der Zeitabschnitt von 1870—1890 bedeutet den Höhepunkt von Spielhagens dichterischer Entwickelung; neben Gustav Freytag, den er an Wärme der Empfindung und an Kraft der Phantasie übertrifft, hat Spielhagen immer noch die tiefste Wirkung auf die deutsche Lesewelt ausgeübt.

Wenn Spielhagen allezeit den Blick auf ein größtes Weltbild gerichtet hielt, so wurzelte Paul Heyses Kunst im engeren Kreise. Der feinsinnige Novellist betrat in den „Kindern der Welt" (1873) und „Im Paradiese" (1885) auch den Boden des Romans, um bestimmte Tendenzen zu verfechten, die jedoch nicht das Gebiet der Politik berührten, sondern das individuelle Leben und sein Verhältnis zu der modernen Gesellschaft betrafen. Den modernen Staat kennt Heyses in eine rein ästhetische Sphäre gebannte Natur kaum, seine Charaktere wollen nur etwas für sich, nicht für andere, und dieses Etwas ist nichts anderes als der freie Raum für das Ausleben ihrer Individualität, der den Uebrigen, die nicht so geistvolle Köpfe, so große Aristokraten der Gesinnung sind, immerhin versagt bleiben mag. Die „Kinder der Welt" sind Charaktere, deren Anschauungen gegen die Anschauungen der modernen Gesellschaft opponieren, sie wollen nur leben in diesem diesseitigen Leben, sich seines Glückes und seiner Schönheit freuen, sie verwerfen den christlich-dogmatischen Wahn der Menge, der sogenannten „Kinder Gottes", der wohl auch glücklich machen kann, aber nicht an ihre geistige Höhe heranreicht. Dieser Konflikt der Anschauungen wird in geistvoller Weise an einer Reihe echt Heysescher Figuren entwickelt, liebenswürdige und pikante Frauengestalten nehmen an diesen Gegensätzen Anteil, es ist eine auserlesene Gesellschaft schöner Seelen, die an dem Nektar und Ambrosia ihrer Philosophie sich labt und um den Hunger der geistig Armen und Elenden sich wenig kümmert. Und das letztere erscheint uns, um es noch einmal zu wiederholen, als die Hauptschwäche des

Werkes: nicht die Mängel seiner Komposition, das Ausgeklügelte und Unwahre einer Gestalt wie der Theaterprinzessin Toinette, die Brüche in dem sittlichen Verhalten Edwins. Der Grundgedanke des Romans war groß und tief, aber eine revolutionäre Hand mußte ihn in kräftige, muskulöse Charaktere zwingen, den Dichter mit Donnerworten packen, wo er mit plauderndem Geiste ergötzt und entzückt. Formulierte der Dichter in diesem Buche zweierlei Weltanschauungen, so in dem Romane „Im Paradiese" zweierlei Moral. Ein Künstler wird von seinem Weibe hintergangen und verläßt es, er findet eine neue Geliebte, die seine Gattin, die Mutter seines Kindes wird, bevor die alte Ehe geschieden ist. Und das wird ohne viele Umstände als selbstverständlich angesehen; die Privilegierten des Geistes, die Standesritter der ästethischen Welt haben sich nicht um die Philistergebräuche zu kümmern. Auch der Dichter soll ja das ethische Gewissen seiner Zeitgenossen schärfen, auch er soll die Engherzigkeit konventioneller Anschauungen durchbrechen, die Seelen sittlich reinigen — eine hohe, priesterliche Aufgabe — aber er soll nicht dem einen gewähren, was er dem andern vorenthält, nicht eine Moral erster und eine solche zweiter Klasse einführen wollen. „Im Paradiese" ist sonst ausgezeichnet durch seine fesselnden Schilderungen und überaus geistvollen Charakteristiken aus dem Münchener Künstlerleben. In dem „Roman der Stiftsdame" (1887), begnügte sich Heyse, ein einfaches, aber ergreifendes Lebensbild zu schildern, anmutig und lebenswahr, eine seiner schlichtesten und schönsten Leistungen.

Auch den Dichter der „Nibelungen", Wilhelm Jordan (geb. am 8. Februar 1819 zu Insterburg in Ostpreußen), lockte es, die Welt seiner Gedanken in zwei großen Zeitromanen niederzulegen und zu der veränderten Kulturbewegung Stellung zu nehmen. Wenn Heyse aus seinem antiken Schönheitsbewußtsein heraus gegen das Christentum Front machte, so belud Jordan sich mit der ganzen Last moderner Naturwissenschaften, um der alten Theologie und Dogmatik energisch die Stirn zu bieten. „Die Sebalds" (1885) fochten diesen Kampf einer reifen, abgeklärten, auf einer Fülle von positivem Wissen beruhenden Weltanschauung mit dem sich von neuem regenden Geiste der Orthodoxie aus, leider aber unterdrückte die Gelehrsamkeit den Reiz der Handlung und Charakteristik. Die Hauptfigur, der Prediger Sebald, will sein gereinigtes Christentum zur geistigen Grundlage einer neuen Gemeinde machen; wie er gekämpft hat, soll der Kampf auch in die Welt hinausgetragen werden, und das ist auch ein ästhetischer Vorzug, der dem Charakter des Helden selbst zu gute kommt. Aber im allgemeinen sind er und die übrigen Figuren des Romans blutlose, aus Gedanken zusammengestopfte Gestalten und die Erfindungen des Romans erscheinen skurril, zum Teil abgeschmackt, am merkwürdigsten ist die Sprache, ein neues kleinstaatliches Professoren-Deutsch, ein papierner Stil, der sonst weder gesprochen noch geschrieben wird. Auch von seinem zweiten Romane: „Zwei Wiegen" (1887) läßt sich dasselbe sagen, wie von jenem ersten: beide sind, genau bezeichnet, nur verzwickte Produkte eines gealterten Kunstverstandes. Jordan wendet — und das ist das allein Erfreuliche — mit Entschiedenheit sich gegen den modernen Pessimismus und Sozialismus, ihm ist die Erde kein Jammerthal und selbst der elendesten und gequältesten Kreatur erblühen reine und dauernde Freuden, wie sie seine kranke Dulderin Jobäa empfindet.

Wenn wir von Jean Paul und Wilhelm Raabe absehen, deren Ausnahme eben die Regel beweist, so ist die deutsche Litteratur arm an humoristischen Romanwerken. Goethe hat bekanntlich den Humor das zersetzende Element der Kunst genannt; er gewann diese Ansicht aus Jean Paul und den englischen Romanen des 18. Jahrhunderts, in denen die künstlerische Form durch Satire und sentimentale Schwärmerei aufgelöst erschien. An Jean Paul erinnerte in der barocken Form der Komposition der Roman „Auch Einer", mit dem der alte Friedrich Vischer (geb. am 30. Juni 1807, gest. 14. Sept. 1887), dessen „Aesthetik" so berühmt geworden ist wie seine Satire „Faust, 3. Teil" es zu werden verdiente, sich plötzlich unter die Romanautoren gesellte. Den Mittelpunkt dieses Romans bildete ein Original, das die Geister eines elenden Schnupfens aus idealen Höhen immer wieder in die erbärmliche Alltäglichkeit herabreißen und das sich nun aus seiner menschlichen Plage eine ganze Mythologie und Philosophie und in Anbetracht der „Pfahldorfnovelle" kann man auch sagen Poesie des Katarrhs voll barocker Einfälle und scharfer Satire aufbaut — ein Bild des deutschen Idealismus, dessen seelischer Aufschwung in drastisch-humoristischer Weise mit seiner körperlichen Unzulänglichkeit in Gegensatz gestellt wird. Mehr als die zahlreichen philosophischen Reflexionen und Tagebuchblätter des „Auch Einer" muß seine „Pfahldorfnovelle" interessieren; hier ist der Humor künstlerisch geglättet und doch schimmern aus diesem Grunde einer weit zurückliegenden Kulturepoche satirische Lichter, die moderne Zustände scharf beleuchten; köstlich ist u. a. die Parodie auf die Wagnersche Musik. Der ideale Grundgedanke ist darum nicht weniger eigenartig und erhebend in der Novelle durchgeführt.

Philosophischen Geist und kritischen Blick für die modernen Verhältnisse, wobei das Moment der Satire weniger stark als bei Vischer hervortritt, bekunden auch die Romane August Niemanns (geb. 27. Juni 1839 in Hannover), der für einen ehemaligen Offizier — er machte als Leutnant 1866 den Feldzug gegen die Preußen mit und wurde dann Redakteur des bekannten „Gothaischen Hofkalenders" — sowie für einen deutschen Romanautor über eine ungewöhnlich reiche und vielseitige Bildung verfügt. Seine Romane „Die Grafen von Altenschwerdt", „Bacchen und Thyrsosträger", „Eulen und Krebse", „Der arme Dichter", „Volldampf voraus" zeichneten Bilder aus dem sozialen Leben mit einer wohlthuenden philosophischen Urteilskraft und in einem klaren, gefeilten Stil, der freilich die Lebendigkeit des gesprochenen Dialogs bisweilen vermissen läßt.

Konservativ in religiösen und sozialen Anschauungen, aber in einer warmen deutschen Gesinnung wurzelnd, hat das dichterische Schaffen des Kurländers Th. H. Pantenius (geb. am 10. Oktober 1843 zu Mitau als Sohn eines Predigers) sich das Leben und die Zustände seiner östlichen Heimat zum Gegenstand gewählt und in einer Reihe von Romanen („Allein und frei", „Um ein Ei", „Das rote Gold" und „Die von Kelles") Beweise einer trefflichen Erzählerkunst gegeben, die, obschon nicht zu originell in der Form, doch auch in der Charakterisierung nicht gewöhnliches leistete. Namentlich wird man dem Romane „Die von Kelles", einem Kulturbilde Livlands aus dem 16. Jahrhundert das Zeugnis nicht versagen können, daß in ihm vieles lebendig angeschaut und poetisch empfunden ist.

In den Kreis der Alten gehört zuletzt Gottfried Keller, der mit seinem letzten Werke „Martin Salander" (1886) sich plötzlich wieder unter die Romandichter begab. Auch in seinem Buche sehen die Augen einer alten Generation auf ein neues, in Irrwegen taumelndes Geschlecht, das indessen durch ein besseres einst abgelöst wird. Schweizer Verhältnisse und Uebelstände im öffentlichen Leben schilderte der Dichter im klaren, behaglichen Novellenton und mit feiner, geistreicher Ironie. Der Held Martin ist der „grüne Heinrich" im reifen Mannesalter, der zwar mit den Glaubensfragen fertig ist, nun aber allerlei Schrullen von Volksbeglückung nachhängt und doch von einem unverschämten Patron sich beschwindeln läßt, eine bewegliche, feinfühlige und darum leicht lenkbare Natur. Sein und der Seinigen Schicksal stellt das Bild des Romans dar, in das sich noch mancherlei Typen des Schweizer Lebens drängen, wobei man merkt, daß in der Anschauung des Dichters die „Leute von Seldwyla", die Windbeutel, Schulden- und Projektenmacher noch immer nicht in seinem Heimatslande ausgestorben sind. Der Wirrwarr des öffentlichen Lebens, das politische und theologische Strebertum, die Stellenjägerei, die einreißende Unredlichkeit in öffentlichen Aemtern, alles das wird neben dem Lebenslauf seines Helden in charakteristischen Typen ohne ärgerliche Empfindsamkeit, fast mit dem milden Lächeln eines humoristischen Weisen ausgemalt, und es fehlt gegenüber der Verderbnis des gegenwärtigen Geschlechts auch nicht der Sonnenblick auf eine ruhige und ernste Generation, wie sie Martins Sohn Arnold repräsentiert und welche in Bescheidenheit ihre Pflicht thun wird, wenn sie der Staat ruft. Das Weltbild des Romans hat für Schweizer ein größeres Interesse als für uns Deutsche, sein künstlerischer Wert bleibt darum ungemindert. —

So die alte Generation, der andere Stimmungen und Gedanken, ja auch andere ästhetische Ideale sich plötzlich entgegenstellten und einen Wirbel der Anschauungen erzeugten, der auf ein Jahrzehnt jede Gerechtigkeit in der gegenseitigen Beurteilung aufzuheben schien.

5. Die jüngere realistische Bewegung.

Die wissenschaftliche wie die litterarische Entwickelung unseres Jahrhunderts beruht auf der Ausbildung des Wirklichkeitssinnes, d. h. des Realismus, und man kann von Generation zu Generation verfolgen, wie er stärker in dem geistigen Leben sich ausprägt. In dieser Aufeinanderfolge sind die Alten immer die Idealisten, die Jungen die Realisten gewesen, und da die Jungen jedesmal alt wurden, so erschienen sie ihren eigenen Nachfolgern im Prinzip ihres Schaffens zuletzt immer wieder als Idealisten. Die Jungdeutschen waren gegenüber den weltflüchtigen Romantikern die Realisten, die Dorfgeschichtenschreiber waren es gegenüber den Jungdeutschen, Reuter und die Dichter unserer großen Zeitromane gegenüber der Auerbachschen und Hackländerschen

Schule. Unsere Gegenwart hat vergessen, daß Dichter wie Auerbach und Spielhagen einst von ihren Zeitgenossen als Realisten gefeiert wurden, daß die, welche sie selbst als ästhetische Idealisten zu benennen liebt, ehemals sogar den Tadel der Kritik wegen „allzu realistischer Ausschreitungen" erregten. Ein feinsinniger Kopf wie Adolf Stahr, dessen Betrachtungen über den modernen Roman immer noch zu dem Besten gehören, was über unsere Dichtungsart geschrieben worden ist, kennzeichnete vor dreißig Jahren das Plattdeutsch einiger Spielhagenscher Figuren als naturalistisch und störend. Seit der Zeit hat der Dialekt immer größeren Eingang in die moderne Poesie zu gewinnen gewußt, in der er freilich nie herrschend werden kann. Aus dieser Thatsache geht jedoch hervor, daß die Welt des 19. Jahrhunderts im Allgemeinen sich mehr und mehr daran gewöhnte, die besonderen sinnlichen Erscheinungsformen des Lebens auch in der Kunst gelten zu lassen. Der Poesie ist es nicht anders ergangen als der Musik und der Malerei, oder vielmehr unseren inneren Sinnen nicht anders als unserm Auge und unseren Ohren. Die goldenen Töne Mozarts wurden zuerst von den Zeitgenossen des großen Meisters als zu lärmend und geräuschvoll empfunden, der Vorwurf wiederholte sich, als Wagner alle Effekte der Instrumentierung verstärkte, heutzutage sind seine Tonmassen von seinen Jüngern längst überboten worden. Sollen wir an der Malerei denselben Vorgang nachweisen, etwa ein Cornelius und einen Böcklin in Vergleich setzen? Alle unsere Sinne sind, so scheint es, mälig für die äußeren Eindrücke gekräftigt und damit zu gleicher Zeit die Grenzen der Kunstwirkung erweitert worden. Unser Auge hat sich an die stärkeren Reize des Lichtes, unser Ohr an die Fülle des Tones gewöhnt, und so wie die Welle des Lichtes und des Tones von den Dingen der Wirklichkeit ausströmt, treibt es die schöpferische Phantasie immer lebhafter, sie mit nicht minderer Kraft in dem Bilde der Kunst zu gestalten.

Der Realismus oder die Erstarkung des Wirklichkeitssinnes ist also ein durchgehender Prozeß unseres Jahrhunderts. In einem andern Teil dieses Buches charakterisierten wir das 19. Jahrhundert als das der Romantik, deren Erbe von Geschlecht zu Geschlecht ginge, und wenn man hierin einen Widerspruch finden möchte, so ist derselbe nur scheinbar. Denn die Romantik, als die „selbstcrdachte und erträumte Welt" genommen, stellt die widerstrebende Seite jenes obigen Prozesses dar, zu welchem der Wirklichkeitssinn die positive, vorwärts drängende bildet. Auch unsere Zeit ist noch nicht mit der alten Romantik fertig und ihre Geister gehen nicht minder bei denen um, welche sich die Bekenner der neuen Wahrheit nennen. Realisten aber sind im gewissen Sinne alle die litterarischen Richtungen unserer modernen Litteratur. Es herrscht bei ihnen nur der Unterschied des Grades; die Schattierungen, die Nüancen entscheiden. Wer den modernen Realismus charakterisieren will, hat nur diese Nüancen festzustellen, welche die einzelnen Gruppen auszeichnen und von einander trennen. Und da die Litteratur eines Volkes auf den großen Bewegungen seines nationalen Lebens und seiner Kultur beruht, so findet sich in diesem auch die Erklärung für die Schattierungen des Realismus, am leichtesten bei dem Roman, der ja immer ein Bild der Welt zu geben trachtete.

Die entscheidende Thatsache für die neueren realistischen Richtungen im deutschen Romane ist zunächst die veränderte Stellung, welche Berlin als Reichshauptstadt plötzlich in unserm Kulturleben eingenommen hat. Durch den Ausbau des neuen Reiches war die einstige preußische Großstadt eine Weltstadt geworden und bei allen Dingen, welche die Nation tiefer erregten, richtete sich der Blick auf die Kapitale, in welcher, wie man wußte, das Geschick des Reiches, vielleicht Europas entschieden wurde. Mit gierigen Fangarmen sog ihre wirtschaftliche und industrielle Energie immer neue Kräfte in sich, als wollte sie das ganze Reich zur Provinz machen, die nur für ihren Riesenkörper zu arbeiten und zu schaffen habe. Mit dem politischen und wirtschaftlichen Leben wuchs das gesellschaftliche: internationale Typen durchkreuzten diese Welt, in den bürgerlichen Schichten kam ein anderer Ton, eine andere Lebensweise auf, die Abstände zwischen reich und arm wurden schroffer, neben den Luxus der gutsituierten Klassen stellte sich die Not und die Entbehrung eines täglich wachsenden Proletariats. Rascher vielleicht als jemals in einer Stadt vollzog sich in der deutschen Reichshauptstadt eine Erweiterung und zugleich Durchrüttelung ihrer Volkskreise, die wiederum nur mit fest ausgeprägten sozialen und politischen Gegensätzen endete.

So wurde die neue Weltstadt der Boden eines interessanten Schauspiels mit täglich wechselnden Szenen, eines Schauspiels jedoch, das nicht in lokalen Grenzen verharrte, das seinen Einfluß tief in das provinziale Dasein erstreckte und an dem nicht mehr die eigenen Kreise, sondern die weite Arena der Nation Anteil nehmen mußte. Auch früher war Berlin bereits der lokale Hintergrund von Romanen und Novellen gewesen, allein dieser Umstand war für diese litterarische Gattung kein Vorteil, sondern nur ein Nachteil gewesen. Nur schüchtern nahmen die großen Schriftsteller, welche das zeitliche Leben darstellten, von dem neuen Terrain Besitz, ein Gutzkow wagte nicht, obwohl selbst ein Berliner Kind, seine Vaterstadt in seinen „Neuen Serapionsbrüdern" zu nennen, und selbst Spielhagen mit seinem feinen ausgebildeten Lokalsinn suchte nicht allzu deutlich den örtlichen Hintergrund auszumalen. Jetzt zu Beginn des achten Jahrzehnts nimmt die Reichshauptstadt mit ihrem mächtigeren litterarischen Einfluß auch ihre litterarische Position ein, sie drängt ihre Zustände und Verhältnisse, ihre Ereignisse und Typen, kurz ihr Milieu in den Roman hinein. Dazu gesellt sich der Einfluß, den Paris als Vorbild durch seine Talente auch auf die deutsche Schriftstellerwelt ausübt. Es bildet sich ein Kreis von Autoren, der mit ungemeinem Geschick darauf hinzuarbeiten scheint, Berlin in allen litterarischen Beziehungen die Bedeutung zu sichern, welche Paris für Frankreich hat. Und es mag bei dieser Gelegenheit gleich das Urteil gewagt sein, daß eine solche litterarische Konzentration wie die der Franzosen bei uns in Deutschland nicht durchführbar ist, ganz abgesehen von der Frage, ob diese Konzentration denn wirklich ein Segen wäre. Berlin bedeutet für den Roman sehr viel: hier ist ein großer Tummelplatz aller Gegensätze und Leidenschaften, mit denen der moderne Dichter sein Werk zu erfüllen hat, hier weht zugleich der große Atemzug der Geschichte, dessen Brausen wir zeitweilig auch um seine Blätter herum vernehmen wollen. Aber Berlins Alleinherrschaft wollen wir weder vertreten noch halten wir sie für möglich, mehr noch, die litterarische Bewegung unserer Zeit beweist bereits, daß sie nicht eintreten wird. Mit derselben Energie wie die Weltstadt hat auch die deutsche Provinz — das Wort im weitesten Sinne genommen — einen litterarischen Charakter angenommen. An die Stelle der alten Gegensätze von Dorf und Stadt treten diese neuen, und sie haben sich nicht minder ergiebig als jene für die litterarische Produktion erwiesen, wie wir es vor Jahren an dieser Stelle bereits voraussagen konnten.

Auf dem Grund des hauptstädtischen Lebens und nicht ohne Einwirkung des französischen litterarischen Einflusses entstand so zunächst eine neue Schattierung des Realismus, die wir als die feuilletonistische Schule bezeichnen möchten. Für diese Richtung ist die neue Weltstadt ein weites und reiches Beobachtungsfeld, auf welchem man auf Entdeckungen ausgehen kann. Der Feuilletonist weiß, daß die Wirklichkeit erstaunlicher, lebendiger und interessanter ist, als was seine eigene Phantasie ersinnen könnte. Seine Kraft ist das Auge, das Gedächtnis und bisweilen auch der Bleistift des Notizbuches. Er studiert die Oeffentlichkeit und die Heimlichkeit des weltstädtischen Getriebes, er blickt in die Gerichtssäle und die Verhandlungen erscheinen ihm interessanter als ein Drama auf der Bühne mit gemalten Coulissen und maskierten Menschen. Ein sensationelles Ereignis, die tragische Geschichte eines Künstlers, ein verwegener Einbruch, ein streitiger Rechtsfall — alles das bildet für ihn Fußangeln, und von dem rohen Stoff der Wirklichkeit gefesselt, sucht er ihn auf bestimmte psychologische Motive, auf charakteristische soziale Einflüsse zurückzuführen. Aber indem er sich an das gesellschaftliche Leben hält, sucht er es wiederzugeben, nicht wie es wahr ist, sondern wie es der Gesellschaft selbst, an die er sich wendet, interessant erscheint. Er geht dabei der Tendenz nicht aus dem Wege, wenn er sie findet, aber die Tendenz entbehrt des großen ethischen Zuges, sie spitzt sich vielmehr zur „These" zu d. h. zu irgend einem Lehrsatze, der Gesellschaftsmoral, der nur unter bestimmten gesellschaftlichen Voraussetzungen Geltung beansprucht. Darum sind auch die Zwecke und Motive dieser Romane weniger poetischer Art, wie denn der echte Feuilletonist, von Ausnahmen wie Heine und Meißner abgesehen, selten ein Dichter ist. Die innere Anteilnahme an dem Geschicke seiner Figuren tritt bei ihm zurück, gegenüber der Darstellung des äußeren gesellschaftlichen Getriebes, das er freilich nicht als Sozialpolitiker, sondern als Beobachter und Plauderer behandelt, der nur seine Eindrücke in die Form einer Erzählung zu bringen sucht. Es begreift sich, daß die Schilderungen, die er giebt, diejenigen gesellschaftlichen Schichten am meisten fesseln, die er selbst nach Stoffen durchspürt, und so entsteht eine Litteratur, die vollkommen durchdrungen ist von der geistigen Atmosphäre einer bestimmten gesellschaftlichen Klasse oder Kaste.

Wie man in dem Bestreben, das litterarische Leben Deutschlands in Berlin zu zentralisieren, unverkennbar das Vorbild von Paris vor Augen hatte, so folgte diese neue feuilletonistische Schule auch den Spuren der französischen Zeitdichtung in Drama und Roman. Die aristokratische Gesellschaft der Reichshauptstadt, die sich einstweilen noch seitab jeder litterarischen Einwirkung hielt, trat in diesem Berliner Gesellschaftsroman vor dem mächtig aufblühenden Bürgertum zurück, dessen Umfang in seinen plutokratischen Spitzen höchstens bis an die Peripherie jener Kreise reichte. Aber das Wirre und Krause, was einer so jäh aufschießenden großbürgerlichen Gesellschaft eigen, verlieh wenigstens den stofflichen Elementen dieses neuen Berliner Romans einen eigenartigen Reiz, der auch später noch kulturhistorisch fesseln wird. Es ist bezeichnend, daß in kurzer Zeit nicht weniger als drei Romancyklen erschienen sind, die unter dem Gesamttitel „Berlin" eine Schilderung dieses neuen bürgerlichen Lebens versucht haben. Der Hauptvertreter dieser realistisch-feuilletonistischen Schule, Paul Lindau (geb. am 3. Juni 1839 zu Magdeburg als Sohn eines evangelischen Geistlichen) hatte auf Pariser Boden und in den Kreisen der französischen Feuilletonisten seine litterarischen Studien getrieben, die in den „Harmlosen Briefen eines deutschen Kleinstädters" (1870-71) und den „Litterarischen Rücksichtslosigkeiten" (1870) dann sich zu dem Ausdrucke einer eleganten, witzigen Plauderkunst gestalteten. Lindaus Salonbühnenstücke erwarben ihm trotz ihrer psychologischen Schwächen für einige Zeit den Ruf, das neue Berliner Gesellschaftsdrama geschaffen zu haben, einen Ruf, der nicht unberechtigt ist, nur nicht in dem Sinne, wie ihn die im neuen Reich noch viel lokalpatriotischer gewordene Berliner Kritik hat ansehen wollen. Viel ernster trat die sonst so lachlustige Physiognomie Paul Lindaus in seinen Romanen hervor, welche die Aufgabe, die er sich in seinen dramatischen Arbeiten gestellt, noch einmal auf breiterem Boden aufnahmen, indem sie die neuen gesellschaftlichen Zustände der Reichshauptstadt an bestimmten Typen zu charakterisieren suchten. Die dichterische Kraft Lindaus steht wohl hinter seiner Beobachtungsgabe und seiner gefälligen Darstellung zurück, aber bisweilen erreicht er doch eine poetische Wirkung, die selbst einer dichterisch stärker veranlagten Natur versagt ist. Der erste seiner unter dem Titel „Berlin" vereinigten Romane „Der Zug nach dem Westen" (1886) charakterisierte die Anschauungen und das Leben einer in der Reichshauptstadt emporgekommenen bürgerlichen Familie. Seiner Handlung nach ist es ein sogenannter Ehebruchs-Roman; ein junger Künstler gewinnt das Herz einer jungen Frau, die an einen plumpen Parvenu verheiratet ist; die Entdeckung des Verhältnisses, die Scheidung der Frau von ihrem Gatten und ihre Vereinigung mit dem Geliebten, der indessen bald durch ihren Tod ein Ende bereitet wird, ist der Inhalt des Romanes. Große, leidenschaftliche Szenen finden sich freilich nicht, ebensowenig eine tiefere Charakteristik, aber die Umrißlinien des Lebens sind doch so geistvoll nachgezogen, daß ein anschauliches und getreues Bild uns überall entgegentritt, und die Bilder aus dem Hause des Barmer Geistlichen bekunden sogar einen wirklich poetischen Hauch. Der zweite Roman des Cyklus „Arme Mädchen" (1887) schilderte in doppelter Weise das Loos jener unglücklichen weiblichen Geschöpfe, die in lieblosen Verhältnissen aufwachsen, während in ihrer Seele sich der Trieb nach ihrem Anteil menschlichen Glücks lebhafter regt als in Andern ihres gleichen. Die arme Grete, die uneheliche Tochter des Säufers Lessen, ertränkt sich, weil sie zu anständig ist, um schlecht zu werden, und zu gemütvoll, um stumpf und ohne Liebe leben zu können. Dagegen wird die durch ihre Verhältnisse nicht minder innerlich verbitterte Regina, die adlige Repräsentantin der verschämten Armut, zuletzt die Verlobte eines reichen und leichtsinnigen, jungen Aristokraten, obwohl sie vorher gefallen ist. An ihren Fall knüpft sich die Erörterung der These, ob ein Mann von Ehre auch dann verpflichtet sei, die Wahrheit zu sagen, wenn durch eine wahrheitsgetreue Aussage der Ruf der Frau gefährdet, ihre Ehre vielleicht vernichtet wird. Diese Frage wird auch in dem dritten Teile des Cyklus „Spitzen" (1888) behandelt. Wenn in dem vorigen die Not des Proletariats und und die leichtsinnige Verschwendungssucht junger Lebemänner in eine gewisse Parallele gestellt werden, so bringen die „Spitzen" die Kreise der Aristokratie mit der nicht übel charakterisierten proletarischen Verbrecherwelt in Berührung. Die These selbst tritt in folgender Handlung hervor. Fürst Ulrich giebt vor Gericht ein falsches Zeugnis ab, um die Ehre der Gräfin Juliane nicht zu kompromittieren, und wegen Meineids angeklagt, wird er dank der geschickten Ausführungen seines Verteidigers freigesprochen. Aber dem Gatten der Gräfin verweigert er die Wahrheit nicht und fällt dann im Duell. Merkwürdigerweise verschmäht Lindau für sein modernes Gesellschaftsbild nicht ein romantisches Glanzlicht: an der Camoral=Spitze, welche Fürst Ulrich seiner Geliebten, der Gräfin Juliane schenkt, haftet der Fluch, daß sie ihrem Besitzer gewaltsamen Tod und Schande bringe, und der Fluch geht in Erfüllung. Wie in dem alten Salonroman wurde auch in diesem modernen Berliner Gesellschaftsroman das Verhältnis von Mann und Weib, von Gatte und Gattin fast das ausschließliche Motiv. In „Herr und Frau Bewer" (1882) hatte Lindau eine Ehe zwischen gesellschaftlich weit auseinanderstehenden Charakteren, einem Millionär und einer ehemaligen Chansonette, geschildert. „Im Fieber" (1889) behandelte ein ähnliches Problem mit tragischem Ausgange, indem hier der bekannte Dritte zwischen die beiden Gatten tritt. „Hängendes Moos" (1892) charakterisierte den geistigen Ruin einer dichterischen Natur durch eine Frau — eine psychologisch schwache Arbeit, „Die Gehilfin" (1894) die Ehe einer edeln Frau mit einem unwürdigen Gatten.

Auch in den Berliner Romanen und Novellen anderer Autoren wie Fontane, Frenzel, Heiberg, Lubliner, Mauthner wurde der alte und ewigjunge Konflikt des Gesellschaftsromans, der in dem Widerspruche des sittlichen Gedankens der Ehe mit den Verhältnissen der Gesellschaft und den Leidenschaften des

Herzens besteht, auf dem Boden der neugewordenen Zustände behandelt. So begann gleichzeitig mit Lindau auch der Deutsch=böhme Fritz Mauthner, (geb. am 20. November 1849 zu Horzitz bei Königgrätz), am meisten bekannt geworden durch seine amüsanten parodistischen Plaudereien „Nach berühmten Mustern", einen Romancyklus „Berlin W.", in dessen ersten Teil „Quartett" (1886) er die Naturgeschichte zweier, auf falscher Wahlverwandschaft beruhender Verhältnisse entwarf: die beiden Ehepaare tauschen sich gegenseitig aus, das ganze nimmt das bekannte Ende mit Schrecken. In dem zweiten Teile: „Die Fanfare" (1883) ging er auf das ein, wozu seine witzige, sarkastische Aber ihn am meisten befähigte, und karrikierte in etwas grellen satirischen Bildern das Unwesen der haupt=städtischen Reklame. Mauthners Eigenart ist nicht so sehr, die Dinge zu schildern, als ihnen ein Narrenkäpplein oder Schellen=glöckchen anzuhängen. Dennoch vermochte er in der Erzählung aus seiner deutsch=böhmischen Heimat „Der letzte Deutsche von Blatna" (1887) ein ergreifendes Kulturbild zu zeichnen. In Theophil Zolling (geb. am 30. September 1849 zu Scafati bei Neapel) ist ein guter Beobachter Berliner Lebens und ein starkes Darstellungstalent hervorgetreten. Sein Roman „Klatsch" (1888) gab noch nicht mehr als feuilletonistische Ausschnitte aus dem gesellschaftlichen Leben Berlins, gleichsam Momentaufnahmen mit einer leicht satirischen Tendenz, während die eigentliche Handlung sich auf wenige Seiten zusammenzog. Weit besser, in ihrer Art eine solide, tüchtige Arbeit war „Frau Minne" (1889), deren Schilderungen aus der Berliner Künstlerwelt zum Teil glänzend sind und sich an die Technik der französischen Autoren in der Wiedergabe sogenannter „scènes publiques" anlehnen. Auch die „Coulissengeister" und „Die Million" — letztere das Börsenleben Berlins und das Getriebe einer Spinnerei schildernd — bekundeten den Einfluß des neueren französischen Realismus.

Eine etwas andere Schattierung zeigt der Berliner feuilletonistische Roman bei Fr. Dernburg („Der Fidibus" der „Oberstolze" „In den Fesseln der Schuld"). Fr. Dernburg (geb. 3. Oktober 1833 zu Mainz), lange Jahre Chefredakteur der Berliner Nationalzeitung, besitzt ein ganz hervorragendes feuilletonistisches Talent. In seinen frischen, flott hingeworfenen und an Dickens erinnernden Skizzenromanen vereinigt er — im guten Sinne genommen — das deutliche Schilderungstalent des Reporters mit der Kombinationsgabe des Detektiven, wie beides etwa seine Lieblingsfigur, den Reporter Schliephake auszeichnet. Im „Oberstolzen", geht es sehr bewegt und lebhaft zu, der Roman ist eine große, figurenreiche Komposition moderner Typen der Weltstadt, unter welchen sogar die anarchistischen Physiognomien nicht fehlen und von denen die volkstümlichen Originale besonders glücklich gelungen sind.

Gegenüber diesem mehr von feuilletonistischen Beobachtungen und Einfällen als von künstlerischen Grundsätzen bestimmten Realismus entwickelte sich, zum Teil sogar im schroffsten Gegensatze zu demselben, indessen bald ein anderer Realismus, der nicht minder unter der Einwirkung ausländischen Schrifttums entstand. Im Jahre 1877 veröffentlichte Emile Zola den Roman „L'assommoir" (Der Todschläger). Es war dasjenige Werk, welches der naturalistischen Bewegung vielleicht den mächtigsten Anstoß in allen litterarischen Ländern gegeben hat. Gleichzeitig wurde Ibsens Dramen mit ihrer scharfen, pessimistischen Gesellschaftskritik in Deutschland bekannter, die den effekthaschenden Sensationskomödien eines Sardou und Dumas Fils auf der Bühne langsam den Todesstoß versetzten. Und dann — und dies war nicht minder das Entscheidende — eine neue Generation war in Deutschland herangewachsen und begrüßte mit stürmischem Zuruf die Theoreme, mit denen Prophet und Jünger ihre neue Kunst verteidigten und rechtfertigten.

Was diese neuen Theoreme angeht, so vereinigten sie in sich die merkwürdigsten Widersprüche. Eine Weltanschauung, welche die Massen für die soziale Entwickelung als ausschlaggebend hinstellte, berührte sich mit einer anderen, welche das Ich zum Maßstabe und zum autonomen Herrn seiner Handlungsweise erhob. Die Philosophie des Sozialismus, wie ihn die sozialdemokratische Lehre predigte, rief gleichsam als ihren natürlichen Gegensatz auch die Philosophie Nietzsches hervor, welche das Evangelium der Herrennatur verkündete, deren Leben allein Bedeutung habe. Indem diese beiden Weltanschauungen sich auf das litterarische Gebiet erstreckten, erzeugten sie in der neuen Generation einen Wirbel von Ansichten, wobei die eine Forderung, daß die Kunst das Leben der Massen zu ihrem Gegenstande zu machen und in sorgsamer Beobachtung wiederzugeben habe, in nichts durch die andere beeinträchtigt zu sein schien, daß das Wesen des wahren Künstlers schrankenlose Willkür, Befreiung von allen künstlerischen Gesetzen sein müsse.

Als künstlerisches Prinzip war der Naturalismus schon in der Malkunst aufgekommen und wie vordem die Malerei den allzu starken Einfluß poetischer Betrachtungsweise hat spüren müssen, so wurde nun die Dichtung mit einer gewissen Absicht in den Bann malerischer Auffassung gezwungen. Wenn Zola dafür sich auf die „Wissenschaft" beruft, deren analytische Methode auf die dichterische Schaffensart sich erstrecken müsse, so ist der Gegensatz nur scheinbar, denn hier wie dort lautet das Schlagwort: Wahrheit b. h. reine, vollendete Wiedergabe der Natur, Fernhalten aller willkürlichen Subjektivitäten, die den Dingen selbst nur Zwang anthun, sie entstellen oder verhüllen. Der konsequente Naturalist sucht dort, wo nicht seine Individualität selbst Träger und Gegenstand seines Werkes ist, dieses sein Ich vollständig auszulöschen, um desto reiner und klarer den Gegenstand der Kunst b. h. die Natur darzustellen. Zola hat bekanntlich für seinen Realismus die Formel gefunden, daß die Kunst irgend ein Winkel sei, durch ein Temperament betrachtet: er schiebt damit noch das subjektive Element stark in den Vordergrund; der konsequente Naturalismus wird auch die Subjektivität der Betrachtungsweise nach Möglichkeit auszuscheiden suchen. Sein Ideal ist, der Natur so nahe wie nur irgend möglich zu kommen, wohlverstanden mit den Mitteln der Kunst, aber gerade darum sind ihm die hergebrachten Formen derselben nur Schranken, von denen frei zu werden für ihn mit der Annäherung an die Natur unter Umständen gleichbedeutend sein muß. So nimmt er im Leben, in der Natur oder Wirklichkeit irgend einen Fleck oder ein Ereignis und sucht beides in den Farben der Wirklichkeit ohne Aufputz naturgetreu zu schildern, sodaß der das Werk Genießende den lebendigsten Eindruck in seiner inneren Anschauung erhält. Dabei ist dem konsequenten Naturalisten der Gegenstand seines Kunstwerkes gleichgiltig, denn da die Natur die große Meisterin der Kunst ist, so ist nicht einzusehen, warum sie, die Alles unter das gleiche große Gesetz des Lebens stellt, in irgend einem Teile bevorzugt werden soll, und andererseits wurzelt die Tüchtigkeit des Künstlers ja nicht in dem Gegenstande, den er sich auserwählt, sondern in der Art, wie es ihm gelungen ist, den durch künstlerische Mittel erreichten Eindruck seines Werkes dem natürlichen anzuähneln.

Hier trat ein in seiner Art zweifellos konsequentes und kühnes Prinzip in der litterarischen Bewegung hervor. Es wird der Versuch gemacht, die Kunst unter neue ästhetische Gesichtspunkte zu stellen, und das muß um so mehr betont werden, als die alltägliche Bezeichnung „naturalistisch" die falschesten und zweideutigsten Begriffe umfaßt. Es ist ein Irrtum, wenn gewisse in seiner künstlerischen Behandlungsart stärker hervortretende Dinge, namentlich solche, die das geschlechtliche Leben betreffen, an sich zu dem bestimmenden Kennzeichen des Naturalismus gemacht werden. Er glaubt eben der in Geist und

Sinnlichkeit sich spaltenden und wiederum einigenden Menschen=
natur erst dann gerecht zu werden, wenn er die Wechsel=
strömungen dieses sinnlich=geistigen Lebens gewissenhaft mit den
Mitteln der Kunst erfaßt und sich bemüht, sie in ihren feinsten
Offenbarungen bloßzulegen.

Unsere Darstellung ist keine Geschichte litterarischer Theorien
oder ästhetischer Prinzipien; uns erschien wichtiger, die innigen
Beziehungen eines poetischen Genres mit der kulturellen Ent=
wickelung unserer Nation zu verfolgen und so haben wir hier
nicht so sehr mit Theorien uns auseinanderzusetzen als Ergebnisse
zu konstatieren. Nichtsdestoweniger ist das Auftreten des Natura=
lismus, das sich auf fast allen Kunstgebieten vollzogen, auch
eine kulturhistorisch höchst bedeutsame Thatsache, denn gegenüber
dem spielenden und verflachenden Feuilletonismus bemühte der
Naturalismus sich, der Kunst in dem geistigen Leben unserer
Zeit wieder eine originale Stellung zu erobern.

Auf dem Wege seiner Durchführung gelangte er indessen
nur allzubald dazu, an seinen eigenen Widersprüchen zu scheitern.
Indem man den der Natur ähnlichsten Eindruck im Kunstwerk
zu erreichen strebte, zerbrach man die alten Kunstformen — ein
Vorgang, der nicht zu beklagen gewesen wäre, wenn man gleich=
zeitig neue Kunstformen zu schaffen verstanden hätte. Allein
man warf mit der Kunstform zugleich das Kunstgesetz über
Bord; man wies wohl darauf hin, daß in den Dramen des
Sophokles andere Formen walten als in denen Shakespeares
und daß die moderne Technik wiederum weit verschieden ist von
der der altenglischen Bühne, aber man vergaß, daß bei allem
Wandel der Form in der Kunst zivilisierter Menschheit doch
bestimmte Gesetze immer wieder zum Ausdrucke gelangen, die
unwandelbar sind, weil sie sich eben auf das ästhetische Empfinden
des zivilisierten Menschen d. h. auf psychologische Momente
gründen, an deren Ausbildung in der menschlichen Seele die
Erziehung ganzer Jahrhunderte gearbeitet hat. So begann

man eine Arbeit von vorn, die bereits gethan war, man schuf eine Kunst, über welche das ästhetische Empfinden schon hinaus war, und verlor sich in Primitivitäten, von denen das moderne Formgefühl abgestoßen, wenn nicht gar beleidigt wurde. So wenig wir die langen Reden Senecascher Tragödien noch vertragen, so wenig können wir uns befriedigt fühlen, das eintönige Einerlei einer Proletarier-Unterhaltung, in drei oder fünf Teile zerlegt, als Drama zu genießen, wenn auch jede Einzelheit noch so lebhaft und anschaulich der Wirklichkeit abgelauscht ist.

Noch ein anderes Moment erwies sich als ein Irrtum des Naturalismus und hier widerlegte er sich selbst, indem er seine praktischen Erfolge im Widerspruch mit seiner Theorie errang. Er betonte die Gleichgiltigkeit des Stoffes gegenüber der künstlerischen Behandlung mit einer gewissen Schroffheit, als ob die Kunst, abgelöst von dem Empfinden und dem Gedankeninhalte einer Zeit und eines Volkes, gleichsam nur im Hirne des schaffenden Dichters ein abstraktes Dasein führe. Die Erfahrung hat den Gegenbeweis erbracht, indem allein diejenigen naturalistisch-poetischen Werke wirklich das Volksgemüt bewegen, die wie Gerhard Hauptmanns „Einsame Menschen" und „Weber" ihren geistigen Gehalt aus den brodelnden Quellen unseres modernen sozialen und ethischen Lebens entnehmen.

Nur eine große Kraft wie diejenige Zolas hat den Naturalismus aus einem Prinzip zu einem gewissen epischen Stil zu erheben vermocht: eine Häufung von Alltäglichkeiten, deren stete Wiederholung indessen eine langsame Steigerung der Handlung und eine allmähliche Umwandlung des seelischen Lebens der Figuren in sich schließt, bis auf einmal grell und kraß die epische Katastrophe hereinbricht und in ihrer düsteren Gewalt sich umso stärker von dem Einerlei des Voraufgegangenen abhebt. Das ist die Technik des französischen Meisters, welche die deutschen Autoren indessen nur sehr unvollkommen erreicht haben.

Ihre naturalistischen Romane, wie sie Johannes Schlaf und Hermann Conradi geschrieben, sind eigentlich nur in die Länge gezogene Skizzen, von unendlich vielen Reflexionen über alles Mögliche erfüllt, in denen die Seele der Jungdeutschen trotz des naturalistischen Prinzips zu schwelgen pflegt. Das Anmutigste dieser Skizzenlust sind noch die farbenfrischen idyllischen Studien von Johannes Schlaf „In Dingsda" (1892). Nicht minder scharf wie auf die Technik hat auch der Naturalismus auf die epische Sprache eingewirkt; er hat dem geschwollenen Papierdeutsch den Krieg erklärt, das sich leider in so vielen Romanen breit macht, wo die Personen seitenlang in den schwulstigsten Redewendungen sprechen können. Und gewiß wird man in dieser Beziehung seinen Einfluß, der nach natürlicher und dem Alltagsleben sich anpassender Ausdrucks= weise strebt, durchaus für heilsam erachten müssen. Die Cha= rakteristik jeder Figur gewinnt an Schärfe und Bestimmtheit durch die Wiedergabe der individuellen Rede. Aber andererseits versteifte sich der Naturalismus darauf, die unschönen und geradezu gemeinen Redensarten des Alltagslebens in breiter Häufung litteraturfähig machen zu wollen. Darüber vergaß er, daß die epische Sprache doch auch vor allem eine Kunstsprache, freilich nicht eine gekünstelte ist, daß sie durch Rücksichten be= stimmt wird, die sich von dem Laufe der natürlichen Dinge un= abhängig machen müssen. Was man auch sagen mag, bis ans Ende der Tage wird die Sprache das künstlerische Material des Poeten und die Dichtkunst auch eine Sprachkunst sein.

Nicht minder umgestaltend suchte der Naturalismus auf dem Gebiete der Psychologie vorzugehen. Wie er die Körper= welt nicht mehr in der nur die Konturen zeichnenden Weise der alten Schule darstellt, sondern eingetaucht in die Reflexe des Lichtes und das Spiel der Luft und Schatten, so sind ihm die festen, geschlossenen Charaktere, mit denen die ältere Dichtung arbeitete, zuwider, weil sie ihm unnatürlich erscheinen. Was ist denn überhaupt Charakter? Man sieht einen Menschen in diesem Augenblicke so und am nächsten Tage gerade entgegengesetzt handeln, weil die Schwingungen seines Nervensystems bald in diesem, bald in einem anderen Takt verlaufen, er einmal durch jene und dann wieder durch eine andere Aeußerlichkeit bestimmt wird. „So waren alle Menschen", — heißt es einmal bei Tovote — „in jedem Augenblicke anders, den äußeren Verhältnissen ganz unterworfen, abhängig von jeder feinsten Stimmung, von einem Wörtchen oftmals, in beständiger Umwandlung, sodaß es thöricht war, von der Einheitlichkeit des Charakters zu reden. Nur eine große Grundstimmung, die aber jeden Augenblick verwischt werden kann." Es ist klar, daß, wenn die große Grundstimmung jeden Augenblick verwischt werden kann, sie überhaupt nicht mehr besteht und statt dessen ein Wallen und Weben von kleinen Stimmungen herrscht, die dem steten Gekräusel eines Wasserspiegels gleichen. Diese Psychologie rechnet nicht mehr mit einem festen Kern im Menschen, der sich als ein organisches Selbst entwickelt hat und sich in seiner Einheit behauptet, sondern sie knüpft an die Nervosität des modernen Bildungsmenschen an, der in der Hetze des Daseinkampfes schon seine Willenskraft eingebüßt hat und von der Stimmung seiner Nerven sich leiten läßt. Geradezu in das Gekünstelte muß eine solche Beobachtung des seelischen Lebens sich versteigen, wenn sie darauf ausgeht, die geheimsten Regungen desselben zu belauschen und selbst in jenen Untergrund hineinleuchten zu wollen, der unterhalb der Schwelle unseres Bewußtseins liegt und von dem auch die Wissenschaft mehr ahnt als weiß. Der Schwede Ola Hausson hat in seinen Novellen „Sensitiva Amorosa" (1892) Proben eines derartigen Spürsinns gegeben, bei denen die poetische Eingebung oft sehr fein, die Verletzung des gesunden Menschenverstandes, den man freilich in diesen Fragen immer gern als Richter hinausdrängen möchte, sehr nahe liegt. Die alte poetische Psychologie, die gewiß weniger von der menschlichen Seele wußte als die moderne, gab dem epischen Helden eine gewisse Passivität, aber nur aus künstlerischen, mit dem Wesen des Epos zusammenhängenden Gründen und nicht etwa, weil sie die Bedeutung des Willens unterschätzte. Die Passivität der naturalistischen Helden hat mit der Kunst nichts zu thun, sie beruht auf neurasthenischer Veranlagung, bei der das Element des Willens nur noch in geschlechtlichen Dingen rege zu werden scheint. So sind denn die Helden unserer jungen Realisten und Naturalisten schwache, innerlich haltlose Naturen, mit Vorliebe aus jenen Kreisen und jenen Altersstufen entnommen, in denen die praktische Thätigkeit vollständig hinter Exaltationen des Phantasie- und Gemütslebens zurücktritt: junge Künstler und Gelehrte, wenn nicht gar blasierte Lebemänner. Auch die Liebe erscheint nicht mehr in platonischem Gewande; unverhüllt giebt sie sich als ein Rausch, freilich nicht bloß der Sinne, wie man allzu einseitig dem Naturalismus zum Vorwurf macht, sondern auch des Phantasielebens, aber flüchtig und vergänglich wie jede nervöse Erregung, die immer von Abspannung begleitet ist. Sie ist nichts anderes als ein Stimmungsmoment, wie überhaupt das ganze seelische Leben in solche Stimmungsmomente zerfließt. Nur der Augenblick ist schön; was ihm folgt, ist wiederum das graue, langweilige Einerlei, das doch so genau notiert wird, als wäre es eine um nichts minder wichtige Sache. Dabei herrscht in absichtlicher Opposition gegen die schönfärberische Darstellungsweise der alten Schule und in Anlehnung an die französischen Vorbilder die Neigung vor, mit besonderer Breite bei den Nachtseiten des irdischen Daseins zu verweilen, das Gemeine und Häßliche stark auszumalen und selbst dort, wo das Schöne augenfällig in die Erscheinung tritt, den dunkeln, geheimen Fleck der Fäulnis aufzudecken, den Wurm zu zeigen, der in der holden Blüte der Rose nagt. So ist die Weltanschauung des Naturalismus bitter und pessimistisch und wo sie den Schmerz unterdrückt, verbirgt sie ihn in der kargen Form eines ironischen Symbols, dem selbst das Lächeln fehlt. Man kann die ganze Psychologie und Ethik des deutschen Naturalismus nicht besser studieren als in den Prosawerken des jung gestorbenen Dichters Hermann Conradi (1862—90): „Phrasen" (1887) und „Adam Mensch" (1889). Namentlich der Held des letzteren Buches wirkt in dem Zwiespalte seiner Ideen und seiner Handlungen als ein Lump erster Güte.

Nach dieser allgemeinen Charakteristik des Naturalismus gehen wir zur Darstellung seiner Entwickelung über. Der litterarische Sturm und Drang begann auch diesmal wieder, altem Brauche folgend, mit kritischen Waffengängen. Es kam zuerst die Zeit, wo man in Broschüren auf Broschüren eine „Revolution der Litteratur" nach der andern verkündete, wo man gegen die verblaßten Schablonen des Klassizismus zu Felde zog, die „Lüge der schönen Form" verhöhnte und mit recht kräftigem Lungenblasen die eigene Genialität gegenüber den „Götzen des Tages" verkündete. Da diese Periode zusammenfiel mit dem Anwachsen der sozialen Bewegung, so zog dieser mächtige Strudel auch die litterarische Rebellion in seine wirbelnden Kreise. So gewann diese jüngstdeutsche realistische Richtung in ihrem Anfange einen in doppelter Hinsicht tendenziösen Charakter. Sie opponierte gegen die ästhetischen Grundsätze, die bisher von der Produktion wie von der Kritik als maßgebend angesehen worden waren, indem sie das Banner Zolas entfaltete, und sie zog gleichzeitig gegen die moderne Gesellschaft zu Felde, die sie als morsch und verrottet hinstellte, indem sie in das Feldgeschrei des sozialistischen Lagers einstimmte: Nieder mit der Bourgeoisie! Da wurde das Bürgertum, das Gustav Freytag einst verherrlicht, als Bildungspöbel und emporgekommenes Protzentum gekennzeichnet, seine Kaste als der sittliche Pfuhl geschildert, in dem nichts Großes, keine Liebe und keine Gerechtigkeit aufkommt, als der Verein der Mittelmäßigkeit, dessen Mitglieder keine anderen als ihre Kasteninteressen kennen. Die Bourgeoisie, hieß es, haßt nichts so sehr als das Genie und da wir selbst Genies sind, so erwidern wir diesen Haß. Eine Zeit lang hallte der litterarische Markt von den wilden Schlagworten wieder und das Publikum war wie betäubt von dem Lärm; als aber diese litterarischen Gernegroßen sich müde geschrieen hatten und an die Arbeit gehen mußten, fand sich unter ihnen manch wackerer Handwerksgeselle, der es sich im Dienste der von ihm so arg beleumdeten Familienblätter wohl sein ließ.

Aus dieser rauhborstigen Schaar, die gleichsam die Vorpostenkämpfe für den eigentlichen Naturalismus lieferte, können an dieser Stelle nur ein paar wirklich produktive Köpfe zu einer kurzen Charakteristik auserwählt werden. Dabei muß betont werden, daß durchaus nicht immer einseitiger Zola- und Ibsenkultus das Kennzeichen dieser neuen Richtung bildete; man betete nebenbei auch noch zu anderen Abgöttern. In seinen ersten Romanen bekundete z. B., Karl Bleibtreu (geb. 13. Januar 1859 zu Berlin als der Sohn des bekannten Schlachtenmalers), einer der Führer der neuen Bewegung, eine weit größere Hinneigung zu Byron und Alfred de Musset als zu dem französischen Romancier. Die Helden seiner Berliner Novellen „Schlechte Gesellschaft" (1886), seines Berliner Romans „Größenwahn" (1888) sind schwankende, problematische Charaktere, sogenannte liederliche Genies, die durch die Liebe zu gemeinen Frauenzimmern ihren Untergang finden, Alfred de Mussets, die Hetären ansingen und sich von ihnen rupfen lassen und dadurch nicht anziehender werden, daß der Dichter über ihnen zu stehen meint, sie gleichsam als „kranke Produkte" unserer modernen Zustände betrachtet. Die Szenen der Sinnlichkeit werden breit geschildert, denn es ist, wie der Dichter sagt, „ein Naturgesetz, daß ideale und zugleich leidenschaftliche Naturen sich mit Vorliebe in rohe und gemein denkende Weiber verlieben". Für ein Naturgesetz braucht man das nun gerade nicht zu halten und wird es doch begreiflich finden, daß diese energielosen Schwächlinge ganz in Sinnlichkeit verlottern. Als neuer Typus — denn die Helden sind alt und litteratur=geschichtliche Reminis= zenzen — wird in diesem wie in anderen jüngstdeutschen Romanen die Berliner Kellnerin eingeführt, ein sehr zweifelhafter Gewinn und nur erklärbar aus der dem Dichter selbst eigenen Sentimentalität der Lebensauffassung.

Bleibtreu ist trotzdem ein Talent, vielleicht sogar ein großes Talent, und über seinen Schwächen wird man seine Begabung nicht vergessen dürfen, die auf epischem Gebiete bisher immer noch am meisten in jenem plastisch entworfenen, kühnen Schlachten= bilde „Dies irae" (1882) hervorgetreten ist. M. G. Conrad, (geb. 5. April 1846 zu Gnodstadt) der nicht Berlin, sondern München zum epischen Schauplatze gewählt hat, schrieb nach Pariser Novellen den Roman=Cyklus: „Was die Isar rauscht" (1888—90, zweiter Teil „Die klugen Jungfrauen"), Bilder aus dem Münchener Leben, die eine glänzende Beobachtungs= und Schilderungsgabe, eine derbe, aber prägnante Charakteristik und eine außerordentliche Sprachgewalt, aber auch einen außer= ordentlichen Mangel an epischer Handlung bekundeten. Die ganz naturalistische Technik dieser Romane, welche irgend welche Szenen lose miteinander verknüpft, soll der großen, verworrenen Symphonie des Lebens entsprechen, welche die heterogensten Dinge in Einklang bringt. Unter allen natura= listischen Romanschriftstellern bleibt Conrad trotzdem die sym= pathischste Erscheinung: ein origineller, geistvoller Kopf, voll Phantasie und Humor, der nicht nur die Aeußerlichkeiten der Wirklichkeit giebt, sondern auch ihr inneres Leben zu erfassen, ihre materiellen wie ihre geistigen Interessen wiederzuspiegeln sucht, und nicht zuletzt seine Naturschilderungen zeigen die Innerlichkeit einer lebendig gespannten Dichterseele.

Weit mehr Kompositionstalent wiesen zwei andere Ver= treter der jüngstdeutschen Schule auf, Conrad Alberti und

Max Kretzer. Beide bewegen sich mit Vorliebe auf Berliner Boden. Alberti (mit wahrem Namen Konrad Sittenfeld, geb. 9. Juli 1862 zu Breslau) spielte sich in seinen Novellen und Romanen („Plebs", „Wer ist der Stärkere?" „Die Alten und Jungen", „Der Kampf ums Dasein" u. s. w.) als Sturmwidder gegen die moderne Gesellschaft auf, diese Welt, wie er behauptet, der Konvention, der Gemeinheit, der Recht- und Ideallosigkeit. „Wer ist der Stärkere?" (1888) behandelt z. B. den Untergang idealer Naturen im Kampfe gegen die konventionelle Welt: den genialen Arzt Breitinger läßt der Neid seiner Fachgenossen nicht aufkommen, bis er den Mops der Frau Kultusministerin kuriert, alle seine Ideale bei seite wirft und ein gewissenloser Genußmensch wird. Zwei andere Helden, ein Leutnant und ein Baumeister wandern, aus der Gesellschaft ausgestoßen, nach Afrika oder Amerika. Noch pessimistischer und galliger ist der polizeilich beschlagnahmte Roman: „Die Alten und die Jungen" (1889) gehalten, in welchem das musikalische Genie durch die Verschwörung der Mittelmäßigkeit zu Grunde geht. Albertis Helden sind energielose Schwächlinge, die mit liederlichen Kellnerinnen sich um ihr bischen Verstand und Thatkraft bringen und sich ohne irgend welche Notwendigkeit in den Schlamm werfen. Nichts ist wahr in diesen Schilderungen, selbst in dem Ausmalen der sinnlichen Situationen, alles erscheint geschraubt, übertrieben, das Leben selbst wie ein einziges Zerrbild, wie eine große Karrikatur, aus dem uns nur der Skandal des Tagesklatsches mit höhnischer Fratze entgegengrinst. In seinen letzten Arbeiten, in denen er u. a. eine Fortsetzung von Freytags „Soll und Haben" bot („Schröter und Co.") sind freilich diese Tendenzen stark verblaßt. Besonnener und wahrer gab sich Max Kretzer, der eine ausgesprochene Begabung für den Roman besitzt und weit besser das Leben kennt. M. Kretzer (geb. 7. Juni 1854 zu Posen) hat sich vom Arbeiter zum Schriftsteller entwickelt und gerade in seinen

Schilderungen aus der Arbeiterwelt seit 1880 („Die beiden Genossen", „Die Betrogenen", „Die Verkommenen", „Meister Timpe") eine erstaunliche Fülle guter Beobachtung und genauer Kenntnis des Proletarierdaseins offenbart. Diese seine Sittenschilderungen der niederen Schichten des hauptstädtischen Lebens, wohl die ersten, welche im modernen Berliner Romane auftauchten, werden auch für eine spätere Zeit noch von Wert sein. In „Meister Timpe" (1888) schilderte er den Untergang des Handwerksbetriebes durch die Fabrikindustrie an einem Einzelfalle, der trotz seiner realistischen Zeichnung eine typische Bedeutung hat.

Enger an die psychologischen Grundsätze des Naturalismus lehnte sich wiederum Heinz Tovote (geb. 12. April 1861 zu Hannover) an, der zuerst mit seinem Berliner Romane „Im Liebesrausch" (1890) ein gewisses Aufsehen erregte und die darin eingeschlagene Bahn auch in den weiteren Romanen „Frühlingssturm", „Der Erbe" (1891), „Mutter" (1893), sowie in zahlreichen Novellensammlungen „Fallobst" (1890), „Ich" (1892), „Heißes Blut" (1895) verfolgt hat. Vielleicht kann man sagen, daß Tovote auf dem Gebiete des Romanes und der Novelle das Wesen des deutschen Naturalismus am stärksten zum Ausdruck bringt, soweit dieser nach künstlerischen Zielen strebt und nur poetische Mittel verwendet. Das Beste, was der Naturalismus auf epischem Gebiete zu leisten vermochte, ist die Schilderung des landschaftlichen Lebens und seiner Einwirkung auf das menschliche Gemüt; hier erhebt er sich am ehesten in das Reich der poetischen Schönheit, und die feine und zarte Art, wie Tovote in manchen seiner Novellen irgend ein tragisches Schicksal verwebt mit den Stimmungseindrücken eines landschaftlichen Milieus verdient gewiß Bewunderung. Er hat es darin zu ganz neuen und eigenartigen Effekten, zu packenden Kontrastwirkungen gebracht in einer flotten, zierlichen Manier, die frei von Absichtlichkeit nicht immer freizusprechen ist. Durchaus bestimmt von dem Muster der französischen realistischen Schule Guy de Maupassant, hat er sich von Anfang an jenen Problemen zugewandt, welche Eigenart und Einfluß geschlechtlicher Verhältnisse behandeln und die fast regelmäßig die Verirrungen derselben kennzeichnen. In seinen ersten Romanen „Im Liebesrausch" und „Frühlingssturm" atmet eine schwüle Sinnlichkeit, die doch mit einer psychologischen Analyse sich nicht genug thun kann: passive Naturen schwanken hier von einer erotischen Erregung zur andern, die allein ihr Dasein auszufüllen scheinen. Es sind Kokottengeschichten, breit uud frei, leider nicht mit künstlerischem Gleichmaß geschrieben; die rühmende Kritik hat hier manches als reizvolle Eigenart beurteilt, was einfach nur Flüchtigkeit, wenn nicht gar Liederlichkeit des Stils zu nennen ist. In dem Buch „Der Erbe" werden die geschlechtlichen Verirrungen einer Frau, die in den Besitz eines Kindes zu kommen wünscht, mit einem Raffinement des Details geschildert, daß der Eindruck nur ein abstoßender, widerwärtiger ist. Auf einer seltsamen Kombination beruht auch der Roman „Mutter", in welchem zwei junge Menschenkinder sich in unschuldiger Liebe begegnen, bis es herauskommt, daß sie Bruder und Schwester sind. Ein altes romantisches Motiv erfährt hier eine neue moderne Behandlung und es ist nicht zu leugnen, daß Tovote es in sehr packender Weise umgestaltet hat. Es ist die Eigenart seiner Technik, die Dinge vom Standpunkte einer seiner Figuren zu behandeln, deren ganzes Innenleben in seinen Zügen bloßzulegen und über die übrigen nur kecke, wechselnde Streiflichter zu streuen, wobei dann manches in der Handlungsweise dieser Gestalten unaufgeklärt und im Dunkeln bleibt. Höher als seine Romane sind seine Novellen zu schätzen, die freilich zum Teil nur novellistische Skizzen zu nennen und in der künstlerischen Ausarbeitung sehr verschieden sind. Tovote ist, um ihn in sozialer Hinsicht zu kennzeichnen, der Dichter des modernen „Verhältnisses", d. h. des vertrauten Zusammenlebens zweier Personen, die erhaben über alle Standes- und Bildungsunterschiede ein flüchtiges Liebesglück so gründlich wie möglich auskosten, um dann wieder einander fremd jede in ihre Gesellschaftskaste zurückzukehren. Es sind schließlich die absonderlichen und zum Teil tragischen Vorfälle des Liebeslebens, welche die Motive seiner Novellen abgeben. Auch hier geht er den pointierten Kontrasten nach, die in fast romantischer Weise das Häßliche unvermittelt aus dem Schönen emportauchen lassen und jenen gemischten Eindruck von Sympathie und Antipathie erzeugen. Oder er hüllt die Erzählung eines tragischen Falles in eine nervöse Sentimentalität, wobei seine aquarellistische Stimmungsmalerei in einer Fülle von glänzenden Farben-Effekten schwelgt. Oder aber er nimmt einfach das Widerwärtige und sucht es durch seine Technik salonfähig zu machen, wobei es ihm freilich an der feinen Grazie gebricht, mit der Guy de Maupassant lasciven Schnurren einen heiterprickelnden Charakter zu verleihen weiß.

So sehr der Naturalismus in Widersinnigkeiten verlief, so groß ist trotzdem der litterarische Einfluß seiner praktischen Bethätigungsversuche gewesen. In seinem Wesen lag es, daß er sich der mächtigen Herrin der alten Schule, der Phantasie, feindlich gegenüberstellte, er, dessen einziges Ideal nur war, das getreue Abbild der Natur mit künstlerischen Mitteln zu erreichen. Aber die Göttin, die er zur Thür hinausgewiesen, schwebte von oben herab wieder in seinen Bereich und gewann auch in ihm ihre alte Macht zurück, indem sie das realistische Detail auf einmal in die Sphäre des Symbols und des Märchens erhob. Wenn Zola's Phantasie die Materie in grotesker Weise gradezu zu einem Götzen gestaltete — man denke nur an die Rolle, die bei ihm in verschiedenen Romanen leblose Gegenstände spielen, die er mit fast dämonisch-romantischem Leben erfüllt — so sind es in dem deutschen Naturalismus mehr kleine Züge, die eine geheimnisvolle, über ihre Zufälligkeit hinausreichende Bedeutung gewinnen und in dem Gemüt des Lesers die Schwingungen eines tieferen Zusammenhanges erregen. In dieser Beziehung greift der Naturalismus zurück auf jenen poetischen Realismus Auerbachs und Otto Ludwigs, den er selbst nicht als seinen Vater anerkannt und als stilisiert, wenn nicht gar maniriert betrachtet. Wo aber die Phantasie auch im Symbolischen nicht ihren goldenen Farbenschimmer zu zeigen vermochte, da öffnete sie sich keck die Dornenhecke des Märchens, um die alten, bleichblütigen Gestalten mit neuem Leben zu erfüllen zu suchen. Es wird immer eine bedeutsame litterarhistorische Erscheinung bleiben, daß der Verfasser der „Weber" auch der Dichter des „Hannele" und der „Versunkenen Glocke" gewesen ist.

Noch in anderer Hinsicht hat der Naturalismus den litterarischen Geist unserer Zeit befruchtet. In dem Milieu suchte er zunächst das Häßliche, Widerwärtige, Gemeinirdische, um sich dann auch zu den reinen Sphären des Himmels zu erheben wie in Zolas „Traum" und Hauptmanns „Hannele". In der Darstellung des geistigen Menschen bevorzugte er das Krankhafte, Abnorme, Pathologische, unbekümmert um einen ethischen Gedankengehalt, und auch hier deuten die Spuren seines Weges wieder auf eine Kunst, welche die tiefsten Erregungen des menschlichen Gemütslebens mit den Problemen und Fragen nicht bloß des sozialen Beieinanderseins, sondern des individuellen sittlichen Verantwortlichkeitsbewußtseins verknüpfen. Man verdankt ihm die Erweiterung der Stoffgebiete ebenso wie eine fein detaillierende Ausmalung des seelischen Lebens. Das sind Grundelemente einer neuen Kunst, aber noch nicht eine neue Kunst, ganz abgesehen davon, daß unsere Jüngstdeutschen in vielen Fällen doch nur allerlei affektierte Einfälle, bisweilen geradezu Faseleien von kindlicher oder phantastischer Art, für wirkliche Seelenkunde ausgegeben haben. Immerhin hat auch dies Streben nach einer feineren psychologischen Kunst mancherlei

Anregungen geboten und auch dort, wo man den Naturalismus bekämpft, ist man ihm dankbar dafür, das Interesse von dem bunten Bilde einer epischen Handlung wieder auf die psychologischen Wurzeln alles Geschehens zurückgelenkt zu haben.

So lassen sich denn auch mancherlei Anlehnungen oder Vermittelungen wahrnehmen zwischen der Kunst der Alten und der Kunst der Jungen, und gerade dem begabtesten und phantasiereichsten Vermittler dieser beiden Richtungen, Hermann Sudermann, ist der größte Erfolg unserer Gegenwart zugefallen.

---

6. Hermann Sudermann — Vermittelungen.

Hermann Sudermann (als Nachkömmling einer alten Mennonitenfamilie am 30. September 1857 zu Matziken in Ostpreußen als Sohn eines Gutsbesitzers geboren) hatte als Hauslehrer wie als Journalist in Berlin ein wenig behagliches Dasein führen können, ehe ihn der große Erfolg seines Schauspiels die „Die Ehre" (1890) auf einmal zum gefeierten Dichter machte. Wie er als Dramatiker die Technik der alten französischen Schule Sardous und Dumas mit dem realistischen Sinne der litterarischen Neuerer vereinigt, so ist er auch als Epiker Vermittler zwischen der Erzählungskunst Spielhagens und der Milieu-Darstellung Zolas. Auch die Kritik, die nichts weniger als blind gegen seine Schwächen sein will, wird immer auf seine dichterischen Eigenschaften zurückgehen müssen. Eine bewegliche Phantasie, sinnliches Temperament und eine scharfe Beobachtungsgabe bilden den Grundstock seiner poetischen Veranlagung, dazu gesellen sich eine bisweilen fast grüblerische Dialektik, die sich nicht dabei beruhigt, konventionelle Grundanschauungen des sozialen Lebens ungeprüft weiterzugeben,

blendender Witz mit scharfen Spitzen, in guten Stunden auch
echter Humor von sarkastischer Färbung, und wiederum als mehr
positiv künstlerische Eigenschaften lebendiger Trieb, das aus
Phantasie und Beobachtung Gewonnene zu charakteristischen Ge=
stalten zu modellieren, und die Gabe der Kompositition d. h.
die Fähigkeit, diese Gestalten in lebensvolle Beziehungen zu
einander setzen. Auf dramatischem wie auf epischem Gebiete
äußern sich diese seine Eigenschaften, nicht überall in gleichem
Maße und gleicher Stärke, aber daß sie hier dramatischen, dort
epischen Gesetzen sich in innigster Weise anschmiegen, daß mit
anderen Worten der bühnenkundige Dramatiker sich uns auch als
hervorragender Erzähler darstellt, das ist der Beweis einer
geistigen und künstlerischen Beweglichkeit, die in unserer Zeit
nicht zu oft gefunden werden dürfte.

Was den Epiker von dem Dramatiker am tiefsten unter=
scheidet, ist die verschiedene Art, wie beide ihre Gestalten charak=
terisieren nnd in Bewegung zu setzen haben. Die dramatische
Figur untersteht keinem andern Zwang als dem der Idee, welche
die Handlung beherrscht, sie ist dieser Idee fast sklavisch unterthan,
denn sobald sie andere Beziehungen in ihrem Wesen verrät,
droht sie aus dem Ganzen herauszufallen. Alles Licht, das sie
erhellt, empfängt sie allein von der Idee des dramatischen
Werkes. Anders schafft der Epiker, weil er anders sehen muß.
Seine Figuren leben nicht in der Idee und für die Idee allein,
sondern sie haben außerdem gleichsam ein besonderes Leben, das
sie umhüllt und nährt, wie die Pflanze ihr Dasein nicht allein
aus der Kraft der Sonne, sondern auch aus dem nahrungsreichen
Erdboden gewinnt. Der epische Charakter ist eingetaucht in
die tausenderlei Wechselbeziehungen des natürlichen Lebens, und
die Kunst des Epikers besteht darin, ihn in solchen erscheinen
zu lassen, ohne damit den Zweck der epischen Kunst, die Er=
zählung von Ereignissen, im geringsten zu opfern. So wandeln
seine Gestalten alle auf einem bestimmten Boden, in einer be=

stimmten Luft, ja auch in einer bestimmten, wenn auch wechselnden
Beleuchtung; sie sind nicht abzulösen von ihrer heimischen Stätte,
deren Bild sich wiederum in mannigfaltigen Reflexen in ihrer
eigenen Seele widerspiegelt. Land und Leute — für den epischen
Dichter sind sie nicht bloß eine geographische, sondern auch eine
künstlerische Einheit, und diese Einheit zu erfassen, bedarf es
nicht des Blickes des Plastikers, sondern des Auges des Malers.
Das „Milieu" des Dramatikers wird allein durch Figuren ge=
bildet, deren verschiedenartige Schattierung das Bild ergiebt,
das Milieu des Epikers ist die Lokalität, die Landschaft, das
ganze weite Reich des Naturlebens.

Mit Sicherheit des echten Epikers hat Sudermann seine
Figuren auf den landschaftlichen Hintergrund seiner Heimat ge=
stellt. In seinen Novellen und Romanen hat er einstweilen
auf die Schilderung des Berliner weltstädtischen Treibens ver=
zichtet; hier ist er ganz Provinziale. Die ostpreußische Ebene
mit ihren Heidestrecken und ihrer Stromniederung ist es, aus
der ihm seine epischen Gestalten erwachsen sind. Ihre Stim=
mungen weiß er mit feinem Pinsel in prachtvollen Details
auszumalen und — was die Hauptsache ist — in bedeutungs=
volle Beziehung zu der Stimmung seiner eigenen Figuren
zu bringen, am lebendigsten und eindringlichsten in seinem
so vielfach angefochtenen Roman „Es war". Allein nicht
nur Naturschilderungen von reizvollem Charakter, weisen seine
epischen Werke auf, jedes Interieur umfaßt er mit dem
Blicke des Malers und er macht geradezu Effektstücke (wie in
„Frau Sorge" und „Es war") aus dem Lichtwechsel, die er in
symbolisierender Weise auf das Gemüt seiner Figuren wirken läßt.

Sudermanns erste Arbeiten: „Geschichte einer stillen Mühle"
und „Der Wunsch", die unter dem gemeinsamen Titel „Die
Geschwister" (1888) erschienen sind, tragen noch ganz den Cha=
rakter von Talentproben. Sie verarbeiteten dasselbe Thema in
verschiedener Ausführung. Die Charakteristik der beiden Brüder

in der „stillen Mühle", die beide dasselbe Weib lieben, das dem
einen von ihnen angehört und den andern liebt, ist ziemlich
oberflächlich im Familienblattcharakter gehalten; nicht ohne
Anmut ist der weibliche Typus gezeichnet, doch in seinen
Grundzügen schwankend; der Reiz der Erzählung beruht allein
in dem Stimmungsgehalt einiger Situationen. Und doch wird
die „Geschichte der stillen Mühle", durch welche ein Ton des
alten Volksliedes von unglücklicher Liebe leise zu schwingen
scheint, immer noch den Leser inniger berühren, als die in breite,
psychologische Spintisiereien sich verlierende Novelle „Der
Wunsch", die viel sorgsamer gearbeitet ist. Hier giebt ein
junges Mädchen sich selbst den Tod, weil sie gewünscht hat
— einmal, nur ein einziges Mal in einem Augenblick allzu-
begreiflicher Schwäche — die todkranke Schwester möchte wirklich
sterben, damit sie selbst mit ihrem Schwager, den sie liebt und
der sie wieder liebt, vereinigt werden könnte, und weil dieser
Wunsch darauf vom Schicksal erfüllt wird. Viele feine Bemerkungen werden gemacht, um die That begreiflich erscheinen
zu lassen, und darüber wird doch nicht der Eindruck innerer
Unwahrheit überwunden.

Schon in diesen Jugendarbeiten tritt der den epischen
Helden Sudermanns eigene Zug hervor. Alle stehen sie unter
dem Drucke eines Verhängnisses, das ihnen durch die eigene
Leidenschaft noch erschwert wird, alle ringen gegen das Verhängnis, wie gegen die Leidenschaft an und allen wird der
Kampf schwer und tragisch. Man kann die gleiche Formel auf
alle epischen Helden Sudermanns anwenden, auf Paul in „Frau
Sorge", Boleslaw im „Katzensteg" und Leo in „Es war",
sowie auf das Liebespaar in „Jolanthes Hochzeit" (1892),
einer kleinen, reizvollen Novelle, die durch die meisterhafte
humoristische Zeichnung der Hauptfigur ungemein fesselt. Die
Familienähnlichkeit Aller springt deutlich ins Auge und sie
wurzelt in einer gewissen Willensschwäche und Energielosigkeit

die der Dichter, seinem Hange für Kontraste folgend, mit Vorliebe durch das Bild einer äußeren Mannhaftigkeit, um nicht zu sagen eines robusten Reckentums, das er seinen Helden verleiht, noch schärfer ins Auge fallen läßt.

„Frau Sorge" ist noch vor der „Ehre" (1887) erschienen. Das Buch hat, nach der Zahl seiner Auflagen zu urteilen, in der Lesewelt die größte Beliebtheit unter den Sudermannschen Arbeiten errungen, und auch wer kritisch sein Schaffen überblickt, wird nicht anstehen, es für sein bisher bestes zu erklären. Es waltet darin eine glückliche Verbindung poetischer Stimmung und realistischer Darstellung, eine anmutige Erzählungsweise, die rührt und spannt und unsere Anteilnahme bis zur letzten Seite gefangen hält; das Bild der Frau Sorge aber, das märchenhaft über dem scheuen, ernsten Helden schwebt, lenkt den Blick von der Sonderbarkeit seines individuellen Wesens auf das trübe Loos allgemeiner Menschlichkeit. Die Sorge ist es, die Paul nicht bloß die Freude seiner Jugend, sondern den besten Kern seines Lebens, seine Liebe, ja selbst seine männliche Würde raubt, die ihn nichts rein und frei empfinden läßt, nicht einmal den Schmerz um den Tod der heißgeliebten Mutter, bis seine dumpfe Verinnerlichung durch eine gewaltsame That gebrochen wird, indem er das eigene Haus anzündet, um den rachsüchtigen Vater von einem Verbrechen zurückzuhalten.

Auf „Frau Sorge" folgte der „Katzensteg" (1889), trotz effektvoller Szenen flüchtiger gearbeitet als jener Roman, und doch klingt hier die sinnliche Kraft seines Temperaments am stärksten durch und doch hat die Antithese seiner Gestaltungskunst hier einen seiner eigenartigsten Charaktere geschaffen; die Regina, die die Geliebte von Boleslaws Vater war und die den Sohn liebt mit der selbstlosen, fast hündischen Treue ihres sklavischsinnlichen Naturells. Wie es den jungen Junker, der wegen des Verrats seines Vaters unter dem Haß der Dorfbewohner zu leiden hat, zu dem seltsamen Weibe hintreibt, das sittliche

Pflicht ihn zu meiden gebietet, wie Alles, was geschieht, ein neuer Anreiz wird für ihn, das Frevelhafte zu begehen, ist mit energischer Kraft geschildert. Den Schluß bereitet dagegen der Zufall oder das gute Verhängnis, das der Dichter gewaltsam mit effektvoller Wendung herbeizuführen liebt.

Am gewaltsamsten und gezwungendsten in seinem großen Roman „Es war" (1894). Wie in jedem seiner Werke hat Sudermann auch hier einen interessanten Stoff gepackt und wie immer auch diesmal den Stoff zu einem interessanten Problem umzugestalten gesucht. „Es war" ist die Geschichte der Vergangenheit, die Macht über den Menschen und sein Inneres gewinnt. Es ist nicht die alte Lehre von dem Fluch der bösen That, die fortzeugend Böses gebären muß, die sich darin ausspricht, wie man es wohl mißverstanden hat, sondern die andere, daß Erinnerungsbilder vergangener Schuld nicht unser Thun und Wollen bestimmen dürfen, wenn wir uns zu freien und besseren Menschen entwickeln wollen. Mit ganz bestimmter Tendenz gefärbt, richtet sich diese Anschauung gegen die kirchliche Forderung der Reue und Buße zu Gunsten eines freieren Menschentums. Leo von Sellenthin hat mit der Frau eines seiner Freunde ein Verhältnis gehabt. Dieser entdeckt die Wahrheit und fordert Leo, der ihn niederschießt und dann in die weite Welt geht. Niemand hat indessen den wahren Anlaß des Duells erfahren, auch Leos Freund Ulrich nicht, dessen feierliche Frage, ob zwischen ihm und jener Frau etwas bestehe, was nach menschlichem und göttlichem Recht verboten sei, Leo verneint hat. Während er seinen junkerhaften Uebermut und seine ostelbische Lebenswildheit in den Pampas von Süd-Amerika austobt, heiratet Ulrich die Frau des im Duell Getöteten, die Geliebte Leos, der erst die vollzogene Thatsache erfährt. Das ist die Vorgeschichte von „Es war", die doch von der ersten bis zur letzten Seite das Buch erfüllt. Als Leo endlich nach vier- oder fünfjähriger Abwesenheit heimkommt, findet er diese Sachlage vor. Aus seinem derbfrischen Naturell heraus hat er sich eine Lebensphilosophie zurecht gemacht, mit der er vermeint, auch damit fertig zu werden. Sie lautet: nichts bereuen und seine Pflicht thun. Aber diese für ihn wahrhaft heilsame Philosophie scheitert an der Vergangenheit, sie scheitert an seiner echt Sudermannschen Individualität, die von grübelnder Reflexion und sinnlicher Neigung aus der Bahn ihres ursprünglichen Lebensdranges gezogen wird, und sie scheitert an den von kirchlichem Geiste bestimmten Einflüssen seiner Umgebung. Er wird von neuem schuldig, indem er in die Netze der schönen Sünderin fällt, und zwar schuldig, weil er das Vergangene, anstatt es in sich zu ersticken und zu vernichten, wieder auf sein Temperament wirken läßt. Er wird schuldig an seinem Freunde, an den Seinen und nicht zuletzt schuldig an sich selbst; in innerer Selbstverachtung scheint seine frische Lebenskraft verrohen zu sollen. Dies höchst interessante und ethisch bedeutsame Problem hat Sudermann in einer Reihe von Kapiteln behandelt, die bezüglich des Charakters epischer Darstellung des größten Lobes würdig sind. In keinem seiner früheren Werke besitzt er diese Anschaulichkeit der Erzählung, diese gegenständliche Schilderung des Milieus, dieses Bemühen einer lebenswahren, psychologisch begründeten und zugleich originellen Charakteristik wie hier. Alle seine glänzenden dichterischen Qualitäten führt er ins Feld, um überall Farbe und Stimmung zu erwecken, und auch auf die Komposition des Romans hat er die größte Sorgfalt verwandt. Aber um seine Handlung durchzuführen, hat er einen ganzen Bau Motivierungen, alle für die Gelegenheit komponiert, aufführen müssen und daraus ist ein Rattenkönig psychologischer Unwahrscheinlichkeit geworden, aus dem der schärfer Blickende sich kaum noch ausfindet. Am allerunwahrscheinlichsten erscheint der Schluß, der alles auf die gemütlichste Weise ordnet, von der geradezu unmöglichen Komödie ganz abgesehen, die Felicitas in ihrem Schlafzimmer aufführt. In dieser Felicitas hat er das innerliche leere, in schönen Anempfindungen schwelgende, gewissenlose Weib gezeichnet, in dem Backfisch Hertha ihr eine ursprüngliche Natur gegenüberstellen wollen, und dabei sind ihm die komö= diantenhaften Züge auch in die Mädchengestalt geraten. Man merkt, daß sein Wirklichkeitssinn, seine scharfe Beobachtungsgabe bei der Zeichnung beider Charaktere nicht von einer starken Em= pfindung getragen worden ist.

Trotz alledem finden sich glänzende Kapitel und vortreffliche Charakterzeichnungen in dem Roman, die dem Besten anzureihen sind, was Sudermann geschaffen hat. Sudermanns Dichten trägt unverkennbar einen modernen ethischen Zug. In ihm lebt die Witterung eines neuen Menschheitsideals; etwas unklar freilich, wie in vielen unserer Zeit, prägt sich das Bild desselben in seinen Schriften aus. In „Frau Sorge", im „Katzensteg" und vor allem in „Es war" zeigt es seine noch blassen, farb= losen Züge. Es ist negativ und zerstörend, indem es sich los= sagt ebenso von der spießbürgerlichen Moral und der konven= tionellen Gesellschaftssitte wie von der kirchlichen Dogmatik, die immer noch in ihre Formen das ethische Leben des modernen Menschen pressen will, aber es ist auch positiv, wenn gleichnoch wie hinter einem Schleier ruhend, indem es das Recht der Individualität auf ein Ausleben seiner natürlichen Eigenschaften proklamiert. Wie diese letztere Forderung zu versöhnen ist mit dem Zwang, den jedes menschliche Gemeinwesen wiederum im eigenen Interesse beanspruchen muß, auf den Einzelnen auszu= üben — diese Kardinalfrage unserer modernen Kultur wird freilich niemals von der Dichtung gelöst werden können. —

Zu denjenigen Autoren, die wie Sudermann zwischen dem Alten und Neuen mehr oder minder vermitteln, wird auch Hermann Heiberg (geb. am 17. November 1840 zu Schles= wig) zu rechnen sein, der erst im gereiften Mannesalter mit den geistreichen „Plaudereien mit der Herzogin von Seeland" (1881) sich in die Litteratur einführte und im weiteren eine ganze Reihe von Romanen und Novellen veröffentlichte, die, wenn auch nicht alle gleich an Wert, in ihren besten Erscheinungen doch einen durchaus litterarischen Charakter tragen. Heiberg, wohl bisweilen von den Jungdeutschen als Eideshelfer in Anspruch genommen, ist doch mehr Realist im Sinne von Dickens und Reuters, ein niederdeutscher Genremaler, der am glücklichsten daran ist, wenn er seine Farben und Stoffe seiner schleswig-holsteinischen Heimat entnimmt wie in dem kleinen tragischen Meisterroman „Apotheker Heinrich" (1885), den kein Geringerer als Fontane einen deutschen Musterroman genannt hat. Aber auch das gesellschaftliche Leben und seine Probleme schildert er mit reifer Menschenkenntnis, so in „Ein Weib", „Die goldene Schlange" u. s. w., und sein Realismus kennt wie in „Menschen untereinander" wirklichen Humor, wenn er in kurzen, scharfen Strichen dem Alltagsleben abgelauschte komische Typen zeichnet. Nicht zuletzt ist Heiberg ein feinerer Schilderer der Frauennatur und geradezu verschwenderisch in der Fülle weiblicher Figuren, die er in seinen Erzählungen in wirkungsvollem Kontrast nebeneinander stellt. Was man bei ihm gelegentlich vermißt, ist Gedrungenheit und Straffheit der Komposition und oft erlahmt das Interesse, weil die Phantasie des Lesers schneller ist als die dehnende Hand des Dichters. Trotz dieser und anderer, namentlich in einigen seiner letzten Werke hervortretenden Schwächen bleibt Heiberg einer der interessantesten und eigenartigsten Realisten in dem Schrifttum unserer Gegenwart: einer von denen, welche die Kraft deutschen Gemütslebens verkünden, wo andere nur in dem Realismus der Außenwelt stecken bleiben.

Eine der schärfsten Klingen in dem litterarischen Kampfe gegen die Jüngstdeutschen hat der Kunstkritiker der Kölnischen Zeitung, Karl v. Perfall (geb. 24. März 1851 zu Landsberg i. B.), geschwungen, dennoch aber mit Entschiedenheit das Recht der Dichtung betont, den Problemen des erotischen Lebens mit vollem realistischen Ernst nahezutreten und die Doppelnatur desselben nach seiner sinnlichen und geistigen Seite zu schildern. In seinen Romanen „Ein Verhältnis" (1888) und „Verlorenes Eden — heiliger Gral" (1894), geht er auf derartige Fragen mit dem Ernst des Künstlers und der Erfahrung des gereiften Mannes in geistvoller und fesselnder Weise ein. Ein ungemein entwickeltes Talent der anschaulichen Schilderung unterstützt seine Gestaltungskraft, die bisweilen nur dadurch ein wenig beeinträchtigt wird, daß sie allzu deutlich Beispiele zu den Lebenstheorien einer ausgeprägten Persönlichkeit zu bieten trachtet. Als sein bestes Werk kann man wohl „Die fromme Witwe" (1892) ansehen, ein Roman, der die Einwirkung asketisch-religiöser Weltanschauung auf ein weibliches Gemüt schildert und in seiner Zeichnung mannigfacher Typen des katholischen Lebens nicht bloß ein offenes Auge, sondern auch einen Zug feinhumoristischer Lebensauffassung bekundet. „Sein Recht" (1896) enthält die zarte und diskrete Schilderung eines heimlich-unerlaubten Liebesverhältnisses in höfischen Kreisen, dessen düsterer Abschluß freilich dadurch, daß der Autor ihn als berechtigt hinstellt, kraß und sensationell wirkt.

Als einer unserer besten modernen psychologischen Romane, welche die Zergliederung des seelischen Lebens sich zur Aufgabe stellen, sei an dieser Stelle zum Schluß sodann das, wie es scheint, wenig beachtete Werk eines Schweizer Autoren genannt: „Tino Moralt, Kampf und Ende eines Künstlers" (1890). Es ist ein düsteres Gemälde seelischen Niederganges, das sein Autor, Walther Siegfried (geb. 20. März 1858 zu Zofingen im Kanton Aargau) entrollt, indem er den Gegensatz zwischen Wollen und Können als das tragische Verhängnis eines Künstlerdaseins hinstellt, aber das Buch ist mit einer solchen stilistischen Kunst, man kann nur sagen, malerischer Anschauung geschrieben, es bietet eine so ergreifende und eingehende Analyse der inneren Aufreibung einer künstlerischen Seele, daß es ganze Bände beliebter Tagesautoren aufwiegt. Unendlich einfach ist die epische

Handlung und unendlich reich die Fülle plastischer Züge, in denen das Seelenleben des Helden, von dem Schöpfergefühl des Künstlers bis zu den wirren Phantasien des armen Narren zum Ausdruck gelangt. Man spürt den Einfluß von Zolas „L'oeuvre" und auch den von Kellers „grünem Heinrich" und doch bleibt eine künstlerische Originalität übrig. Weniger düster und in seinem ethischen Grundgedanken um so erhebender ist „Um der Heimat willen" (1898), worin Siegfried die Schuld eines Mannes schildert, der seiner schweizerischen Heimat wegen ein schweres Vergehen auf sich nimmt, um zuletzt doch der Gerechtigkeit anheimzufallen. Auch hier ist das ethische Problem in ungezwungener Weise mit der realistischen Detailschilderung verwoben.

---

7. Aus dem letzten Jahrzehnt.

Der Kampf, den die „Jungen" gegen die „Alten" eröffneten — ein litterarisches Schauspiel, das sich in diesem Jahrhundert nun zum viertenmale wiederholt hat — trieb die letzteren in die Stellung der Verteidigung. Der Roman wurde auch hier Kampfmittel und Kampfplatz. Spielhagen, Heyse, Wilbrandt und Hopfen standen an der Spitze der Phalanx, welche das Evangelium der Schönheit gegen die naturalistische Lehre leidenschaftlich verteidigten. Aber wie es in der Hitze eines Zweikampfes geht, um nur an Hamlet zu denken, so vertauscht man bisweilen die Waffen. Es prägten sich dabei öfter in den „Weltbildern", welche die Anhänger des alten Evangeliums zeichneten, Züge von wenig ihrem Idealismus entsprechendem Charakter aus, so daß es bisweilen schien, als hätten sie damit den Beweis erbringen wollen, daß sie das Häßliche nicht minder zu meistern verständen als die jungen Naturalisten.

Am heftigsten, absprechendsten und darum am ungerechtesten war Paul Heyse von den randalierenden Prahlhänsen der naturalistischen Schule angegriffen worden. In seinem Romane „Merlin" (1892) machte er einen idealistischen Dichter zu seinem Helden und gleichzeitig zum Mundstück seiner geistreichen und feinstilisierten Anklagen gegen die Richtung dieser modernen „Schächerpoesie", wie Wilbrandt sie getauft hatte. Dem Buche ist dafür von seiten der jüngstdeutschen Kritik übel begegnet worden und zwar mit Unrecht, weil man allzu viel Gewicht auf die ästhetischen Anschauungen des Dichters sowohl wie des Helden legte. Es ist wahr, dieser Georg Falkner ist eine rein ästhetische Natur, nicht bloß in seinen poetischen, sondern auch in seinen moralischen Empfindungen, als Mann ein Schwächling, dem die Laune seines Schöpfers das Schicksal bereitet, nicht die eigene Kraft. Er ist auch widerspruchsvoll in seinem Empfinden. Er versteht sich dazu, aus einem Trauerspiel „Rosamunde", das er gedichtet, ein modernes naturalistisches Stück zu schaffen (wenn dies seinem Talente möglich ist, was man billig bezweifeln mag), nur daß er bei der Aufführung seinen Namen nicht nennen läßt. Aber als er seiner Frau die Treue bricht und er der Verführungskunst einer schönen Schauspielerin unterliegt, welche die Hauptrolle in dem von ihm verfaßten Märchenstück „Merlin" spielt, ist das Mark seines Lebens für immer zerstört. Er kann die Harmonie seines Innern nicht wiederfinden, das Bild der schönen Sünderin liegt ihm immer noch im Blute und eine Wiederbegegnung mit ihr bildet den Anlaß, daß sein Geist sich umnachtet. Er endet im Irrenhause als idealistischer Dichter, der in tragischer Ironie den Schein der Kunst in Wirklichkeit umwandelt: nachdem er den Täufer Johannes mit dem blutenden Haupte in einem Trauerspiele dargestellt, durchschneidet er sich den Hals. Eine moralisch so fein organisierte Natur, die sich bei der ersten Lebenssünde verblutet, würde sich auch wohl gegen die Sünde wider den heiligen Geist gesträubt haben, als Idealist naturalistische Komödien zu dichten. Und doch ist der Schluß des Buches trotz seines unverkennbar romantischen Charakters von erschütternder Gewalt. Nicht die ästhetische Polemik, sondern die moralische Pointe ist an „Merlin" die Hauptsache, und gerade diesen moralischen Trumpf spielt Heyse gegen die Naturalisten aus, welche die Kunst wohl mit allen möglichen Tagesfragen, aber selten mit der schönen Aufgabe, die sittlichen Begriffe zu vertiefen, in Verbindung bringen wollen. Auch in diesem Romane finden wir eine Anzahl mit echt Heyse'scher Anmut gezeichneter Gestalten und der freigeistige Zug seiner Denkungsart spricht sich nicht ohne Schwung in der Schilderung des Dr. Abel und seiner freien Gemeinde aus. Schwach und blutlos erscheinen dagegen die Typen des sozialen Lebens, die vorübergehend auftauchen; hier erweist sich wieder einmal, daß dem ästhetischen Naturell des hochgesinnten Dichters, der das geistige Leben unserer Zeit mit so lebendiger Anteilnahme verfolgt, das Milieu der Massen, ihre Fragen, Sorgen und Schmerzen fern liegen; er hat nur das Mitleid für sie übrig, sich in ihr Dasein einzufühlen ist ihm unmöglich. In seinem letzten Romane „Ueber allen Gipfeln" (1895) zieht er sich denn wiederum ganz in die ästhetischen und aristokratischen Kreise zurück, in denen er selbst zu Hause ist und mit soviel Anmut und Geist zu walten weiß. Hier klingt auch die Sprache seines feingeschliffenen Stils, bei der sonst ein leiser Hauch von Unnatur, wie bei den „Alten" überhaupt, dem jüngeren Geschlecht schon stärker zum Bewußtsein gekommen ist, ungezwungener, frischer und lebendiger. Wie in „Merlin" ist er auch in „Ueber allen Gipfeln" Moralist, und zwar ist es diesmal die Philosophie des Nitzeschen „Uebermenschen", gegen die er sich wendet. „Wir Germanen", sagt eine Figur des Romans, der Dorfschulmeister Wolfhardt, „die wir uns rühmen, alle philisterhaften Tugenden gepachtet zu haben — wenn wir einmal über die moralische Schnur hauen, geht's gleich ins bestialische . . . Sie (die Franzosen und Italiener) beneiden uns nicht um unseren Kultus der Uebermenschen, unserer Züchtung der blonden Bestie, obwohl der Hang zur Zügellosigkeit, zum brutalen Durchsetzen des lieben Ich gegenwärtig durch die ganze Welt geht". Ueber dem Roman, der vielleicht mehr eine erweiterte Novelle ist, liegt trotz ernsten Grundthemas und ernster Situationen ein Hauch von Heiterkeit, in dem nichts von der Merlinschen Bitterkeit zu spüren ist. Ein deutsches Duodezstaatlein ist der Schauplatz und allerlei interessante Figuren bilden den die einfache Handlung umschwebenden Reigen. An den Helden — diesmal ist es einer der im modernen Romane beliebt gewordenen Legationsräte — tritt die Versuchung heran, einmal sich „jenseits von Gut und Böse" zu stellen, nachdem ein Mißverständnis ihm seine Jugendliebe entfremdet hat. Er ist nahe daran, durch Heirat der Tochter des allmächtigen Ministers des letzteren Nachfolger in der ministeriellen Tyrannis zu werden und gleichzeitig die schöne exotische Fürstin des Landes zur Geliebten zu gewinnen. Aber auf der Höhe der Entscheidung schlägt ihm doch sein Gewissen; er sieht ein, daß er absolut kein „Renaissancemensch", sondern ein vom Kantschen Imperativ erfüllter guter Deutscher ist. Rasch sind Mißverständnis und Hindernis beseitigt und er zu seiner ersten Geliebten zurückgekehrt, mit welchem Allen bewiesen ist, daß wir Deutschen unser irdisches Glück eben nicht „jenseits von Gut und Böse" zu finden vermögen. Man wird das vielleicht keine Widerlegung nennen können und doch seine Freude an dem anmutigen Bilde dieser gewinnenden und vornehmen Menschen haben.

Wie Heyse wandte sich auch Friedrich Spielhagen gegen den Roman der naturalistischen Schule und im besonderen gegen die von Zola aufgestellte Behauptung, daß der moderne Gesellschaftsroman einen wissenschaftlichen oder „experimentalen" Charakter tragen müsse. In seinem „Sonntagskind" (1893) stellte er gleichsam noch einmal das Wesen des deutschen Romans als Entwickelungsgeschichte eines bedeutsamen Individuums diesem „experimentalen" Romane gegenüber. Das „Sonntagskind" ist ein junger Dichter, dessen Leben von den Knabenjahren im Walde bis zu den harten Schicksalsschlägen des gereiften Mannesalters an uns vorüberzieht. Die Wärme, die in dem Dichter lebt, hat er in seinen Helden gelegt, der seinen Weg mit einer männlich festen Sicherheit macht, ohne viel Irrungen des Charakters zu beklagen. Selbst in der Liebe offenbart er eine Beständigkeit des Gemütslebens, die gegenüber der Wandelbarkeit früherer Spielhagenscher Helden eigenartig berührt. In der Schilderung der sozialen Zustände des Arbeiterdorfes spürt man einen fast naturalistischen Hauch, wie denn auch böse Erfahrungen, die dem Autor die Konflikte seines dichterischen Schaffens mit der Wirklichkeit bereiteten, das Buch mit einigen Bitterkeiten beschwert haben. In Spielhagens nächstem Roman „Die Stumme des Himmels" (1894) wird uns die Leidenschaft der Liebe noch einmal mit der Farbenglut einer hinreißenden Sprache als das gewaltige Verhängnis geschildert, welches zwei Liebende in den Tod reißt, da sie ihren Kompromiß mit dem Leben nicht zu schließen vermögen. Die Liebe in solcher Gestalt ist Poesie, und Poesie und Leben, meint der Dichter treu nach Goetheschem Vorbilde, sind zwei Kreise, die nichts mit einander zu thun haben und wer sie als Mensch verwirrt in seinem Fühlen und Handeln, geht darüber zu Grunde. Ist in der „Stummen des Himmels" ein edles, großes Frauenbild die unglückliche Heldin, welche die Poesie im Leben sucht und sie nicht findet, so ist im „Sonntagskind" die holde Isabel eine Poesie gewordene Mädchengestalt, der freilich auch einige sehr irdische Schwächen anhängen, unter denen der arme Dichter nachher zu leiden hat. In leisen Gegensätzen bewegte sich denn Spielhagens Schaffen weiter mit kluger Ueberlegung, daß die individuelle Phantasie sich nicht unmittelbar wiederholen dürfe. Auf die Waldesstimmung und die Bilder des Fabrikdorfes im

„Sonntagskind" folgte die Meereslandschaft von Norderney und die ländliche Aristokratie in der „Stummen des Himmels" und dem hochgespannten Empfindungsleben der Liebenden in diesem letzteren Roman wiedernm schloß sich das mit fein realistischer Kunst ausgeführte Kabinetstück: „Susi, eine Hofgeschichte" (1895) an, in der Spielhagen gleich Heyse zu der Schilderung des kleinstaatlichen Hoflebens zurückkehrte. In dieser Susi hat er eine seiner lebenswahrsten Frauenfiguren gestaltet: wie diese ganz in Anmut getauchte herzlose Kokette mit raffiniertem Geschick ihren Gatten betrügt und den Herzog sich erobert, ist meisterhaft gezeichnet, nicht minder bewundernswürdig aber die Komposition, welche die Fäden der Handlung in sorgsamer Weise zusammenschlingt, um die Katastrophe so ungezwungen wie möglich erscheinen zu lassen.

„Die Stumme des Himmels" und „Susi" bedeuteten eine Abkehr von dem Zeitroman, zu dessen ethischen Problemen der Dichter jedoch in seinen folgenden Schöpfungen „Selbstgerecht" (1896) und noch mehr in „Faustulus" (1897) zurückkehrte. Gleich Heyse wandte er sich hier gegen die durch Nietzsche Mode gewordene „Umwertung der Werte". Ist es sittlich erlaubt, einen Menschen zu töten, von dem ich weiß, daß er mir und anderen tötliche Gefahr bringt, und über diesen Totschlag dem Staate keine Rechenschaft zu geben d. h. den Vorfall einfach zu verschweigen? Fritz Mauthner hat in einem interessant geschriebenen Roman „Kraft" (1894) diese Frage bejaht, Spielhagen verneint sie durch seinen Oberförster, den er zum Helden seiner spannungreichen Erzählung gemacht hat, zuletzt mit Entschiedenheit. Noch energischer aber erhebt er sich in „Faustulus" gegen diese Lebensphilosophie, welche das subjektive, eigenmächtige Spiel mit den Lebensmächten zum Rechte der Persönlichkeit erheben will. Es ist fast ein Zug geistreicher Kritik der Modeanschauungen, daß Spielhagen Handlung und Helden des in einer kleinen Stadt der Ostsee spielenden Romans in das Jahr

1850 zurückverlegt, in das Zeitalter der „problematischen Charaktere", wo man von Nietzsche noch nichts wußte, indessen Stirner eben sein Buch „Der Einzige und sein Eigentum", dieses alte Testament zu Zarathustras Evangelium, veröffentlicht hatte. Der Held, der Goethes „Faust" für eine im Guten und Bösen „schwankende Gestalt" erklärt, will als „Faustulus" den vollen Kraftmenschen spielen, nicht zuletzt in der Liebe, wo er von sehr unrühmlichen Verhältnissen ausgehend nach der Verführung eines Fischermädchens, das er in den Tod treibt, sich als echte Strebernatur entpuppt. Nach seiner Verlobung mit einem reichen, gebildeten Mädchen sucht ihn jedoch das Gewissen mit visionären Zuständen heim und in einem solchen Anfalle wird er erstochen. Das Bild dieser an schwachen Nerven zu Grunde gehenden Genialität ist vielleicht für die Decadenz moderner Gernegroße kennzeichnend, aber es deckt sich wohl nicht mit dem Problem, das Spielhagen sich gestellt, eine wirkliche Kraftnatur an dem Grundfelsen der sittlichen Welt scheitern zu sehen. Daneben giebt die in fast naturalistischer Alltäglichkeit erscheinende Gemeinheit eines kleinstädtischen Ehebruchs dem Roman ein Gepräge, dessen Unerfreulichkeit die glänzenden Küstenbilder des Buches doch nicht ganz verdecken können.

Mit seinen klugen, das realistische Kleinleben behaglich anschauenden Augen, seinem bedächtigen Sinn und seinem mehr über den Dingen stehenden Temperament trat F. Fontane den naturalistischen Drängern durchaus nicht so schroff wie seine Altersgenossen entgegen. Ihm war vieles an ihnen sympathisch, vielleicht nicht zuletzt die Jugend selbst; im übrigen hielt er sich in seiner Art an die Dinge und nicht an die neue Lehre, der er anscheinend insofern entgegenkam, als in seinen letzten reifsten Werken die Erzählung und die Handlung ganz zurücktraten vor der Charakterzeichnung. Hatte er „Irrungen und Wirrungen" und „Stine" das jüngstdeutsche Thema des „Verhältnisses" mit reifster Kunst und leidenschaftsloser Ruhe geschildert, so machte er ebenso leidenschaftslos, nur mit einem gewissen ironischen Humor in „Frau Jenny Treibel" (1893) den Kampf gegen die Bourgeoisie d. h. in seinem Sinne gegen die Einkapselung des Individuums in die Standesvorurteile mit. In der Titelheldin dieses Romans zeichnet er ein köstliches Bild der zum Wohlstand emporgekommenen Berlinerin, für die bei aller empfindsamen Schwärmerei für das Schöne, Wahre und Gute doch nur „Geld Trumpf ist und weiter nichts", wie denn Frau Jenny Treibel schon in der Jugend wohl das Sentimentale liebt, aber doch immer nur „unter Bevorzugung von Courmachen und Schlagsahne". Die ganze Handlung besteht nur aus einigen Schachzügen, welche diesen Charakter in wirksame und ergötzliche Beleuchtung rücken. Hier aller Romantik bar, mischte der Dichter in seinem bedeutendsten Roman „Effi Briest" (1895) in die Wirklichkeitsgeschichte eines Ehebruches allerlei symbolische Züge, mit denen er freilich nicht den Eindruck naturalistischer Stimmungspoesie erreicht. Das Thema ist ein ähnliches wie in „L'Adultera", nur ist nicht der Ehebruch, sondern was ihm voraufgeht und was ihm folgt die Hauptsache. Alle Kunst hat der Dichter entfaltet, den Charakter seiner holden Heldin darzulegen, und da ihm selbst Leidenschaft fehlt, so liegt über Dingen, die das menschliche Blut in höchste Wallung bringen, eine gedämpfte Stille, wenn nicht gar Verschwiegenheit, die vielleicht als Kunstmittel verhüllt, was dem Temperament abgeht. In den „Poggenpuhls" (1896) gab er köstliche Kleinbilder aus dem Leben einer abligen, armen Offiziersfamilie und in seinem letzten Werk „Stechlin" (1898), das er kurz vor seinem Tode (20. September 1898) neben der zweiten Abteilung seiner Lebensgeschichte veröffentlichte, eine überaus geistvolle Charakterzeichnung des preußischen Junkers, wie er dem preußischen Wesen des alten Fontane von jeher sympathisch und behaglich war. Allerdings muß doch hervorgehoben werden, daß die Figuren seiner letzten Werke sich mehr in der Reflexion als

in der Empfindung zurechtfinden und daß der Dichter seine
Wirkung mehr dadurch erreicht, daß er sich an den Kunst=
verstand als an das warme Gefühl wendet.
Als epischer Dichter ist in den letzten Jahren auch Adolf
Wilbrandt (geb. 24. August 1837 zu Rostock), als Dramatiker
vor allem bekannt durch seine Tragödie „Arria und Messalina"
und das Schauspiel „Die Tochter des Fabricius", nachdem er
die von ihm 1881—87 geführte Leitung des Wiener Hofburg=
theaters niedergelegt, stärker hervorgetreten. In seinen zahl=
reichen Romanen liebt er es, das geistige und künstlerische Leben
der Zeit, sowie gewisse soziale Erscheinungen zu zeichnen, wenn
ihn auch sein philosophischer Geist von der Jagd auf „aktuelle
Tagesfragen" abhält. In einem seiner früheren Romane:
„Adams Söhne" (1890), tragen die Figuren fast noch echt
Gutzkowsches Gepräge und der geistreiche Genußmensch Walden=
burg und sein wüst=phantastischer Sohn Eugen erinnern stark
an gewisse Chraraktere der „Ritter vom Geist". Aber Wil=
brandts episches Schaffen hat sich seitdem erstaunlich rasch zu
einer eigenartigen Bedeutung entwickelt. „Hermann Ifinger"
(1892) giebt bereits psychologische Charakterbilder aus den Kreisen
der Münchener Maler, wobei die Vorbilder der Wirklichkeit
in geistreicher Weise überarbeitet sind. „Die Osterinsel" (1894)
ist bis jetzt Wilbrandts bedeutsamster Roman. Philosophische
Gedanken durchziehen fast alle dichterischen Werke Wilbrandts;
seine bewegliche Phantasie spielt gern mit dem Tiefsinne der
Seelenwanderungslehre, und in der „Osterinsel" ist es das
Problem des Nietzsche'schen „Göttermenschen", an dessen Verwirk=
lichung er seinen Helden Helmuth Adler heranschreiten läßt.
Nicht immer scheint hierbei die Grenze gegenüber dem Patho=
logischen für den Leser richtig gezogen, aber Kapitel wie die
Schilderung des Zusammentreffens zwischen dem phantastischen
Nietzschephilosophen Adler, dem weltflüchtigen Vegetarianer Westen=
berger und dem lustigen Musikus Hans Bergmann im Gebirge

offenbaren eine grandiose Lebens- und Gedankensymphonie, in
der fast ein Zug von dem genialen Humor Shakespeares liegt.
Dagegen zurück traten „Die Rothenburger" (1895), die das
Wirken eines menschenfreundlichen Arztes behandeln. Wilbrandt
ist zweifellos einer der feinsten und geistvollsten Köpfe unter
den „Alten". Er besitzt nicht nur eine blendende Phantasie
und reiche Welt- und Menschenkenntnis, sondern auch Geist und
Humor und eine anmutige Charakterisierungsgabe, nur daß er
mit seinem Thema und seinen Figuren oft mehr in geistreicher
Weise zu spielen scheint. In „Hermann Ifinger" hat er sein
ästhetisches Glaubensbekenntnis gleich Paul Heyse in einer
kräftigen Absage wider die „Schächerpoesie" des Naturalismus
zum Ausdruck gebracht und der Roman ist durch das diese Absage bekundende Gedicht in Oesterreich Gegenstand eines unerfreu-
lichen Prozesses geworden, der eben beweist, daß die Kunst auch
in unseren Tagen nicht bloß der Beurteilung der Kritik, sondern
auch der viel weniger glimpflichen des Staatsanwalts unter-
stellt ist.

Zwischen den „Alten" und „Jungen", den Idealisten und
Realisten schwankend, hat die feurige Natur Ernst v. Wildenbruchs (geb. 3. Februar 1845 zu Beirut in Syrien als Sohn
des dortigen preußischen Generalkonsuls) auf dramatischem Gebiete sich bald zu einem neuen Historienstil aufgeschwungen,
bald in sozialen Lebensbildern wie der „Haubenlerche" ihr
starkes Pathos zu naturalistischer Kleinmalerei künstlich herab-
gestimmt. Der Dramatiker scheidet hier aus und so entfällt
die stärkste Seite von Wildenbruchs Talent dieser Uebersicht.
Wenn aber Wildenbruch auch als Romandichter lebhafte Erfolge errungen hat, so verdankt er es nicht nur dem Geschick,
eine spannende Handlung zu erfinden und aufzubauen, sondern
vor allem einer dichterischen Eigenschaft, für die er in seinen
wildbewegten Dramen weniger Raum zu finden scheint: er besitzt nämlich wirkliches Gemüt und in so reicher Eigenschaft,

daß gerade seine Kindergeschichten zu den schönsten gehören, die wir in unserer Litteratur besitzen. Damit verbindet er gelegentlich einen trockenen, drastischen Humor, von dem ja auch seine Bühnenwerke zeugen. Seine Gemütswärme flackert jedoch, wenn sie sich zur Leidenschaft entwickeln will, zur Hitze auf und gewinnt bei der Darstellung exotischer Empfindungen bisweilen geradezu den Charakter brünstiger Sinnlichkeit. So ist die „Eisernde Liebe" (1893) mit ihren fast schlüpfrigen Ueberschwänglichkeiten ein ungesundes, überspanntes Werk. Erst in der „Schwesterseele" (1894) entfaltet der Dichter eine bemerkenswerte Kunst, wirkliche Menschen der Alltäglichkeit mit einer erfreuenden Behaglichkeit zu zeichnen; aus der Heldin hat er freilich den ungesund-überspannten Zug nicht ganz entfernen können, der schon die „weiße Dorothee" in der „Eisernden Liebe" kennzeichnete. Beide Romane haben Künstler zu Helden, „Eisernde Liebe" erzählt die Liebesgeschichte eines Malers, „Schwesterseele" die eines Dichters, und bei dem letzteren hat Wildenbruch nicht der Versuchung widerstanden, — und zwar durchaus nicht zum Nachteil des Romans — mancherlei Züge des eigenen Lebens und eigener Erfahrung in die Dichtung zu verweben.

Die letzten novellistischen Arbeiten von Wildenbruch „Claudias Garten" (1895) und „der Zauberer Cyprianus" (1897) nennt der Dichter „Legenden". Sie entnehmen den Rahmen ihrer freierfundenen Handlung den ersten Jahrhunderten des römischen Christentums, und ohne auf dem positiv-christlichen Boden zu stehen, offenbart Wildenbruch hier jene ekstatische Neigung, die auch das religiöse Element zum Inhalt der Kunst machen will. Wer das Ende des 19. Jahrhunderts überblickt, findet in ihm überhaupt einen neochristlichen Zug, der sich auch in der Litteratur widerspiegelt. Sudermanns Drama „Johannes" ist bis jetzt der glänzendste Beleg für diese neochristliche Richtung, die so seltsam zwischen dem Materialismus und Pantheismus

moderner Weltanschauung hin- und herschwingt und, zunächst
nach künstlerischen Zielen strebend, als eine Opposition gegen
den verflachenden ethischen Stumpfsinn der Elendmalerei des
Naturalismus auftritt, genau so wie die neue Märchenromantik.
Es ist charakteristisch, daß gerade der Naturalismus diese beiden
Bewegungen aus sich selbst erzeugt hat; in seinem Berliner
Roman „Das Gesicht Christi" (1896) läßt M. Kretzer sogar
in ergreifender Weise die Vision des christlichen Erlösers in die Schicksale seiner ganz naturalistisch gezeichneten Berliner Proletarier-
welt hineinleuchten, ein augenscheinlich der Malerei abgelauschter
Zug. Wie Wildenbruch in romantischer, so hat Richard Voß
in phantastischer Weise in seinem Roman „Der neue Gott" (1898)
religiöse und legendenhafte Züge zu einem farbenreichen, aber unruhig bewegten Gemälde verbunden, in dem die Gestalten des
Evangeliums und der Weltgeschichte zu nervösen Phantomen um-
geformt sind. In diesen und ähnlichen Erzeugnissen ist aber ein
Ton angeschlagen, der wie ein einleitender Akkord in das neue
Jahrhundert hinüberzudringen scheint. Auch das Mystische ist ja
noch ein Charakterzug unseres starkrealistischen Zeitalters, um so
mehr als es gerade durch die immer seltsameren naturwissenschaftlichen Entdeckungen desselben genährt wird, aus denen nicht zuletzt
selbst der Spiritismus seine vierdimensionale Kopflosigkeit zu rechtfertigen trachtet. F. Mauthner hat in seinem Buche „Die
Geisterseher" (1894) eine eher breite als launige Satire auf
den spiritistischen Schwindel geliefert, während der Natur-
forscher W. Bölsche in seinem durch prächtige Spreewald-
schilderungen ausgezeichneten Roman „Die Mittagsgöttin" (1890)
den Versuch machte, den in unserer Zeit schlummernden Trieb
nach einer höheren idealen Erhebung in der Entwickelung seines
Romanhelden vom Pessimismus durch den Spiritismus darzustellen. Auf den Geist des Zeitalters im idealen Sinne hat,
wenn auch in anderer Richtung, sodann das Buch einer Frau
eingewirkt, das bereits in alle Kultursprachen übersetzt, die

Forderung des allgemeinen Völkerfriedens erhebt, und man muß zugeben, daß B. v. Suttner (geb. 9. Juni 1843 zu Prag) die Schriftstellerin mit dem philosophischen Männerkopf und dem warmen Frauenherzen durch ihren Roman „Die Waffen nieder" (1890) mehr als eine rein litterarische Arbeit geleistet hat. Die furchtbaren Bilder menschlichen Leides, welche das Verhängnis des Krieges heraufbeschwört, sind hier mit einer eindringlichen und erschütternden Wahrheit wiedergegeben, daß es der Reflexionen der Verfasserin gar nicht bedarf, um den Abscheu vor dem Blutvergießen der männermordenden Schlacht zu erwecken. Auch das ist ein Akkord, der in das neue Jahrhundert hinüberklingt. Wie in dem Buche „Die Waffen nieder", bekundet übrigens B. v. Suttner auch in ihren anderen Romanen („Die Tiefinnersten", „An der Riviera", „Eva Siebeck", „Schach der Qual") neben nicht gewöhnlicher Menschenkenntnis ein durchaus selbständiges, lebendiges, ethisches Empfinden und Denken, das ihre Schriften ebenso originell wie anregend macht.

Aber mehr als in diesen idealen Sphären suchte der deutsche Roman in diesem letzten Jahrzehnt doch auf dem harten, nüchternen Boden des sozialen Lebens nach wie vor nicht nur seine Stoffe, sondern auch seine Talente, die gerade hier als die Träger der rein litterarischen Bewegung sich bezeichnen zu können vermeinten. Der Naturalismus hatte freilich seine fanatischen und konsequenten Anhänger rasch eingebüßt, aber sein Verdienst, neue Stoffgebiete erschlossen und die Technik des Erzählens auf die gefällige Momentwirkung in Schilderung und Erzählung hingewiesen zu haben, kam nun denen zu gute, die nicht mehr alten Wein in alte Schläuche füllen wollten, sondern sich für ihren jungen Most neue Bottiche anfertigten, die freilich bald so aussahen wie die alten. Man kam zuguterletzt entweder auf den feuilletonistischen Realismus Lindaus mit seinen mehr oder weniger sensationellen Motiven oder auf die an Sudermann anknüpfende vermittelnde realistische Richtung zurück, wobei der unausgesprochene Zweck des Romans immer dahin ging, Sittenschilderungen zu geben, ob diese nun in düsteres Grau gekleidet waren oder von den Lichtern eines jugendlich-burschikosen Humors durchleuchtet wurden. Der Standpunkt des einseitig-reichshauptstädtischen Romans wurde mit dem Niedergange der naturalistischen Grundsätze fallen gelassen und die Provinz kam zu ihrem Rechte, nachdem freilich andere sie schon entdeckt hatten. Immerhin blieb es gute Gewohnheit, die litterarische Laufbahn mit realistischen Skizzen aus dem Berliner Leben zu eröffnen, die indessen mit der stillen, gemütvollen Kunst von Heinrich Seidels „Vorstadtgeschichten" und ihrem originellen Sonderling Leberecht Hühnchen nichts zu thun hatten. Die hervorragendsten dieser so gekennzeichneten jüngeren Talente sind Ernst v. Wolzogen, Rudolf Stratz, Georg v. Ompteda, Wilhelm v. Polenz, Georg Engel u. a.

Ernst v. Wolzogen (geb. am 23. April 1855 zu Breslau) schildert mit frischen, lebhaften Farben das gesellschaftliche Treiben aristokratischer und künstlerischer Kreise, wobei er mit besonderer Vorliebe etwas anrüchige Typen und zwar mit oft satirischer, doch selten verletzender Laune malt. „Die Kinder der Exzellenz" (1893), „Die Entgleisten" (1894), „Eccehomo. Erst komme ich" (1895) und „Der Kraftmayr" (1898) sind bisher seine bekanntesten und beliebtesten Arbeiten geworden, in denen er einen freien, offenen Blick für die modernen Wirklichkeitsverhältnisse bekundet, die sein Humor zugleich in ungezwungener und die Uebertreibung vermeidender Weise beherrscht und belebt. Bisweilen ergiebt sich wie in den „Entgleisten", wo er ein ganzes Haus voll absonderlicher, von der breiten Chaussee des Lebens abgewichener Menschenkinder vorführt, und im „Kraftmayr" mit seinen Musikertypen aus diesem Humor auch eine starke Wirkung auf das Gemüt, bisweilen wie in „Eccehomo", wo seine Satire einen ostelbischen Junker in seinem ganzen brutalen Egoismus zeichnet, ist der Nachgeschmack trotz

des Witzes ein wenig bitter. Aber Wolzogen ist ein wirklicher
Humorist und nicht bloß Humorist, der uns lachen macht, sondern
auch ein Dichter, der mit künstlerischem Gefühl seine Charaktere
gestaltet. Nicht in demselben Maße ist Rudolf Stratz (geb.
am 6. Dezember 1864 zu Odessa), der von der Offizierslaufbahn zur Litteratur übergegangen ist, der Klaviatur menschlicher
Empfindungen mächtig; seine Stärke beruht auf seinen anschaulichen Wirklichkeitsbildern, die er in flotter, impressionistischer
Manier in seinen Romanen [„Unter den Linden" (1893), „Die
kleine Elten" (1895), „Arme Thea" (1896), „Der weiße Tod"
(1897), „Die letzte Wahl" (1898)] entwirft und in denen er
eine genaue Kenntnis des Turfplatzes und der Coulissenwelt bekundet, ja der „weiße Tod", ein echter „Sportsroman", enthält
sogar brillante Schilderungen aus der Alpenwelt.

Auch Georg Freiherr von Ompteda (geb. 29. März
1863 zu Hannover als Sohn eines königlichen Hofmarschalls)
hat als Premierleutnant die Waffe mit der Feder vertauscht.
Mit kleinen realistischen Skizzen und Novellen („Freilichtbilder",
„Vom Tode") begann er seine schriftstellerische Thätigkeit; sie
verrieten nicht nur ruhige, sichere Beobachtungsgabe, sondern
darüber hinaus sogar Phantasie und Gemüt. Das wilde Treiben
von allerlei Lebemännern und Lebeweibern in den Berliner
Restaurants und Tanzsalons zeichnete er in dem Roman
„Drohnen" (1892), in den er die kleine Entwickelungsgeschichte
eines Dichters einfügte. Militärisches Leben behandelten seine
Novellen „Die Sünde", „Unser Regiment" und das vortreffliche, groß ausgeführte Lebensbild „Sylvester von Geyer" (1898),
das die Geschichte eines jungen Offiziers von seiner Geburt
bis zu seinem im 24. Lebensjahre erfolgenden Tode erzählt.
In einer Reihe von sorgsam ausgeführten Genrebildern wird
hier das äußere und innere Leben der armen abligen Offizierskreise geschildert, aus denen das deutsche Heer den Kern seines
tüchtigen Führerkorps rekrutiert. Der Held ist kein großes

Licht, aber trotz seiner menschlichen Schwächen doch ein treues und wackeres Gemüt, und die warmherzige Anteilnahme des Lesers begleitet ihn in allen Phasen seines kurzen Lebenslaufes, der, nicht romanhaft, fast nur aus Alltäglichkeiten bestehend, durch die psychologische Kunst des Dichters sich als ein Stück echten und rechten Menschendaseins enthüllt. Diese psychologische Kunst bekundet Ompteda auch in dem „Ceremonienmeister" (1897), in dem die Liebe eines alten Hofmannes zu einer jungen Amerikanerin den Gegenstand eines fein ausgeführten Seelengemäldes bildet, das ohne den geringsten Hauch von Lächerlichkeit ergreift und rührt.

Aehnlich wie Ompteda hat auch der talentvolle Georg Engel (geb. am 29. Oktober 1866 zu Greifswald in Pommern) von der naturalistischen Novelle („Das Hungerdorf", 1893) sich über den Berliner Sittenroman („Zauberin Circe", 1894) zu dem psychologischen Realismus durchgerungen und in seinem Roman „Die Last" (1898) ein rein in der Darstellung menschlicher, wenn auch quälender Empfindungen aufgehendes Werk geschaffen, dessen Charakterzeichnung sich auf wenige Personen beschränkt, darum aber um so feiner ausgeführt ist. Der Roman spielt auf dem Lande, in den Räumen eines Bauerngasthofes, ohne im geringsten auf die agrar-sozialen Verhältnisse einzugehen. Dies letztere Gebiet hat ein anderes jüngeres Talent Wilhelm v. Polenz (geb. am 14. Januar 1861), seinem Stande nach selbst Gutsbesitzer, als seine litterarische Domäne sich auserkoren und mit ungewöhnlichen, bisweilen an die Strenge Ernst Zolas erinnernden Ernst in großangelegten sozialen Studien behandelt. Im „Pfarrer von Breitendorf" (1893) sind es die religiös-kirchlichen Verhältnisse, im „Büttnerbauer" (1895) die Zustände des Bauernlebens und im „Grabenhäger" (1896) die Not des ostelbischen Junkertums, die in breiter Sittendarstellung, obgleich ohne ausgeprägt tendenziösen Zug, geschildert werden. Aber an ausgereift künstlerischer Gestaltung und an Reiz der Erzählung steht Polenz den obengenannten noch bei weitem nach.

Von allen diesen jüngeren Talenten aber ist es Johannes zur Megede (geb. den 8. September 1864), der, obwohl von den Einflüssen des modernen Naturalismus nicht unberührt geblieben, doch am stärksten und temperamentvollsten die Mittel der epischen Kunst beherrscht. Sein erster Roman „Unter Zigeunern" war nur eine Talentprobe, die sich noch im Skizzenhaften und Konventionellen hielt, „Quitt" (1897) dagegen entrollte mit Spielhagenscher Spannungskraft eine hochbewegte, von realistischen Genreskizzen aus dem ländlichen Osten durchschlungene Handlung in so fortreißenden Zügen, daß kein Zweifel mehr daran bestehen konnte, hier habe ein großes Erzählertalent sich Bahn gebrochen. Soviel Konventionelles und Romanhaftes im alten Sinne dem Buche noch in seinem Helden und in seiner Heldin anhaftet, die über dunkele Vergangenheitsgeschichten in bekannter Weise von Haß zu gegenseitiger Liebe getrieben werden, so ist doch eine ganz hervorragende energische Gestaltungskraft in der Zeichnung der Figuren unverkennbar.

Wie bei diesem jüngeren Geschlechte, dem einstweilen die Entwickelung der litterarischen Bewegung übertragen ist, überwiegt in dem Romane des letzten Jahrzehnts des 19. Jahrhunderts überhaupt die Erörterung sozialer Probleme. Selbst in dem bescheidensten Familienblattromane geht es mit Vorliebe nicht ohne einen Arbeiterstreik und allerhand segensreiche Probleme, durch welche die Magenfrage gelöst werden soll. Die sozialen Fragen spuken überall herum, auch bei denen, die den Roman psychologisch zu vertiefen trachten. So hat E. Eckstein, Kretzers Beispiel folgend, den Untergang eines Handwerkers durch die Großindustrie in der „Familie Hartwig" (1895) geschildert und Wolfgang Kirchbach in seinem originellen Romane „Das Leben auf der Walze" (1892) sogar allerlei mit Humor gezeichnete Bilder aus dem Milieu der großen „industriellen

Reservearmee", der wandernden Handwerksburschen und Pennbrüder gegeben. Die angebliche oder wirkliche soziale Not der einzelnen Stände, die sonst nur im journalistischen Leitartikel und der Parlamentsrede ihren beredten Ausdruck findet, verschmäht auch den Roman nicht als Instrument der Agitation; selbst in den Salonroman bringen die Spuren dieser sozialen Erregtheit und der Klassenverbitterung, obwohl er im übrigen von seinen Lieblingsfiguren, die sonst sich blutwenig um die bitteren Notwendigkeiten des Lebens kümmern, nämlich den Aristokraten und den Künstlern, nicht lassen kann. Auch darin zeigt sich der Einfluß der realistischen Richtung, daß selbst die Modeautoren pessimistisch angekränkelt werden und den tragischen oder vielmehr traurigen Ausgang in ihren Romanen dem guten vorziehen. Es ist an anderer Stelle schon erwähnt, wie Paul Lindau in seinem Buche „Hängendes Moos" (1892) die Korrumpierung eines dichterischen Talentes durch die Berliner Gesellschaft schildert, wobei er mit einer romantischen Schlußwendung den Unglücklichen im amerikanischen Urwald Einsamkeit und Vergessenheit suchen läßt. Ebenso läßt auch Julius Stinde (geb. den 28. August 1841 in Holstein), der Verfasser der „Familie Buchholz" und ihrer Fortsetzungen, jener humorvollen Skizzen aus dem bürgerlichen Alltags- und Familienleben, die zu den erfolgreichsten Büchern der Mode gehören, ohne diesen Erfolg freilich immer zu verdienen, seinen Dichterhelden in dem Roman „Der Liedermacher" (1893) an der Berliner Gesellschaft zu Grunde gehen. Feiner und psychologisch wahrer wird dieser Pessimismus, wo er seine Motivierung nicht so sehr in den gesellschaftlichen Zuständen als in den Eigenschaften des menschlichen Charakters sucht. So behandelt E. Ecksteins Roman „Dombrowski" (1892) die Liebe eines Bildhauers zu einem jungen Mädchen, dem er alles opfert, sein Heim, seine Familie, nur um, wie Gerh. Hauptmanns „Einsame Menschen", ein geheimnisvolles, unnennbares Glück zu suchen, ohne es dann finden zu können. Mit feiner Sonde sind in dem Charakter des Helden krankhafte Stimmungen und Empfindungen bloßgelegt und das Ende ist quälend, doch nicht ohne tragische Erschütterung. Andererseits verflacht sich der Gesellschaftsroman psychologisch und ästhetisch zu dem Geltend= machen rein formaler Vorzüge, wie sie eine gewandte Feder mit sich bringt, selten daß dabei kleine tendenziöse Motive mit unterlaufen. So sind z. B. die Romane von A. v. Roberts (1845—96) überaus gefällig geschrieben und wie „Revanche" nicht ohne den Hintergrund eines ernsten Zeitgedankens, wie „Die schöne Helena" desselben Autors auch ein Sittenbild ge= wisser militärischer Zustände genannt werden kann, dem A. Zapp in seinen Romanen („Im neuen Sparta", „Offiziersehre") wohl eine kräftigere tendenziöse Spitze, aber schriftstellerisch nicht so elegante Form gegeben hat.

Weniger stark als Berlin ist Wien, die österreichische Kaiserstadt, in die jüngstdeutsche Bewegung hineingezogen worden. Von Alters her war auch hier ein bestimmter Lokalton dem litterarischen und nichtlitterarischen Schrifttum eigen, aber er kam mehr auf der Bühne, an der nun einmal das lebensfrohe Herz der Wiener hängt, als innerhalb des unscheinbaren Bücher= deckels zum Ausdrucke. Der Wiener Humor suchte, soweit er sich nicht auf die weltbedeutenden Bretter schwingen konnte, mit Vorliebe in den Spalten der Lokalblätter Unterschlupf in Ge= stalt komischer Typen und Lebensbilder, in denen V. Chiavacci (geb. 15. Juli 1847), der Schöpfer der „Frau Sopherl vom Naschmarkt" und Eduard Pötzl (geb. 17. März 1851), der Glaßbrenner des Wiener Lokallebens miteinander wetteiferten. Den Wiener Sittenroman auf realistischer Grundlage schuf erst der Wiener Journalismus, so Friedrich Uhl (geb. 14. Mai 1825 zu Teschen), unter dessen Romanen „Farben= rausch" (1887) den tollen Taumel des Makartschen Wiens zu schildern unternahm, freilich in Farben, die jetzt nur noch matt gegenüber den grellen Freilichtbildern Karls von Torresani (geb. 19. April 1846) in seinen Romanen „Die Zuckerkomtesse" (1890) und „Oberlicht" (1892) wirken. Mehr noch stellte Hermann Bahr (geb. 19. Juli 1863 zu Linz) der als kritischer Verkünder des naturalistischen Evangeliums wie der Hecht im Karpfenteich das litterarische, gemütliche Wien, das alte Capua der Geister, aufschreckte, sein Talent auf die Momentwirkungen einer gleichsam kinematographischen, aus vielen Beobachtungen sich zusammensetzenden Darstellungskunst ein („Theater", 1897), die das Unschöne und Häßliche mit der gleichen Treue und Mitleidlosigkeit verzeichnet wie alles übrige.

Auf dem Gebiete des historischen Romans ist die Ernte der letzten Jahre gering. Die streng naturalistische Schule steht dieser Romangattung wie der Geschichte überhaupt ablehnend gegenüber und der mißlungene Versuch, den G. Hauptmann in seinem „Florian Geyer" gewagt hat, die naturalistischen Grundsätze auf das geschichtliche Drama anzuwenden, hat nicht zuletzt den Rückschlag gegen die naturalistische Bewegung gefördert. Die Bahn, die Günther Wallot eingeschlagen, um den geschichtlichen Roman auf eine neue realistische Basis zu stellen, ist von Anderen einstweilen unbeschritten geblieben. So sind neue Namen und neue Talente in diesem Genre nicht zahlreich, und auch die neuen suchen das alte Kompromiß der Fabulierungskunst mit der Geschichte nicht durch eine neue überraschende Methode. Die Ansätze zu einer neuen modernen Behandlung wurden doch von den alten romantischen Motiven stark überwuchert und die moderne soziale Geschichtsschreibung ist noch ohne Einfluß auf den historischen Roman geblieben. F. Dahn hat seine Kenntnis der altdeutschen und christlich-römischen Geschichte zu den Romanen „Die Bataver" und „Weltuntergang" (1890) verwertet, denen er einen großen dreibändigen Roman „Julian der Abtrünnige" (1893) hinzufügte, ohne daß die Kritik Anlaß hätte, ihr früheres Urteil zu ändern. Das Gleiche gilt

von G. Ebers (gest. den 7. August 1898) der in „Josua"
(1890) und „Kleopatra" (1893) sich auf den früheren Pfaden
seiner Erzählungskunst bewegte, und mit „Im Schmiedefeuer"
(1894) und „Im blauen Hecht" (1895) wiederum Abstecher in
die mittelalterliche Geschichte deutschen Reichsstadtlebens unternahm. In dem letzteren Werke, das eine Landstreicherin zur
Heldin macht, zeigt seine Phantasie sich sogar von naturalistischen
Einwirkungen beeinflußt, wenn auch in Wahrheit die unglückliche, in stiller Liebe erglühende Seiltänzerin mehr an die Gestalten des französischen Romantizismus als an Hauptmanns
„Hannele" erinnert. In seinem letzten Romane „Arachne"
(1897) trat diese Mischung von zwischen Romantik und Realismus spielenden Zügen noch unangenehmer hervor, um so mehr
als Ebers hier unter ägyptisch-hellenischer Maske die beiden
modernen Gegensätze von Idealismus und Naturalismus in
seine antike Handlung legte und ihren Streit in der einfachsten,
aber auch unnatürlichsten Weise zu Gunsten des Idealismus
entschied. Der naturalistische Bildhauer Hermon lernt erst ideal
gestalten, als er blind geworden ist. Nur um diese Arbeiten
zu registrieren, erwähnen wir sie; sie haben Ebers verblaßten
Namen nicht aufzufrischen vermocht. Eine solide und in der
Charakteristik des Hohenstaufenkaisers Friedrich II. geradezu
hervorragende Arbeit ist der Roman eines anderen Historikers
„Caracosa" von Dove, der uns in die Zeit der guelfischen
und ghibellinischen Händel versetzt. Das klassische Altertum
war wie vordem das Stoffgebiet E. Ecksteins, diesmal für
einige Novellen („Die Numidierin", „Decius") und das Griechen-
land der Perikles und Themistokles ist es im besonderen für die
schönheitbegeisterte Phantasie O. Linkes (geb. 15. Juli 1853
zu Oranienburg) eines reichbegabten dichterischen Gemüts, das
unbekümmert um den harten Wirklichkeitskampf der Gegenwart
und den Realismus der Litteratur die Antike sich zu einer
Märchenwelt schöner Gestalten und Empfindungen umformt

(Liebeszauber u. s. w.) — einer, der einsam steht und auf den darum hier nicht zuletzt die Aufmerksamkeit hingelenkt sei. Ganz im Widerspiel hierzu stellt Fr. Mauthner in seinem das Schicksal der bekannten Philosophie behandelnden Roman „Hypatia" (1892) die antike Welt unter die Gesichtspunkte des modernen Lebens und schildert sie mit modernen Anschauungen und Begriffen, wobei nur seine dichterische Kraft sich nicht stark genug erweist, um dem Vergleich das Geistreich-Spielende zu nehmen und lebendigeren Anteil nicht bloß an den Dingen, sondern auch an den Personen zu erwecken. W. Jensens Interesse wandte sich der deutschen Geschichte zu, der seine eigenartige Gestaltungskraft und seine blühende Phantasie und Schilderungsgabe die Motive verschiedener prächtiger Novellen entnahm („Astaroth-Mentha", „Auf der Feuerstätte" u. a.), während L. Ganghofers (geb. 7. Juli 1855 zu Kaufbeuren in Bayern) amütiges Fabulierungstalent geschichtliche wie moderne Stoffe auf landschaftlichem Hintergrund mit spannendem Reize entwickelte („Der Klosterjäger", „Die Martinsklause"). An kulturhistorischem Beiwerk findet J. Lauff (geb. 16. November 1855 zu Köln) besondere Freude und seine Darstellung leidet unter einer gesucht altertümlichen Schreibweise. In seinen bisherigen epischen Werken („Die Hexe", „Regina Coeli", „Die Hauptmannsfrau", „Im Rosenhag" u. s. w.) ist der alte romantische Geist wieder lebendig geworden; selbst tote Gegenstände haben hier eine die Schicksale der Helden mitfühlende und sie im voraus ankündende Seele. Ernst Wichert fügte seinen früheren, auf dem Boden ostpreußischer Vergangenheit spielenden Romanen („Heinrich von Plauen" u. s. w.) einen neuen „Tilemann vom Wege" (1890) hinzu, eine sehr sorgsam gehaltene Arbeit, die wiederum die Marienburg und das Schicksal der ostpreußischen Ordensritter in den Vordergrund rückt. Auf dies Gebiet des provinzialgeschichtlichen Romans folgte ihm das novellistische Talent von Hans Hoffmann in dem dreibändigen Werke

„Wider den Kurfürsten" (1894), das die Belagerung von Stettin durch den großen Kurfürsten in reizvollen Genrebildern, vielleicht ein wenig zu sehr durch modern-geschichtsphilosophische Reflexionen verbrämt, in feinsinniger und gemütvoller Weise schildert. Rechnet man noch des Letzteren Roman „Der eiserne Rittmeister" und die durch ihre prächtigen landschaftlichen Schilderungen ausgezeichnete Novelle „Landsturm" hinzu, die beide an Preußens Erniedrigung in der Franzosenzeit von 1806—12 anknüpfen, so ist die Zahl der bemerkenswerten Erscheinungen auf diesem Gebiete so ziemlich erschöpft. Eine Abart des geschichtlichen Romans, die eine Zeit lang die Mode beherrschte, die Behandlung der Zeit- und Tagesgeschichte durch Einfügung von Romanmotiven ist, wenn man von den immer noch auftauchenden Kriegsnovellen absieht, weniger beliebt geworden, dafür, durch Bellamys „Rückblick aus dem Jahre 2000" angeregt, die romanhafte Ausmalung unserer sozialen Zukunft in allerlei Erzeugnissen aufgekommen, die sich mit polemischen Tendenzen in den Streit der sozialen Tagesfragen mischen, ohne daß bisher eine von ihnen es verdiente, als litterarisch ernsthaft oder gar bedeutungsvoll bezeichnet zu werden.

Am Stamm der alten Dichtung blüht nach wie vor in üppigem Reichtum die Novelle und der mit ihr verwandte Landschaftsroman. Schon in einem früheren Abschnitte ist darauf hingewiesen worden, wie sehr die Novelle die Neigung besitzt, anstatt des allgemeinen geselligen Bodens der Großstadt sich von lokalen und provinzialen Verhältnissen bestimmen zu lassen. Am wenigsten von dieser Neigung beeinflußt erscheint sie bei ihrem Altmeister Paul Heyse, obwohl er auch in seinen letzten Schöpfungen („Weihnachtgeschichten", „Aus den Vorbergen", „Marienkind", „Abenteuer eines Blaustrumpfes") den lokalen Hintergrund durchaus nicht außer acht läßt. Aber mehr noch sind es ästhetische und geistige Verirrungen, die er in diesen Novellen mit seinem anmutigen Humor und tadellosen

Stil zu treffen sucht — getreu dem Tieckschen Vorbilde, auf den die Heysesche Art wie die Heysesche Novelle immer zurückweist. Nach seinem köstlichen humoristischen Capriccio „Der Lar" hat der alte Wilhelm Raabe seine stetig wachsende Gemeinde noch durch manches köstliche Werk erfreut („Im alten Eisen", „Guttmans Reisen", „Kloster Lugau"), welches die Eigenart seines humoristisch=reflektierenden Naturells in unverminderter Kraft wiederspiegelt. Welt und Leben, wie er sie zeichnet, sind spezifisch niedersächsischen Charakters und den lauschig=winkligen Häusern, in denen seine Menschen wohnen, gleichen sie selbst mit ihren behaglichen Sonderbarkeiten und ihren gemütvollen Tiefsinnigkeiten. W. Jensens große landschaftliche Schilderungskunst wählte in seinen letzten Werken mehrfach die hellen Farbenreize Italiens zum Hintergrund seiner im Gegensatze dazu düster und pessimistisch gefärbten Stoffe; in dem seltsamen Romane „Asphodil" (1894), einem seiner eigenartigsten Erzeugnisse, stellt er nordischen Winter und italienischen Frühling in großartigen Bildern dar, während die Menschen und ihre Schicksale in das Seltsame und Pathologische verschwimmen.

Zu unseren trefflichsten modernen Novellisten wird man Hans Hoffmann (geb. am 27. Juli 1848 in Stettin) rechnen, der vom Lehrerberuf zu dem des Schriftstellers überging. Seine Vorbilder sind Heyse und Gottfr. Keller; gleich jenen begann er seine litterarische Laufbahn mit italienischen Novellen; seine volle Eigenart gewann er erst auf dem Boden seiner östlichen Heimat. Im „Gymnasium zu Stoltenburg" (1891) giebt er treuherzige und humoristisch gefärbte Charaktertypen aus dem Schulleben, die „Geschichten aus Hinterpommern" (1892) erzählen mit Kellerscher Kunst und in fast Kellerschem Tone ernste und heitere Geschichten aus Pommerns kulturgeschichtlicher Vergangenheit. In anmutigster Schreibart vermischt er in dem Cyclus „Von Frühling zu Frühling" (1889) landschaftliche Bilder mit tiefen Empfindungen menschlichen Seelenlebens und sein Stil erhebt sich in dem bereits erwähnten „Landsturm" (1893) sogar zu einem großen, packenden Gemälde, indem er in die einsame, gewaltig gezeichnete Dünenlandschaft und die Schicksale einsamer, aber starker Menschen den großen Zug historischen Lebens trägt. Auch darin aber steht Hoffmann treu zu seinen Vorbildern, daß er die Reden seiner Figuren nach seiner eigenen Bildung stilisiert, wodurch freilich der Eindruck papierner Sprechweise oft zu stark hervortritt: Nicht zuletzt sollte die naturalistische Bewegung unseren epischen Künstlern gerade in dieser Beziehung eine nutzbare Lehre erteilt haben, daß wir der Sprache des natürlichen Lebens auch in der Kunst eine größere Freiheit gestatten, ohne darum die unzusammenhängenden, zerhackten und zerrissenen Sätze des Naturalismus als etwas Künstlerisches anzuerkennen.

Ein in künstlerischer Hinsicht Hoffmann verwandtes Talent ist J. J. David, ein Wiener Autor (geb. 26. Februar 1859 zu Weißkirchen), der seine mährische Heimat in seinen Novellen schildert; nur ist sein Naturell herber und strenger. Das Anmutige, Leichtlebige bringt er nicht so heraus wie das Verschlossene, Innerliche und Träumerische, der Humor scheint ihm versagt und dementsprechend geraten ihm Stoffe und Charaktere. Aber seine Gestaltungskraft besitzt eine straffe Objektivität, über welche sein Landsmann, der zweite bedeutende Wiener Novellist, Ferdinand v. Saar (geb. 30. September 1833), trotz der gleichen elegischen Grundstimmung nicht verfügt. Saars weiche Individualität bevorzugt die Ich=Novelle, er verfolgt Stimmungen, Gedanken, Empfindungen und das Motiv einer einseitigen Liebe ist sein Lieblingsmotiv, David dagegen ist auch dort, wo er eine große, starke Empfindung schildert, knapp und zurückhaltend und im Aufbau seiner Handlung von einer fast dramatischen Gliederung. Von dem „Höferecht" an hat er sich künstlerisch stetig entwickelt; seine besten Gestalten sind herbe Frauencharaktere, so in „Das Blut", „Die Wiedergeborenen" u. s. w., und seine Phantasie hat einen tragischen Zug, der über das Sentimentale hinweg nach tiefer Erschütterung des Gemütes strebt. Auch er ist ein Sprachkünstler von Kellerschem Gepräge, doch bei der Knappheit und Plastik seines Ausdruckes hat die stilisierte Rede nichts Unnatürliches wie nur in den besten Novellen von Paul Heyse.

Nicht leicht erschöpfen läßt sich die Zahl der modernen Novellisten und doch verdienen noch einige wenigstens genannt zu werden, um so mehr als sie vielfach auch auf anderen Gebieten treffliches leisteten. So ist Alfred Friedmann (geboren 26. Oktober 1845 zu Frankfurt a. M.) zweifellos trotz seiner formalen Begabung für alle poetischen Abarten in seinen Novellen erfolgreicher als in seinen Romanen gewesen, die stets interessante Motive, oft aus dem modernen Wiener Leben, in fesselnder, wenn auch im Stil verschiedenartiger Behandlung darbieten. Rosenthal=Bonins (1840—92) Novellen wechseln in ihrem Schauplatze; ihren Vorzug bilden anmutige Erfindung und Darstellung. Karl v. Heigel (geb. 25. März 1835 zu München) bekundet in seiner zahlreichen Novellensammlung einen überaus glücklichen Humor und elegante Darstellung. Die gleichen Vorzüge lassen sich auch dem norddeutschen Dichter Victor Blüthgen (geb. 4. Januar 1844 zu Zörbig), „Bunte Novellen", „Poirethouse", „Henzi") nachrühmen, während der als Kritiker wie als Litterarhistoriker treffliche Johannes Prölß (geb. 4. Juli 1853 zu Dresden) Künstler= und Alpennovellen schrieb und, wie nebenbei bemerkt sei, in seinem reflexionsreichen Roman „Die Bilderstürmer" (1895) sich mit Eifer gegen die naturalistischen Drängler wandte. J. V. Widmann (geb. 20. Februar 1845 in Mähren) schilderte mit Vorliebe Schweizer Art und Schweizer Leben in seinen Novellen, A. Achleitner (geb. 16. August 1858 zu Straubing) charakterisierte in seinen Erzählungen auf Grund genauester Kenntnis das alpine Volkstum und A. v. Perfall (geb. 11. Dezember 1853 zu Landsberg in Bayern), einer der beliebtesten unserer Familienblattschriftsteller schrieb neben seinen Romanen auch die anschaulichsten und durch ungewöhnliche Frische der Darstellung sich auszeichnenden Jagdschilderungen. Für das Tiroler Dorfleben hat Richard Bredenbrücker (geb. 5. Januar 1848 zu Deutz) in seiner strengrealistischen und doch humor- und gemütvollen Charakterisierungsart sich als ein neues und rasch anerkanntes Talent erwiesen. Die Frische P. K. Roseggers, des steirischen Volksdichters, aber schuf ein so ernstes und gedankenvolles Werk wie den an die tiefsten religiösen und sozialen Fragen rührenden Roman „Das ewige Licht" (1897).

Ganz ungewöhnlich produktiv bleibt nach wie vor die litterarische Thätigkeit der Frauen, ohne daß bisher Maria v. Ebner-Eschenbach eine Nebenbuhlerin erhalten hätte. An ihre Art erinnerte wohl die elegische und doch geistvolle Darstellung, mit welcher Maria v. Bunsen in ihrem „Gegen den Strom" (1893) ein ernstes Frauenbild aus der Berliner aristokratischen Welt zeichnete. Die jüngere realistische Bewegung hat auch auf die weiblichen Talente eingewirkt und man kann ein Buch wie das von Gabriele Reuter „Aus guter Familie" (1895) durch die Wahrhaftigkeit, mit welcher die intime Leidensgeschichte eines jungen Mädchens erzählt wird, wohl dieser Bewegung zu gute rechnen. Im übrigen fand die weibliche Feder, so lebhaft sie dem durch unsere sozialen Verhältnisse verstärkten Selbständigkeitsbewußtsein der Frauenwelt auch litterarisch Ausdruck zu geben versuchte, ihr fruchtbares Feld immer noch in den Spalten unserer zahlreichen Familienblätter; dabei verleugnete sich selten in diesen Arbeiten die Auffassungsweise der Frau von den realen Mächten des Daseins und dem Gefühlsleben des Mannes, während die Frau selbst mit den eigenen Empfindungen kokettierte und dieses Gefühlsspiel wohl gar unter dem Schein berechtigten weiblichen Emanzipationsbedürfnisses sich auf die ernsten Grundlagen des ethischen Lebens erstreckte. Und doch ist Alles, was die „vorgeschrittenen" weiblichen Autoren damit an neuen Ideen geltend machen, nichts neues; wir haben alle diese „idealen Forderungen" schon bei der George Sand und den jungdeutschen Schriftstellern und Schriftstellerinnen gelesen. Das gute Neue ist allein, daß die Frau nicht nach erweiterten Rechten, sondern auch nach neuen Pflichten drängt, die sie in dem so schwer gewordenen Daseinskampfe übernehmen will.

Es ist unmöglich, alle diese neuen weiblichen Autoren zu charakterisieren; nur mit ein paar Stichworten mag das bei dieser Uebersicht geschehen. Phantastisch mutet eine Dichterin wie Marie Janitschek („Aus der Schmiede des Lebens", „Lusthungrige Leute") an, phantasie= und gehaltvoll ist Isolde Kurz („Florentiner Novellen"), starkgeistig E. Marriot, L. Bobertag, D. Duncker und H. Böhlau, philosophisch angehaucht K. Schirrmacher, Schilderinnen des modernen Gesellschaftslebens sind J. Boy=Ed., M. v. Reichenbach, M. zur Megede, Olga Wohlbrück, und die in flott im= pressionistischer Weise arbeitenden Annie Bock und Gertrud Francke=Schienelbein, als gemütvolle Realisten lassen sich E. Vely, Ilse Frapan, Mite Kremnitz und vor allem L. Westkirch und die durch ihre Schwarzwaldgeschichten so anheimelnde H. Villinger bezeichnen. Den ethnographischen Frauenroman — auch eine Errungenschaft unseres immer mehr auf der Reise lebenden modernen Zeitalters — kultivieren E. Eschricht, Frida v. Bülow, (nicht zu verwechseln mit der so jung verstorbenen Mary v. Bülow, deren „Novellen" 1890 ein reichbegabtes Talent bekundeten), A. Riedel=Ahrens, Zöller=Lionhardt, Klaus=Rittland und die mit male= rischem Sinn begabte Schulze=Smidt. Daneben blüht das Gartenlaubengenre in alter Fülle fort und an Stelle der Marlitt und Werner sind in diesem Jahrzehnt die St. Keyser, W. Heimburg, M. Bernhardt, D. v. Spättgen, Kapff=

Essenther, H. Schobert und zahlreiche andere getreten. Der historische Roman ist bei unseren Damen weniger beliebt, außer der Eschstruth mit ihrem mittelmäßig-überspannten Opus „Im Schellenhemd" ist es nur A. v. d. Decken, die mit Phantasie und Fleiß aus den Chroniken alter Hansastädte vergangenes Leben in anschaulichen Bildern vorzuführen weiß.

So reich dies letzte Jahrzehnt an neuen Talenten und so viele verheißungsvolle Wege es betreten sah, einen großen, volkstümlichen Romandichter, der die soziale wie geistige Absperrung unserer Volkskreise untereinander überwunden hätte, hat es nicht hervorgebracht. Ueberblickt man unsere belletristische Produktion, so scheint sie, genau wie unsere wissenschaftliche, sich in „Spezialitäten" aufzulösen. Wo ist der Dichter, der die Herzen von Reich und Arm in gleicher Weise erschütterte, der den Geist derer, die auf das Himmelreich vertrauen und derer, die es schon auf Erden suchen, mit gleicher Ehrfurcht vor den Lebensmächten erfüllte, der das Gemüt der Fröhlichen wie der Unglücklichen in dem Spiegel seiner Dichtung zu dem Bewußtsein erhöbe, daß Leid und Freude nur scheinbar feindliche Geschwister von demselben Tage sind und sich in dem einen Gefühl gleicher Menschlichkeit wieder versöhnen? Vielleicht bringt die Zukunft des neuen Jahrhunderts einem glücklicheren, weniger vom materiellen und geistigen Interessenhader zerrissenen Geschlecht diesen deutschen, diesen nationalen und volkstümlichen Romandichter, der, wie er gleich Shakespeare tief in Fürsten- und Bettlerseelen blickt, alle Volkskreise um seine „irdische Komödie" sammelt als um das große, bald erschütternde, bald heitere Abbild menschlicher Leidenschaft und Verfehlung.

Darüber aber breitet sich der Schleier der Zukunft, den kein Wunsch durchdringt und kein Prophezeien zerreißt. Am wenigsten steht es dem Historiker an, etwa den Diktator spielen und dem dichterischen und künstlerischen Schaffen Gesetze vorschreiben zu wollen, als könnte, wer mit dem Lote die Tiefe des Meeres zu ergründen unternimmt, damit auch nur um einen Zoll das Meeresniveau heben. Man glaube auch nicht den Aberglauben, den von sich eingenommene Kritiker der Menge einzuflößen suchen, als habe die Kritik jemals die Litteratur gemacht. Die Bewegung der Litteratur wird immer nur von den großen schaffenden Poeten vollzogen und nur die zeitentsprechende Berechtigung ihres neuen Weges nachzuweisen, überlassen sie gern der Kritik, die besser als sie, die nur in Anschauungen leben, mit den Begriffen zu operieren versteht und dialektisch als notwendig erweist, was jene als notwendig aus ihrem inneren Geistesleben heraus dichten und bilden.

Das 19. Jahrhundert ist seinem Charakter wie seiner Litteratur nach ein episches gewesen. Es hat die gewaltigsten Geschehnisse gesehen und eine Fülle epischer Helden gezeugt, welche die Welt der Wirklichkeit auf allen Gebieten in gewaltsamster Weise verändert haben. Mit dieser ungeheueren Expansion der Thatkraft verglichen erscheint die litterarische Produktion des Jahrhunderts vielleicht schwächlich, aber was sie an intensivem Genie vermissen läßt, das ersetzt sie durch eine Beweglichkeit und Anschmiegungsfähigkeit an die wirbelnden Launen des Zeitgeistes, wie sie nie vordem beobachtet worden ist. Der Kulturhistoriker ferner Tage wird einst in dem epischen Schrifttum dieses 19. Jahrhunderts Geist, Stimmungen und Leben desselben so deutlich zu erkennen vermögen, daß ihm unsere Zeitgenossen vertraut und verständlich erscheinen wie seine eigenen. Freilich nicht die Großen, nicht die Helden und die Genies wird er darin wiederfinden, die den Weg unseres Volkes, die Bahn der Menschheit in diesem Jahrhundert bestimmt haben, wohl aber den Durchschnittsmenschen, den er bei früheren Epochen sich mühsam konstruieren muß, und zwar bestimmt von den gesunden wie kranken Empfindungen und Gedanken seines Zeitalters. Darüber hinaus aber überliefert die epische Litteratur dieses 19. Jahrhunderts noch etwas anderes und auch das darf es sich zu gute halten. Wenn die Flut ihrer Bücher in die Bibliotheken und damit in die Vergessenheit für die Allgemeinheit strömt, so wird aus ihr immer noch ein Schatz poetischer Perlen zurückbleiben, der diesem Jahrhundert der That seinen litterarischen Glanz bewahrt und dessen sich zu freuen auch den Kindern eines Zeitalters beschieden sein wird, in welchem neue Dichter in ganz neuen Weisen von dem urewig gleichen Menschenschicksal zu künden wissen.

Namen-Verzeichnis.

Nur die ausführlich besprochenen Werke werden hier genannt. Die fettgedruckten Ziffern geben die Seiten an, auf denen sich die biographischen Notizen befinden.

Achleitner, A. **446**.
Ainsworth. 140.
Alberti, C. (Konrad Sittenfeld). 405. **406**.
Alexis, Wilibald. 94. 141. 143. 153. **154**. Cabanis 155—156. Der Roland von Berlin 157—158. Der falsche Waldemar 159—160. Die Hosen des Herrn von Brebow 161. Der Wehrwolf 162. Ruhe ist die erste Bürgerpflicht 163—164 Isegrimm 165.
Amyntor, Gerh. von (D. v. Gerhardt). 340.
Anzengruber. **363**. 364.
von Arnim, Achim. 57—58. Kronenwächter 59—62. 70. Gräfin Dolores 86. 87. 158. 220. 240.
Arnim, Bettina von. 102.
Auerbach, B. 92. **182**. Erste Romane 182. Dorfgeschichten 184—190. 191. 267. Neues Leben 268—270. Auf der Höhe 270—273. Landhaus am Rhein 273—276. 288. 353. 363. Waldfried 372—373.

Bahr, Herm. **440**.
Balzac. 34.
Beecher-Stowe. 204.
Benedix. 204.
Bernhardt, M. 448.
Bibra. 210.
Bleibtreu, K. **404**. 405.

Blüthgen, Victor. **446**.
Bobertag, L. 448.
Boccaccio. 7. 63.
Bock, Annie. 448.
Böhlau, Helene. 448.
Bölsche, Wilh. 432.
Boerne, Ludw. 100. 118.
Boy-Ed, Ida. 448.
Brachvogel. **215**.
Bredenbrücker, Rich. **447**.
Brentano. 58. 70. 128. 182.
Bret-Harte. 174.
Buchholtz. 9.
Bülow, Fr. von. 448.
Bülow, M. von. 448.
Bunsen, M. von. 447.
Byr, Rob. 304.
Byron. 104. 130. 147.

Canz, C. 235.
Cervantes. 9. 63.
Chaucer. 7.
Chateaubriand. 83. 175.
Chiavacchi, B. **439**.
Conrad, M. G. **405**.
Conradi, Herm. 400. 403.
Cooper. 77. 171. 175. 208.
Cramer. 78.

Dahn, Felix **340**—342. Kampf um Rom 340.
David, J. J. **445**.
Decken, A. v. d. 449.
Defoe. 10. 83. 180.

Dernburg, Fr. 395.
Devrient. 67.
Dickens. 76. 141. 144—147. 148. 200. 201. 202. 284.
Dingelstedt, Franz. 308. Unter der Erde 309—310. Amazone 311.
Dove. 441.
Droste-Hülshoff. 169.
Dumas d. Ä. 75. 141. 142. 152. 169.
Dumas d. J. 29. 395.
Duncker, D. 448.
Dürer. 54.

Ebers, Georg. 342. Egyptische Romane 342—343. 440.
Ebner-Eschenbach, Marie v. 325. 327—328. 447.
Eckstein, Ernst. 344. 437. 438 441.
Eichendorff, J. v. 72. Taugenichts 73. 74.
Engel, Georg. 434. 436
Eritis sicut Deus 235—236.
Escricht, E. 448.
Eschstruth, N. v. 449.

Feßler, J. 93.
Feuerbach, A. 227.
Fichte. 45.
Fielding. 40.
Fischart, Johann. 8.
Flaubert. 345.
Fontane, Th. 368. 370. 393. 427. 428—429.
Fouqué, Fr. de la Motte 55. 56—57. 70. 216.
Francke-Schivelbein. 448.
François, Louise v. 323—324.
Franzos, K. E. 365.
Frapan, Ilse. 448.
Freiligrath. 169. 188.
Frenzel, Karl. 222. 224. 393.
Freytag, G. 34. 120. 218. 276. 277. Soll und Haben 277—280. Verlorene Handschrift 280—283. 288. 305. Ahnen 333—339. 380.
Friedmann, Alfr. 446.

Galen, Ph. 208.
Ganghofer, Ludw. 363. 442.

Geibel, E. 366.
Gerstäcker 208.
Gisele, R. 230. Moderne Titanen 231.
Glaßbrenner, Ad. 202.
Glaser, Adolf. 340.
Glümer, Cl. von. 325.
Göbsche, Herm. (Sir John Retcliffe) 216.
Goethe, J. W. von. 11. 21. 23. 26. Werther 27—29. Wilhelm Meisters Lehrjahre 30—33. Wanderjahre 33—35. Wahlverwandtschaften 35—39. 41. 46. 63. 75. 78. 81. 86. 91. 124. 130. 184. 187. 382.
Gottfried von Straßburg 5—6.
Gotthelf, J. 89. 181—182.
Gottschall, Rud. v. 350.
Grimmelshausen 9. 10.
Gutzkow, K. 100. 101. 109. Maha Guru 109—111. Wally 112—114 Serapino 115—116. Hohenschwangau 225. 253. Ritter vom Geist 255—261. Zauberer von Rom 261—267. 289. 373. Serapionsbrüder 374. 388.

Hackländer 202. 206. Europ. Sklavenleben 204.
Hagen, Aug. 219.
Hahn-Hahn, J. Gräfin. 129. Aus der Gesellschaft 131—132 Der Rechte. Faustine 134. Ulrich 135. Sibylle 136. 149.
Hardenberg, F. von (Novalis). 47—50. 52. 61.
Hartmann v. b. Aue 5—6.
Hartmann, E. v. 1.
Hartmann, Moritz. 195. 302.
Hauff, Wilh. 74. 75. 90. 94.
Hauptmann, Gerh. 399. 410. 440.
Haussen, Ola. 401.
Hedrich, Frz. 303—308.
Hegel 103. 117. 227.
Heiberg, Herm. 393. 418. 419.
Heigel, K. von. 446.
Heimburg, W. 448.
Heine, Heinrich. 23. 100. 104. 109. 118. 171.

Heinse. 130.
Hesekiel, Georg. **215**. 216.
Heßlein. 201.
Heun, C. Mimili. **90**—91.
Heyse, Paul. **359**—361. Kinder der
 Welt 380—381. Im Paradiese
 381. 421. Merlin 422. 423. Ueber
 allen Gipfeln 423—424. 443. 444.
Hillern, Wilhelmine von. **320**—321.
 340.
Hitzig. 143. 154.
Hoefer, Edm. **195**—196.
Hoffmann, E. T. A. **67**—70. 146.
 156. 240.
Hoffmann, Hans. 362. 442. **444**.
Holtei, Karl von. **205**.
Homer. 2.
Hopfen, Hans. **366**. 368. 421.
Hugo, Victor 141. 142.

Janitschek, Maria. **448**.
Ibsen, H. 395.
Jean Paul (Fr. Richter) 25. 27.
 39—41. Flegeljahre 41—44. 105.
 116. 130. 184. 240. 284. 382.
Jensen, Wilh. **346**. 347. 362. 442.
 444.
Immermann, K. **123**. Epigonen 125.
 Münchhausen 126. 170. 180. 244.
Jordan, Wilh. **381**. Die Sebalds 382.
Junghans, S. **324**.
Junker, C. 324.

Kant. 26.
Kapff-Essenther. 448.
Keller, Gottfr. 34. 89. 195. 198.
 236. **237**. Der grüne Heinrich
 239. 240. 354—357. 361. 384.
 385.
Keyser, St. 448.
Kirchbach, Wolfg. 437.
Klaus-Rittland. 448.
Kleist, Heinr. von. 23. **64**. Michael
 Kohlhas 65—66. 240. 366.
Klinger. 11.
Klopstock. 10. 11. 26.
Kock, Paul de. 141.
Kompert, Leopold. **190**. 302.
König, Ew. Aug. **206**—207.

König, Heinr. 141. **166**. Klubbisten
 von Mainz 167. König Jeromes
 Karneval. 168.
Kotzebue. 35. 84. 86. 90.
Kremnitz. M. 448.
Kretzer, Max. **406**—407. 432.
Kühne, F. G. **117**. 147.
Kurz, H. 167. 194.
Kurz, Isolde. 448.

Lafontaine 35. Gefahren der großen
 Welt **84**. 87. 90.
Laube. H. 100. **105**. Die Poeten
 106—108. Die Krieger 118—122.
 171. **224**.
Lauff, J. **442**.
Laun (Fr. Schulze). 86.
Lessing. 114.
Lewald, Fanny. **137**—140.
Lindau, A. W. 86.
Lindau, Paul. **391**. Berlin 391—
 394. 438.
Lindau, Rud. **362**.
Linke, O. **441**.
Lohenstein, Caspar von. 9.
Lubliner, H. 393.
Ludwig, Otto. **191**. Heiterethei 191.
 Zwischen Himmel und Erde 192—
 194.

Marlitt, E. (Eugenie John). **321**—
 322.
Marriot, E. 448.
Maupassant, Guy de. 409.
Mauthner, Fritz. 393. **394**. 426.
 432. 442.
Megede, Johs. zur. **437**.
Megede, M. zur. 448.
Meinhold, Frz. 218.
Meißner, Alfr. **302**—308.
Menzel, 109. 114.
Meyer, C. F. 346. **347**. Novellen
 348—349.
Meyr, Melchior. **194**.
Möllhausen, Balduin. 210.
Mommsen, 357.
Montaigne. 147.
Mügge, Th. **208**.
Mühlbach, Louise. **213**.
Müller, D. 167.

Müller, Wilh. 75.
Mundt, Th. 112.

Nibelungenlied. 61.
Nicolai. 11.
Niemann, Aug. 383.

Ompteda, Georg v. 434. 435.
Oettinger, E. M. 215.

Pantenius, Th. H. 384.
Perfall, A. von. 447.
Perfall, Karl von. 419—420.
Pestalozzi. 89. 181.
Pichler, Carol. 93.
St. Pierre, B. de. 83.
Polenz, W. von. 434. 436.
Pötzl, E. 439.
Presber, H. 364.
Proelß, Joh. 446.
Prutz, Rob. 243. Engelchen 244.

Raabe, Wilh. 276. 283. 284. Chronik der Sperlingsgasse 284. Hungerpastor 287—288. 346. 347. 367. 382. 444.
Rabelais. 8.
Rahel. 102. 156.
Raul, Jos. 190.
Rehfues. 95. 97.
Reichenau 27.
Reichenbach, M. von. 448.
Rellstab, L. 152.
Reuter, Christian 10.
Reuter, Fritz. 195. 196. 197.
Reuter, Gabriele 447.
Riebel-Ahrens, A. 448.
Riehl, H. W. 217. 218. 350.
Ring, M. 207. 215.
Roberts, A. von. 438.
Rodenberg, Jul. 223. 224.
Rosegger, P. K. 363. 364. 447.
Rosenthal-Bonin 446.
Roublieb. 5.
Rousseau. 29. 40. 178.
Rückert, Fr. 75.
Ruge, Arn. 229.
Ruppius, O. 210.

Saar, F. von. 445.
Sacher-Masoch, L. 34. 364—366.
Sachs, Hans. 7.
Samarow, Gregor (Oskar Meding). 350. 351.
Sand, George. 92. 102. 130. 131. 141. 148.
Sardou. 395.
Satori (Joh. Neumann). 152.
Schefer, Leop. 75. Orientalische Novellen 76—77.
Scheffel, J. V. v. Ekkehard 219—221.
Schiller. 1. 23. 52. 79. 159. 195.
Schilling 86.
Schirrmacher, K. 448.
Schlaf, Joh. 400.
Schlegel, Fr. 50. Lucinde 50—53. 130.
Schleiermacher. 52.
Schlenkert. 78.
Schlesinger, May. 302.
Schmid, Herm. 363.
Schnabel, J. G. 10.
Schobert, H. 449.
Schopenhauer. 36.
Schubin, O. (L. Kirschner). 325—327.
Schücking-Levin. 169—170.
Schulze-Smidt, B. 448.
Schweichel, Rob. 363.
Scott, W. 91—93. 94. 95. 98. 105. 145. 147. 153. 154. 169. 171. 180.
Sealsfield. 141. 172—176. Hinterwäldler 179.
Seidel, Heinr. 434.
Siegfried, Walther. 420—421.
Shakespeare. 71. 145. 167. 355.
Silberstein, A. 363.
Solger. 67.
Sonlié. 141.
Spättgen, D. von. 448.
Spielhagen, Fr. 1. 120. 288. 289—302. Problematische Naturen 292—294. Die von Hohenstein 294. 295. In Reih und Glied 295—298. Hammer und Amboß 299—301. 350. 361. 362. 374.

Allzeit voran 375. Sturmflut 375
—376. Was will das werden?
377—378. Der neue Pharao 329
—380. 388. 421. 424. Sonntags-
kind 424—425. Die Stumme des
Himmels 425—426. Susi 426.
Faustulus 426—427.
Spieß. 78.
Spindler, K. 95. 96—97.
Staël, Mme. de. 24.
Stern, A. 350.
Sterne. 40.
Steub, Ludw. 364.
Stieglitz, H. 102. 112.
Stinde, Jul. 438.
Stirner, Max. 232.
Stolle, F. 152. 201.
Storch, Ludw. 152.
Storm, Theodor 357—359. 361. 362.
Stratz, Rudolf. 434. 435.
Strubberg, F. A. (Armand). 210.
Sudermann, Herm. 411. Frau
Sorge 415. Katzensteg 415. Es
war 416—418. 431.
Sue, Eug. 141. 142. 143. 144. 149.
151. 243. 376.
Suttner, B. von. 433.

Taylor (Hausrath). 343.
Telmann, Konr. 362.
Temme, H. 206.
Tieck. 47—50. 53. Franz Sternbalds
Wanderungen 54. 56. 64. 67. No-
vellen 70—72. 94. 95. 147. 166.
444.
Torresani, K. von. 440.
Törring, 78.
Tovote, H. 401. 407.
Trautmann, Frz. 218.
Tromlitz (Witzleben). 95. 96.

Uhl, Fr. 439.
Ungern-Sternberg A. von. 147. Diana 148. Paul 149—150. 153.
229.

Velde, van der. 95—96.
Velly, E. 448.
Billinger, H. 448.
Vischer, Friedr. 383.
Voltaire. 109.
Voß, Jul. von. 87. 89.
Voß, Rich. 432.
Vulpius. 78. Rinaldo Rinaldini 79.
80—82. 143.

Wachenhusen, Hans. 211.
Wackerobe 54.
Waldau, M. (Spiller v. Hauenschild).
240—242. Nach der Natur 242.
Aus der Junkerwelt 242.
Waldmüller, R. (E. Duboc). 363.
Walloth. Günther. 344. 345. 440.
Weber, Veit. 78. 79. 91.
Werner, E. (Elisabeth Bürstenbinder)
322.
Westkirch, L. 448.
Wichert, E. 363.
v. Wickede, 205.
Wickram, Jörg. 8.
Widmann, A. 233. Tannhäuser 233.
Widmann, J. V. 446.
Wieland. 11. 33.
Wienbarg 114.
Wilbrandt, Ad. 362. 421. 429—
430.
Wildenbruch, Ernst von. 430—431.
Willkomm, E. 118—119. 123. 147.
150. 151.
Winterfeld, A. von. 205.
Wohlbrück, Olga. 448.
Wolfram v. Eschenbach 5—6.
Wolzogen, Ernst von. 434.

Zapp, A. 439.
Zesen, Philipp von. 9.
Ziegler, 9.
Zola, E. 34. 395. 396. 399. 409.
410. 424.
Zöller-Lionhardt. 448.
Zolling, Th. 394.
Zschokke, H. 79. Alamontaba 82.
89—90. 95. 181.

www.ingramcontent.com/pod-product-compliance
Lightning Source LLC
Chambersburg PA
CBHW022114300426
44117CB00007B/707